Flexibilisierungstendenzen
bei den gesetzlichen Erbquoten
im chinesischen Erbrecht

Europäische Hochschulschriften Recht

European University Studies in Law

Publications Universitaires Européennes de Droit

Band/Volume **6191**

Weiwei Lei

Flexibilisierungstendenzen bei den gesetzlichen Erbquoten im chinesischen Erbrecht

Eine rechtsvergleichende Evaluation

PETER LANG

Bibliografische Information der Deutschen Nationalbibliothek
Die Deutsche Nationalbibliothek verzeichnet diese Publikation in der Deutschen Nationalbibliografie; detaillierte bibliografische Daten sind im Internet über http://dnb.d-nb.de abrufbar.

Zugl.: München, Univ., Diss., 2019

Gedruckt auf alterungsbeständigem, säurefreiem Papier.
Druck und Bindung: CPI books GmbH, Leck

D 19
ISSN 0531-7312
ISBN 978-3-631-79182-0 (Print)
E-ISBN 978-3-631-83154-0 (E-PDF)
E-ISBN 978-3-631-83155-7 (EPUB)
E-ISBN 978-3-631-83156-4 (MOBI)
DOI 10.3726/b17375

Diese Publikation wurde begutachtet.

www.peterlang.com

Meinen Eltern und meiner Frau

Vorwort

Das Manuskript der vorliegenden Arbeit wurde im September 2017 abgeschlossen. Rechtsprechung und Literatur des chinesischen Rechts sind dementsprechend auf dem Stand von August 2017. Die vorliegende Arbeit wurde im Februar 2019 von der Juristischen Fakultät der Ludwig-Maximilians-Universität München als Dissertation angenommen.

Zuallererst gilt mein größter Dank meinem Doktorvater, Herrn Prof. Dr. *Anatol Dutta*, M. Jur. (Oxford). Ihm verdanke ich die anfängliche Anregung zu diesem Thema, seine kompetente Betreuung und seine unermüdliche Geduld bei der Korrektur und Anfertigung dieser Dissertation in all ihren Stadien. In zahlreichen konstruktiven und kritischen Gesprächen begleitete er meine Arbeit zur Fertigstellung dieser Dissertation.

Herrn Prof. Dr. *Andreas Spickhoff* gilt mein weiterer Dank für das Zweitgutachten sowie seine herzlichen und freundlichen Ermunterungen im Sommer 2014.

Außerdem möchte ich mich bei Frau Prof. Dr. *Jin Min* (金敏) und Herrn Prof. Dr. *Zhang Gu* (张谷), der auch der Betreuer meiner Magisterarbeit in China war, für die ausführlichen Literaturhinweise zum chinesischen Recht bedanken. Mein herzlicher Dank gilt auch Frau Dr. *Barbara Witt*, Herrn *Philipp Melzer*, meinem Bruder *Johannes Kettenberger* für das sehr hilfreiche sprachliche Lektorat meiner Arbeit, sowie meiner Schwester *Zou Ying* (邹樱) und *China Jiliang University* (中国计量大学) für die Unterstützung der Veröffentlichung.

Mein besonderer Dank gilt meiner Frau *Li Fang* (李方) für ihre unbedingte und unerschütterliche Unterstützung. Ein letztes Wort vom tiefen Dank gebührt meiner Mutter *Liang Lichun* (梁丽春) und meinem Vater *Lei Yucai* (雷玉才). Ohne ihre Begleitung und Unterstützung in der langen Zeit hätte ich längst aufgegeben. Ihnen ist dieses Buch gewidmet.

Hangzhou, China, im März 2020 *Weiwei Lei*

Inhaltsübersicht

Inhaltsverzeichnis

Abkürzungsverzeichnis

a.F.	alte Fassung
ABGB	Allgemeines bürgerliches Gesetzbuch (Österreich)
Act 1938	*The Inheritance (Family Provision) Act 1938 (England, Wales)*
Act 1975	*The Inheritance (Provision for Family and Dependants) Act 1975 (England, Wales)*
AGZ	Allgemeine Grundsätze des Zivilrechts der VR China, vom 12.4.1986 (中华人民共和国民法通则)
Amtsblatt des OVG	Amtsblatt des Obersten Volksgerichts der VR China (最高人民法院公报)
AOVG	Ansichten des Obersten Volksgerichts der VR China (最高人民法院司法解释)
Art.	Artikel
AT	Allgemeiner Teil
Aufl.	Auflage
Bd.	Band
BGB	Bürgerliches Gesetzbuch, vom 18.8.1896
BGBl	Bundesgesetzblatt (Österreich)
BGH	Bundesgerichtshof
BGHZ	Entscheidungen des Bundesgerichtshofs in Zivilsachen
bspw.	beispielsweise
BVerfG	Bundesverfassungsgericht
bzw.	Beziehungsweise
ca.	circa
d.h.	das heißt
EBzRV	Erläuternde Bemerkungen zur Regierungsvorlage (Österreich)
EheG	Ehegesetz der VR China, vom 10.9.1980, rev., vom 28.4.2001 (中华人民共和国婚姻法)
ErbG	Erbrechtsgesetz der VR China, vom 10.4.1985 (中华人民共和国继承法)
ErbRÄG 1989	Erbrechtsänderungsgesetz 1989 (Österreich)
EU-ErbVO	Die Europäische Erbrechtsverordnung Nr. 650/2012
f., ff.	Folgende
FamErbRÄG	Famillien- und Erbrechts-Änderungsgesetz 2004 (Österreich)
FamRZ	Zeitschrift für das gesamte Familienrecht (Zeitschrift)
FAZ	Frankfurter Allgemeine Zeitung
Fn	Fußnote
GG	Grundgesetz

ggf.	gegebenenfalls
h.M.	herrschende Meinung
Hrsg.	Herausgeber
JBl	Juristische Blätter (Zeitschrift)
Jura	Juristische Ausbildung (Zeitschrift)
JZ	Juristenzeitung (Zeitschrift)
KBB[4]	*Koziol/Bydlinski/Bollenberger* (Hrsg.) ABGB Kurzkommentar, 4. Auflage, 2014
MVG	Mittleres Volksgericht (中级人民法院)
n.F.	neue Fassung
NJW	Neue Juristische Wochenschrift (Zeitschrift)
No.	Number
Nr.	Nummer
NZ	Österreichische Notariatszeitung (Zeitschrift)
OVG	Der Oberste Volksgerichtshof der VR China（中华人民共和国最高人民法院）
para.	*Paragraph*
Rn.	Randnummer
Rz	Randzahl
S.	Seite
SZ	Entscheidungen des österreichischen Obersten Gerichtshofes in Zivilsachen
u.a.	und andere
u.U.	unter Umständen
usw.	und so weiter
UVG	Unteres Volksgericht (基层人民法院)
vgl.	vergleiche
Vol.	Volume
VR China	Volksrepublik China
z.B.	zum Beispiel
Zak	Zivilrecht aktuell (Zeitschrift)
ZChinR	Zeitschrift für Chinesisches Recht (Zeitschrift)
ZfRSoz	Zeitschrift für Rechtssoziologie (Zeitschrift)
ZfRV	Zeitschrift für Europarecht, Internationales Privatrecht und Rechtsvergleichung (Zeitschrift)
ZGB	Zivilgesetzbuch

§ 1. Einleitung

I. Problemstellung

Die in dieser Untersuchung genannten „Flexibilisierungstendenzen bei den gesetzlichen Erbquoten im chinesischen Erbrecht“ sind eine Reihe der im Erbgesetz[1] der Volksrepublik China[2] festgelegten Vorschriften, die vier Ausnahmen (§ 13 Abs. 2, 3, 4, 5 ErbG) des Grundsatzes der gleichmäßigen Verteilung des Nachlasses (§ 13 Abs. 1 ErbG) bei der gesetzlichen Erbfolge regeln.

Zweifellos sind sie ein außerordentlich wichtiges Rechtsinstitut der gesetzlichen Erbfolge Chinas im Speziellen und im chinesischen Erbrecht insgesamt. Einerseits stellen sie durch das einfache Gesetz einen regulierenden Eingriff ins Erbrecht im subjektiven Sinne dar. Weiterhin werden diese Vorschriften längst auch als bedeutend anerkannt und als eine Innovation des Erbrechts mit chinesischen Charakteristiken erachtet[3].

Trotzdem standen sie lange Zeit nicht im Brennpunkt des Interesses. Wie sehr sie in der Literatur unberücksichtigt bleiben, zeigt sich zuallererst darin, dass ihnen in vielen gebräuchlichen chinesischen Lehrbüchern zum Erbrecht häufig nur eine kurze Beschreibung gewidmet ist, die meist eine wörtliche Wiedergabe der originalen Gesetzestexte darstellt[4]. In diesen Beschreibungen sind diese vier Ausnahmenfälle in der Regel nur nacheinander aufgezählt, so als ob sie in keinem Zusammenhang zueinander stehen würden. Das heißt, dass in der Darstellung oft die innere Struktur und Logik der Ausnahmefälle fehlen. Des Weiteren werden die Stellung dieser Vorschriften und deren Beziehungen mit anderen Vorschriften oder Rechtsinstituten trotz des Bestands ähnlicher Flexibilisierung der Erbquoten in den anderen Teilen des ErbG der VR China[5] ebenfalls in der Literatur nicht

1 Im Folgenden abgekürzt als ErbG.

2 Im Folgenden abgekürzt als VR China.

3 Vgl. z.B. *Chen Youzun*, Von den Prinzipen der Teilung vom Nachlass der VR China, Chinese Journal of Law, 1984 No. 5, S. 82, 83, *Sun Ruojun*, Erbrecht, 2. Aufl., 2008, S. 113, 114. Im Folgenden werden chinesische und japanische Autoren nach der asiatischen Gewohnheit mit Nachnamen und Vornamen und alle anderen Autoren nur mit dem Nachnamen zitiert.

4 Vgl. z.B. *Wang Geya* (Hrsg.), Das Recht zur Ehe, Familie und Erbfolge, 2. Aufl., 2013, S. 202, 203.

5 Hiermit ist insbesondere die sogenannte „angemessene Zuteilung des Nachlasses (im chinesischen Original: 遗产酌分) “ gemäß § 14 ErbG gemeint. Vgl. *Wang Qiang*, Das chinesische Erbrecht im rechtswissenschaftlichen, -linguistischen und -terminologischen Vergleich mit dem deutschen – unter Berücksichtigung der Erbrechtsreform in der VR China, in: *Eberl-Borger/Wang Qiang* (Hrsg.), Erbrecht in der VR China.-Die aktuelle Entwicklung im Rahmen des Aufbaus der Privatrechtsordnung 2015, S. 86ff. Siehe 2. Teil § 6 II 2 a) aa), S. 60.

abgehandelt. Darüber hinaus mangelt es auch an Analysen zu den maßgeblichen Gründen für die Fassung dieser Vorschriften, sprich welcher Zweck durch diese Vorschriften vom Gesetzgeber verfolgt wird. In der Tat kann man schon aus den *Erläuterungen zum Entwurf des ErbG*[6] drei Gründe erkennen: „In Einklang stehen mit den sozialistischen Prinzipien[7] und der Sachlage der VR China“[8] und „für die Entfaltung der guten Traditionen der VR China nützlich sein“[9]. Mit solch starken propagandistischen Worten wurden zwar auch im früheren Schrifttum[10] die Prinzipien oder die Charakteristiken des ErbG der VR China beschrieben, selten wurde jedoch hinterfragt, inwieweit ein Rechtsinstitut den sozialistischen Prinzipien und der Sachlage der VR China entspricht und welche guten Traditionen dadurch verstärkt würden. Zu guter Letzt wird dadurch dieses innovative Rechtsinstitut in chinesischen Akademikerkreisen nur teilweise legitimiert. Anders gesagt wurden die konkreten Vorschriften dieses Rechtsinstituts und deren Gründe noch nicht vollständig erforscht. Ein interessantes Beispiel dafür sind die Stellungnahmen von einigen Rechtswissenschaftlern in ihren Vorschlagsentwürfen des neuen ErbG[11] im Hinblick auf die Revidierung oder die neue Gesetzgebung zum ErbG[12]. In jedem bisherigen Entwurf wurde die Neufassung der Flexibilisierung der gesetzlichen

---

6 *Wang Hanbin*, Die Erläuterungen zum Entwurf des ErbG der VR China, in: Das Blatt des Staatsrats der VR China, 10.5.1985, Nr. 464 (1985 Nr. 12), S. 344–349.

7 Im chinesischen Original: 符合社会主义原则. Vgl. *Wang Hanbin*, a.a.O., S. 348.

8 Im chinesischen Original: 符合我国实际情况. Vgl. *Wang Hanbin*, a.a.O., S. 348.

9 Im chinesischen Original: 有利于发扬我国好的传统. Vgl. *Wang Hanbin*, a.a.O., S. 345, 347. Die genannten drei Gründe wurden auch unter den Aspekten der Gegenseitigkeit und sozialer Gerechtigkeit zusammengefasst, vgl. *Yuanshi Bu*, Einführung in das Recht Chinas, 2009, S. 99, 100.

10 Z.B. *Chen Cuiyin*, Die grundsätzlichen Charakteristiken des Erbgesetzes der VR Chinas, Political Science and Law, 1985 No.4, Chen Cuiyin, Die grundsätzlichen Charakteristiken des Erbgesetzes der VR Chinas, Political Science and Law, 1985 No. 4, S. 14–16, *Mei Zhuoluo*, Die grundsätzlichen Prinzipien des Erbgesetzes der VR Chinas, Journal of Sun Yatsen University (Social Science Edition), 1986 No. 2, S. 12–15.

11 Die drei berühmtesten sind die zwei Vorschlagsentwürfe zur Revision des Erbgesetzes der VR China von *Liang Huixing*, jeweils im Jahr 2011 als Einzelnes Gesetz und im Jahr 2013 als ein Buch des zukünftigen ZGB der VR China, sowie der Vorschlagsentwurf zur Revision des Erbgesetzes der VR China von *Yang Lixin* und *Yang Zhen* im Jahr 2012. Ins Deutsche übersetzt von *Wang Qiang*, in: *Eberl-Borger/Wang Qiang* (Hrsg.), a.a.O., S. 135ff.

12 Das ErbG der VR China ist seit ihrem Inkrafttreten am 10.04.1985 bis jetzt unverändert. Das chinesische Erbrecht ist reformbedürftig. Nach chinesischen Berichten erfolgten frühere Reformen über einzelne Revisionen des ErbG. Vgl. *Eberl-Borges*, Die Erbrechtsreform in China, in: *Eberl-Borger/Wang Qiang* (Hrsg.) a.a.O., S. 29, 30. Jedoch würde das neue Erbgesetz nach der Verkündung des Allgemeinen Teils des ZBG der VR China am 15.03.2017 nun vielmehr als ein Buch des ZGB der VR China in Zukunft neu verfasst werden.

Erbquoten quasi verbatim aus den bestehenden Texten des geltenden ErbG abgeschrieben[13]. Dies impliziert, dass im Unterbewusstsein der Entwurfsverfasser die Bestimmungen zur Flexibilisierung der Erbquoten im geltenden ErbG nicht hinterfragt werden müssen.

Angesichts ihrer Wichtigkeit im chinesischen Erbrecht und des Schweigens aus Akademikerkreisen ist eine Evaluation der Vorschriften zur Flexibilisierung der gesetzlichen Erbquoten des ErbG der VR China insbesondere aus der rechtsvergleichenden Sicht[14] notwendig.

II. Gang der Untersuchung

1. Vorüberlegungen

Tatsächlich gibt es bei einer Evaluation vor dem Hintergrund der heutigen chinesischen Rechtswissenschaft viele Hürden zu überwinden, so dass einige Aspekte in dieser Evaluation ggf. nicht behandelt werden können. Zunächst ist zu erwägen, ob dieses Rechtsinstitut verfassungskonform ist, da es offensichtlich einen staatlichen, zwanghaften Eingriff zum in der Verfassung der VR China als Grundrecht gewährleisteten Erbrecht darstellt[15]. Dies würde die Evaluation maßgeblich einschränken. Trotzdem steht die verfassungsrechtliche Wertentscheidung über diesem Rechtsinstitut, welche nach der deutschen juristischen Praxis durch die ständige Rechtsprechung des Bundesverfassungsgerichts erfolgen würde[16], wegen der Unklarheit der Zulassung von Verfassungsbeschwerden in der VR China in Frage[17]. Die Tatsache, dass das ErbG mit wenigen

---

13 Siehe § 24 vom Vorschlagsentwurf zur Revision des Erbgesetzes der VR China von *Liang Huixing* im Jahr 2011, ins Deutsche übersetzt von *Wang Qiang*, in: *Eberl-Borger/Wang Qiang* (Hrsg.), a.a.O., S. 143; § 1956 vom Vorschlagsentwurf zur Revision des Erbgesetzes der VR China von *Liang Huixing* im Jahr 2013, ins Deutsche übersetzt von *Wang Qiang*, in: *Eberl-Borger/Wang Qiang* (Hrsg.). a.a.O., S. 172; § 63 vom Vorschlagsentwurf zur Revision des Erbgesetzes der VR China von *Yang Lixin* und *Yang Zhen* im Jahr 2012, ins Deutsche übersetzt von *Wang Qiang*, in: *Eberl-Borger/Wang Qiang* (Hrsg.), a.a.O., S. 217.

14 Die Rechtsvergleichung ist eine zwangsläufige Methode in der Erforschung des chinesischen Recht, insoweit das heutige chinesische Rechtssystem ein Ergebnis der Rechtsrezeption ist. Ausführlicher unten 1. Teil § 3 I 2, S. 42.

15 Gemäß Art. 13 Abs. 2 Verfassung der VR China schützt der Staat nach den Vorschriften der staatlichen Gesetze das private Vermögen und das Erbrecht der Bürger.

16 Nach der h.M. bilden die Grundrechte im GG seit dem *Lüth-Urteil* und durch weitere Urteile des *BverfG* die „objektive Wertordnung", die eine grundlegende Wertentscheidung für alle Bereiche des deutschen Rechts gewährleistet, vgl. *Epping*, Grundrechte, 6. Aufl., 2015, S. 6.

17 Z.B. vgl. *Xie Libin*, Die verfassungsrechtliche Durchführung des deutschen Gesetzes und die Inspiration für VR China, Zhejiang Social Sciences, 2010 No. 1, S. 39.

Rechtsnormen[18] nach dem Inkrafttreten schon über mehr als 30 Jahre nicht verändert wurde[19], führte weiterhin dazu, dass auf der Seite der Rechtsdogmatik[20] nur ein kleiner Spielraum für die Evaluation bleibt. Außerdem werden die Besonderheiten dieses Rechtsinstituts hinsichtlich seiner Innovationen in den anderen gegenwärtigen Rechtsordnungen selten anerkannt[21]. Insoweit würde sich eine Rechtsvergleichung der konkreten Vorschriften mit anderen Ländern durch reine rechtsdogmatische Untersuchungen, also Mikrorechtsvergleiche[22], als äußerst schwierig erweisen.

Hier bietet sich jedoch die Methode der funktionalen Betrachtung[23] dieses Rechtsinstituts im chinesischen Erbrecht sowohl bei dessen Darstellung, als auch

---

18 Zu dieser Bewertung vgl. *Eberl-Borges*, Erbrechtsreform in China, in: *Eberl-Borger/Wang Qiang* (Hrsg.), a.a.O., S. 34.

19 Das geltende ErbG ist vom 10.04.1985 verkündet und vom 01.10.1985 in Kraft getreten.

20 Zwar gibt es auch im deutschen juristischen Kreis keine eindeutige Antwort auf die Frage, was die Rechtsdogmatik überhaupt ist, vgl. z.B. *Alexy*, Theorie der juristischen Argumentation, 2. Aufl., 1991, S. 307. Doch ist zumindest sicher, dass die Rechtsdogmatik in der Ebene einer Systematisierung aller Rechtsnormen eines Rechtsbereichs mit der Rechtswissenschaft gleichgesetzt wird, vgl. *Dietmar von der Pfordten*, Rechtsphilosophie: Eine Einführung, 2013, S. 12, 13. Insofern ist die Rechtsdogmatik die Rechtfertigung des und das „Lösungsmuster" zum geltenden Gesetz, in welcher die juristische akademische Forschung und die Gerichte über Regelungen, Grundsätze und Lehre ineinandergreifen. Vgl. *Rüthers/Fischer/Birk*, Rechtstheorie mit Juristischer Methodenlehre, 8. Aufl., 2015, S. 195ff. Obwohl diese Auffassung der Rechtsdogmatik auch in China übernommen wurde, ist nach der allgemeinen Meinung in China die Durchführung der Rechtsdogmatik des geltenden Rechts angesichts der aktuellen Lage der chinesischen Gesetzgebung und Rechtsprechung in China noch nicht vollendet, vgl. *Xu Defeng*, Zur Rechtsdogmatik und Werturteil, Peking University Law Journal, 2008 No. 2, S. 165–166, *Huang Hui*, Zur h.M. der Rechtswissenschaft, Peking University Law Review, Vol. 12, 2011 No. 2, S. 377ff., *Bai Bin*, Zur Rechtsdogmatik: Herkunft, Charaktere und ihre Funktion, Global Law Review, 2010 No. 3, S. 16–17, *Ji Hailong*, Rechtsdogmatik: Kraft und Schwäche, SJTU Law Review, 2015 No. 2, S. 94. Deswegen wird im Folgenden bei der Beschreibung des Rechtsinstituts der Flexibilisierungstendenzen von Erbquoten bei der gesetzlichen Erbfolge im chinesischen Erbrecht die Formulierung der „exegetischen Jurisprudenz" oder „Auslegung des Gesetzes" anstelle der „Rechtsdogmatik" benützt, um Missverständnissen vorzubeugen, siehe unten 2. Teil § 6 II, S. 54ff.

21 Vor allem ist das im deutschen Erbrecht nicht vorgesehen. Vgl. *Wang Qiang*, in: *Eberl-Borger/Wang Qiang* (Hrsg.), a.a.O., S. 86. Anderen Ausnahmen sind weltweit selten und oftmals lokalen kulturellen oder religiösen Umständen geschuldet, vgl. *Dutta*, Warum Erbrecht? „Das Vermögensrecht des Generationenwechsels in funktionaler Betrachtung", Habilitation, Verlag Mohr Siebeck, 2014, S. 187.

22 Vgl. *Rheinstein*, Einführung in die Rechtsvergleichung, 2. Aufl., 1987, S. 32, 33.

23 Die funktionelle Rechtsvergleichung der sozialen Funktion eines Rechtsinstituts ist eben eine Aufgabe der Rechtvergleichung. Vgl. *Sandrock*, über Sinn und Methode

bei der Rechtsvergleichung an. Also wird sich im Anschluss die Frage stellen, warum dieses Rechtsinstitut seine jetzige Form hat.

Im Hinblick auf die Beschreibung dieses Rechtsinstituts wird der Schwerpunkt auf den Darstellungen der Faktoren gelegt, welche die Entstehung des Rechtsinstituts beeinflusst haben und dabei in drei Faktoren differenziert werden: Den politischen oder ideologischen Faktor, den Faktor der sozialen Wirklichkeit und den Faktor der historischen Wurzel[24]. Aus der rechtsvergleichenden Sicht bietet sich für die Darstellungen der Faktoren in der Entstehung dieses Rechtsinstituts bezüglich der Erläuterungen in der Wissenschaft der chinesischen Rechtsgeschichte eine vertikale Rechtsvergleichung[25] an. In Bezug auf die horizontale Rechtsvergleichung werden hingegen zwei ähnliche Rechtsinstitute ausgewählt, die hinsichtlich ihrer Funktion und einzelner Bestimmungen ähnlich sind, nämlich das Institut *„family provision"* im englischen Erbrecht und das Rechtsinstitut „Pflichtteilsminderung" im österreichischen Erbrecht. Diese beiden waren zwar aufgrund ihres engen Verhältnisses mit dem Rechtsinstitut „Pflichtteil" in den letzten Jahren häufiger Gegenstand von Debatten im europäischen Erbrecht[26]. Doch kann man ihre Funktionen[27] und vor allem einige Besonderheiten im Vergleich mit dem ähnlichen chinesischen Rechtsinstitut genauer untersuchen. Auch wegen der Vergleichbarkeit bei den konkreten Regelungen ist es wichtig, dass trotz der Unterschiede eine

---

zivilistischer Rechtsvergleichung, 1966, S. 10. Auch vgl. *Rheinstein*, a.a.O., S. 27, auch *Konrad Zweigert/Hein Kötz*, Einführung in die Rechtsvergleichung auf dem Gebiet des Privatrechts, 3. Aufl., 1996, S. 13, 14. Hierbei soll aber betont werden, dass die funktionale Betrachtung in der Untersuchung des Rechtsinstituts bereits im inneren Kontext geführt wird. Dieser Gedanke wird vor allem von Prof. *Anatol Dutta* vertreten, hauptsächlich in seiner Habilitationsschrift Warum Erbrecht? „Das Vermögensrecht des Generationenwechsels in funktionaler Betrachtung" (Fn 21) inspiriert. Die ausführliche Darstellung zu seinem Gedanken als eine Methode und Grundlage dazu siehe unten 1. Teil § 3 II 1, S. 43 und 4. Teil § 12 II 3, S. 215, 216.

24 Diese Differenzierung folgt drei Gründen, von *Wang Hanbin* in den *Erläuterungen zum Entwurf des ErbG* erklärten wurden. Auch *Bydlinski* erwähnt eine Sichtweise, welcher er jedoch nicht zustimmt, nach der diese ungleichmäßige Verteilung des Nachlasses bei der gesetzlichen Erbfolge in „östlichen" Erbrechten als ein Ergebnis der ideologischen Ablehnung des Erbrechts betrachtet wird. Vgl. *Bydlinski*, System und Prinzipien des Privatrechts, 1996, S. 411.

25 Vgl. *Konrad Zweigert/Hein Kötz*, a.a.O., S. 8.

26 Vgl. z.B. *Henrich*, Testierfreiheit vs. Pflichtteilsrecht, 2000, S. 9. Auch vgl. *Dutta*, Entwicklungen des Pflichtteilsrecht in Europa, FamRZ 2011, S. 1833ff.

27 Für Zweifel an der Funktion des Pflichtteils, vgl. *Klingelhöffer*, Pflichtteilsrecht, 4. Aufl., 2014, S. 3. Für die Ergebnisse aus der Forschung über die Funktionen vgl. vor allem *Dutta*, Entwicklungen des Pflichtteilsrecht in Europa, FamRZ 2011, S. 1830ff.; *derselbe*, Warum Erbrecht? 2014, Für eine umfangreiche Darstellung über den Pflichtteil im deutschen Erbrecht mit multiplen Funktionen, S. 548, 370, 427ff., 261ff., 525ff.

neue Evaluation zur Flexibilisierung der gesetzlichen Erbquoten im chinesischen Erbrecht durch die Rechtsvergleichung erfolgt[28].

2. Gang der Untersuchung

Im Anschluss an die Einleitung (§ 1) wird im ersten Teil die Grundlage der Untersuchung dargestellt, und die Frage erörtert, ob die Methode der Rechtsvergleichung im Kontext des vorliegenden Rechtsinstituts angebracht ist (§ 3, § 4). Außerdem werden eine Übersicht des ErbG (§ 2), die Ziele und weitere Untersuchungsmethoden beschrieben (§ 3). Im zweiten Teil wird der Forschungsgegenstand vorgestellt und definiert. In diesem Teil wird das Rechtsinstitut der Flexibilisierung der gesetzlichen Erbquoten im chinesischen Erbrecht selbst beschrieben (§ 5), und zwar aus der Sicht der traditionellen Auslegung des Gesetzes, d.h. aus der Perspektive der Rechtswissenschaft (§ 6). Abschließend werden außerhalb der Perspektive der Rechtswissenschaft drei Faktoren behandelt (§ 7), nämlich der politische oder ideologische Faktor (§ 7 I), der Faktor der sozialen Wirklichkeit (§ 7 II) und der Faktor der historischen Wurzel (§ 7 III). Insofern liegt der Fokus in zweitem Teil hauptsächlich auf § 7, da er als eine vertikale Rechtsvergleichung den eigentlichen Schwerpunkt der Untersuchung bildet. Im dritten Teil (§ 8, § 9, § 10) wird die Rechtsanwendung des Rechtsinstituts der Flexibilisierung der gesetzlichen Erbquoten im chinesischen Erbrecht erläutert werden. Neben der Übersicht der allgemeinen Rechtsanwendung Chinas (§ 8) und der einschlägigen amtlichen und akademischen Stellungnahme (§ 9) wird die konkrete Situation der Rechtsanwendung des Rechtsinstituts der Flexibilisierung der gesetzlichen Erbquoten im chinesischen Erbrecht anhand von Einzelfällen behandelt (§ 10). Anschließend erfolgt im vierten Teil (von § 12 bis § 15) die Evaluation im Rahmen der horizontalen Rechtsvergleichung. Dabei werden zunächst die Rechtsinstitute der *„family provision“* und „Pflichtteilsminderung“ als zwei Seiten beider fiktiv zusammengesetzten Flexibilisierungen allgemein beschrieben und mit der Flexibilisierung der gesetzlichen Erbquoten im chinesischen Erbrecht verglichen (§ 12). Dann werden die konkreten gesetzlichen Bestimmungen, mit einem Schwerpunkt auf der Entwicklung der Funktion einzelner Bestimmungen, für die Rechtsinstitute *„family provision“* (§ 13) und „Pflichtteilsminderung“ (§ 14) vorgestellt, um die Grundlage der Vergleichung zu schaffen. Schließlich wird das Rechtsinstitut der Flexibilisierung der gesetzlichen Erbquoten im chinesischen Erbrecht im Vergleich zu den beiden Flexibilisierungen evaluiert (§ 15). Abschließend (§ 16) werden die Ergebnisse in Thesen und ein Ausblick in zwei Richtungen gegeben werden.

---

28 Siehe unten 1. Teil § 4 II, S. 45, 46. und genauer in 4. Teil §§ 12, 13, 14, S. 211ff.

1. Teil: Die Grundlagen der Untersuchung

Als Grundlagen der Untersuchung wird die Abhandlung in diesem Teil in drei Abschnitte unterteilt. Zunächst wird die chinesische Gesetzgebung zum Erbrecht, der Stand des geltenden chinesischen Erbrechts und die chinesischen Erbrechtsreform dargestellt, welche den Hintergrund dieser Untersuchung darstellen (§ 1). Anschließend sind die konkreten Ziele und die Methoden der Untersuchung zu erläutern (§ 2). Hiernach ist es wegen der Besonderheit dieses Themas notwendig, die Voraussetzungen der wichtigsten Methode dieser Untersuchung, nämlich die Rechtsvergleichung im Erbrecht zu erörtern (§ 3).

§ 2. Ein Überblick über das chinesische Erbrecht

I. Das chinesische Erbgesetz

Das maßgebliche chinesische materielle Erbrecht ist das Erbgesetz ErbG der VR China[29]. Das ErbG wurde am 10.4.1985 vom Nationalen Volkskongress der VR China verabschiedet[30] und ist am 1.10.1985 in Kraft getreten. Mit dem ErbG zusammen wurde die vom damaligen Generalsekretär und zugleich auch Direktor der Rechtsarbeitskommission des Ständigen Ausschusses des Nationalen Volkskongresses der VR China *Wang Hanbin* geschriebene Erläuterung zum Entwurf des ErbG[31] im Amtsblatt des Staatsrats der VR China veröffentlicht, die später in der Literatur direkt als offizielle Begründungen der Gesetzgebung des ErbG angesehen wird[32].

---

29 Chinesische Version in: Succession Law of People's Republic of China, China Legal Publishing House, 2011, S. 1–8; deutsche Übersetzung von *Frank Münzel*, abrufbar unter: http://www.chinas-recht.de/1985.zip. Vgl. Anhang.

30 In: Das Amtsblatt des Staatsrats der VR Chinas, 10.5.1985, Nr. 464 (1985 Nr. 12), S. 339–344.

31 *Wang Hanbin*, Die Erläuterung zum Entwurf des ErbG der VR China, in: Das Blatt des Staatsrats der VR China, 10.5.1985, Nr. 464(1985 Nr. 12), S. 344–349.

32 Als typisch kann die Erklärung im Lehrbuch vom *Wang Kezhong*, einem der frühsten Lehrbücher zum chinesischen Erbrecht nach dem Inkrafttreten des ErbG der VR China ist, angesehen werden. Nach seiner Meinung kann *Wang Hanbins* Erläuterungen zum Entwurf des Erbgesetzes der VR China als Rechtfertigung der Gesetzgebung des ErbG gesehen werden. Vgl. *Wang Kezhong*, Die Einführung des Erbrechts, 1985, S. 15.

Es ist erforderlich zu erwähnen, dass die Ansichten des Obersten Volksgerichts der VR China[33] zur Durchführung des ErbG[34] am 11.9. des gleichen Jahres erlassen wurden. Obwohl dies in der Literatur strittig ist[35], werden die Ansichten des

33 Verschiedene Studien bieten einen Überblick zu diesen Ansichten. Für eine allgemeine Erörterung, siehe *Ji Cheng*, Discussion on the Judicial Interpretation of the Supreme Court in China, Dissertation, 2006, Chinesische Universität für Politikwissenschaft und Recht; für die Stellung der Ansichten des Obersten Volksgerichts als eine Rechtsquelle, siehe: *Ji Changlong*, A Study on the Status of Normative Judicial Interpretation in Source of Law, Dissertation, 2008, Chinesische Renmin Universität. Zu weiteren Bewertungen der Ansichten des Obersten Volksgerichts vgl. unten. Fn 34. Für ausführliche Erklärungen vgl. unten 3. Teil § 9 I 1, vor allem, S. 164.

34 Der volle Titel der Ansichten des Obersten Volksgerichts lautet „Die Erläuterungen des Obersten Volksgerichts zur Durchführung des ErbG" („Supreme People's Courts Opinions on Implementing the Law of Succession") vom 11.9.1985. Sie werden im Folgenden als „Die Ansichten des Obersten Volksgerichts zum ErbG" bezeichnet und bei der Heranziehung einzelner Vorschriften als AOVG zum ErbG abgekürzt. Der chinesische Originaltext ist enthalten in: Succession Law of People's Republic of China, China Legal Publishing House, 2011, S. 9–15; deutsche Übersetzung von *Wang Qiang* in: *Eberl-Borger/Wang Qiang* (Hrsg.), Erbrecht in der VR China.-Die aktuelle Entwicklung im Rahmen des Aufbaus der Privatrechtsordnung 2015. Relevante Artikel sind im Anhang dieser Arbeit wiedergegeben.

35 An dieser Stelle sollen Forschungsstand und repräsentative Werke nur kurz wiedergegeben werden. In der Literatur finden sich gemeinhin drei Argumentationslinien: Die erste ist die Hervorhebung der praktischen Bedeutung und der Legitimität der Ansichten des Obersten Volksgerichts und deren Gültigkeit als ein Gesetz: *Fan Yu*, Die Theorie und die Praxis der Ansichten des Obersten Volksgerichts, Jin Ling Law Review, 2003, Vol. Herbst, S. 21ff.; *Huang Songyou*, Die theoretische Logik und die systematische Struktur der Ansichten des Obersten Volksgerichts, China Legal Science, 2005 No. 2, 3ff.; *Cao Shibing*, Die rechtliche Stellungen der Ansichten und der Entscheidungen des Obersten Volksgerichts, China Legal Science, 2006 No. 3, S. 175ff.; Zweitens gibt es die völlige Ablehnung der Ansichten des Obersten Volksgerichts und scharfe Kritik an ihnen: *Wei Shengqiang*, Die Dislokation und die Umkehrung der Ansichten des Obersten Volksgerichts, Science of Law, 2010 No. 3, S. 56ff.; *Chen Linlin/Xu Yangyong*, Die Tendenzen auf die Gesetzgebung der Ansichten des Obersten Volksgerichts, Zhejiang Social Sciences, 2010 No. 6, S. 33ff.; *Miao Yan/Ye Lizhou*, Das Überdenken zur gesetzgeberischen Politik des Ständigen Ausschusses des Nationalen Volkskongresses, Law and Social Development, 2012 No. 6 (108), S. 76ff.; Drittens findet sich eine Ablehnung der Gültigkeit als ein Gesetz einerseits, gepaart mit der Anerkennung ihrer praktischen Bedeutung als Ergänzung zum Gesetz und Grundlage für eine etwaige Neugestaltung: *Zhou Daoluan*, Die Ansichten des Obersten Volksgerichts deren Normierung, China Legal Science, 1994 No. 1, S. 87ff.; *Deng Xiuming*, Die Neugestaltung des Vorgehens gemäß den Ansichten des Obersten Volksgerichts, Social Science Research, 2007 No. 1, S. 87ff.; *Liu Shan*, Die Rekonstruktion des Systems der Ansichten des Obersten Volksgerichts, Political Science and Law, 2012 No. 7, S. 72ff.; *Chen Su*, Die Idee der Gestaltung der Ansichten des Obersten Volksgerichts, Chinese Journal of Law, 2012 No. 2, S. 3ff.

Obersten Volksgerichts zum ErbG in China normalerweise auch als ein wichtiger Teil des chinesischen materiellen Erbrechts angesehen, weil sie in der Judikatur wie ein Gesetz behandelt werden[36].

Der Weg zum ErbG[37] nach der Gründung der VR China war wegen des ideologischen Einflusses aus der Sowjetunion und wechselnden politischen Bewegungen ein beschwerlicher. Eine kurze Darstellung der Gesetzesgeschichte zum Verständnis des ErbG ist deshalb hilfreich. Vor der Verabschiedung des ErbG gab es vier Entwürfe zum Erbgesetz. Nach dem Erlass der Verfassung der VR China im Jahr 1954 begann die Arbeit an Entwürfen eines Bürgerlichen Gesetzbuchs durch eine Rechtsarbeitsgruppe des Ständigen Ausschusses des Nationalen Volkskongresses. 1955 wurde ein Programm zur Gesetzgebung für das bürgerliche Recht beschlossen, das zuerst Einzelgesetze des bürgerlichen Rechts vorsah und danach die Kompilation dieser Einzelgesetze zu einem umfassenden Bürgerlichen Gesetzbuch anstrebte. Als erstes Einzelgesetz war das Erbgesetz geplant. Im Jahr 1958 wurde die Gesetzgebung allerdings wegen der sogenannten „Kampagne gegen Rechtsabweichler"[38] unterbrochen. Das war der Gang der Erarbeitung des ersten Entwurfs eines Einzelgesetzes des Erbrechts. 1962 organisierte der Ständige Ausschuss des Nationalen Volkskongresses den zweiten Entwurf des Bürgerlichen Gesetzbuches. In diesem Entwurf des Bürgerlichen Gesetzbuches sind das Familienrecht und das Erbrecht zusammen im sogenannten „Buch über das Familienvermögen" erfasst worden. Jedoch brachen auch diese Gesetzgebungsarbeiten im Jahr 1964 wegen der sogenannten „Sozialistischen Erziehungsbewegung"[39] vorzeitig ab. In der ab 1966 zehn Jahre dauernden Kulturrevolution wurde das chinesische Rechtssystem vollständig zerstört, von neuer Gesetzgebung ganz zu schweigen. Nach der zentralen Arbeitskonferenz der Kommunistischen Partei Chinas im November/Dezember 1978 konnte die Rechtsarbeitskommission des Ständigen Ausschusses des Nationalen Volkskongresses erst im Jahr 1979 zum dritten Mal eine Arbeitsgruppe

36 Interessanterweise wurden 2007 die Ansichten des Obersten Volksgerichts zur Arbeit der juristischen Auslegung vom Obersten Volksgericht veröffentlicht. Darin ist bestimmt, dass die Ansichten des Obersten Volksgerichts wie ein Gesetz gelten (Art. 5). Mehr dazu in *Eberl-Borges*, Die Erbrechtsreform in China, in: *Eberl-Borger/Wang Qiang* (Hrsg.), a.a.O., S. 34, 35.

37 Einzelheiten hierzu sehr ausführlich in: *He Shan/Xiao Bing*, Grundriss des ErbG, 1985, S. 10–18; Eine knappe und instruktive Darstellung findet sich bei *Yang Zhenshan*, Die Bedingungen der Entstehung des ErbG der VR Chinas und dessen Charaktere, Tribune of Political Science and Law, 1985 No. 3, S. 22; *Liu Chunmao/Liu Wen*, Einführung in das Erbrecht, 1985, S. 5–7; *Liu Suping*, Erbrecht, 1988, S. 85–87;

38 Auf Englisch „Anti-Rightist Movement", im chinesischen Original 反右运动. Eingehend vgl. *Goldman*, The Party and the intellectuals, in *MacFarquhar/Fairbank* (Hrsg.), The Cambridge History of China, Vol. 14: The People's Republic, Part 1: The Emergence of Revolutionary China, 1949–1965, 1987, S. 253ff.

39 Auf Englisch „The Socialist education movement", im chinesischen Original 社会主义教育运动, eingehend vgl. *Pepper*, New directions in education, in a.a.O., S. 424ff.

einrichten. Diese Arbeitsgruppe verfasste hintereinander vier Entwürfe und das Erbrecht wurde als das sechste Buch zum „Vermögenserbrecht“ mit 28 Paragrafen in den vierten Entwurf des Bürgerlichen Gesetzbuches aufgenommen[40]. Angesichts der wechselhaften Umstände in der Anfangsphase der politischen Reform kam die Rechtsarbeitskommission des Ständigen Ausschusses des Nationalen Volkskongress erst ab dem Jahr 1982 wieder auf die Gesetzgebung der Einzelgesetze zurück. Dieses Mal war die Gesetzgebung des Erbgesetzes noch als vorrangige Aufgabe anberaumt. Ab Juni 1982 organisierte die Rechtsarbeitskommission des Ständigen Ausschusses des Nationalen Volkskongresses den vierten Entwurf des Erbgesetzes. Auf der Grundlage des 28 Paragrafen umfassenden Buches „Vermögenserbrecht“ im vierten Entwurf des Bürgerlichen Gesetzbuches wurde der oben genannte Entwurf des ErbG[41] verfasst. 1985 wurde dieser Entwurf durch die neunte und zehnte Konferenz des Ständigen Ausschusses des Nationalen Volkskongresses geprüft und korrigiert und danach der dritten Konferenz des sechsten Nationalen Volkskongresses zur Prüfung vorgelegt. Am 10.4.1985 wurde das ErbG von der dritten Konferenz des sechsten Nationalen Volkskongresses formell verabschiedet.

Während der 30 Jahre zwischen dem ersten Entwurf des Erbgesetzes von 1955 und dem Erbgesetz vom 10.4.1985 bestanden trotz des Fehlens des formellen Erbrechts darüber hinaus noch materielle erbrechtliche Regelungen, nämlich die vom Obersten Volksgericht zwischenzeitlich veröffentlichten verschiedenen Meinungen zur erbrechtlichen Judikatur[42]. Nach der Verabschiedung des Erbgesetzes wurden diese Regelungen aufgehoben. Allerdings wurden viele der bisherigen Regelungen in das neue Erbgesetz übernommen[43]. Außerdem hatten diese Formen der vom Obersten Volksgericht veröffentlichten, materiellen erbrechtlichen Regelungen im gewissen Sinne auch einen erheblichen Einfluss auf die spätere Veröffentlichung der Ansichten des Obersten Volksgerichts zum ErbG[44].

II. Der Zustand des geltenden chinesischen Erbrechts und dessen bevorstehende Reform

Die gesetzlichen Normen des Erbrechts als solches stellen, wie bei anderen chinesischen privatrechtlichen Einzelgesetzen[45], nur sehr rudimentäre Regelungen

---

40 Vgl. *He Qinhua/Yin Xiaohu (Hrsg.)*, Die Geschichte des Zivilrechts VR Chinas, 1999, S. 28–29, *Qin Wei*, Erbrecht, 2001, S. 19

41 Vgl. *Zhang Yumin*, Grundkurs Erbrecht, 1998, S. 29.

42 In Einzelheiten vgl. *Guo Mingrui/Fang Shaokun*, Erbrecht, 2. Auflage 2004, S. 28–29.

43 *Zhang Yumin*, Grundkurs Erbrecht, 1998, S. 28.

44 Vgl. *Guo Mingrui/Fang Shaokun*, Erbrecht, 2. Aufl., 2004, S. 30.

45 Die Gesetzgebung der chinesischen privatrechtlichen Einzelgesetze und deren System werden hier wegen des Themas der Untersuchung nicht wiederholt dargestellt, die einschlägige deutsche Literatur vgl. *Bu Yuanshi*, Einführung in das Recht Chinas, 2009, 3.Teil Zivilrecht, S. 77ff.; *Christ*, Vertragsfreiheit in China: Ein Vergleich zwischen chinesischem und deutschem Vertragsrecht, 3.Teil Die Entwicklung des

dar, weil es zwischenzeitlich keinen Erlass anderer erbrechtlicher Gesetze oder Ansichten des Obersten Volksgerichts (vgl. oben § 2 I) gab. Daher besteht das chinesische Erbrecht immer noch aus nur zwei Teilen. Die Normen dieser zwei Teile sind extrem knapp gehalten. Einerseits enthält das Erbgesetz lediglich 37 Vorschriften, obwohl darin fundamentale erbrechtliche Rechtsinstitute, wie z.B. der Erbfall (§ 2 ErbG), die gesetzliche Erbfolge (Kapitel 2) und das Testament sowie das Vermächtnis (Kapitel 3) geregelt sind. Auch wenn die Struktur der Ansichten des Obersten Volksgerichts zum Erbgesetz nach dem Vorbild des Erbgesetzes aufgebaut ist, umfassen sie nur 64 Paragrafen[46]. Deswegen stellen sie keine konkreten Bestimmungen dar, sondern vielmehr Prinzipien.

Das Erbgesetz vom 10.4.1985 mit den aus dem gleichen Jahr stammenden Ansichten des Obersten Volksgerichts zum Erbgesetz blieb seit ihrem Erlass in den vergangenen 30 Jahre unverändert. Jedoch hat sich die chinesische Gesellschaft im Zuge der Reform- und Öffnungspolitik, die vom Parteiführer *Deng Xiaoping* in der zentralen Arbeitskonferenz der Kommunistischen Partei Chinas im November/Dezember 1978 beschlossen wurde[47], maßgeblich verändert. Obwohl dieser offiziell „Transformationsprozess"[48] genannte Wandel der chinesischen Gesellschaft noch nicht vollendet ist, wurde das Leben der Chinesen zusammen mit deren Wertevorstellungen in jeder Hinsicht im Zuge des gesellschaftlichen Wandels tiefgehend verändert[49]. Die geltende Regelung genügt dementsprechend den heutigen gesellschaftlichen Tatsachen nicht mehr.

Diese diversen Faktoren fließen ineinander und bilden zusammen das Reformbedürfnis im Erbrecht. Tatsächlich sprechen sich akademische Kreise längst für eine Reform oder Revision des Erbrechts aus[50] und präsentierten auch bereits einige

---

chinesischen Zivilrechts, S. 23ff.; auch *Eberl-Borges*, Zum Stand des chinesischen Privatrechts, in: *Eberl-Borger/Wang Qiang* (Hrsg.), a.a.O., S. 1ff.

46 Weitere Einzelheiten über das chinesische Erbrecht, vgl. *Wang Qiang*, Das chinesische Erbrecht im rechtswissenschaftlichen, -linguistischen und -terminologischen Vergleich mit dem deutschen – unter Berücksichtigung der Erbrechtsreform in der VR China, in: *Eberl-Borger/Wang Qiang* (Hrsg.), a.a.O., S. 61ff.

47 Auf Englisch „The 3rd Plenary Session of the 11th Central Committee of the Communist Party of China", im chinesischen Original 中共十一届三中全会三中全会. Eingehend besprochen in. *MacFarquhar*, The succession to Mao and the end of Maoism, in *MacFarquhar/Fairbank* (Hrsg.), The Cambridge History of China, Vol. 15: The People's Republic, Part 2: Revolutions within the Chinese Revolution 1966–1982, 1991, S. 388ff.

48 Zu dieser Terminologie vgl. *Zhang Wei*, Soziale Probleme im Transformationsprozess Chinas, in: *Geiger* (Hrsg.): An der Schwelle. Gesellschaft und Religion im Transformationsprozess Chinas, 2005, S. 40–57.

49 *Liu Jing*, Die Analyse zu den wesentlichen Charakteren der Entwickelung der Wertanschauung im Lauf Transformationsprozess Chinas, The Forum of People, 2012, No .11, S. 132, 133.

50 Vgl. das Vorwort, in *Chen Wei* (Hrsg.), Die Forschung zum Problem vom Schwerpunkt und Brennpunkt bei Modifizierung des ErbG Chinas, 2013.

Entwürfe[51] für ein neues Erbgesetz. Zuvor hatten chinesischen Medien berichtet[52], das Büro für Zivilrecht der Rechtsarbeitskommission des Ständigen Ausschusses des Nationalen Volkskongresses würde schon über eine Reform des Erbgesetzes nachdenken. Aber in den Berichten des Ständigen Ausschusses des Nationalen Volkskongresses in den letzten fünf Jahren wurde kein Plan für Änderungen des Erbgesetzes als Gesetzgebungsvorhaben verlautbart und auch kein offizieller Entwurf für ein neues Erbgesetz vorgelegt. Allerdings ist die Überarbeitung des Erbgesetzes zum Buch des Erbrechts im neuen ZGB der VR China in naher Zukunft absehbar und diese Nachricht wurde in akademischen Kreisen zweifellos mit Zustimmung aufgenommen.

§ 3. Ziele und Methoden der Untersuchung

Problemdarstellung und Gang der Untersuchung wurden bereits in der Einleitung kurz dargelegt. Trotzdem ist es hier notwendig, konkrete Ziele und Methoden eingehender zu erläutern. Die vorliegende Arbeit ist eine Erörterung eines chinesischen Rechtsinstituts in deutscher Sprache. Schon allein aufgrund der Sprachbarriere ist ergeben sich bei der unmittelbaren Anwendung vieler deutscher Rechtsbegriffe auf das chinesische Recht Probleme. Viele dem Wortlaut nach gleichen Begriffen haben häufig unterschiedliche Bedeutungen und einen anderen Umfang[53]. Eine Beschreibung der konkreten Ziele unter Berücksichtigung der

---

51 Entwürfe von *Liang Huixing* und *Yang Lixin*, vgl. die Übersetzungen von *Wang Qiang*, in: *Eberl-Borger/Wang Qiang* (Hrsg.), a.a.O., der Anhang, S. 135ff.

52 Der erste Bericht, verfasst von der Journalistin *Ji Xin*, stammt aus der Juristischen Abendzeitung vom 1.4.2013. Demnach hat die Rechtsarbeitskommission des Ständige Ausschusses des Nationalen Volkskongresses, aber nicht des Ständige Ausschusses des Nationalen Volkskongresses selbst mit vorbereitenden Arbeiten zur Änderung des Erbgesetzes begonnen. Das bedeutet jedoch nicht, dass die Arbeiten an neuen Entwürfen des Erbgesetzes tatsächlich schon begonnen haben. Deswegen ist die Annahme, die Änderungen des Erbgesetzes wären schon als Gesetzgebungsvorhaben eingeplant, wie sie etwa bei *Eberl-Borges* zu finden ist, nicht zutreffend. *Eberl-Borges*, Erbrechtreform in China, in: *Eberl-Borger/Wang Qiang* (Hrsg.) a.a.O., S. 29, 30. Auch liegt bislang noch kein offizieller Gesetzentwurf vor. *Yang Lixin* von der Chinesischen Renmin Universität vertrat bei einem Interview der Zeitung „China Youth Daily" vom 28.7.2014 sogar die Meinung, das Fehlen der Änderung des Erbgesetzes im Plan des Gesetzgebungsvorhabens des Ständigen Ausschusses des Nationalen Volkskongresses weise auf eine passive Einstellung des Obersten Volksgerichts zur Änderung dieses Gesetzes hin.

53 Als Beispiel sei hier der für diese Untersuchung sehr wichtige Begriff der „gesetzlichen Erbfolge", (im chinesischen Original 法定继承) genannt, der sich im chinesischen und deutschen Kontext stark unterscheidet, was die Abgrenzung des Gegenstands der Untersuchung erheblich erschwert; vgl. die Darstellung im 2. Teil § 5 II, S. 49ff.

begrifflichen Schwierigkeiten ist daher nötig. Weiterhin ist das schlussendliche Ziel dieser Untersuchung eine neue Evaluation eines bestimmten chinesischen Rechtsinstituts aus Sicht der Rechtsvergleichung. Daher ist es nötig, die Methoden gleich zu Anfang zu erläutern, da diesen bei einer Untersuchung aus rechtsvergleichender Sicht besonderes Gewicht zukommt. Die Methode der Rechtsvergleichung selbst, die in der chinesischen Rechtswissenschaft unumgänglich ist, wird in § 4 nochmal gesondert angesprochen.

I. Ziele

1. Die Ausgestaltung dieses Rechtsinstituts

Die Darlegung der Ausgestaltung des Rechtsinstituts der Flexibilisierung der gesetzlichen Erbquoten im chinesischen Erbrecht nimmt den größten Teil dieser Abhandlung ein. Die Darlegung ist dabei in die folgenden fünf Aspekte unterteilt:

a) Grundbegriffe und Gegenstand der Untersuchung

Die Flexibilisierung der gesetzlichen Erbquoten spielt im chinesischen Erbrecht eine wichtige und auch sehr besondere Rolle. Sie ist eine Ausnahme zu den nahezu weltweit allgemeingültigen Regeln der gleichmäßigen Erbschaftsteilung in der gesetzlichen Erbfolge, gemäß welcher die von den (gesetzlichen) Miterben derselben Ordnung geerbten Anteile am Nachlass in der Regel gleich sind (§ 13 Abs. 1 ErbG)[54]. Angesichts der zentralen Bedeutung[55] dieses Grundsatzes in der gesetzlichen Erbfolge im chinesischen Erbrecht belegt das Vorhandensein dieser Ausnahmeregelungen auch deren Wichtigkeit und sie werden auch in der Judikatur häufig zitiert[56]. Andererseits werden diese Ausnahmen aus internationaler Sicht als außergewöhnlich betrachtet[57] und als rechtlich innovativ[58] angesehen. Trotzdem steht dieses Rechtsinstitut in China kaum im Brennpunkt der Forschung zum Erbrecht. Auch wenn einige allgemeine Lehrbücher darauf Bezug nehmen, wird es dort nur in wenigen Worten kurz zusammengefasst und in der Regel nicht ausführlich erklärt[59]. Auch in der Forschungsliteratur finden sich nur selten ausführliche

---

54 Siehe oben § 1 Einleitung. Ähnliche Vorschriften stehen auch im deutschen Erbrecht, vgl. §§ 1924 Abs. 4, 1925 Abs. 2, 1926 Abs. 2, 1928 Abs. 2 Halbsatz 2 BGB.

55 Vgl. auch *Wang Qiang*, in: *Eberl-Borger/Wang Qiang* (Hrsg.), a.a.O., S. 61ff.

56 Vgl. *Chen Wei/Du Jiangyong*, Das gesetzgebende Konzept zum Rechtsinstitut der gesetzlichen Erbfolge Chinas, Modern Law Science, 2002 Vol. 24, No. 3, S. 96.

57 *Liu Wen*, Forschung zur Rechtsvergleichung zum Erbrecht, 2004, S. 85.

58 *Liu Wen*, a.a.O., S. 86.

59 Als Lehrbücher des chinesischen Erbrechts in den 1980 seinen an dieser Stelle beispielhaft genannt: *Zhu Qichao*, Grundriss des ErbG, 1987, S. 32; *He Shan/Xiao Bing*, Grundriss des Erbgesetzes, 1985, S. 22; *Wang Kezhong*, Die Einführung des Erbrechts,1985, S. 5.

Erläuterungen[60]. In diesem Zusammenhang ist eine umfassende Darlegung der Ausgestaltung der Flexibilisierung der gesetzlichen Erbquoten im chinesischen Erbrecht für die praktische Rechtsanwendung unerlässlich.

Bleibt die Frage offen, wie die Ausgestaltung dieses Rechtsinstituts beschrieben werden kann. Einerseits ist bei der chinesischen gesetzlichen Erbfolge die Erbberechtigung grundsätzlich auch nach dem sogenannten Prinzip der Familienbeziehungen[61] bestimmt[62]. Aber das Erbgesetz räumt nach den Prinzipien der Bedürftigkeit oder den Fällen, die in der Flexibilisierung der gesetzlichen Erbquoten spezifiziert sind, auch Menschen außerhalb der Familie eine Erbberechtigung ein. In diesem Sinne hat der Begriff der „gesetzlichen Erbfolge" im Kontext der beiden Sprachen unterschiedliche Bedeutung. Deshalb stellt sich die Frage, in welchem Sinne der Begriff der „gesetzlichen Erbfolge" in dieser Untersuchung verwendet werden kann. Andererseits muss erörtert werden, ob Ausnahmen zum Prinzip der Familienerbfolge in den Gegenstand der Untersuchung aufgenommen werden sollte[63].

b) Der Gegenstand der Untersuchung

Obwohl die konkreten Vorschriften zur Flexibilisierung der gesetzlichen Erbquoten im chinesischen Erbrecht nur knapp gehalten sind, ist es notwendig dieses Rechtsinstitut aus der Perspektive der allgemeinen exegetischen Jurisprudenz darzustellen, mit besonderem Augenmerk auf sprachliche Besonderheiten und innere Logik des Rechtsinstituts. Solche Beschreibungen sind als Untersuchungsgrundlage einer Evaluation eines Rechtsinstituts zwar geläufig. Allerdings ist eine solche Darstellung in der chinesischen juristischen Literatur selten. Deswegen wird dieser Punkt in der vorliegenden Arbeit ausführlich erörtert.

c) Beziehungen zu anderen Rechtsinstituten

Hier gilt es zu untersuchen, welche Stellung die Vorschriften der Flexibilisierung der gesetzlichen Erbquoten im System des geltenden chinesischen Erbrechts einnehmen. Mit anderen Worten, es gilt die Beziehungen zwischen den einschlägigen

---

60 Vgl. *Hou Guoyue*, Die Gestaltung des Systems der Prinzipien des chinesischen Erbrechts, Journal of Guizhou Normal University (Social Science), 2004 No. 5, S. 10ff.

61 Dies bedeutet, dass das Erbrecht in der gesetzlichen Erbfolge gemäß den Verwandtschaftsbeziehungen durchgeführt wird. Die Verwandtschaftsbeziehungen schließen, wie weltweit im Erbrecht üblich, Ehebeziehung und Blutsverwandtschaft ein. Doch deren Bedeutung hat im chinesischen ErbG eine besondere Bedeutung: Ehegatten sind ebenso wie Eltern und Kinder des Erblassers Erben erster Ordnung. Gemäß § 10 ErbG VR China wird der Nachlass in der folgenden Reihenfolge vererbt: 1. Ordnung: Ehegatte, Kinder, Eltern.

62 Zur Formulierung des Prinzips der Verwandtschaftsbeziehungen vgl. *He Shan/Xiao Bing*, Grundriss des Erbgesetzes, 1985, S. 87.

63 Eine konkrete Erörterung folgt im 2. Teil § 5 II, S. 49ff.

Rechtsnormen als eine Einheit – nämlich als ein Rechtsinstitut – und den anderen Vorschriften des chinesischen Erbrechts zu erörtern. Von Bedeutung ist dabei nicht nur die Beziehung zwischen dem Grundsatz (§ 13 Abs. 1 ErbG) und den Ausnahmen (§§ 13 Abs. 2, 3, 4 ErbG), sondern auch die Beziehungen zwischen der Flexibilisierung der gesetzlichen Erbquoten und ähnlichen Vorschriften[64]. Letzterer ist besser geeignet, um die Bedeutung der Flexibilisierung der gesetzlichen Erbquoten im System des chinesischen Erbrechts zu verstehen.

d) Die politischen und sozialen Rahmenbedingungen und die historische Wurzel des Rechtsinstituts

Die Geschichte der Entstehung der Rechtsnormen[65] ist in der exegetischen Jurisprudenz ebenfalls bedeutend. Darüber hinaus werden auch der soziale Hintergrund der Entstehungszeit, politische Faktoren und tiefgreifende historische Wurzeln dieser Vorschriften vorgestellt. Streng genommen überschreitet eine solche Erörterung schon die Grenzen der rechtswissenschaftlichen Darlegung. Allerdings ist sie für ein Verständnis des erbrechtlichen Rechtsinstituts unablässig, da das Erbrecht von Geschichte, Kultur und Politik stark geprägt ist.

e) Die Rechtsanwendung in der Judikatur

Abschließend wird die Situation der Rechtsanwendung dieser Ausnahmeregelungen in der Judikatur[66] untersucht, welche in der chinesischen Literatur seit langer Zeit weitgehend ignoriert wird. Obwohl die Rechtsprechung im kontinentalen Rechtskreis keine gesetzliche Autorität besitzt[67], ist unbestritten, dass gerichtliche Entscheidungen vor allem bei der Interpretation der Rechtsnormen viel Gewicht besaßen[68]. Das ist für das chinesische Recht, das auch zum kontinentalen

---

64 Z.B. kann Nichterben ein angemessener Nachlass zugeteilt werden, wenn sie bei fehlender Arbeitsfähigkeit nicht selbst für ihren Lebensunterhalt aufkommen können und bisher vom Erblasser unterhalten worden sind (vgl. § 14 ErbG).

65 Hiermit ist die Geschichte der Gesetzgebung der Rechtsnormen gemeint, die in engem Zusammenhang mit der Geschichte des ErbG VR Chinas stehen. Davon sind die historischen Wurzeln dieser Rechtsnormen zu unterscheiden.

66 Das heißt die juristische Praxis oder die juristische Entscheidung, vgl. 3. Teil § 10 II, S. 179ff.

67 Damit ist gemeint, dass die Rechtsprechung im kontinentaleuropäischen Rechtskreis nicht wie ein Präzedenzfall im Fallrecht gilt. Das bedeutet jedoch nicht, dass die Rechtsprechung keine Bindungswirkung, insbesondere für die unterinstanzlichen Gerichte, hat. Als tatsächlich bindende Rechtsprechungen bezeichnet man z.B. in Deutschland auch als richterliches Recht, eingehend siehe 3. Teil § 9 I 2, S. 168ff.

68 Siehe unten 3. Teil § 8 II, S. 160ff.

Rechtskreis gehört[69], wegen dessen übermäßig knapper Ausformulierung der Regelung[70] besonders bedeutsam.

2. Evaluation aus Sicht der Rechtsvergleichung

a) Der Vergleichsgegenstand

Vor einer neuen Evaluation eines Rechtsinstituts gilt es den Gegenstand der Rechtsvergleichung zu bestimmen und zu beschreiben. Dies ist jedoch keine einfache Aufgabe, weil dieses Rechtsinstitut als chinesische rechtliche Innovation keine Entsprechung in anderen Staaten hat. Trotzdem kann man mit Rücksicht auf die oben genannte funktionale Betrachtung dieses Rechtsinstituts auch funktional ähnliche Rechtsinstitute in den Gesetzen oder der Judikatur anderer Staaten (hier Österreich und England) finden. Aus diesem Grund bedarf es einer Erklärung der Grundlagen der Methode der Rechtsvergleichung und der Auswahl der Gegenstände der Rechtsvergleichung (ebenso unten im § 3). Im Anschluss werden die ausgewählten Gegenstände der Rechtsvergleichung beschrieben (im 3. Teil).

b) Evaluation der Flexibilisierung der gesetzlichen Erbquoten im chinesischen Erbrecht

Das Ziel dieser Untersuchung ist die Evaluation der Flexibilisierung der gesetzlichen Erbquoten im chinesischen Erbrecht aus der Sicht der Rechtsvergleichung auf Grundlage der Ergebnisse der oben beschriebenen Untersuchungen. Einerseits ist festzulegen, ob die Vorschriften dieses Rechtsinstituts als solche gerechtfertigt sind. Falls dies zu bejahen ist, ist weiterhin darzulegen, wie die Konkretisierung dieser Vorschriften in der Judikatur erfolgen sollte. Demgemäß werden Vorschläge zur Reform des chinesischen Erbrechts gemacht.

Am Ende der Evaluation erfolgt in der Zusammenfassung ein Ausblick auf Lösungsansätze zu den chinesischen juristischen Problemen unter Rücksichtnahme auf den Hintergrund der neuen Evaluation.

---

69 Laut früherer chinesischer Rechtsvergleichung gehört das chinesische Recht zum sogenannten sozialistischen Rechtskreis, z.B. vgl. *Shen Zongling*, Einführung in die Rechtsvergleichung, 1987, S. 341ff. Allerdings wird das chinesische Recht in neueren rechtsvergleichenden Veröffentlichungen als ein Mitglied des kontinentalen Rechtskreises betrachtet. Vgl. *Zheng Zhujun* (Hrsg.), Einführung in die Rechtsvergleichung, 2010, S. 236ff.

70 Insbesondere die zivilrechtlichen Gesetze der VR China. Diese Regelungen wurden als karg eingestuft von deutschen Rechtswissenschaftlern, vgl. *Eberl-Borges*, Zum Stand des chinesischen Privatrechts, in: *Eberl-Borger/Wang Qiang* (Hrsg.), a.a.O., S. 2ff., ebenso wie von chinesischen Rechtswissenschaftler, vgl. *Yang Lixin*, Hindernisse und Erwartungen zum ErbG der VR China als ein Buch des künftigen Zivilgesetzbuchs VR Chinas, Journal of Henan University of Economics and Law, 2016 No. 5, S. 2ff.

II. Methoden der Untersuchung

1. *Die funktionale Betrachtung im Erbrecht als Grundlage der Untersuchung*

Der vorliegenden Untersuchung liegt eine funktionale Betrachtung des Rechtsinstituts zugrunde[71]. Die Flexibilisierung der gesetzlichen Erbquoten ist Teil des gesetzlichen Erbrechtsmodells, mit welchem der chinesische Gesetzgeber auf die chinesische Gesellschaft einwirken will. Nunmehr ist zu fragen, welche Ziele des Gesetzgebers man durch die rechtsdogmatische Darlegung und die im Anschluss unternommene Evaluierung aus rechtsvergleichender Sicht herausfinden kann. Vor diesem Hintergrund ist es zweifellos wichtig, die Funktionen dieses Rechtsinstituts bei der gesetzlichen Erbfolge aufzuzeigen. Darüber hinaus ist die funktionale Betrachtung in der Rechtswissenschaft für eine Untersuchung eines Rechtsinstituts in einem sich entwickelnden Staat, der noch kein echter Rechtsstaat ist und noch nicht mal ein vollständiges Rechtssystem hat, auch ein geeignetes Mittel, welches im Bereich der reinen Rechtswissenschaft zur Zeit unlösbare Problem umgeht, wie die Prüfung des Rechtsinstituts nach dem Verfassungsrecht. Im folgenden Teil ist auch die Darlegung von *Duttas* zu zwei Ansätzen zur Flexibilisierung des Quotenpflichtteils, der eine zwingende erbrechtliche Solidarität darstellt, vorzustellen[72], um die Grundlage beider vergleichenden Flexibilisierungen bei der Rechtsvergleichung zu konstruieren[73].

2. *Weitere Methoden*

Vor dem Hintergrund einer interdisziplinären Wissenschaft[74] gibt es keinen Grund sich auf rechtswissenschaftliche Methoden zu beschränken. Eine rechtswissenschaftliche Untersuchung kann auch geisteswissenschaftliche Methoden zu Rate ziehen. Für die vorliegende Untersuchung waren folgende Methoden von besonderem Nutzen: Neben der Auslegung der Gesetze im Sinne der Hermeneutik, die

---

71 Vgl. auch die Habilitationsschrift von Prof. Dr. *Anatol Dutta*, Warum Erbrecht? „Das Vermögensrecht des Generationenwechsels in funktionaler Betrachtung“, Verlag Mohr Siebeck, 2014. Als Rezension dazu vgl. *Peter Rawert*, So vererbt man heute, Frankfurter Allgemeinen Zeitung (Feuilleton) vom 10. 9. 2014.

72 Vgl. *Dutta*, a.a.O., S. 438ff.

73 Siehe 4. Teil § 12 II 2, S. 213ff.

74 Hiermit sind nicht nur die Rechtssoziologie oder die Rechtsphilosophie gemeint, die im weiteren Sinne ja auch als eine Fachrichtung der Rechtswissenschaft gesehen werden können. Zur Rechtsphilosophie vgl. *Von der Pfordte*, Rechtsphilosophie: Eine Einführung, S. 12.ff., zur Rechtssoziologie *Thomas Raiser*, Aufgabe der Rechtssoziologie als Zweig der Rechtswissenschaft, ZfRSoz, 1994, S. 1, 4. Interdisziplinarität bezieht sich auf Felder wie Soziologie, Geschichte oder Philosophie.

bei einer rechtswissenschaftlichen Untersuchung selbstverständlich ist, stellt die Rechtsvergleichung eine methodische Grundlage dar. Soziologische und historische Analysen kamen bei der Beschreibung der Ausgestaltung dieses Rechtsinstituts zum Einsatz, da ein Verständnis der Hintergründe der chinesischen Gesetze unverzichtbar ist. Daneben kamen Methoden der Statistik bei der Untersuchung der Rechtsanwendung dieses Rechtsinstituts in der Judikatur zum Einsatz.

§ 4. Rechtfertigung der Anwendung rechtsvergleichender Methoden

Die vorliegende Untersuchung ist zwar keine reine rechtsvergleichende Untersuchung, sondern eine Evaluation zu einem chinesischen Rechtsinstitut aus Sicht der Rechtsvergleichung. Trotzdem spielt die Methode der Rechtsvergleichung in dieser Untersuchung eine wichtige Rolle. Aber wegen der Besonderheit des untersuchten Rechtsinstituts und dem Fehlen ähnlicher Rechtsinstitute auf der konkreten rechtlichen Ebene in den anderen staatlichen Rechtsordnungen, also wegen der sogenannten Innovation dieses chinesischen Rechtsinstituts, kann man die Anwendung rechtsvergleichender Methoden durchaus in Frage stellen. Deshalb sind die folgenden Begründungen – ausgehend von zwei Aspekten – kurz darzulegen. Hieraus ergibt sich zum einen die Notwendigkeit der Rechtsvergleichung bei der chinesischen rechtlichen Forschung und zum anderen die Antwort auf Zweifel an der Sinnhaftigkeit des Vergleichs konkreter Rechtsinstitute.

I. Rechtfertigung aus der Rezeption der westlichen Zivilrechtslehre in China

Als eine rechtswissenschaftliche Methode wurde die Rechtsvergleichung im Jahr 1900 begründet[75]. Im Lauf des 20. Jahrhunderts entstanden viele ausgezeichnete Schriften zur Rechtsvergleichung und die Rechtsvergleichungslehre nahm auch ihren Platz in der rechtswissenschaftlichen Forschung ein. Aber der Wert der Rechtsvergleichung als rechtswissenschaftlicher Methode wird bis heute angezweifelt, sodass ein wichtiges Thema vieler Schriften zur Rechtsvergleichung deren Rechtfertigung ist[76]. Trotz der Debatten über die Rechtsvergleichung im westlichen Kontext ist die Rechtsvergleichung in den chinesischen rechtlichen Forschungen aber von grundlegender Bedeutung. Weil die chinesische Rechtswissenschaft im

---

75 In der Geschichte der Rechtsvergleichung wird normalerweise die internationale Konferenz von 1900 in Paris als formelle Begründung dieser Lehre angesehen. Vgl. *Reinhard Zimmermann*, Europäisierung des Privatrechts und die Rechtsvergleichung, 2006, S. 10ff.

76 Vgl. z.B. *Sacco, Rodolfo*, Einführung in die Rechtsvergleichung, deutsche Übersetzung von *Jacob Joussen*, 2. Aufl., 2001, S. 13ff. Am Anfang dieses Buches ist das Problem von „echt und unecht" in der Rechtsvergleichung dargestellt.

Wesentlichen das Ergebnis einer Rezeption der westlichen Rechtslehre ist, die in der späten Qing-Dynastie begann und bis heute andauert[77], stellt die Rechtsvergleichung eine unerlässliche Methode der chinesischen Rechtsforschung dar[78]. Viele rechtliche Terminologien und Lehren können sogar nur durch die Rechtsvergleichung verstanden werden.

II. Rechtfertigung aus der funktionalen Rechtsvergleichung

Zweifel an der Sinnhaftigkeit des Vergleichs konkreter Rechtsinstitute (die sich aus der oben erwähnten fehlenden Entsprechung entsprechender Rechtsinstitute in der Gesetzgebung anderer Staaten ergeben) kann man mit dem Grundsatz der funktionalen Rechtsvergleichung[79] gut ausräumen. Wenn gleiche Rechtsinstitute verschiedener Rechtsordnungen der Rechtsvergleichung zugrunde liegen müssten, bestünde keine Rechtsvergleichung, weil es wegen der Normativität und der lokalen Eigenschaften der Gesetze keine vollständig gleichen Rechtsinstitute in verschiedenen staatlichen Rechtsordnungen geben kann. Dieser Grundsatz gilt in beide Richtungen. Dies bedeutet, dass verschiedene Rechtsordnungen gleiche Probleme mit unterschiedlichen Lösungsansätzen bearbeiten. Daher sind rechtliche Innovation oder Unterschiede der konkreten Rechtsinstitute nach dem Grundsatz der Funktionalität keine Hindernisse der Rechtsvergleichung. Vielmehr ist in ihnen die Möglichkeit angezeigt, eine gemeinsame „Lebensform“ der gesamten Menschheit im Sinne vom *Ludwig Wittgenstein*[80] zu finden. Dasselbe gilt auch für die Grundlage dieser Rechtsvergleichung. Zweifellos stellt einerseits die Flexibilisierung der gesetzlichen Erbquoten im chinesischen Erbrecht eine Innovation des chinesischen Rechts und auch eine Ausnahme zum fast weltweit gültigen[81] Grundsatz der Gleichmäßigkeit der Erbschaftsverteilung unter den gesetzlichen

---

77 Zur Geschichte der Rezeption der westlichen Zivilrechtslehre in China, vgl. *Huang Yuansheng*, Die Rechtsrezeption und das chinesische Recht in der Neuzeit, 2007, S. 45ff.; *Liang Huixing*, Der Geschichtliche Rückblick und die Aussicht von der chinesischen Zivilrechtslehre, Online: http://www.iolaw.org.cn/showArticle.aspx?id=2131 (Zugriff: 15.07.2017). Zwar kann man in der Form des geltenden chinesischen Rechts die Auswirkungen des traditionellen chinesischen Rechtskreises nur schwer erkennen. Aber der Einfluss des traditionellen chinesischen Rechtskreises auf das geltende chinesische Recht ist unbestritten. Die Problematik dieser Untersuchung ist Folge des tiefgreifenden Konfliktes zwischen der rezeptierten Rechtslehre und dem Einfluss des traditionellen chinesischen Rechtskreises – Für Einzelheiten dazu vgl. unten 2. Teil § 7 IV, S. 125ff.

78 Vgl. *Qu Tao*, Die vergleichende Forschung zur Theorie und zum System des Zivilrechts, 2004, S. 17ff.

79 Siehe Fn 23, S. 30, 31.

80 Vgl. *Ludwig Wittgenstein*, Philosophische Untersuchungen/ Philosophical Investigations, 2. Aufl., 1999, §§ 23, 241, S. 11, 88.

81 Siehe Fn 21, S. 30.

Erben derselben Ordnung bei der gesetzlichen Erbfolge (§ 13 Abs. 1 ErbG) dar. Andererseits berücksichtigt dieses Rechtsinstitut den praktischen Bedarf auf Grund der konkreten Versorgungsbedürfnisse oder anderer Einzelfallumstände. In diesem Sinne kann man, abgesehen von der systematischen Zugehörigkeit der einschlägigen Vorschriften, vom funktionalen Standpunkt ausgehend folgende Eigenschaften dieses Rechtsinstituts aufzeigen: Erstens ist es ein Rechtsinstitut über die gesetzliche Regelung der Erbquoten bei der gesetzlichen Erbfolge, nämlich ein vom Gesetz vorgesehenes erbrechtliches Rechtsinstitut. Zweitens ist das Rechtsinstitut eine positive und flexible Reaktion auf holzschnittartige Vorschriften, unter Rücksichtnahme auf den praktischen Bedarf im Einzelfall. Drittens bleibt wegen der Besonderheiten dieser Vorschriften noch ein großer Spielraum für die Anwendung dieses Rechtsinstituts in der Judikatur.

Zwar gibt es in anderen Rechtsordnungen kaum[82] Ausnahmen von der gleichmäßigen Teilung der Erbschaft bei der gesetzlichen Erbfolge, die der Flexibilisierung der gesetzlichen Erbquoten im chinesischen erbrechtlichen Kontext entsprechen würden. Jedoch liegen, wie oben erwähnt[83], im Rechtsinstitut „*family provision*" im englischen Erbrecht und dem Rechtsinstitut der „Pflichtteilsminderung" im österreichischen Erbrecht auch Flexibilisierungen über die Verteilung des Nachlasses[84] vor, die sowohl in ihrer Funktion als auch bei einzelnen Bestimmungen mit Ansätzen der Flexibilisierungen bezüglich der Verteilung des Nachlasses und der rechtlichen Folgen mit der Flexibilisierung der gesetzlichen Erbquoten im chinesischen Erbrecht vergleichbar sind. Die Begründung dafür wird in Folgendem eingehend dargestellt[85].

Zusammenfassend kann gesagt werden, dass eine Grundlage für die Rechtsvergleichung in dieser Untersuchung trotz der großen Unterschiede bei den konkreten Rechtsinstituten und Vorschriften begründet ist, wenn man von der Perspektive der funktionalen Rechtsvergleichung ausgeht und die Ähnlichkeiten der einzelnen Bestimmungen betrachtet. Genau genommen ermöglichen die großen Unterschiede eher einen guten Ausgangspunkt für die Rechtsvergleichung, als dass sie ein Hindernis darstellen würden.

---

82 Siehe *Bydlinski*, a.a.O., S. 411, auch *Dutta*, a.a.O., S. 187.

83 Siehe § 1 Einleitung II 1, S. 31.

84 Wegen ihrer engen Beziehung zum Rechtsinstitut Pflichtteil werden sie im Hintergrund des europäischen Erbrechts, vor allem des deutschen Erbrechts häufig im Teil der Vergleichung mit dem Pfllichtteil oder unter der Einschränkung der Testierfreiheit dargelegt, vgl. Vgl. *Süß*, Länderübersicht Großbritannien: England und Wales und Österreich, in *Meyer/Süß* u.a., Handbuch Pflichtteilsrecht, 3. Aufl., 2013, § 19 Rn. 148ff. und Rn. 343ff.

85 Siehe unten 4. Teil § 12 II 3, S. 215, 216.

2. Teil: Die Flexibilisierung der Erbquoten nach § 13 Abs. 2, 3, 4 des chinesischen Erbgesetzes

§ 5. Begrenzung des Gegenstands der Untersuchung

In diesem Teil wird das Rechtsinstitut der Flexibilisierung der gesetzlichen Erbquoten im chinesischen Erbrecht als solches geschildert. Wie die meisten Erbrechtsordnungen, so auch die deutsche[86], vorsehen, sieht die chinesische gesetzliche Erbfolge der übereinstimmenden Lehrmeinung[87] nach vor, dass Bestimmung der Erben, die Erbrangfolge, die Voraussetzungen der Erbfolge, die Erbquoten der Erben und die Regelungen zur Teilung der Erbschaft unmittelbar im Sinne der gesetzlichen Vorschriften festgesetzt werden. Die rechtlichen Innovationen bei der chinesischen gesetzlichen Erbfolge führen zu einigen Besonderheiten, die die Abgrenzung des Gegenstands der Untersuchung beeinflussen. Deswegen soll nachfolgend zuerst ein kurzer Blick auf die chinesische gesetzliche Erbfolge in ihrer Ganzheit geworfen werden. Im Anschluss wird der Gegenstand der Untersuchung, also der Flexibilisierung der gesetzlichen Erbquoten im chinesischen Erbrecht, genauer eingegrenzt.

I. Überblick über die chinesische gesetzliche Erbfolge

Chinesische Bürger können nach den Bestimmungen dieses Gesetzes Testamente verfassen und dadurch über die genaue Verteilung ihres Vermögens verfügen (§ 16 Abs. 1 ErbG). Weiterhin können Bürger durch Testamente einen oder mehrere der gesetzlichen vorgesehenen Erben als Erben ihres Vermögens festlegen (§ 16 Abs. 2 ErbG), oder aber auch „das Vermögen des Einzelnen dem Staat, Kollektiven oder anderen Personen als den gesetzlichen Erben schenken[88] " (§ 16 Abs. 3 ErbG). Nach allgemeiner Auffassung[89] sieht dieser Paragraph die Freiheit der letztwilligen Verfügung vor (im chinesischen erbrechtlichen Kontext bezieht sich das ausschließlich auf Erbeinsetzung und Vermächtnis durch Testament). Obwohl in §16 Abs. 3 ErbG das Wort „schenken" verwendet wird, umfasst dies trotzdem sowohl Vermächtnis als auch Erbeinsetzung[90]. Deshalb hat die letztwillige Verfügung der gesetzlichen

86 Vgl. *Schlüter/Röthel*, Erbrecht 17. Aufl., 2015, S. 35.

87 Vgl. etwa *Wang Kezhong*, Die Einführung des Erbrechts, 1985, S. 25; *Guo Mingrui/Fang Shaokun*, Erbrecht, 2. Aufl. 2004, S. 93;

88 Im chinesischen Original 赠给.

89 Vgl. *Yang Lixi/Zhu Chengyi*, Monografie vom Erbrecht, 2006, S. 103.

90 *Song Yinqing*, Auslegung und Anwendung Paragraph für Paragraph zum ErbG, 1987, S. 151.

Erbfolge gegenüber im chinesischen Erbrecht auch Vorrang[91], genauso wie im deutschen Erbrecht[92].

Hinterlässt der Erblasser keine letztwillige Verfügung, gelten die Bestimmungen der gesetzlichen Erbfolge (§ 10 ErbG). Im einzelnen gelten Ehegatten, Kinder und Eltern des Erblassers als dessen Erben erster Ordnung (§ 10 Abs. 1 Nr. 1 ErbG) und Geschwister sowie Großeltern väter- und mütterlicherseits des Erblassers als Erben zweiter Ordnung (§ 10 Abs. 1 Nr. 2 ErbG). Das ErbG regelt zwar nur zwei Ordnungen der Erbfolge; diese sind vielen Betrachtern[93] zufolge aber noch zu eng. Besonders wird die Einstufung von Ehegatten in die erste Ordnung der Erben kritisiert[94]. Wie oben bereits erwähnt erben die Einzelnen Mitglieder der Erbengemeinschaft auch grundsätzlich zu gleichen Teilen (§ 13 Abs. 1 ErbG). Im Großen und Ganzen entsprechen die Regelungen der chinesischen gesetzlichen Erbfolge, die den Kreis der Erben grundsätzlich nach dem Ehe- und Verwandtschaftsverhältnis sowie den jeweiligen Erbquoten nach dem Prinzip der Gleichmäßigkeit bei der gesetzlichen Erbfolge festlegt, den weltweit allgemeingültigen Grundsätzen des Erbrechts.

Neben die oben genannten allgemeinen Regelungen finden mehrere Ausnahmen bei der chinesischen gesetzlichen Erbfolge Anwendung, die eine rechtliche Innovation darstellen. Die erste Spezialvorschrift der gesetzlichen Erbfolge ist § 12 ErbG: Haben verwitwete Schwiegerkinder ihren Schwiegereltern gegenüber Unterhaltspflichten[95] erfüllt, so gehören sie zu den Erben der ersten Ordnung. Weiterhin sehen die AOVG dazu ergänzend vor, dass die Kinder der verwitweten Schwiegerkinder, die in Anlehnung an § 12 ErbG gegenüber ihren Schwiegereltern zu Erben erster Ordnung geworden sind, nicht gehindert werden, an ihrer Stelle in die Erbfolge einzutreten, ungeachtet dessen, ob die Schwiegerkinder erneut

---

91 Vgl. §5 ErbG VR Chinas, in dem zwar nicht ausdrücklich die vorrangige Stellung der letztwilligen Verfügung bzw. des Testaments dargestellt stellt wird. Jedoch ist diese nach der systematischen Auslegung unbestritten. Vgl. *Wang Qiang*, in: *Eberl-Borger/ Wang Qiang* (Hrsg.), a.a.O., S. 89.

92 Vgl. *Brox/ Walker*, Erbrecht, 27. Aufl., 2016, S. 23, 24.

93 Vgl. *Jiang Yue/He Lixin*, Eherecht, Familienrecht und Erbrecht, 4. Aufl., 2013, S. 332ff., *Wange Wujing*, Die Betrachtungen zur Verbesserung vom Umfang der Erben bei der gesetzlichen Erbfolge im ErbG VR Chinas, China Notary, 2012 No.2, *Guo Mingrui/ Fang Shaokun/Guan Tao*, Die Forschung zum Erbrecht, 2003, S. 63.

94 *Yang Lixin*, Die Stellungnahme zu zehn Fragen nach der Modifikation des ErbG der VR China, Journal of Law Application, 2012 No. 8, S. 26.

95 Das chinesische Recht kennt drei verschiedene Begriffe, die im Deutschen mit dem Begriff „Unterhalt" wiedergegeben werden. Erstens den Unterhalt von Eltern für ihre Kindern, Im chinesischen Original 抚养; zweiten der Unterhalt zwischen Ehegatten, Im chinesischen Original 扶养; drittens der Unterhalt von erwachsenen Kindern für gealterte Eltern, Im chinesischen Original 赡养. An dieser Stelle ist der Unterhalt im dritten Sinne gemeint. Zu den drei Formen des Unterhalts vgl. auch *Wang Qiang*, in: *Eberl-Borger/Wang Qiang* (Hrsg.), a.a.O., S. 85, Fn 159.

heiraten (Art. 29 AOVG zum ErbG). Nach traditionellem Verständnis gehörten leibliche Enkelkinder, die zusammen mit ihrer Mutter die Familie verließen und in eine andere Familie einheirateten, nicht mehr zum Kreis der Erben. Der Paragraf soll speziell dieser Praxis entgegenwirken. Die zweite Spezialvorschrift regelt die Flexibilisierung der gesetzlichen Erbquoten, die Ausnahmen zum im § 13 Abs. 1 ErbG geregelten Grundsatzes der gleichmäßigen Teilung der Erbschaft gemäß § 13 Abs. 2, 3, 4, 5 ErbG vorgesehen sind. Außerdem kann Nichterben, denen es wegen Arbeitsunfähigkeit nicht möglich ist, ihren eigenen Lebensunterhalt zu bestreiten und die bisher vom Unterhalt des Erblassers abhängig waren, sowie Nichterben, die den Erblasser in größerem Umfang unterhalten haben, eine angemessene Erbschaft zugeteilt werden (§ 14 ErbG sowie Art. 31 AOVG zum ErbG).

II. Eingrenzung des Gegenstands der Untersuchung

Bei der chinesischen gesetzlichen Erbfolge im ErbG lassen sich drei Gruppen der rechtlichen Innovation in Hinsichtlich auf die Flexibilisierung der Erbquoten bilden. Die Gemeinsamkeit dieser drei Gruppen der Innovation liegt darin, dass die Erbberechtigung der Betroffenen (§ 12 ErbG, § 13 Abs. 4 ErbG, § 14 ErbG) oder die Erbquoten (§ 13 Abs. 2, 3, 5 ErbG) der Erben an der Erbschaft angesichts praktischer Umstände, z.B. der Bedürftigkeit der Erben oder der Erfüllung einer Unterhaltspflicht gegenüber dem Erblasser, flexibilisiert werden. Der Unterschied zwischen den einzelnen Arten besteht indes darin, dass zwei der Gruppen (§ 12 ErbG, § 14 ErbG) gesetzliche Erben entgegen dem Grundsatz der Familienerbfolge einsetzen. Insoweit ist es fraglich, ob diese zwei Gruppen auch als Teil des Gegenstands dieser Untersuchung, nämlich der Flexibilisierung der gesetzlichen Erbquoten im chinesischen Erbrecht, angesehen werden sollten. Es ist offensichtlich, dass diese zwei Gruppen von den Innovationen (§ 12 ErbG, § 14 ErbG) nicht die gesetzliche Anpassung der Erbquoten der Erben regeln, die in der gesetzlichen Erbfolge das Recht zu erben haben, sondern Personen, die in der gesetzlichen Erbfolge ursprünglich kein Anrecht auf eine Erbschaft haben, aus praktischen Gründen das Recht zu erben zuteilen. Insoweit unterscheiden sich diese zwei Innovationsgruppen von der Gruppe in § 13 ErbG (also den vier Fälle der Abs. 2, 3, 4, 5 in § 13 ErbG). Zwar heißt ein Großteil der Literatur[96] alle Innovationen, einschließlich in §§ 12, 14 ErbG genannten Innovationen, gut. Jedoch gibt es auch überzeugende Stimmen[97], die Zweifel äußern, insbesondere an § 12 ErbG. Deswegen werden im Folgenden die Positionen zu § 12 ErbG, und auch kurz zu § 14 ErbG, geschildert. Anschließend

96 *Sun Ruojun*, Erbrecht, 2. Aufl., 2008, S. 114ff., *Song Yinqing*, Auslegung und Anwendung Paragraph für Paragraph zum ErbG, 1987, S. 115, 118.

97 Vgl. vor allem. *Guo Mingrui/Fang Shaokun/Guan Tao*, Die Forschung zum Erbrecht, 2003, S. 74, für eine Untersuchung aus der Sicht der Rechtsvergleichung vgl. *Liu Wen*, Die rechtsvergleichende Forschung auf das Erbrecht, S. 102ff.

werden beide bewertet und die Frage der Begrenzung des Gegenstands der Untersuchung aus meiner Sicht beantwortet.

Das Problem der Erbrechte der verwitweten Schwiegerkinder in § 12 ErbG, wird in der Literatur kontrovers diskutiert. Nach manchen Stimmen[98] sollten verwitwete Schwiegerkinder bestimmte Erbschaftsgüter als Gegenleistungen für die Erfüllung der Unterhaltspflichten gegenüber ihren Schwiegereltern erhalten. Allerdings sei es zu diskutieren, an welcher Stelle und in welcher Weise die Güter aus der Erbschaft der Erblasser herausgenommen werden sollen. Die geltende chinesische Vorschrift, die solche Schwiegerkinder als die Erben der ersten Ordnung vorsieht, sei nicht begründet. Gegenstimmen weisen auf zwei Aspekte hin: erstens den allgemeinen erbrechtlichen Grundsatz, nach dem Erben bei der gesetzlichen Erbfolge nach dem Verwandtschaftsverhältnis bestimmt werden, wobei dies nach dem Prinzip des Familienrechts nur die Blutsverwandtschaft[99] beinhaltet. Insoweit ist die Begründung zu der Vorschrift in der Erläuterung zum Entwurf des ErbG[100], nach der diese Vorschrift die Erfüllung der Unterhaltung gegenüber den Alten fördern könnte, nicht nur unzureichend, sondern sogar falsch. Denn die Schwiegerkinder sind keine Verwandten im Sinne der Blutsverwandtschaft und haben eigentlich keine Unterhaltspflichten gegenüber ihren Schwiegereltern. In den Worten der Kritiker[101] ist die Erfüllung der Unterhaltspflichten von Schwiegerkindern gegenüber ihren Schwiegereltern nur ein moralisches, aber kein rechtliches Problem. Zweitens ist diese Vorschrift auch nicht mit den chinesischen Traditionen vereinbar, in der sowohl die Versorgung der Eltern als auch die Erbfolge innerhalb der Familienzweige zu erfolgen hat. Gibt es in einer Familie z.B. zwei Kinder, die jeweils verheiratet sind, müssen Ehegatten der beiden Ehepaare die Erfüllung der Unterhaltspflicht gegenüber den Eltern (Schwiegereltern) immer zusammen leisten. Tritt der Erbfall ein, erfolgt die Erbfolge innerhalb der Familienzweige. Nimmt man nun an, dass eines der beiden Kinder in dieser Familie verstorben ist und sein Ehegatte die Unterhaltspflichten gegenüber seinen Schwiegereltern erfüllt hat, so könnte nach der geltenden Vorschrift des § 12 ErbG dieser Ehegatte ein Erbe der ersten Ordnung der gesetzlichen Erbfolge werden. Gleichzeitig könnten dessen Kinder auch als eintretende Erben nach der Erbfolge durch Eintritt (vgl. § 11 ErbG) Erben der ersten Ordnung der gesetzlichen Erbfolge werden und an der Erbfolge teilnehmen. Im Vergleich zur Familie des anderen Kindes, welche die gleichen Unterhaltspflichten erfüllt hat, erhält dieser Familienzweig nun zwei Erbquoten der Erbschaft, was zu offensichtlichen Ungerechtigkeiten führt. Allerdings

---

98 Vgl. *Guo Mingrui/Fang Shaokun/Guan Tao*, Die Forschung zum Erbrecht, 2003, S. 74, *Li Hongling*, Über zwei Fragen nach dem Umfang der gesetzlichen Erben, Law Science, 2002 No. 4, S. 59ff.

99 Nach § 7 Ehegesetz bedeutet die unmittelbare Blutsverwandtschaft.

100 *Wang Hanbin*, a.a.O., in: Das Amtsblatt des Staatsrats der VR China, 10.5.1985, Nr. 464 (1985 Nr. 12), S. 347.

101 *Guo Mingrui/Fang Shaokun/Guan Tao*, Die Forschung zum Erbrecht, 2003, S. 75.

gibt es Bestrebungen die Erfüllung von Unterhaltspflichten durch Schwiegerkinder gegenüber ihren Schwiegereltern durch gesetzliche Gegenleistungen anzureizen, um die soziale Moral zu fördern. Entsprechende Lösungsvorschläge werden in der Literatur zum Ausdruck gebracht. Ein solcher Vorschlag[102] für die künftige Gesetzgebung Folgendes vor: Verwitwete Schwiegerkinder, die Unterhaltspflichten gegenüber ihren Schwiegereltern erfüllt haben, gehören, wenn es keine eintretenden Erben (d.h. Enkelkinder) gibt, zu den Erben der ersten Ordnung, ansonsten sollen sie passende Güter aus der Erbschaft erhalten. Dadurch könnte zum einen die nicht seltenen Ungerechtigkeiten und die Unvereinbarkeit mit chinesischen Traditionen, die aus der Anwendung der geltenden Vorschrift in § 12 ErbG folgen, vermieden werden und zum anderen die Erfüllung der Unterhaltspflichten gegenüber Schwiegereltern angereizt werden. Dabei könnten solchen Schwiegerkindern gemäß einem anderen Vorschlag[103] *de lege ferenda* die passenden Erbschaftsgüter in Anlehnung an die Vorschrift über die gesetzlichen Erbquoten analog zugeteilt werden. Meines Erachtens ist es gerecht, solche Schwiegerkinder nicht zu den Erben der ersten Ordnung zuzurechnen, sondern *de lege ferenda* die passenden Erbschaftsgüter nach dem gesetzlichen Erbquoten analog zuzuteilen. Daher ist die Rechtsnatur dieser Vorschrift in § 12 ErbG von den Vorschriften in § 13 ErbG zu unterscheiden und ihre Rechtfertigung in Frage zu stellen.

Die Vorschrift in § 14 ErbG wird in der Literatur dagegen nur wenig diskutiert. Der Rechtfertigung dieser Vorschrift wird in der Literatur fast einhellig[104] zugestimmt. Dass sie Nichterben, also Personen außer den gesetzlichen Erben, unter bestimmten Umständen eine angemessene Erbschaft zuteilt, betrifft nicht die gesetzliche Zuordnung der Rechte oder Stellung der Erben, sondern nur die Zuordnung einiger Gegenstände der Erbschaft. Daher gehören diese Ansprüche laut überzeugender Argumentation[105], obwohl sie im Teil der gesetzlichen Erbfolge in ErbG geregelt sind, ohnehin nicht zu den Rechten der Erben, auch wenn die Literatur[106] über ihre Rechtsnatur noch nicht einheitlicher Meinung ist. Deswegen kommen den Vorschriften in § 14 ErbG und denen in § 13 ErbG trotz der Gleichartigkeit ihres Wortlauts nicht die gleiche rechtliche Eigenschaft zu.

Zusammenfassend lässt sich sagen, dass die Vorschriften in §§ 12, 14 ErbG sich ungeachtet der Ähnlichkeit der konkreten Formulierung zunächst hinsichtlich der

---

102 *Guo Mingrui/Fang Shaokun*, Erbrecht, 2. Aufl. 2004, S. 111.

103 *Chen Wei/Ran Qiyu*, Die Betrachtung über die Verbesserung der Gesetzgebung von dem Umfang und der Ordnung der gesetzliche Erben VR Chinas, Legal Forum, 2013 No. 2, S. 53ff.

104 Vgl. *Guo Mingrui/Fang Shaokun*, Erbrecht, 2. Aufl. 2004, S. 123, *Sun Ruojun*, Erbrecht, 2. Aufl., 2008, S. 100.

105 Vgl. *Guo Mingrui/Fang Shaokun*, Erbrecht, 2. Aufl. 2004, S. 124.

106 Eine Zusammenfassung über den Meinungstand bietet. *Xia Zhengfang/Zhang Ya*, Betrachtungen über die Modifikation des ErbG VR Chinas, in *Chen Wei* (Hrsg.), Die Forschung zum Problem vom Schwerpunkt und Brennpunkt bei Modifizierung des ErbG VR Chinas, 2013, S. 41ff.

Rechtsnatur von den Vorschriften in § 13 ErbG maßgeblich unterscheiden. Weiterhin wird die Legitimität der Vorschrift in § 12 ErbG in Frage gestellt. Aus diesen Gründen müssen §§ 12, 14 ErbG im Teil der gesetzlichen Erbfolge im ErbG, die bis zu einem gewissen Ausmaß auch als Flexibilisierung angesehen werden können, aus dem Gegenstand dieser Untersuchung ausgeschlossen werden. Dem zufolge beschränkt sich der Gegenstand dieser Untersuchung nur auf die Vorschriften in § 13 ErbG.

§ 6. Die gesetzliche Ausgestaltung dieses Rechtsinstituts

Trotz der ergänzenden Bestimmungen der AOVG sind alle oben genannten Regelungen dieses Rechtsinstituts so einfach, wie andere erbrechtliche Regelungen und sogar die Regelungen in anderen zivilrechtlichen Einzelgesetzen sind[107]. Im Vergleich zu anderen erbrechtlichen Vorschriften wird dieses Rechtsinstitut auch in Diskussionen kaum ernst genommen. Das zeigt sich nicht nur darin, dass Erörterungen über historische Wurzel und sozialen Hintergrund, Gesetzgebungszweck und Anwendung in der Judikatur dieses Rechtsinstituts in der chinesischen juristischen Literatur kaum in Erscheinung treten[108]. Auch in Lehrbüchern oder Monografien beschränken sich die Darstellungen dieses Rechtsinstituts häufig bloß auf die Wiedergabe der Vorschriftentexte im Wortlaut. Ein Beispiel hierfür sind auch die entsprechenden Umschreibungen zu diesem Rechtsinstitut in zwei aus akademischen Kreisen stammenden Entwürfen für ein neues Erbgesetz, die den Vorschriften im geltenden ErbG fast vollständig entsprechen[109]. Daher korrespondiert die Stellung dieses Rechtsinstituts in der akademischen Diskussion nicht mit der Bedeutung der sogenannten Innovation. Deshalb ist die umfassende Prüfung dieses Rechtsinstituts unter verschiedenen Aspekten notwendig, um deren Neugestaltung in der Erbrechtsordnung zu erfassen. Gleichzeitig stellt sie auch eine unumgängliche Grundlage für eine spätere Neubewertung dar.

Aus diesem Grund folgt der Gang der Erörterung in diesem Paragraf der folgenden Reihenfolge: Am Anfang steht die allgemeine Darlegung der gesetzlichen Regelung dieses Rechtsinstituts (I). Dann folgt die rechtswissenschaftliche Umschreibung im Sinne der exegetischen Jurisprudenz (II). Schlussendlich werden zusammenfassend die daraus resultierenden Konsequenzen genannt (III).

---

107 Vgl. die knappen Regelungen der Allgemeinen Grundsätze des Zivilrechts VR Chinas, die am 12.04.1986 erlassen wurde und am 01.01.1987 in Kraft traten. Vgl. *Eberl-Borges*, Zum Stand des chinesischen Privatrechts, in: *Eberl-Borger/Wang Qiang* (Hrsg.), a.a.O., S. 5.

108 Zusammenfassung über den Stand der Literatur über dieses Rechtsinstitut in *Zhang Yumin* (Hrsg.), Der Entwurf zur Gesetzgebung ErbG der VR China und die gesetzgebenden Gründungen, Vorwort, S. 2ff.

109 Siehe Fn 13, S. 29.

I. Die gesetzlichen Bestandteile

Die Flexibilisierung der gesetzlichen Erbquoten im chinesischen Erbrecht setzt sich zusammen aus einigen Vorschriften von § 13 ErbG und den entsprechenden ergänzenden Bestimmungen in den AOVG. Im Einzelnen sind diese entsprechenden Vorschriften von § 13 in die vier folgenden Fälle einzuordnen: Erstens müssen Erben, die unter besonderen Schwierigkeiten leben und nicht arbeitsfähig sind, bei der Verteilung des Nachlasses besonders berücksichtigt werden (§ 13 Abs. 2 ErbG). Zweitens kann Erben, die dem Erblasser hauptsächlich Unterhalt[110] geleistet oder mit dem Erblasser zusammengelebt haben, bei der Verteilung des Nachlasses ein größerer Erbteil gegeben werden (§ 13 Abs. 3 ErbG). Drittens muss Erben, die die Fähigkeit und die Voraussetzungen gehabt hätten, den Erblasser zu unterhalten, ihre Unterhaltspflichten aber nicht erfüllt haben, bei der Verteilung des Nachlasses nichts oder weniger zugeteilt werden (§ 13 Abs. 4 ErbG). Viertens kann die Erbschaft auch ungleich verteilt werden, wenn die Erben sich darüber einigen (§ 13 Abs. 5 ErbG).

Darüber hinaus enthalten die AOVG zum ErbG mehrere ergänzende Bestimmungen zu einigen Begriffen oder Voraussetzungen der vier Fälle im zweiten Teil des ErbG unter „gesetzliche Erbfolge". Zur „Erfüllung der hauptsächlichen Unterhaltspflichten" in § 13 Abs. 4 ErbG sehen die AOVG zum ErbG vor, dass der Erbe die hauptsächliche Unterhaltsquelle zu Verfügung stellt oder die hauptsächliche Unterstützung mit Arbeitsleistung dem Erblasser anbietet (Art. 30 AOVG zum ErbG). Die Erbquote eines Erben soll normalerweise nicht dadurch beeinträchtigt werden, dass ein Erbe mit der Fähigkeit und den Voraussetzungen, den Erblasser zu unterhalten, zur Erfüllung seiner Unterhaltspflichten bereit ist, der Erblasser jedoch angesichts seiner Umstände (etwa festen Einkünften und eigener Arbeitsfähigkeit) eindeutig auf den Unterhaltsanspruch gegenüber ihm verzichtet hat (Art. 33 AOVG zum ErbG). Zur Abgrenzung der Voraussetzung des Zusammenlebens mit dem Erblasser im § 13 Abs. 2 ErbG und gleichzeitig zur Wiederholung der Folgen der Nichterfüllung im § 13 Abs. 4 ErbG bestimmen die AOVG zum ErbG auch, dass einem Erben, der die Fähigkeit und Voraussetzungen hat, den Erblasser zu unterhalten, der jedoch trotz des Zusammenlebens mit dem Erblasser die Unterhaltspflichten gegenüber dem unterhaltsbedürftigen Erblasser nicht erfüllt, bei der Erbschaftsverteilung weniger oder nichts zuzuteilen sei (Art. 34 AOVG zum ErbG). Dabei enthalten die AOVG zum ErbG auch die Bestimmung, dass eintretende Erben, die nicht arbeitsfähig und ohne Lebensunterhaltsquelle sind oder überwiegende Unterhaltspflichten gegenüber dem Erblasser erfüllt haben, bei der Erbschaftsverteilung ein größerer Anteil zugeteilt werden kann (Art. 27 AOVG zum ErbG).

110 Siehe Fn 95, S. 48.

II. Das Rechtsinstitut in der exegetischen Jurisprudenz

Die Auslegung eines gesetzlichen Rechtsinstituts unterscheidet sich in vier Facetten von der juristischen Methode: Grammatische Auslegung, systematische Auslegung, (subjektiv-) historische Auslegung und (objektiv-) teleologische Auslegung[111]. Diese werden im Folgenden vorgestellt.

1. Grammatische Auslegung

Es ist selbstverständlich, dass jede Auslegung eines gesetzlichen Textes bei dessen Wortsinn beginnen muss. Die Auslegung zur Flexibilisierung der gesetzlichen Erbquoten im chinesischen Erbrecht bildet hier keine Ausnahme. In der Tat können schon aus dem Text der gesetzlichen Vorschriften viele nützliche Schlussfolgerungen gezogen werden.

a) Systematik

Obwohl die allgemeine Beschreibung der Flexibilisierung der gesetzlichen Erbquoten im chinesischen Erbrecht meist als Schilderung der konkreten Vorschriften gestaltet wird, gibt es hierbei unterschiedliche Aspekte zu beachten. Vor allem bei der Beschreibung der Systematik wird allgemein auf das Verhältnis zwischen der Regel und den Ausnahmen zurückgegriffen[112]. Zum einen stellt § 13 Abs. 1 ErbG, der vorsieht, dass unter Erben gleicher Ordnung der geerbte Nachlass in der Regel in gleiche Teile geteilt werden muss, zweifellos die Grundlage der gesetzlichen Erbfolge dar. Die restlichen vier Absätze (§ 13 Abs. 2, 3, 4, 5 ErbG) bilden als Flexibilisierung der gesetzlichen Erbquoten Ausnahmefälle ab. Unter diesen vier Ausnahmefällen kann weiter in zwei Arten von Ausnahmen differenziert werden, nämlich Ausnahmen durch gesetzliche Regelungen (§ 13 Abs. 2, 3, 4 ErbG) und Ausnahmen durch den Willen der Erben (§ 13 Abs. 5 ErbG). § 13 Abs. 5 ErbG ist dabei, wie eine spätere Auswertung einiger exemplarischer Entscheidungen zeigt, nur von geringer Bedeutung. Deshalb sind im Folgenden nur die drei Ausnahmefälle § 13 Abs. 2, 3, 4 ErbG darzustellen.

b) Die drei Ausnahmefälle in § 13 Abs. 2, 3, 4 ErbG

Die durch den Willen der Erben bestimmte Flexibilisierung der gesetzlichen Erbquoten erklärt sich im Hinblick auf die Privatautonomie von selbst. Obwohl die Flexibilisierung gesetzlich abschließend geregelt ist, beinhaltet sie aber doch drei

---

111 Vgl. *Larenz*, Methodenlehre der Rechtswissenschaft, 6. Aufl., 1991, S. 320ff.

112 Vgl. *Guo Mingrui/Fang Shaokun*, Erbrecht, 2. Aufl. 2004, S. 119ff., *Zhang Pinghua/Liu Yaodong*, Die Grundlinien des Erbrechts, S. 177ff., *Jiang Yue/He Lixin*, Eherecht, Familienrecht und Erbrecht, 4. Aufl., 2013, S. 348ff., *Zhang Yumin*, Grundkurs Erbrecht, 1998, S. 217ff.

Fälle, die unter strengen Voraussetzungen verschiedene praktische Umstände berücksichtigen.

aa) § 13 Abs. 2 ErbG

Erben, die bei der Verteilung des Nachlasses gemäß § 13 Abs. 2 ErbG besonders berücksichtigt werden müssen, haben zwei Voraussetzungen zu erfüllen: Sie leben unter besonderen Schwierigkeiten, die über allgemeine Schwierigkeiten hinausgehen, und sind nicht arbeitsfähig, nicht bloß vermindert arbeitsfähig. Beide Voraussetzungen müssen gleichzeitig erfüllt sein. Erben, die zwar unter besonderen Schwierigkeiten (z.B. wegen einer Naturkatastrophe oder Unfällen) leben, aber arbeitsfähig sind, gehören deswegen nicht zu den besonders zu Berücksichtigenden. Das gilt gleichfalls dann, wenn die Erben trotz einer Arbeitsunfähigkeit, etwa wegen Krankheit, körperlicher Behinderung oder hohem Alter, nicht unter besonderen Schwierigkeiten leben. Die Formulierung „besonders berücksichtigt werden müssen" bedeutet, dass die Erbquoten dieser Erben bei der Verteilung des Nachlasses nicht auf dem Niveau der anderen Erben sind, sondern deren Erbquote übersteigen. Es herrscht aber Konsens[113], dass diese Regelung in der Praxis keine absolute Gültigkeit besitzt. Besondere Berücksichtigung muss der angemessene Lebensbedarf der Erben finden, die sowohl unter besonderen Schwierigkeiten leben als auch arbeitsunfähig sind. In Fällen, wo der Nachlass des Erblassers einen größeren Umfang hat und die gleichmäßige Verteilung des Nachlasses zwischen allen Erben den angemessenen Lebensbedarf jener Erben gewährleisten kann, die sowohl unter besonderen Schwierigkeiten leben, als auch arbeitsunfähig sind, ist die besondere Berücksichtigung dagegen nicht notwendig. Hier sind die Erbquoten jedes Erben immer noch in gleiche Teile zu teilen. Gleichwohl wäre die besondere Berücksichtigung auch dann hinfällig, wenn jeder Erbe sowohl unter besonderen Schwierigkeiten lebt, als auch arbeitsunfähig ist. Der Nachlass würde in dem Fall notgedrungen in gleiche Teile geteilt werden.

bb) § 13 Abs. 3 ErbG

Dieser Regelung kann anhand der Konjunktion „oder" (im chinesischen Original 或者) im ersten Halbsatz des Wortlautes in zwei Voraussetzungen unterteilt werden, die beide die Situation im zweiten Halbsatz zur Folge haben können. Aus diesem Grund beinhaltet dieser Absatz in der Tat zwei Unterfälle. Zum einen kann Erben, die dem Erblasser hauptsächlich Unterhalt geleistet haben, bei der Verteilung des Nachlasses ein größerer Teil gegeben werden. Zum anderen können auch Erben, die mit dem Erblasser zu Lebzeiten zusammengelebt haben, bei der Verteilung des Nachlasses einen größeren Teil bekommen. Unter der Erfüllung des

113 *Liu Suping*, Erbrecht, 1988, S. 234, *Zhang Yumin*, Grundkurs Erbrecht 1998, S. 219, *Guo Mingrui/Fang Shaokun*, Erbrecht, 2. Aufl., 2004, S. 121, *Jiang Yue/He Lixin*, Eherecht, Familienrecht und Erbrecht, 4. Aufl., 2013, S. 349, 350.

hauptsächlichen Unterhaltes versteht man nach Vorschrift der AOVG zum ErbG die Zurverfügungstellung der hauptsächlichen Unterhaltsquelle (bzw. finanziellen Quelle) oder das Angebot der hauptsächlichen Unterstützung durch Arbeitsleistung an den Erblasser (Art. 30 AOVG zum ErbG).

Erben im ersten Unterfall sollen einen größeren Teil des Nachlasses bekommen, weil sie hauptsächliche Unterstützungspflichten erfüllt haben. Dadurch kann sowohl ein Grundsatz des Erbrechts[114] erfüllt werden, darüber hinaus aber auch die Entfaltung der öffentlichen sozialen Moral unterstützt werden[115]. In diesem Falle wäre der Nachlass auch ungleichmäßig zu verteilen.

Es gibt unterschiedliche Ansichten[116] über die Gründe für den zweiten Unterfall in diesem Absatz. Einerseits läge zwischen solchen Erben und dem Erblasser, im Vergleich zu den anderen Erben, ein tieferes emotionales Verhältnis vor, weil diese Erben mit dem Erblasser zusammengelebt haben[117]. Zweitens gäbe es auch aufgrund des Zusammenlebens ein engeres wirtschaftliches Verhältnis zwischen diesen Erben und dem Erblasser[118]. Weiterhin seien die Erben, die mit dem Erblasser zusammengelebt haben, nach einigen Ansichten[119] üblicherweise Ehepartner, minderjährige Kinder oder betagte Eltern des Erblassers, die sich in schwierigen Lebenssituationen befänden. Deswegen wären solche Erben gewöhnlich bei der

---

114 Dass der Grundsatz des ErbG „Altersversorgens und der Kindererziehung" (im chinesischen Original 养老育幼), fördert, stammt nach Auffassung von *Wang Hanbin*, einerseits unmittelbar aus „der guten chinesischen Tradition", fördert andererseits aber auch die Erfüllung des verfassungsrechtlichen Gebots der VR China, nach dem erwachse Kinder Unterhalts- und Unterstützungspflichten gegenüber ihren Eltern haben (vgl. Art. 49 Verfassungsgesetz VR Chinas) Diese Verpflichtung wird auch im EheG VR Chinas geregelt (vgl. § 21 EheG VR Chinas). Vgl. *Wang Hanbin*, Die Erläuterungen zum Entwurf des ErbG der VR China, a.a.O., S. 347, dessen Funktion dahinter siehe 2. Teil § 6 II 3 b) bb) (b), S. 68ff.

115 Zur sozialistischen Moral, vgl. *Wang Hanbin*, Die Erläuterungen zum Entwurf des ErbG der VR China, a.a.O., S. 348, *Guo Mingrui/Fang Shaokun*, Erbrecht, 2. Aufl., 2004, S. 121.

116 Einer Meinung nach sollte das Zusammenleben mit dem Erblasser normalerweise mit der Erfüllung des hauptsächlichen Unterhaltes gegenüber dem Erblasser zusammenhängen, was gleichzeitig auch ein wirtschaftliches Verhältnis zwischen beiden bedeutet. Z.B. vgl. *Jiang Yue/He Lixin*, Eherecht, Familienrecht und Erbrecht, 4. Aufl., 2013, S. 349, *Sun Ruojun*, Erbrecht, 2. Aufl., 2008, S. 115. Eine Gegenmeinung vertritt die Ansicht, das Zusammenleben mit dem Erblasser bedeutet ein tiefes verwurzeltes emotionales Verhältnis zwischen dem Erblasser und dem Erben und stellt damit auch einen Grund für einen größeren Teil bei der Verteilung des Nachlasses dar. Z.B. vgl. Vor allem *Guo Mingrui/Fang Shaokun*, Erbrecht, 2. Aufl. 2004, S. 121, *Zhang Pinghua/Liu Yaodong*, Die Grundlinien des Erbrechts, S. 216.

117 *Guo Mingrui/Fang Shaokun*, Erbrecht, 2. Aufl. 2004, S. 121.

118 *Jiang Yue/He Lixin*, Eherecht, Familienrecht und Erbrecht, 4. Aufl., 2013, S. 349ff.

119 *Song Yinqing*, Auslegung und Anwendung Paragraph für Paragraph zum ErbG, 1987, S. 126, 127, *Zhang Yumin*, Die Forschung zum System des Erbrechts, 1999, S. 220.

Teilung des Nachlasses ein größerer Teil zuzusprechen und die Teilung des Nachlasses daher ungleichmäßig.

Es ist hier zu erläutern, dass die Erben in diesen zwei Unterfällen nur ohne besondere Umstände bei den anderen Erben einen größeren Teil des Nachlasses bekommen können. Leben andere Erben gemäß § 13 Abs. 2 ErbG unter besonderen Schwierigkeiten oder sind arbeitsunfähig und befinden jene Erben, die gemäß § 13 Abs. 3 ErbG dem Erblasser hauptsächlich Unterhalt geleistet oder mit diesem zusammengelebt haben, sich in besseren Lebensumständen, ist ein größerer Teil des Nachlasses für letztere Erben nicht notwendig. Wenn einige der anderen Erben besonders berücksichtigt werden müssen und der Nachlass nicht sehr groß ist, soll ein größerer Teil des Nachlasses diesen besonders berücksichtigten Erben vorrangig zugeteilt werden. In diesem Fall wäre es nämlich unmöglich, jenen Erben, die dem Erblasser hauptsächlich Unterhalt geleistet oder mit dem Erblasser zusammengelebt haben, einen größeren Teil des Nachlasses zukommen zu lassen als den Erben, die besonders berücksichtigt werden müssen. Mit einem Wort, stehen die Fälle in § 13 Abs. 3 ErbG in Konflikt mit dem Fall in § 13 Abs. 2 ErbG, so werden erstere in ihrer Anwendung von letzterem verdrängt.

cc) § 13 Abs. 4 ErbG

Gemäß einschlägigen Gesetzen[120] liegen gesetzliche Unterhaltsverhältnisse einschließlich der entsprechenden gesetzlichen Unterhaltsansprüche und Unterhaltspflichten zwischen gesetzlichen Erben gemäß des geltenden Erbgesetzes (vgl. § 10 ErbG) und dem Erblasser vor. Daher wäre es nicht nur eine Verletzung der öffentlichen sozialen Moral[121], sondern der gesetzlichen Unterhaltspflichten, wenn der Erblasser zu Lebzeiten Unterhalt von gesetzlichen Erben benötigt hat, diesen trotz vorhandener Fähigkeit und Voraussetzungen sich jedoch geweigert haben, ihre Unterhaltspflichten zu erfüllen. Deswegen muss solchen Erben entweder gar nichts oder weniger bei der Verteilung des Nachlasses zugeteilt werden.

Erben, denen nichts oder weniger bei der Verteilung des Nachlasses zugeteilt werden muss, müssen gleichzeitig zwei Voraussetzungen erfüllen[122]: Erstens muss der Erblasser zu Lebzeiten Unterhalt von den gesetzlichen Erben benötigt, die Erben ihre Unterhaltspflichten jedoch nicht erfüllt haben. Zweitens müssen die Erben die Fähigkeit und die Voraussetzungen gehabt haben, den Erblasser angemessen zu unterhalten.

---

120 Im Hinblick auf Blutsverwandtschaft zwischen Erblasser und gesetzlichen Erben liegt gewöhnlich zwischen beiden eine gesetzliche Unterhaltsverpflichtung vor, die im Verfassungsgesetz und EheG der VR China geregelt ist. Vgl. Fn 114, S. 56.

121 Vgl. Fn 115, S. 56.

122 Beiden Voraussetzungen müssen zur gleichen Zeit Bestand haben, vgl. *Song Yinqing*, Auslegung und Anwendung Paragraph für Paragraph zum ErbG, 1987, S. 130, *Yang Dawen*, Familienrecht und Erbrecht, 2013, S. 388.

Unter dem Begriff „Unterhalt“ versteht man, wie bereits erwähnt, nicht nur die finanzielle Unterstützung, sondern auch die Unterstützung mit Arbeitsleistung (vgl. Art. 30 AOVG zum ErbG). In der modernen Gesellschaft ist es häufig so, dass ein betagter Erblasser, der ausreichend Rente erhält und keine finanzielle Unterstützung von den Erben benötigt, seinen Alltag aufgrund des hohen Alters und von Krankheiten nicht selbst bestreiten kann[123]. Der Erblasser hat hier zwar kein finanzielles Problem, braucht aber „die Unterstützung mit Arbeitsleistung“. Deshalb sind solche Erblasser in diesem Falle auch unterhaltsbedürftig. Nach der Bestimmung des Art. 33 AOVG zum ErbG sollen dabei die Erbquoten bei der Verteilung in der Regel nicht dadurch berührt werden, wenn ein Erbe, der Fähigkeit und Voraussetzungen hat, den Erblasser zu unterhalten, und zur Erfüllung seiner Unterhaltspflichten bereit ist, der Erblasser jedoch angesichts seiner eigenen finanziellen Einkünfte und Arbeitsfähigkeit ausdrücklich auf seinen Unterhaltsanspruch verzichtet hat[124]. Das heißt: es soll solchen Erben nicht nichts oder weniger bei der Verteilung des Nachlasses zugeteilt werden, wenn der Erblasser keinen Unterhalt der anderen benötigte und die Erben deswegen die Unterhaltspflichten nicht erfüllt haben.

Hingegen ist jenen Erben, die ihre Unterhaltspflichten trotz Fähigkeit und Voraussetzungen und Not des Erblassers nicht erfüllt haben, nichts oder weniger bei der Verteilung des Nachlasses zuzuteilen, ungeachtet dessen, ob die Erben mit dem Erblasser zu Lebzeiten zusammengelebt haben oder nicht (§ 13 Abs. 3 ErbG)[125]. Weiterhin soll nicht nichts oder weniger bei der Verteilung des Nachlasses solchen Erben zugeteilt werden, die aus objektiven Gründen die Unterhaltspflicht nicht erfüllen konnten, weil sie etwa selbst nicht unterhaltsfähig waren (z.B. weil sie minderjährig sind oder eine Behinderung haben) oder die nicht über die Voraussetzungen verfügen (z.B. weil sie selbst bedürftig sind)[126].

c) *Merkmale aus der Sicht der grammatischen Auslegung*

Aus der oben geschilderten grammatischen Auslegung kann man unschwer einige Merkmale der Vorschriften des § 13 ErbG herausfinden. Neben der grundsätzlichen gleichmäßigen Verteilung des Nachlasses bei der gesetzlichen Erbfolge regeln die Vorschriften des § 13 ErbG eine Reihe von Ausnahmefällen der ungleichmäßigen Verteilung des Nachlasses, die sogenannte Flexibilisierung der gesetzlichen Erbquoten. Darin verdrängen die Vorschriften auch nicht die Flexibilisierung der gesetzlichen Erbquoten durch willkürliche Vereinbarungen der gesetzlichen Erben,

---

123 Vgl. *Guo Mingrui/Fang Shaokun*, Erbrecht, 2. Aufl. 2004, S. 122ff.

124 Vgl. *Ma Yinan*, Eherecht, Familienrecht und Erbrecht, 3. Aufl., 2014, S. 292.

125 Über den Vorrang von § 13 Abs. 4 ErbG bei der Rechtsanwendung, wenn es eine Kollision zwischen dem Abs. 3 § 13 ErbG und dem § 13 Abs. 4 ErbG gibt, vgl. *Guo Mingrui/Fang Shaokun*, Erbrecht, 2. Aufl. 2004, S. 122.

126 Zur objektiven Verdrängung der Rechtsanwendung des § 13 Abs. 4 ErbG, vgl. *Yang Dawen*, Familienrecht und Erbrecht, 2013, S. 388.

sondern regeln ausdrücklich, dass die Verteilung des Nachlasses auch ungleichmäßig sein kann, wenn die Erben sich darüber einigen. Damit sind sie überhaupt erst in zwei Teile zu unterscheiden, die vom Willen der Erben abhängige Flexibilisierung (§ 13 Abs. 5 ErbG) und die gesetzlich direkt bestimmte Flexibilisierung (§ 13 Abs. 2, 3, 4 ErbG). Der Schwerpunkt liegt offensichtlich auf Letzteren.

Die Flexibilisierung durch gesetzliche Bestimmungen umfasst wiederum drei Fälle. Diese drei Fälle sind jedoch nicht parallel aufgezählt, sondern in abgestuftem Zusammenhang vorgesehen. Aus Sicht der Rechtswirkung zeigt diese Flexibilisierung auf der aktiven und der passiven Seite zwei Arten auf. § 13 Abs. 2 ErbG und § 13 Abs. 3 ErbG bestimmen in aktiver Weise, unter welchen Voraussetzungen Erben bei der Verteilung des Nachlasses einen Mehranteil bekommen können. Hingegen bezieht sich § 13 Abs. 4 ErbG auf bestimmten Verletzungen der gesetzlichen Pflichten auf deren gesetzliche Sanktion, also passive Rechtswirkung (siehe die Formulierung im Gesetz: „muss bei der Verteilung des Nachlasses nichts oder weniger zugeteilt werden") auf die betroffenen Erben. Aus Sicht der Bindungswirkung unterscheidet sich die Intensität der Rechtsfolgen dieser drei Fälle. Die besondere Berücksichtigung im § 13 Abs. 2 ErbG und die gesetzliche Sanktion im § 13 Abs. 4 ErbG müssen beim Eintreten der entsprechenden gesetzlichen Umstände zwingend („müssen", im chinesischen Original 应当) erfolgen. Dagegen können die Ausnahmen bei den zwei Unterfällen in § 13 Abs. 3 ErbG dem Spielraum („können", im chinesischen Original 可以) der Gerichte überlassen werden. Insoweit kann die Anwendung der § 13 Abs. 2 ErbG und § 13 Abs. 4 ErbG die Anwendung des § 13 Abs. 3 ErbG wie oben beschrieben verhindern. Mit anderen Worten hat die Anwendung der § 13 Abs. 2 ErbG und § 13 Abs. 4 ErbG Vorrang vor der Anwendung des § 13 Abs. 3 ErbG. Die Beziehung der zwei Unterfälle im § 13 Abs. 3 ErbG bleibt dabei in der Literatur noch weiterhin offen[127].

2. *Systematische Auslegung*

Neben den bereits erwähnten Beziehungen der Vorschriften der Flexibilisierung der gesetzlichen Erbquoten zueinander[128], die im gewissen Sinne eine systematische Auslegung innerhalb dieses Rechtsinstituts darstellt, kann auch die Stellung dieses Rechtsinstituts innerhalb des erbrechtlichen Systems als Ganzen durch systematische Auslegung verdeutlichen. Selbstverständlich befinden sich diese Vorschriften, als Ausnahmen zu gesetzlichen Erbquoten der gesetzlichen Erben, in dem Teil des ErbG über die gesetzliche Erbfolge. Diese Beobachtung ist zwar offensichtlich, aber nicht trivial. Zum einen wird dadurch der Anwendungsbereich dieser Vorschriften begrenzt. Zum anderen kann man ausgehend hiervon die Beziehungen dieses Rechtsinstituts mit ähnlichen Rechtsinstituten in der gesetzlichen Erbfolge und darüber hinaus überprüfen.

127 Zu den entsprechenden Grundlagen des zweiten Unterfalls siehe oben S. 39, 40.
128 Zur Beziehung zwischen § 13 ErbG und §§ 12, 14 ErbG, siehe 2. Teil § 5 II, S. 49ff.

a) Ähnliche Rechtsinstitute

aa) Innerhalb der Rechtsnormen der gesetzlichen Erbfolge

Wie oben bereits erwähnt, gibt es zwei Vorschriften, die der Flexibilisierung der gesetzlichen Erbquoten ähneln bei den Rechtsnormen zur gesetzlichen Erbfolge, nämlich §§ 12, 14 ErbG. Obwohl die beiden Normen aus den oben dargestellten Gründen[129] aus dem Bereich des Untersuchungsgegenstands ausgeschlossen wurden, ist es unbestritten, dass auch sie die Flexibilisierung der fixierten gesetzlichen Rechtsinstitute (d.h. der gesetzlichen Erbrechte) beinhalten. Insbesondere zielt diese Flexibilisierung auch auf Gewährung von Hilfe bei praktischer Bedürftigkeit oder bei Schwierigkeiten bestimmter Personen, die dem Erblasser nahestehen, aber normalerweise aus dem Personenkreis der gesetzlichen Erben ausgeschlossen wären, ab.

bb) Außerhalb der Rechtsnormen der gesetzlichen Erbfolge

Tatsächlich gibt es eine Vorschrift außerhalb der Rechtsnormen der gesetzlichen Erbfolge (also im dritten Teil des ErbG über die testamentarische Erbfolge) die ähnlichen Besonderheiten aufweist wie die Flexibilisierung in den Rechtsnormen der gesetzlichen Erbfolge. Das sind der sogenannte „notwendige Teil" des Nachlasses im § 19 ErbG und die einschlägigen Vorschriften in Art. 37 AOVG zum ErbG.

(a) *Allgemein*

§ 19 ErbG bestimmt, dass das Testament Erben, die aufgrund von Arbeitsunfähigkeit keine Lebensunterhaltsquelle haben, einen notwendigen Teil des Nachlasses vorbehalten muss. Daneben hat Art. 37 AOVG zum ErbG einige ergänzende Bestimmungen vorgesehen. Nach Art. 37 Abs. 1 AOVG zum ErbG soll im Zuge der Nachlassregelung solchen Erben vorher ein notwendiger Nachlassanteil vorbehalten werden, falls der Testator diesen Erben keinen Anteil am Nachlass vorbehalten hat; erst mit dem Rest kann nach den testamentarisch angeordneten Verteilungsprinzipien verfahren werden. Bei der Feststellung, ob Erben bei fehlender Arbeitsfähigkeit keine Lebenshaltungsquelle haben, soll man sich gemäß Art. 37 Abs. 2 AOVG zum ErbG nach den konkreten Verhältnissen zum Zeitpunkt des Inkrafttretens des Testaments richten.

(b) *Der Unterschied zum Rechtsinstitut des Pflichtteilsrechts*

Nach allgemeiner Meinung[130] versteht man die Vorschriften im § 19 ErbG und in Art. 37 AOVG zum ErbG als gesetzliche Einschränkung zur Testierfreiheit im ErbG

---

129 Siehe 2. Teil § 5 II, S. 49ff.

130 *Song Yinqing*, Auslegung und Anwendung Paragraph für Paragraph zum ErbG, 1987, S. 165ff., *Guo Mingrui/Fang Shaokun*, Erbrecht, 2. Aufl. 2004, S. 157ff.

der VR China. Einigen Ansichten nach[131] stellt § 19 ErbG zusammen mit § 22 Abs. 1 ErbG[132] und Art. 38 AOVG zum ErbG[133] sogar allgemein einen Fall der Nichtigkeit des Testaments dar. Diese Paragrafen und Vorschriften bilden demnach ein Rechtsinstitut der Nichtigkeit des Testaments. Dieser Meinung folgend führt die testamentarische Verfügung des Erblassers über den nicht entziehbaren Teil, der bestimmten Personen vorbehalten sein soll, zwar nicht zur Nichtigkeit des ganzen Testaments, aber dennoch zu einer Teilnichtigkeit dieser Verfügung selbst. Im Vergleich zu den konkreten Vorschriften in ErbG und AOVG zum ErbG ist diese Ansicht durchaus überzeugend. Umstritten ist aber die Rechtsnatur dieser Vorschriften.

Die Bestimmung, nach der der Testator den notwendigen Teil des Nachlasses vorhalten muss, kann laut einer Argumentationslinie mit dem Rechtsinstitut des Pflichtteils in ausländischen Rechtsordnungen gleichgesetzt werden[134]. Die Bestimmung wird als „zwingend zu erbender Teil" (im chinesischen Original 必留份)[135] bezeichnet und als „notwendiger Teil des Nachlasses" (im chinesischen Original 必要的遗产份额) angesehen[136]. Überzeugend ist die Ansicht, nach[137] der die letzten beiden Bezeichnungen die Bedeutung der Bestimmungen des geltenden chinesischen Erbrechts wiedergeben. Dennoch herrscht allgemeiner Konsens, dass diese Vorschriften, ungeachtet ihrer konkreten Bezeichnung, sich doch vom Rechtsinstitut des Pflichtteils in ausländischen Rechtsordnungen unterscheiden[138].

---

131 Vgl. *Yang Dawen*, Familienrecht und Erbrecht, 2013, S. 364ff., *Jiang Yue/He Lixin*, Eherecht, Familienrecht und Erbrecht, 4. Aufl., 2013, S. 353ff.

132 Gemäß § 22 Abs. 1 ErbG sind von Geschäftsunfähigen oder in ihrer Geschäftsfähigkeit eingeschränkten Personen errichtete Testamente unwirksam.

133 Gemäß Art. 38 AOVG zum ErbG müssen Teile des Testaments als unwirksam gelten, in denen ein Testator testamentarisch über das Vermögen im Eigentum des Staats, eines Kollektivs oder anderer Personen verfügt hat.

134 Vgl. Vor allem *He Shan/Xiao Bing*, Grundriss des Erbgesetzes, 1985, S. 142ff., *Song Yinqing*, Auslegung und Anwendung Paragraph für Paragraph zum ErbG, 1987, S. 168ff., *Liu Chunmao/Liu Wen*, Einführung in das Erbrecht, 1985, S. 151ff., *Liu Chunmao/Chen Yuejun*, Einige Vorschlägen zu Verbesserung des ErbG VR Chinas, Academic Journal of Nankai University(Philosophy and Social Sciences Edition), 1993 No. 4,S. 15.

135 Siehe *Wang Qiang*, in: *Eberl-Borger/Wang Qiang* (Hrsg.), a.a.O., S. 98ff.

136 *Zhu Qichao*, Grundriss des ErbG, 1987,S. 89.

137 Vgl. *Liu Suping*, Erbrecht, 1988, S. 292.

138 Der folgende Vergleich erfolgt zwischen dem notwendigen Teil des Nachlasses im chinesischen Erbrecht und dem Pflichtteil im deutschen Erbrecht. Im 3. Teil dieser Untersuchung wird das Pflichtteilrecht im deutschen Erbrecht ausführlich dargestellt. Siehe auch *Wang Kezhong* Die Einführung des Erbrechts,1985, S. 56ff., *Guo Mingrui/Fang Shaokun*, Erbrecht, 2. Aufl. 2004, S. 159ff., *Jiang Yue/He Lixin*, Eherecht, Familienrecht und Erbrecht, 4. Aufl., 2013, S. 354, *Guo Mingrui/Fang Shaokun/Guan Tao*, Forschung zum Erbrecht, 2003, S. 147ff., *Yang Lixin/Zhu Chengyi*, Monografie vom Erbrecht, 2006, S. 131ff., *Zhang Huagui*, Die gesetzgebende Vorstellung zur

Auf der Ebene des konkreten Tatbestands liegen für eine Nichtigkeit von Teilen des Testaments wegen Verletzung der Bestimmung des notwendigen Teils des Nachlasses viel engere Voraussetzungen als für den Pflichtteil vor. Die berechtigten Erben sind zunächst eindeutig gesetzliche Erben des Testators, die aber von diesem durch das Testament aus der Erbfolge ausgeschlossen wurden. Daneben müssen die Erben gleichzeitig die zwei Voraussetzungen erfüllen, nämlich keine Arbeitsfähigkeit bei gleichzeitiger fehlender Lebensunterhaltsquelle. Das bedeutet auch wie der Fall von § 13 Abs. 2 ErbG, dass Erben, die keine Lebensunterhaltsquelle haben, aber arbeitsfähig sind, oder nicht arbeitsfähig sind, aber eine Lebensunterhaltsquelle haben, nicht zum Kreis der Berechtigten gehören. Der in Frage stehende notwendige Teil des Nachlasses soll gleichwohl nicht mit den gesetzlichen Erbquoten der gesetzlichen Erben gleichgesetzt werden und dem Lebensbedarf solcher Erben angemessen sein[139]. Daher kann dieser notwendige Teil des Nachlasses unter dem Maßstab des angemessenen Lebensbedarfs, der sich nach Notwendigkeit und dem allgemeinen örtlichen Lebensstandard richtet, getroffen werden und entsprechend mehr oder weniger als die gesetzliche Erbquote sein[140]. Einer weiteren Auffassung nach[141] soll das Testament auch für Nichterben, die bei fehlender Arbeitsfähigkeit keine Lebensunterhaltsquelle haben und sich bisher auf vom Erblasser geleisteten Unterhalt stützten, einen notwendigen Teil des Nachlasses vorbehalten. Dies gleicht der Bestimmung im § 14 ErbG. Anderen Auffassungen nach[142] überzeugt diese Ansicht jedoch nicht. Danach berührt die Vorbehaltung des notwendigen Teils des Nachlasses für Nichterben, die bei fehlender Arbeitsfähigkeit keine Lebensunterhaltsquelle haben und sich bisher auf vom Erblasser geleisteten Unterhalt stützten, die Wirksamkeit des Testaments nicht. Die Gegenargumente lauten wie folgt: Zunächst ist das im geltenden Gesetz nicht geregelt; zweitens hat der Testator, unabhängig davon ob er dies freiwillig tun möchte oder nicht, keine gesetzliche Unterhaltspflicht für Nichterben und das Gesetz kann den Testator auch nicht zum Unterhalt zwingen; drittens ist es zu vermuten, dass der Testator Nichterben nicht freiwillig unterhalten möchte, wenn er keinen Teil des Nachlasses für sie im Testament vorbehalten hat, da es dem Testator frei steht, zu Lebzeiten Nichterben zu unterhalten. Schließlich sollen die Umstände der Erben

---

Einführung des Pflichtteilsrechts in das Erbrecht VR Chinas, Modern Law Science, 2004 No. 4, S. 151.

139 Vgl. *Liu Chunmao/Liu Wen*, Einführung in das Erbrecht, 1985, S. 185ff., *Xia Yinlan*, Eherecht, Familienrecht und Eherecht, 2012, S. 264.

140 Vgl. *Guo Mingrui/Fang Shaokun*, Erbrecht, 2. Aufl. 2004, S. 160, *Jiang Yue/He Lixin*, Eherecht, Familienrecht und Erbrecht, 4. Aufl., 2013, S. 354, *Sun Ruojun*, Erbrecht, 2. Aufl., 2008, S. 129ff.

141 Vgl. *Yang Lixin, Zhu Chengyi*, Monografie vom Erbrecht, 2006, S. 132.

142 Vgl. *Yang Dawen*, Familienrecht und Erbrecht, 2013, S. 366, vor allem die Bestreitung aus der Sicht vom Willen des Gesetzgebers und System des ErbG VR Chinas vgl. *Guo Mingrui/Fang Shaokun/Guan Tao*, Die Forschung zum Erbrecht, 2003, S. 148, *Xia Yinlan*, Eherecht, Familienrecht und Eherecht, 2012, S. 265.

zum Zeitpunkt des Erbfalls und nicht beim Zeitpunkt der Testamentserrichtung durch den Testator als Urteilsgrundlage dienen. Jene Erben, die bei der Errichtung des Testaments keine Arbeitsfähigkeit und keine Lebensunterhaltsquelle haben, bei Eintreten des Erbfalls jedoch über Arbeitsfähigkeit oder Lebensunterhaltsquelle verfügen, würden also nicht zu den Berechtigten gehören. Wenn Erben bei der Errichtung des Testaments arbeitsfähig sind oder eine Lebensunterhaltsquelle haben, aber bei dem Tod des Erblassers sowohl nicht arbeitsfähig sind als auch keine Lebensunterhaltsquelle haben, im Testament der notwendige Teil des Nachlasses dazu jedoch nicht vorbehalten wird, wird die Verfügung über diesen Teil im Testament nichtig. Darüber hinaus sollte es klar sein, dass berechtigte Erben bei dem Tod des Erblassers noch leben müssen. Hingegen soll „ein notwendiger Teil des Nachlasses" einer erweiterten Auslegung nach[143] auch für beim Eintreten des Erbfalls bereits gezeugte Kinder im Testament vorbehalten werden für den Fall, dass diese lebendig auf die Welt kommen. Das ist in gewissem Maße ähnlich wie der Pflichtteil des deutschen Erbrechts. Denn im deutschen Erbrecht besteht als eine Einschränkung der Testierfreiheit des Erblassers ein schuldrechtlicher Anspruch auf Auszahlung eines bestimmten Anteils vom Wert des Nachlasses für Familienangehörigen in gewillkürter Erbfolge, die vom Erblasser nach § 1938 BGB durch das Testament von der Erbschaft ausgeschlossen wurden[144].

Primärer Zweck der Bestimmung des „notwendigen Teils des Nachlasses" im Sinne der tatsächlichen Auswirkung des Rechts ist der allgemein herrschenden Meinung nach[145] – wie auch im deutschen Erbrecht[146] – vor allem die Einschränkung der Testierfreiheit. Aber ausgehend vom Wortlaut und den engen Voraussetzungen liegt der Schwerpunkt dieser Bestimmung vielmehr auf praktischen sozialen Funktionen. Als solche werden allgemein[147] die Folgenden genannt: Einerseits dienen die

---

143 Für eine erweiterte Auslegung vgl. *Liu Chunmao/Liu Wen*, Einführung in das Erbrecht, 1985, S. 187, Zusammen mit § 28 ErbG VR Chinas, in diesem es geregelt wird, dass bei der Teilung des Nachlasses der Erbteil eines ungeborenen Kindes vorbehalten werden muss und im Todesfall dem Kind bei der Geburt mit dem vorbehaltenen Erbteil nach der gesetzlichen Erbfolge verfahren wird, stellt dies eine doppelte Sicherung zum Erbrecht des ungeborenen Kindes dar.

144 § 2303 BGB, vgl. *Staudinger Kommentar*, § 2303 von *Otte*, Band V, 2015, Rn. 1, S. 2.

145 Vgl. *Song Yinqing*, Auslegung und Anwendung Paragraph für Paragraph zum ErbG, 1987, S. 163, *He Shan/Xiao Bing*, Grundriss des Erbgesetzes, 1985, S. 144, *Liu Suping*, Erbrecht, 1988, S. 288, *Zhang Yumin*, Grundkurs Erbrecht, 1998, S. 265, *Guo Mingrui/Fang Shaokun*, Erbrecht, 2. Aufl., 2004, S. 157, *Yang Dawen*, Familienrecht und Erbrecht, 2013, S. 365, *Wang Qiang*, in: *Eberl-Borger/Wang Qiang* (Hrsg.), a.a.O., S. 101.

146 Siehe *Kipp/Coing*, Erbrecht, 14. Aufl., 1990, S. 51.

147 Vgl vor allem *Zhang Pinghua/Liu Yaodong*, Die Grundlinien des Erbrechts, S. 278ff. Demnach ist die ursprüngliche Intention des Gesetzgebers des ErbG der VR China im § 19 ErbG der VR China nicht die Einschränkung der Testierfreiheit, sondern die teilweise Erfüllung der Funktion des Unterhalts der schwächsten Mitglieder einer Familie. Daher sollte die Frage nach der Natur dieser Bestimmung offengelassen und der Schwerpunkt der Untersuchung auf ihre praktische Funktion gelegt

Bestimmungen zum Schutz der Interessen jener Erben, die bei fehlender Arbeitsfähigkeit keine Lebensunterhaltsquelle haben. Anderseits sollen sie soziale Belastungen verringern, um die Abwälzung von Belastungen, die traditionell innerhalb der Familie zu tragen sind, vom Testator auf die Gesellschaft zu verhindern.

(c) *Die Besonderheit des Rechtsinstituts im § 19*

Der Unterschied zwischen „notwendigem Teil des Nachlasses" im chinesischen Erbrecht und Pflichtteil im deutschen Erbrecht ist erheblich. Dieser notwendige Teil kann daher nicht als die chinesische Version des Pflichtteils angesehen werden, wie in einigen Schriften behauptet wird[148]. Wegen der engen Voraussetzungen dieses Rechtsinstituts ist die Testierfreiheit im chinesischen Erbrecht erheblich weitreichender[149], sodass die Funktion der Einschränkung der Testierfreiheit nur wenig Bedeutung hat. Dagegen spiegelt dieses Rechtsinstitut die sozialen Gegensätze in China zur Zeit seiner Entstehung wider. Weil das verfügbare Privatvermögen in China damals relativ gering war, schützt das Erbgesetz in erster Linie die Interessen von Personen, die bei fehlender Arbeitsfähigkeit keine Lebensunterhaltsquelle haben, um deren Lebensbedarf aus dem Nachlass abzusichern[150].

b) *Die funktionale Übereinstimmung*

Aus der oben dargestellten systematischen Auslegung ist unschwer zu erkennen, dass die Flexibilisierung der gesetzlichen Erbquoten (§ 13 ErbG) funktional mit anderen ähnlichen Rechtsinstituten innerhalb (§§ 12, 14 ErbG) und außerhalb (§ 19 ErbG) der Rechtsnormen der gesetzlichen Erbfolge übereinstimmen. Mit anderen Worten, die rechtliche Innovation der Flexibilisierung der gesetzlichen Erbquoten in § 13 ErbG stellt im chinesischen Erbgesetz keinen Einzelfall dar. Die Flexibilisierung der gesetzlichen Erbquoten bildet zusammen mit ähnlichen Rechtsinstituten im chinesischen erbrechtlichen System eine Reihe von Flexibilisierung bei den entsprechenden Rechtsinstitute, die vor allem im Hinblick auf die Gewährung

---

werden. *Wang Kezhong*, Die Einführung des Erbrechts,1985, S. 56, auch *Yang Dawen*, Familienrecht und Erbrecht, 2013, S. 365ff.

148 Siehe oben S. 60ff., auch *Eberl-Borges*, Erbrechtsreform in China, in: *Eberl-Borger/Wang Qiang* (Hrsg.), a.a.O., S. 43, auch *Wang Qiang*, in: *Eberl-Borger/Wang Qiang* (Hrsg.), a.a.O., S. 101.

149 Vgl. vor allem *Eberl-Borges*, Erbrechtsreform in China, in: *Eberl-Borger/Wang Qiang* (Hrsg.), a.a.O., S. 44, *Zhang Yumin*, Die Forschung zum System des Erbrechts, 1999, S. 246, *Jiang Yue*, Die Einschränkungen zur Testierfreiheit, in *Chen Wei* (Hrsg.), a.a.O., S. 59, *Guo Mingrui/Fang Shaokun/Guan Tao*, Die Forschung zum Erbrecht, 2003, S. 149, *Zhang Liqiang*, Das Überdenken zur übertriebenen Testierfreiheit im geltenden ErbG VR Chinas, Modern Law Science, 2004 No. 1, S. 66ff.

150 Vgl. *Liu Chunmao/Liu Wen*, Einführung in das Erbrecht, 1985, S. 151, *Guo Mingrui/Fang Shaokun*, Erbrecht, 2. Aufl., 2004, S. 159, *Sun Ruojun*, Erbrecht, 2. Aufl., 2008, S. 129, *Yang Lixi/Zhu Chengyi*, Monografie vom Erbrecht, 2006, S. 131.

des praktischen Lebensbedarfs für die engen Verwandten des Erblassers eine Rolle spielen und einen Anreiz für die Bewahrung enger Verhältnisse zwischen dem Erblasser und Personen, die nicht auf den Kreis der Blutsverwandten begrenzten ist.

3. Historische Auslegung

a) Anhaltspunkt der historischen Auslegung

Historische Auslegung bedeutet in diesem Fall die Ermittlung des Gesetzgeberwillens im Sinne der Rechtswissenschaft durch die gesetzgebenden Materialien der auszulegenden Normtexte[151]. Wie oben dargestellt[152], wurden als die gesetzgebenden Materialien des chinesischen Erbrechts hauptsächlich nur die von *Wang Hanbin*, dem damaligen Generalsekretär und Direktor der Rechtsarbeitskommission des Ständigen Ausschusses des Nationalen Volkskongresses der VR China, geschriebenen Erläuterungen im Amtsblatt des Staatsrats der VR China veröffentlicht. Dabei gibt es keine weiteren gesetzgebenden Materialen des chinesischen Erbrechts, da es nach der Verabschiedung des ErbG am 10.4.1985 keine Veränderung gegeben hat. Aber genau genommen sind diese Erläuterungen keine Begründung des Erbgesetzes. Die Ansichten darin können daher nicht unmittelbar als gesetzgeberischer Wille angesehen werden. Allerdings ist diese Veröffentlichung als die einzige offizielle Erläuterung zum Entwurf des Erbgesetzes der gesetzlichen Auslegung von großer Bedeutung.

b) Auslegung mit Hilfe der Erläuterungen zum Entwurf des ErbG der VR China

Diese Erläuterungen behandeln im ersten Teil die Bedeutung der Bestimmung des ErbG und erklären die rechtliche, insbesondere die verfassungsrechtliche Grundlage der Bestimmung des ErbG, dessen allgemeine Ziele sowie die Funktionen dahinter.

aa) Die allgemeinen gesetzgebenden Absichten des ErbG der VR China

Einerseits ist es notwendig, den Schutz des Erbrechts und des gesetzmäßigen Einzelvermögens durch konkrete Gesetze zu gewährleisten, was gewiss die Konsequenz der Standpunkte von Art. 6 Abs. 1 Satz. 1[153], Art. 11 Abs. 1[154] und Art. 11

151 Zu den Rechtsnormen der Flexibilisierungstendenzen bei den gesetzlichen Erbquoten und den AOVG zum ErbG.

152 Siehe 1. Teil § 2 I, S. 33ff. und Fn 6, S. 28.

153 Gemäß Art. 6 Abs. 1 Satz 1 der Verfassung VR Chinas ist die Grundlage des sozialistischen Wirtschaftssystems der Volksrepublik China das sozialistische Gemeineigentum an den Produktionsmitteln, das heißt das Volkseigentum und das Kollektiveigentum der werktätigen Massen.

154 Gemäß Art. 11 Abs. 1 der Verfassung VR Chinas ist die individuelle Wirtschaft der Werktätigen in Stadt und Land, soweit im Rahmen der gesetzlichen Bestimmungen,

Abs. 2[155] der chinesischen Verfassung aus dem Jahr 1982 ist. In diesen Vorschriften wird dem Privatvermögen von Bürgern, einschließlich ihrer gesetzmäßigen Lebensmittel[156], und ihrer verfassungs- und gesetzeskonformen Produktionsmittel[157], der Schutz der Verfassung und der Gesetze ausdrücklich zugesichert[158]. Dabei sieht Art. 13 Abs. 2[159] der Verfassung auch ausdrücklich die Gewährleistung der rechtlichen Vorschriften zum Schutz der Erbrechte an gesetzmäßigen Einzelvermögens durch den Staat vor. Obwohl die Formulierung, die das Einzelvermögen in die zwei Kategorien der Lebens- und der Produktionsmittel unterscheidet, sichtlich stark ideologisch beeinflusst sind, wurde in ihnen doch, im Gegensatz zu der Verfassung vom Jahr 1954, der Schutz der Erbrechte des gesetzmäßigen Einzelvermögens erneut verfassungsrechtlich geregelt. Diese verfassungsrechtliche Grundlage des Erbgesetzes ist auch in § 1 ErbG[160] festgeschrieben. Darüber hinaus war das Erbgesetz nach Meinung von *Wang Hanbin* auch eine Zusammenfassung der in der Bevölkerung bereits verbreiteten und geeigneten Arten sowie Erfahrungen der Nachfolge des Nachlasses in China[161]. Zweck des Erbgesetzes soll „die passende Festlegung der Erbfolge; die Reduzierung der Streitigkeiten über die Erbfolge"[162] sein. Diesen Absichten erfüllen mehrere Funktionen. Damit soll „die gute Tradition der Altersversorgung und Kindererziehung[163] gestärkt, die harmonische Einheit zwischen Familienmitgliedern und soziale Stabilität gefördert und durch Mobilisierung positiver Faktoren die Entwicklung der sozialistischen Wirtschaft vorangetrieben werden"[164].

---

eine Ergänzung der sozialistischen Wirtschaft des Gemeineigentums. Der Staat schützt die legitimen Rechte und Interessen der individuellen Wirtschaft.

155 Gemäß Art. 11 Abs. 2 der Verfassung VR Chinas leitet, unterstützt und beaufsichtigt der Staat die individuelle Wirtschaft durch administrative Kontrolle.

156 Im chinesischen Original 生活资料.

157 Im chinesischen Original 生产资料.

158 Vgl. *Wang Hanbin*, Die Erläuterungen zum Entwurf des ErbG VR Chinas, in: a.a.O., Eins Abschnitt 1, S. 345.

159 Gemäß Art. 13 Abs. 2 Verfassung VR Chinas schützt der Staat nach den Vorschriften der staatlichen Gesetze das private Vermögen und das Erbrecht der Bürger.

160 Gemäß § 1 ErbG wurded dieses Gesetz aufgrund der Verfassung der VR China zum Schutze des Erbrechts von bürgerlichem Privatvermögen erlassen.

161 Vgl. *Wang Hanbin*, Die Erläuterungen zum Entwurf des ErbG VR Chinas, in: a.a.O., Eins Abschnitt 2, S. 345.

162 Vgl. das Vorwort von AOVG zum ErbG, auch vgl. *Wang Hanbin*, Die Erläuterungen zum Entwurf des ErbG VR Chinas, in: a.a.O., Vier Abschnitt 2, S. 347.

163 Siehe oben Fn 133, S. 61.

164 Vgl. *Wang Hanbin*, Die Erläuterungen zum Entwurf des ErbG VR Chinas, in: a.a.O., Vier Abschnitt 2, S. 347.

bb) Einschlägige konkrete Absichten zum ErbG VR Chinas

In den folgenden Abschnitten werden verschiedene Aspekte der oben vorgestellten Absichten konkreter erklärt. Für das Thema dieser Untersuchung relevant sind der dritte Teil „Über den Schutz des Erbrechts der Frauen“[165] und der vierte Teil „Über den Unterhalt für Alte und Kinder“[166] in den Erläuterungen. Im Folgenden werden diese jeweils kurz dargestellt.

(a) *Der Schutz des Erbrechts der Frauen*

Der dritte Teil der Erläuterungen geht auf den Aspekt des Schutzes der Frauen im Erbrecht ein. Einerseits ist in der Verfassung geregelt, dass „die Frauen in der Volksrepublik China in allen Bereichen des politischen, wirtschaftlichen, kulturellen und gesellschaftlichen Lebens sowie des Familienlebens die gleichen Rechte wie die Männer genießen“, und dass „der Staat die Rechte und Interessen der Frauen schützt“[167]. Andererseits ist das Erbrecht der Frauen in einigen Gebieten Chinas, insbesondere auf dem Land noch nicht gewährleistet, was dem Einfluss der traditionellen chinesischen Kultur geschuldet ist[168]. Die fehlende Gewährleistung des Erbrechts für Frauen schlug sich in der Realität hauptsächlich in zwei Aspekten nieder: Zum einen konnte das Erbrecht von Töchtern meist praktisch nicht gewährleistet werden. Zum anderen sah das Erbrecht von verwitweten Frauen bei Wiederheirat den Verlust des geerbten Vermögens vor. Daher betont der Entwurf des Erbgesetzes besonders die erbrechtliche Gleichstellung von Männern und Frauen unter den gesetzlichen Erben[169] einerseits und das Heraustrennen eines Teils des gemeinsamen Vermögens der Eheleute für die verwitwete Ehefrau aus dem Nachlass des Ehemannes[170] andererseits. Später wurden dem Entwurf mit Rücksicht auf die tatsächliche Situation auf dem Land einige flexible Bestimmungen hinzugefügt. Demnach kann einerseits Erben, die dem Erblasser hauptsächlich Unterhalt geleistet haben oder mit dem Erblasser zusammengelebt haben, bei der Verteilung des Nachlasses ein größerer Teil gegeben werden (§ 13 Abs. 3 ErbG). Andererseits kann der Nachlass auch ungleich verteilt werden, wenn die Erben

---

165 Vgl. *Wang Hanbin*, Die Erläuterungen zum Entwurf des ErbG VR Chinas, in: a.a.O., Drei der Titel, S. 346.

166 Vgl. *Wang Hanbin*, Die Erläuterungen zum Entwurf des ErbG VR Chinas, in: a.a.O., Vier der Titel, S. 347.

167 Vgl. Art. 48 Abs. 1 und Abs. 2 Verfassung VR Chinas.

168 Vgl. *Wang Hanbin*, Die Erläuterungen zum Entwurf des ErbG VR Chinas, in: a.a.O., Drei, S. 346.

169 Gemäß § 9 ErbG sind in ihren Erbrechten Männer und Frauen gleich.

170 Die Hälfte des Vermögens im gemeinsamen Eigentum von Eheleuten, das diese während des Fortbestands der Ehe erworben haben, muss, wenn keine anderslautenden vertraglichen Bestimmungen vorliegen, bei der Teilung des Nachlasses zunächst als Eigentum des anderen Ehegatten herausgenommen werden. Der Rest ist der Nachlass des Erblassers, vgl. § 26 ErbG.

sich darüber einigen (§ 13 Abs. 5 ErbG). Daher kann durch flexible Behandlung auf Grundlage der Erbrechtsgleichheit von Männern und Frauen der komplizierten Situation auf dem Land genüge getan werden[171].

(b) *Unterhalt für Alte und Kinder*

Der vierte Teil dieser Erläuterung erklärt einen anderen Wertungsfaktor konkreter, nämlich die Rücksicht auf den Unterhalt für Kinder und Alte, der die Bestimmung der besonderen Rechtsregelungen im Erbgesetz prägt. Darunter fassen die Erläuterungen drei Zwecke zusammen, die in einer Reihe von Regelungen zur Flexibilisierung, die die Flexibilisierung der gesetzlichen Erbquoten einschließen, enthalten sind[172]. Erstens ist es Ziel, über diese besondere Flexibilisierung im Erbgesetz einige der Ziele der chinesischen Verfassung umzusetzen. Denn Art. 49 der Verfassung der VR China bestimmt die Pflicht der erwachsenen Kinder, „ihre Eltern zu unterhalten und zu unterstützen"[173] und das Verbot, „alte Leute zu misshandeln"[174]. Daher wurde der Entwurf des Erbgesetzes beim Erbrecht und den gesetzlichen Erbquoten besonders flexibel geregelt. So helfen die Vorschriften in § 7 ErbG[175] (Verlust des Erbrechts in bestimmten Fällen), in § 13 Abs. 4 ErbG (Erben wird in bestimmten Fällen nichts oder weniger zugeteilt) in § 13 Abs. 3 ErbG (bestimmte Erben erhalten einen größeren Erbteil), in § 14 Halbsatz 2 ErbG (angemessene Zuteilung des Nachlasses an Nichterben) und, in § 12 ErbG (Erbrechte verwitweter Schwiegerkinder) für eine bessere Erfüllung des Unterhalts der Alten zu sorgen[176]. Zweitens ist es insbesondere auf dem Land üblich, dass Erblasser mit Unterhaltsleistenden (sowohl Einzelpersonen als auch Organisationen der kollektiven Eigentumsordnung auf dem Land) Vereinbarungen über Vermächtnisse und Unterhalt abschließen. In diesen Vermächtnissen ist häufig bestimmt, dass der Unterhaltsleistende für den Unterhalt der Alten aufkommt und nach dem Tod des Erblassers als Begünstigter berechtigt ist. Wenn der Unterhaltsleistende eine Organisation der kollektiven Eigentumsordnung auf dem Land ist, so fällt der Nachlass des

---

171 Vgl. *Wang Hanbin*, Die Erläuterungen zum Entwurf des ErbG VR Chinas, in: a.a.O., Drei, S. 346, 347.

172 Vgl. *Wang Hanbin*, Die Erläuterungen zum Entwurf des ErbG VR Chinas, in: a.a.O., Vier Abschnitt 1, 3, S. 347, 348.

173 Gemäß Art. 49 Abs. 3 Halbsatz 2 Verfassung der VR China haben erwachsene Kinder die Pflicht, ihre Eltern zu unterhalten und zu unterstützen.

174 Gemäß Art. 49 Abs. 4 Satz 2 Verfassung der VR China ist es verboten, alte Leute, Frauen und Kinder zu misshandeln.

175 Gemäß § 7 Nr. 1 und Nr. 2 ErbG verliert der Erbe das Erbrecht, wenn er eine der folgenden Handlungen begeht: 1. Vorsätzliche Tötung des Erblassers; [...] 3. Vernachlässigung des Erblassers; grausame Behandlung des Erblassers in schwerwiegenden Fällen; [...].

176 Vgl. *Wang Hanbin*, Die Erläuterungen zum Entwurf des ErbG VR Chinas, in: a.a.O., Vier Abschnitt 1, S. 347.

Erblassers im Erbfall gemäß den Vereinbarungen unmittelbar der Organisation der kollektiven Eigentumsordnung zu. Die Praxis beweist, dass die Anwendung dieser Festlegung für die Versorgung und den Unterhalt der Alten unter den praktischen Gegebenheiten der damaligen Zeit von Nutzen war[177]. Daher hat der Gesetzgeber im Entwurf diese Traditionen in Form eines Gesetzes (§ 31 ErbG[178]) festgelegt. Andererseits versucht der Gesetzgeber im Entwurf mit den oben genannten flexiblen, Ausnahmeregelungen diese vom Gesetz bestimmten Handlungsweisen zu verstärken, „um die gute chinesische Volkstradition des Unterhalts, der Ehrung und der Versorgung der Alten unter dem sozialistischen System nicht abzuschwächen, sondern zu stärken“[179]. Diese Vorschriften im Erbrecht verkörpern also auch chinesische Charakteristiken. Drittens ist die Festlegung einiger flexibler Vorschriften auch für den Unterhalt minderjähriger Kinder und für die Anpassung des Erbteils für Erben, die nicht selbstständig leben können, vorteilhaft. Dieses Ziel zeigt sich in den sechs Rechtsnormen des Entwurfs[180]. Drei allgemeine erbrechtliche Regelungen regeln die Erbrechte unehelicher Kinder, von Adoptivkindern und denjenigen Stiefkindern, zu denen eine Unterhaltsbeziehung besteht[181]. Weiterhin wird der Fall geregelt, dass Erben, die Blutsverwandte der nächsten Generation in gerader Linie sind, in die Erbfolge eintreten, falls die Erben des Erblassers vor dem Erblasser[182] sterben. Auch geregelt wird die Vorbehaltung von Erbquoten für ungeborene Kinder bei der Teilung des Nachlasses[183]. Dieses Ziel wird nach Ansicht der

177 Vgl. Fn 164, S. 66.

178 Bürger können mit Unterhaltsleistenden Vereinbarungen über Vermächtnisse und Unterhalt abschließen. Nach einer solchen Vereinbarung übernimmt der Unterhaltsleistende die Unterhaltspflichten während seiner Lebenszeit und die Kosten für seine Beerdigung nach dessen Tod. Damit hat er ein Anrecht auf ein Vermächtnis (§ 31 Abs. 1 ErbG). Bürger können auch mit Organisationen der kollektiven Eigentumsordnung Vereinbarungen über Vermächtnisse und Unterhalt abschließen. Nach einer solchen Vereinbarung übernimmt die Organisation kollektiver Eigentumsordnung die Unterhaltspflichten und die Kosten der Beerdigung und erhält ein Anrecht auf ein Vermächtnis (§ 31 Abs. 2 ErbG).

179 Vgl. Fn 164, S. 66.

180 Vgl. *Wang Hanbin*, Die Erläuterungen zum Entwurf des ErbG VR Chinas, in: a.a.O., Vier Abschnitt 3, S. 347, 348.

181 Die in der 1. Ordnung der Erben genannten Kinder des Erblassers bei der gesetzlichen Erbfolge sind nicht nur eheliche Kinder, sondern auch uneheliche Kinder, Adoptivkinder und Stiefkinder, zu denen eine Unterhaltsbeziehung besteht (§ 10 Abs. 3 ErbG).

182 Gemäß § 11 Satz 1 ErbG treten für sie die Blutsverwandten der nächsten Generation in gerader Linie in die Erbfolge ein, wenn die Kinder des Erblassers vor dem Erblasser gestorben sind.

183 Gemäß § 28 Satz 1 ErbG muss der Erbteil eines ungeborenen Kindes bei der Teilung des Nachlasses vorbehalten werden.

Erläuterungen[184] noch in den drei flexiblen besonderen Regelungen in §§ 13 Abs. 2, 14 ErbG und dem „notwendigen Teil des Nachlasses" des § 19 ErbG zum Ausdruck gebracht. Diese Vorschriften „entsprechen auch den sozialistischen Grundsätzen und den Sachlagen Chinas"[185].

4. Teleologische Auslegung

a) Bedeutung der teleologischen Auslegung

Obwohl sich die (objektiv-) teleologische Auslegung auf den auszulegenden Rechtsnormtext, dessen Artikulation und objektiven Zweck bezieht, so wird sie als Auslegungsmittel dennoch häufig in Zweifel gezogen[186]. Einerseits gilt es grundsätzlich, ihren Zweck unter Berücksichtigung des systematischen Regelungszusammenhangs und der historischen Gesetzesbegründung bei der Erforschung mit zu berücksichtigen[187]. Andererseits kann der objektive Zweck eines Gesetzes im Lauf der Zeit bei der Durchsetzung auch fließend verstanden werden[188]. Deshalb ist es so schwer zu sagen, was der objektive und ständige Zweck eines Gesetzes sein soll. In diesem Sinne kann die teleologische Auslegung nicht isoliert angewendet werden und wird verwendet, um die oben genannten Auslegungsmittel wechselseitig zu ergänzen. Man kann die systematische, historische und (objektiv-) teleologische Auslegung nicht klar voneinander unterscheiden. Allerdings soll der Kernbereich des objektiven Zwecks einer Vorschrift oder einer bestimmungsgemäßen Gruppe, der oft schon in der systematischen und historischen Auslegung festgestellt werden kann, in den Fokus der Untersuchung rücken. Mit Hilfe der leitenden Prinzipien aus dem Kernbereich des objektiven Zwecks der Norm kann das Wesen eines Normtexts exakter konkretisiert werden. Darüber hinaus wird die teleologische Auslegung auch in der späteren Darstellung der Rechtsprechung[189] angewendet.

b) Die teleologische Auslegung dieses Rechtsinstituts in Thesen

Zur Auslegung der Ausgestaltung der Flexibilisierung der gesetzlichen Erbquoten zurückkehrend lässt sich sagen, dass eine teleologische Auslegung mit Hilfe einer

---

184 Die im Vier Abschnitt 3 der Erläuterungen zum Entwurf des ErbG VR Chinas dargestellte erste, dritte und vierte Rechtsnorm, vgl. oben Fn 180, S. 69.

185 Vgl. *Wang Hanbin*, Die Erläuterungen zum Entwurf des ErbG VR Chinas, in: a.a.O., Vier Abschnitt 3, S. 348.

186 Hierbei gilt es wiederum zwischen Analogie und Reduktion unterschieden, die beiden stark voneinander abgegrenzt sind. Vgl. *Honsell/Mayer-Maly*, Rechtswissenschaft, 6. Aufl., 2015, S. 103ff.

187 Vgl. *Honsell/Mayer-Maly*, a.a.O., S. 102.

188 Vgl. *Larenz*, a.a.O., S. 333, 334.

189 Vgl. 3. Teil § 10 II, S. 179ff.

Zusammenfassung des objektiven Zwecks dieses Rechtsinstituts wegen der Einschränkungen der oben genannten Auslegungsmittel notwendig ist.

Zunächst sind die besonderen Regelungen der Flexibilisierung aus der rechtswissenschaftlichen Perspektive festzustellen, damit objektiv gesehen eine auf den konkreten Lebensbedarf abgestimmte Mindestversorgung der engsten Familienangehörigen durch den Nachlass sichergestellt ist[190]. Zweitens ist die Flexibilisierung der gesetzlichen Erbquoten in politischer Hinsicht auch ein wichtiger Bestandteil der im Erbgesetz festgesetzten Leitlinie der Verfassung der VR China aus dem Jahr 1982. Diese ist wiederum ein wichtiges Ergebnis der Reform- und Öffnungspolitik, die im Jahr 1978 in Anschluss an die chinesische Kulturrevolution begann. Diese Politik stellt eine Abkehr von den ideologischen Radikalisierungstendenzen der Kommunistischen Partei Chinas dar, die seit der Gründung der VR China 1949 Bestand hatten[191]. Drittens übernimmt dieses Rechtsinstitut gewiss auch die Funktion der Absicherung von allen Familienangehörigen, die aufgrund des unvollkommenen Systems der allgemeinen Sozialversicherung zu Beginn der Reform- und Öffnungspolitik oft nicht gewährleistet werden konnten[192]. Darüber hinaus wollte der Gesetzgeber mit diesen Vorschriften allerdings noch ideologische Grundsätze durchsetzen, was sich in der intensiven ideologischen Färbung des Wortlauts in den Erläuterungen zum Entwurf des ErbG der VR China[193] niederschlägt. Schließlich sucht der Gesetzgeber durch diese besonderen Regelungen sowohl Traditionen weiterzuführen[194] als auch neu entstandene Gebräuche[195] in Form des Gesetzes festzulegen.

III. Konsequenzen der Auslegung der Gesetzestexte

Die oben durch klassische Auslegungen der Gesetzestexte dargestellte gesetzliche Ausgestaltung des Rechtsinstituts der Flexibilisierung der gesetzlichen Erbquoten zeigt – insbesondere im Gegensatz zur einseitigen Bewertung durch äußerliche Kennzeichen, wie etwa der knappen Regelungen und nicht begründbarer

190 Vgl. 2. Teil § 6 II 1 b) cc), S. 57f.

191 Vgl. Fn 158, S. 66.

192 Vgl. *Song Yinqing*, Auslegung und Anwendung Paragraph für Paragraph zum ErbG,1987, S. 126–127, auch *Zhu Qichao*, Grundriss des ErbG, 1987, S. 26, 33. Ausführlich siehe unten 3. Teil § 7 III, S. 104ff.

193 Im 1. Teil der Erläuterungen zum Entwurf des ErbG der VR China über die Bedeutung der Gesetzgebung des ErbG der VR China hat *Wang Hanbin* in erster Linie die Grundlage des sozialistischen Wirtschaftssystems der Volksrepublik China im sozialistischen Gemeineigentum an den Produktionsmitteln, das heißt im Volkseigentum und Kollektiveigentum der arbeitenden Massen, betont. Vgl. *Wang Hanbin*, Erläuterungen zum Entwurf des ErbG VR Chinas, in: a.a.O., Eins Abschnitt 1, S. 345.

194 Vgl. Fn 158, S. 66. Auch 3. Teil § 7 III, S. 104ff.

195 Vgl. Fn 158, S. 66 und Fn 164, S. 66.

Innovation[196] – die verschiedenen Aspekten auf, durch die man zu einer dreidimensionaleren gesetzlichen Ausgestaltung dieses Rechtsinstituts gelangen kann.

Im Wortlaut der Gesetzestexte kann man detaillierte Strukturen finden, die an den konkreten Lebensbedarf der Erben oder konkrete sozialen Tatsachen anknüpfen, selbst wenn die konkreten Vorschriften der Flexibilisierung der gesetzlichen Erbquoten knapp formuliert sind. Einerseits werden die Vorschriften zur Flexibilisierung in positive und negative Richtungen unterschieden, nämlich in Erhöhung, Verringerung oder gar Ausschluss der Erbquoten des Nachlasses bestimmter Erben. Je nach Tatbestand ändern sich andererseits der Spielraum der urteilenden Richter und die Verbindlichkeit der entsprechenden Rechtswirkung. Aus der Perspektive des Systems innerhalb des ErbG der VR China sind die Flexibilisierung der gesetzlichen Erbquoten ein wichtiger Bestandteil aus der Reihe der Flexibilisierung in einem größeren Zusammenhang, nämlich im ganzen ErbG der VR China. Mit andren Worten ist die Flexibilisierung der gesetzlichen Erbquoten im ErbG der VR China kein isolierter Einzelfall. Vielmehr spielgelt die Flexibilisierung der gesetzlichen Erbquoten zusammen mit ähnlichen Erscheinungen im ErbG der VR China zu einem gewissen Grad andauernde erbrechtliche Grundsätze wieder[197]. Dementsprechend kann man bei der historischen Auslegung durch die Erläuterungen zum Entwurf des ErbG auch die Grundsätze der „Altersversorgung und der Kindererziehung“ und des „Schutzes des Erbrechts der Frauen“ sehen, auf die der Gesetzgeber mit der Flexibilisierung der erbrechtlichen Vorschriften abzielt. Daher kombinieren diese besonderen Regelungen aus der Perspektive des objektiven Zwecks verschiedene Funktionen. Diese Kombination besteht sowohl aus dem konkreten Sozialbedarf im Sinne der Sozialversicherung, etwa der Verwirklichung des Schutzes schwacher Bevölkerungsschichten und der Stärkung des engen Familienumfelds, als auch der Durchsetzung ideologischer Politik, wie etwa der in den Erläuterungen zum Entwurf des Erbgesetzes genannten Ausführung der Wertanschauungen der Verfassung und der sozialistischen Grundsätze, oder dem gleichzeitigen Versuch des Gesetzgebers, mit diesen besonderen Regelungen über Moral und den guten Sitten zu belehren, die häufig auf antike chinesischen Traditionen zurückgeführt werden können.

196 Vgl. § 1 Einleitung I, S. 27, 28.

197 In diesem Sinne wird einigen gesetzlichen Vorschriften der ungleichmäßigen Verteilung des Nachlasses, z.B. §§ 12, 14 ErbG, in einigen chinesischen Schriften zum Erbrecht der Anspruch auf „angemessene Zuteilung des Nachlasses“ (im chinesischen Original 遗产酌给 oder 遗产酌分) zugeschrieben. Vgl. *Wang Qiang*, in: *Eberl-Borger/Wang Qiang* (Hrsg.), a.a.O., S. 61ff, *He Shan/Xiao Bing*, Grundriss des Erbgesetzes, 1985, S. 118ff., *Zhang Yumin*, Grundkurs Erbrecht, 1998, S. 217ff., *Ma Yinan*, Eherecht, Familienrecht und Erbrecht, 3. Aufl., 2014, S. 292.

§ 7. Politische, ideologische, soziale und historische Hintergründe der Regelungen

I. Einführung

Obwohl die oben genannte Darlegung ein annähernd komplettes gesetzliches Panorama des Rechtsinstituts der Flexibilisierung der gesetzlichen Erbquoten im chinesischen Erbrecht erhält, unterstützt sie das Verständnis dieses Rechtsinstituts nur begrenzt. Denn im heutigen chinesischen Kontext beschränkt sich die Erklärung jeglicher Rechtsinstitute des einfachen Gesetzes häufig nur auf die gesetzliche Ebene und Diskussionen auf die verfassungsrechtliche Ebene, z.B. in Fällen, wo die verfassungskonforme Auslegung wegen politischer Aktualität noch fehlt[198]. Aus diesem Grund kann die Rechtfertigung dieses Rechtsinstituts im Sinne des Werturteils und dessen Anwendung in der juristischen Praxis nicht vollends überzeugen. Die Erläuterung anhand der klassischen Auslegungsmethoden der Gesetzestexte ist daher zwar notwendig, aber nicht ausreichend. Insbesondere wird es durch die Unvollständigkeit der Erläuterungen aus der Binnenperspektive der Rechtswissenschaft, bei der es vor allem um das Wesen dieses Rechtsinstituts geht, erschwert, andere Erklärungsmuster auszumachen. Dazu gehören z.B. die politische, soziale oder historische Perspektive, bei der es darum geht zu ermitteln, was dieses Rechtsinstitut aus der rechtswissenschaftlichen Außenperspektive wirklich ist. Darüber hinaus ist es wichtig, sich klarzumachen, dass die Prüfung aus der rechtswissenschaftlichen Außenperspektive auch im Fall einer unvollkommenen rechtswissenschaftlichen Erläuterung dennoch für Erkenntnisse über das Wesen dieser rechtlichen Innovation Chinas förderlich ist. Infolgedessen sind in diesem Abschnitt der politische Einfluss, die sozialen Hintergründe und die historischen Wurzeln für die Entstehung der Regelungen der Flexibilisierung der gesetzlichen Erbquoten festzustellen, und damit eine Grundlage für das Verständnis zur oben beschriebenen gesetzlichen Ausgestaltung dieses Rechtsinstituts herstellen kann.

II. Politische und ideologische Faktoren

Die bereits kurz dargestellte Geschichte der Gesetzgebung des ErbG in der VR China[199] hat den beschwerlichen Gang von der Gesetzgebung des ErbG der VR China seit der Gründung der VR China im Jahr 1949 gezeigt. Daraus kann man schließen, dass der Erlass des ErbG der VR China erheblich von politischen Faktoren geprägt wurde. Selbstverständlich gilt es durch diese starke politische Prägung

198 In einer modernen und völligen Rechtsordnung werden diese normalerweise hauptsächlich durch die Verfassungsbeschwerde verwirklicht. Zum Fehlen derselben siehe § 1 Einleitung II 1, S. 29.

199 Siehe oben 1. Teil § 2 I, S. 33ff.

nicht nur festzustellen, dass die Gesetze der VR China eng mit der Politik zusammenhängen. Bis zu einem gewissen Grad ist das Gesetz als ein Bestandteil der staatlichen Ordnung immer wieder das Ergebnis eines politischen Kompromisses[200]. Umgekehrt bedeutet „erheblich von politischen Faktoren geprägt" im chinesischen politischen Kontext, dass der Erlass, der Inhalt der Gesetze und sogar die konkreten Techniken der Gesetzgebung von der Ideologie des Regimes, also der Kommunistischen Partei Chinas, festgelegt werden. Ideologische Veränderungen beeinflussen die Entstehung der Gesetze ungemein und gleichfalls werden in den Gesetzen diese ideologischen Veränderungen reflektiert. Dies gilt hier auch beim Erbgesetz. Ausgangspunkt der politischen Faktoren ist zuallererst der Einfluss und die Rezeption des sowjetischen Zivilrechts in der Gründungsphase der VR China[201].

1. *Generelle Hintergründe*

a) *Die Außerkraftsetzung des Zivilgesetzbuchs der Republik China*

Im Jahr 1949 wurde gemäß der Weisung des Zentralkomitees der KP China über die Außerkraftsetzung des alten Rechtssystems der Republik China (1912–1949)[202] das Zivilgesetzbuch (ZGB) der Republik China[203] im Zuge der Gründung der VR China unter *Mao Zedong* außer Kraft gesetzt. Dieses ZGB der Republik China ist zwischen 1929 und 1931 nach und nach erlassen worden[204]. Strukturell enthält das ZGB der Republik China wie das deutsche BGB fünf Bücher, von denen das fünfte

200 Vgl. *Noll*, Gesetzgebungslehre, 1973, S. 44, 45.

201 Vgl. *Liu Ying*, Sowjetisches Recht in China 1949–1958, 2011, S. 107ff.

202 Im chinesischen Original 废除旧法统. Das Zentralkomitee der KP China hatte vor der Gründung VR China im Oktober 1949 in Peking bereits im Februar und April des gleichen Jahres schon die Weisung über die Außerkraftsetzung des Rechtssystems der Republik China erteiltet. Die Weisung wurde als „Kompendium der sechs Kodizes" (im chinesischen Original 六法全书) bezeichnet. Mit diesem Begriff wurden in der Republikzeit in China und noch heute auf Taiwan, in Japan und Südkorea die sechs fundamentalen Gesetzbücher zusammengefasst: Verfassung, Zivilgesetzbuch, Zivilprozessordnung, Strafgesetzbuch, Strafprozessordnung, Handelsgesetzbuch (bzw. Verwaltungsordnung in der Republik China und deren Fortführung im Exil auf Taiwan). Sie standen für das Rechtssystems der Republik China, weswegen diese Weisung in der heutigen chinesischen Literatur auch einfach als die Weisung über die Außerkraftsetzung der „Kompendium der sechs Kodizes" bezeichnet wird. Siehe unten Fn 205, S. 75.

203 Die Republik China zog sich nach Ende des Bürgerkrieges im Jahr 1949 nach Taiwan zurück und hat dort bis heute noch Bestand.

204 Zur Geschichte des ZGB vgl. vor allem. *Xie Zhenmin (Hrsg.)/Zhang Zhiben (Revisor)*, Die Geschichte der Gesetzgebung Republik Chinas, Bd. 2, 2000, S. 743ff. Vgl. auch *Zhang Sheng*, Die Verfassung vom ZGB Republik Chinas: Die Organisationen und die Bearbeitung der rekombierten gesetzgebenden Institution, Journal of Comparative Law, 2015 No. 3, S. 45ff.

Buch das Erbrecht behandelt. Dieses ZGB wurde zusammen mit anderen Gesetzen der Republik bei der Gründung der Volksrepublik außer Kraft gesetzt, da die Republik China politisch und ideologisch als rückschrittlich angesehen wurde und die Gesetze als Instrument der herrschenden Klasse selbstverständlich nicht weiter bestehen durften[205].

b) Der Versuch des Aufbaus eines neuen Zivilrechts durch Rezeption des sowjetischen Zivilrechts

Aus diesen Gründen war es notwendig, nach der Gründung der VR China eine neue Rechtsordnung aufzubauen. Der Gesetzgeber und auch der rechtswissenschaftliche Kreis hatten sich ab den 1950er Jahren komplett dem ideologisch verwandten Zivilrecht und der zivilrechtlichen Theorie des sowjetischen Zivilrechts, insbesondere dem Zivilgesetzbuch der russischen Sowjetrepublik aus dem Jahr 1922 zugewandt und versucht, diese zu übernehmen[206]. Allerdings wurde der

---

205 Die Richtigkeit dieser Sichtweise wird in den letzten Jahren stark debattiert. Dieser ideologische Grund ist in der beschriebenen Weisung aus dem Jahr 1949 von der Regierung der VR China deutlich benannt und wurde allgemein in die chinesische Rechtsgeschichtsschreibung übernommen, vgl. z.B. *Gu Angran*, Die Zusammenfassung der Gesetzgebung des neuen Chinas, 1997, S. 1ff., auch *Li Long/Liu Liantai*, Der Rückblick und das Überdenken über die Außerkraftsetzung vom „Kompendium der sechs Kodizes", Journal of Henan Administrative Institute of Politics and Law, 2003 No. 5, S. 39ff. Es gibt auch Vermutungen, nach denen nur der damalige Direktor des Rechtsausschusses der KP China *Wang Ming*, und nicht die ganze KP China oder gar *Mao Zedong* persönlich für diese Außerkraftsetzung verantwortlich sein, vgl. *Ji Pomin*, Der Kontext der Außerkraftsetzung vom „Kompendium der sechs Kodizes", Southern Weekly vom 20.03.2003. Nach Meinung einer Minderheit, war die Außerkraftsetzung der Gesetze Republik China nötige Voraussetzung für die Diktatur der KP China und vom *Mao Zedong* selbst. Demnach wäre der beschriebene offizielle ideologische Grund nur Propaganda, vgl. *Dong Yanbin*, Auch über den Kontext der Außerkraftsetzung vom „Kompendium der sechs Kodizes", Chinese Social Sciences Today, 21.05.2009, *Xiong Xianjue*, Der Grund und der Einfluss der Außerkraftsetzung vom „Kompendium der sechs Kodizes", Journal of Yanhuang Chunqiu, 2007 No. 3, S. 10ff. *Hu Yongheng*, Das Überdenken über die Außerkraftsetzung vom „Kompendium der sechs Kodizes" und andere, Die Zeitung von Tuanjiebao vom 24.06.2010.

206 Die ab 1952 beginnende sogenannte „Reform des alten Justizsystems" (Im chinesischen Original 旧司法制度改革) in der Anfangsphase der VR China beinhaltete, neben der Reform des alten Systems der Gerichtsbarkeit hauptsächlich die fast vollständige Aufnahme des sowjetischen Rechts in die juristische Bildung. Vgl. *Chen Guangzhong/Zeng Xinhua*, Die Anmerkungen über die Reform des alten juristischen Systems im Anfang nach der Gründung VR Chinas, The Jurist, 2009 No. 6, S. 1ff., *Hou Songtao*, die Reform des alten juristischen Systems im Anfang nach der Gründung VR Chinas: Der Rückblick und Das Nachdenken, Studies on the Socialism with Chinese Characteristics, 2008 No. 1, S. 93ff.

Aufbau der neuen Rechtsordnung in den 1950er Jahren aufgrund der Kampagne gegen Rechtsabweichler schnell wieder abgebrochen[207]. In theoretischen Kreisen hatten das Recht und die rechtliche Theorie des sowjetischen Zivilrechts in der Zeit bis zur Reform- und Öffnungspolitik der 1980er tatsächlich annähernd Monopolstellung erreicht. Dies wurde vor allem durch die Anpassung der juristischen Ausbildung an die sowjetische Rechtswissenschaft[208] und durch die große Menge an Übersetzungen rechtswissenschaftlicher Materialien zum sowjetischen Zivilrecht[209] erreicht[210]. Durch die Unterbrechung der Gesetzgebung in den 1950ern und durch das chinesisch-sowjetische Zerwürfnis in den 1960ern[211] blieb der Einfluss des sowjetischen Zivilrechts auf die chinesische Gesetzgebung aber nur auf eine

---

207 Im chinesischen Original 反右运动, siehe Fn 38, S. 35.

208 Ein typisches Ergebnis der Reform sind die im Jahr 1953 vom Bildungsministerium der VR China im ganzen Staat durchgeführte einheitliche Lehrveranstaltungen der juristischen Fakultäten, in denen die sowjetische Rechtswissenschaft vollständig nach China übertragen wurde und die sich fast vollständig mit dem sowjetischen Recht befassten, z.B. mit sowjetischem Strafrecht, sowjetischem Staatsrecht und chinesischer und sowjetischer Zivilprozessordnung. Vgl. *Zhu Liheng*, Die geschichtliche Evolution der juristische Bildung nach der Gründung VR Chinas, The History Research of the Communist Party of China, 2008 No. 3 S. 40. Eine komplette Liste der konkreten Bezeichnungen der einheitlichen Lehrveranstaltungen findet sich bei *Tang Nengsong/Zhang Yunhua/Wang Qingyun (Hrsg.),* Die Ablaufverfolgung der Forschung: Die Geschichte der juristischen Bildung Chinas, 1995, S. 485.

209 Nach dem Almanach der chinesischen Bildung in den Jahren 1949–1981 umfasst allein die Menge der Übersetzung sowjetischer rechtswissenschaftlicher Lehrbücher zwischen 1952 und 1956 in China 115 Sorten, vgl. *Zhang Jian* (Hrsg.), Almanach der chinesischen Bildung 1949–1981, 1984, S. 389. Nach anderen Statistiken sind es sogar 165 Sorten, vgl. *Fang Liufang*, Die Beobachtung der juristischen Bildung Chinas, Comparative Law Research, 1996 No. 2, S. 124.

210 Vgl. *Liang Huixing*, Der geschichtliche Rückblick und die Aussicht von der chinesischen Zivilrechtslehre. Besuche auf der Webseite: http://www.iolaw.org.cn/showArticle.aspx?id=2131. Darüber hinaus wird die Veröffentlichung des Lehrbuchs „*Die Grundprobleme des Zivilrechts VR Chinas*" sei, das im Jahr 1958 von *der Abteilung für Lehre und Forschung über Zivilrecht von der Zentralen Schule für die politischen und juristischen Kader*, welches bald nach Erscheinen zum maßgebende Lehrbuch des Zivilrechts in allen juristischen Fakultäten und einem maßgebende Referenzwerk in der zivilrechtlichen Praxis wurde, als Anzeichen für eine vollkommene Aufnahme des sowjetischen in das chinesische Zivilrecht angesehen. Vgl. *Yang Lixin*, Der Einfluss des sowjetischen Zivilrechts soll bei der Verfassung der ZGB der VR China liquidiert werden, Law and Social Development, 2016 No. 2, S. 142.

211 Im chinesischen Original 中苏分裂oder中苏交恶, auf Englisch *The Sino-Soviet split.* Damit wird ein partieller Konflikt bezeichnet, der Ende der 1950er begann, seinen Höhepunkt im Jahr 1969 erreichte, und bis zum Ende der 1980er dauerte. In dieser Zeit verschlechterten sich die Beziehungen zwischen der Sowjetunion und der VR China dramatisch, vgl. *Whiting*, The Sino-Soviet split, in *MacFarquhar/Fairbank* (Hrsg.), The Cambridge History of China, Vol. 14, a.a.O., S. 478ff.

Reihe von Gesetzesentwürfen beschränkt und hatte keine Auswirkung auf die tatsächliche Gesetzgebung.

c) *Der Einfluss des sowjetischen Rechts auf die chinesische Gesetzgebung der 1980er*

In Folge der Reform- und Öffnungspolitik wurde der Aufbau der neuen Rechtsordnung wieder dringlich und die Ergebnisse der Rezeption des sowjetischen Zivilrechts aus den 1950er Jahren gelangten zusammen mit der neuen Revision der 1960er wieder in das Blickfeld der chinesischen juristischen Kreise[212]. Darüber hinaus lagen den Gesetzentwürfen des Gesetzgebungsvorhabens der 1980er auch viele Ergebnisse der Gesetzgebungsarbeiten der 1950er Jahre zugrunde[213], beispielsweise die oben beschriebene Gesetzgebung der ErbG. Deswegen repräsentieren die in den 1980er Jahren erlassenen chinesischen Gesetze mit ihren starken ideologischen Einflüssen auch den Einfluss des sowjetischen Zivilrechts und dessen Revision aus den 1960ern.

d) *Die zwei Hauptaspekte der Rezeption des sowjetischen Rechts im chinesischen Zivilrecht*

Der Einfluss des sowjetischen Zivilrechts auf die zivilrechtliche Gesetzgebung und Forschung wird allgemein als allumfassend angesehen[214]. Die Vollständigkeit der Rezeption zeigt sich auf verschiedenen Ebenen. Übernommen wurde nicht nur die technische Ebene der Gesetzgebung, z.B. die strukturelle Einteilung in allgemeinen Teil, Sachrecht, Schuldrecht und Erbrecht der 4 Bücher des Zivilgesetzbuches der russischen Sowjetrepublik aus dem Jahr 1922, die als Vorbild auch in den ersten Entwurf des Zivilgesetzbuches nach der Gründung der VR China aufgenommen wurde[215]. Auch einige konkrete Regelungen des sowjetischen Zivilrechts wurden von China nachgebildet[216]. Allerdings ist entscheidend, dass einige Theorien aus

---

212 Vgl. *Cai Dingjian*, Der Einfluss der Sowjetunion zum Aufbau des Rechtssystems der VR China, Law Science, 1999 No. 2, S. 3.

213 Insbesondere die im Jahr 1979 zuerst erlassenen 7 Gesetze, im Detail vgl. *Cai Dingjian*, Die Geschichte und die Reform: Der Verlauf vom Aufbau des Rechtssystems der VR China, 1999, S. 131.

214 Vgl. *Cai Dingjian*, Die Geschichte und die Reform: Der Verlauf vom Aufbau des Rechtssystems der VR China, 1999, S. 253, *Sun Guangyan/Yu Yisheng*, Der Rückblick über den Einfluss zur Entwicklung vom Aufbau des Rechtssystems Chinas, Chinese Journal of Law, 2003 No. 1, S. 147ff.

215 Vgl. Der erste Entwurf des ZGB der VR China, in *He Qinhua/Li Xiuqing/Chen Yi* (Hrsg.), Überblick über die Entwürfe des ZGB der VR China, Bd. 1, 2003, S. 3ff.

216 Z.B. das Fehlen der Bestimmung des Rechtsobjekts im ersten Entwurf des allgemeinen Teils des ZGB der VR China, was auch die geltenden Allgemeinen Grundsätze des Zivilrechts der VR China vom 1986 beeinflusst. Vgl. *Yang Lixin*, Die Kritik und der Ausblick zur Gesetzgebung des Rechtsobjekts im Zivilrecht der VR China, Studies in Law and Business, 2015 No. 4, S. 23ff.

dem sowjetischen Zivilrecht, die eng mit der sowjetischen sozialistischen Ideologie verbunden sind, auch die eigenen Begriffe und Theorien des Zivilrechts der 1950er Jahren in der VR China prägten.

2. Rezeption und Einfluss des sowjetischen Zivilrechts in China

Zunächst soll die Rezeption der Rechtstheorien des sowjetischen Zivilrechts in der VR China dargestellt werden. Danach wird die Rezeption der konkreten Rechtsinstitute des sowjetischen Zivilrechts von VR China beschrieben. Natürlich würde es die Möglichkeiten dieser kurzen Untersuchung bei weitem übersteigen, die komplette Rezeption aller Begriffe und konkreter Theorien des sowjetischen Zivilrechts in der VR China darzustellen. Daher beschränkt sich die Darstellung im Folgenden auf zwei Richtungen: Die Rezeption der Rechtstheorien und der hauptsächlichen Rechtsinstitute des sowjetischen Zivilrechts. Danach gilt es, kurz zusammenzufassen, wie vor dem Hintergrund dieser Rezeption das Erbrechts und die Gesetzgebung des ErbG entstanden.

a) Rezeption der juristischen Theorien des sowjetischen Zivilrechts

Die Aufnahme juristischer Theorien des sowjetischen Zivilrechts in das Zivilrecht VR Chinas kann anhand der verschiedenen Rechtsinstitute dargestellt werden, was in der Literatur auch schon ausführlich gemacht wurde[217]. Wichtiger ist es jedoch zu zeigen, wie der Einfluss der Theorien des sowjetischen Staats und Rechts auf die Stellung des Zivilrechts eingewirkt hat.

aa) Übersicht zu den Theorien des sowjetischen Staats und Rechts

Zunächst müssen die Grundzüge der Theorien des sowjetischen Staats und Rechts mit Hilfe chinesischer Übersetzungen der betreffenden Literatur zu sowjetischer Rechtstheorie der 1950er[218] Jahren beschrieben werden.

---

217 Z.B. die Rezeption des Regelungsgegenstands des Zivilrechts, des Zivilsubjekts und Zivilobjekts im sowjetischen Zivilrecht. Vgl. *Li Xiuqing*, Die Untersuchung zur Struktur der Rezeption des sowjetischen Rechts vom China, Social Sciences in China, 2002 No. 5, S. 126ff.

218 Die Übersetzungen der sowjetischen Rechtstheorien wurden meist schon in den 1950er angefertigt und wurden wegen der genannten politischen Kampagnen und des Chinesisch-sowjetischen Zerwürfnisses danach fast komplett eingestellt. Allerdings gab es auch Ausnahme, z.B. dieses im Jahr 1963 auf chinesich veröffentlichte Werk: *P. S. Romashkin*, Die Staats- und Rechtstheorie. Die folgenden Darlegungen basiert auf der den chinesischen Übersetzungen, da eineirseits die Einschätzung der chinesischen Juristen hauptsächlich auf Übersetzungen beruht, und weil auch einige der chinesischen Bücher über das sowjetische Recht veröffentlichte Vortrage sowjetischer Rechtswissenschaftler in China in den 1950ern waren und als solche in der Sowjetunion nicht veröffentlicht wurden. Vgl. *Tang Shichun*, Die ganzheitliche Untersuchung zu den sowjetischen Rechtswissenschaftlern der 1950er in China,

(a) *Das Wesen des Rechts in den sowjetischen Rechtstheorien*

Aus den Beschreibungen sowjetischer Rechtswissenschaftler folgt, dass die größte Eigenschaft des Rechts in den sowjetischen Rechtstheorien der Klassencharakter sein sollte.

Maßgeblich wird der Begriff des Rechts vor allem so definiert, dass zum Recht die Regelungen jener Handlungen gehören, die in Form der staatlichen Gesetzgebung bestimmt sind und den Willen der herrschenden Klasse darstellen, sowie vom Staat anerkannten Sitten, Gebräuche und Regelungen des öffentlichen Lebens. Deren Durchsetzung soll dadurch von der Staatsgewalt gewährleistet sein, um die sozialen Verhältnisse, die die herrschenden Klasse begünstigen und deren Ordnungen schützen, zu festigen und zu stärken[219].

Des Weiteren gibt es die Meinung, dass der Wille, der Zweck und die Interessen der Klassen und die Ideologie und Moralität der herrschenden Klasse im staatlichen Gesetz direkt repräsentiert werden[220].

Bezüglich des Verhältnisses zwischen Staat und Recht kommt dem Recht nur die Funktion eines zwingenden staatlichen Gesetzes zu. Einerseits arbeite der Staat nur die gesetzlichen Regelungen aus und kontrolliere ihre Befolgung, gleichzeitig ergreife er zwingende Maßnahmen für Menschen, die gesetzliche Regelungen verletzt haben. Andererseits sei das Recht das hauptsächliche Mittel zur Verwirklichung der wesentlichen Aufgaben und Funktionen des Staats sowie der gesetzgebenden Bestätigung der staatlichen Organisationen[221].

Daraus ergibt es sich selbstverständlich, dass das sozialistische Recht ganz anders als das kapitalistische Recht sei. Denn letzteres stehe im Willen der Minderheit der herrschenden Klasse, also der Bourgeoisie, und schütze die Ausbeutungsordnung der kapitalistischen Gesellschaft, während ersteres, das aus dem Volk zum staatlichen Gesetz erhoben wurde, die Konzentration des Willens der werktätigen Massen sei, der auf die Beseitigung des Systems der Ausbeutung in der Gesellschaft und den Ausbau der neuen kommunistischen Gesellschaft ziele[222]. Dementsprechend erkenne die marxistische Rechtswissenschaft öffentlich ihr Klassenmerkmal an, was bedeute, dass die marxistische und sowjetische

---

Global Law Review, 2010 No. 5, S. 133ff. Von besonderer Wichtigkeit ist die Tatsache, dass einige weit verbreitete Vorstellungen über sowjetische Rechtstheorien in China gerade auf Grundlage falscher Übersetzung oder von Fehlinterpretationen der Übersetzung entstanden. Vgl. *Liu Ying*, a.a.O., S. 183ff.

219 *Andrei Januarjewitsch Wyschinski*, Die Fragen der Staats- und Rechtstheorie, chinesische Übersetzung von, 1955, S. 100.

220 *Surikov/Beckov*, Vorlesung der Frage des sowjetischen Staats und Rechts, chinesische Übersetzung, 1954, S. 16.

221 *Maria Pavlovna Kareva*, Die Staats- und Rechtstheorie, Bd. 1, chinesische Übersetzung, 1956, S. 2.

222 *P. S. Romashkin*, Die Staats- und Rechtstheorie, chinesische Übersetzung, 1963, S. 347.

Rechtswissenschaft wissenschaftlich, öffentlich und zielstrebig der Arbeiterklasse und der werktätigen Masse diene[223] und öffentlich mit der Rechtswissenschaft der Bourgeoisie (die durch Bürokratie, Dogmatismus und Objektivismus das Wesen des kapitalistischen Staats und Rechts kaschiere[224]) kämpfe[225].

(b) *Das Wegfallen des Unterschieds zwischen Öffentlichem Recht und Privatrecht*

Die logische Konsequenz des Klassencharakters im Rechtswesen ist das Wegfallen des Unterschieds zwischen Öffentlichem Recht und Privatrecht, wobei das sozialistischen Recht zum Öffentlichen Recht gehört. Denn der Wille der herrschenden Klasse, der zum staatlichen Gesetz erhoben wird, werde von den materiellen Lebensbedingungen dieser Klasse bestimmt[226]. Wenn diese Lebensbedingungen als hauptsächliche, wesentliche und entscheidende Kraft für alle Veränderungen der Gesellschaft betrachtet werden, so ist diese Kraft nach der sowjetischen Rechtstheorie die Produktionsweise der für die menschliche Existenz notwendigen Lebensmittel und das Eigentumssystems der darin eingeschlossenen Produktionsmittel, sowie der hauptsächlichen Betriebsmittel[227]. Der Privatbesitz von Betriebs- und Produktionsmitteln sei daher die Rechtsgrundlage insbesondere des Privatrechts in einer von der Bourgeoisie beherrschten Gesellschaft[228]. Weil diese ökonomische Basis mit der sowjetischen Revolution vollständig verändert wurde und das Privateigentum von Betriebs- und Produktionsmitteln nicht mehr besteht, musste das Wesen des Überbaus, nämlich von Staat und Recht. verändert werden. Im sowjetischen Recht betrifft das Privatrecht, welches vormals das Vermögensverhältnis des Privatbesitzes darstellte und die Interessen der privaten Eigentümer schützte und nun nicht mehr bestehen durfte[229]. Hierin liegt logischerweise das Wegfallen des Unterschieds des Öffentlichen Rechts und des Privatrechts begründet.

---

223 *P. S. Romashkin*, Die Staats- und Rechtstheorie, chinesische Übersetzung, 1963, S. 10.

224 Zur konkreten Interpretation dieser Begriffe, vgl. *Andrei Januarjewitsch Wyschinski*, Einige Frage in der sowjetischen Rechtswissenschaft, chinesische Übersetzung von, 1954, S. 3, 8.

225 *Andrei Januarjewitsch Wyschinski*, Einige Frage in der sowjetischen Rechtswissenschaft, chinesische Übersetzung von, 1954, S. 3.

226 *Surikov/Beckov*, Vorlesung der Frage des sowjetischen Staats und Rechts, chinesische Übersetzung, 1954, S. 16.

227 *Surikov/Beckov*, Vorlesung der Frage des sowjetischen Staats und Rechts, chinesische Übersetzung, 1954, S. 28.

228 Vgl. *Levin/Halfine/Strokoviche*, Die Einführung des Staats und Rechts, chinesische Übersetzung von *Yang Xu*, 1950, S. 105, 106.

229 Vgl. *Levin/Halfine/Strokoviche*, Die Einführung des Staats und Rechts, chinesische Übersetzung von *Yang Xu*, 1950, S. 107ff.

bb) Die Merkmale des sowjetischen Zivilrechts

Dementsprechend ergeben sich für das sowjetische Zivilrecht unter dem Einfluss der Theorien des sowjetischen Staats und Rechts folgende Merkmale.

(a) *Das Merkmal der Klasse*

Die sowjetischen Rechtswissenschaftler wiesen auf das Wesen und den Zweck des sozialistischen Zivilrechts, während sie gleichzeitig das Wesen des Zivilrechts der Bourgeoisie aufdeckten und kritisierten. Demnach gab es in den kapitalistischen Produktionsverhältnissen ein Ausbeutungswesen durch das Zivilrecht der Bourgeoisie, dessen Ausgangspunkt das kapitalistische Privateigentum als Grundlage des Systems des Kapitalismus sei[230]. Im Gegensatz dazu sei das sowjetische Zivilrecht in allen Phasen seiner Entwicklung auf dem sozialistischen Zivilrecht und auf dem sozialistischen Wirtschafts- und Eigentumssystems der Betriebs- und Produktionsmittel begründet, und schütze das sozialistische Gemeineigentum, stärke das sozialistische Wirtschaftssystem und beuge einer Wiederherstellung von Privateigentum und Ausbeutung vor[231].

(b) *Das Merkmal des öffentlichen Rechts*

Im Hinblick auf das Verhältnis zwischen Recht und ökonomischer Basis, die in der sozialistischen Gesellschaft zum Wegfallen des Unterschieds zwischen Öffentlichen Recht und Privatrecht führe, folgt weiter, dass das sowjetische Zivilrecht, in dem die sozialistischen Vermögensverhältnisse geregelt sind, auf dem sozialistischen Gemeineigentum und Wirtschaftssystem begründet sei, welches die Ausbeutung von Menschen durch Menschen überwunden habe und von der sozialistischen staatlichen Planwirtschaft geleitet werde[232]. Daher sei die Grundlage des sowjetischen sozialistischen Zivilrechts nicht das römische Privatrecht, sondern die Prinzipien des öffentlichen Rechts[233].

Zur Untermauerung dieser Argumentation kann der klare Hinweis des „Lehrers der Revolution“ *Lenin* zum Entwurf des sowjetisch-russischen ZGB im Jahr 1922 herangezogen werden. Dieser Hinweis wird auch häufig von sowjetischen Juristen als theoretischer Anhaltspunkt für die Kritik an der Sichtweise der bourgeoisen Juristen betrachtet, nach der das Zivilrecht das Privatrecht sei: „Wir erkennen nicht jedes Privatrecht an und alles im wirtschaftlich Bereich gehört unserer Meinung

---

230 *Genkin/Bratus (Hrsg.)*, Sowjetisches Zivilrecht, Bd. 1, chinesische Übersetzung von *Li Guangmo, Kang Baotian* und *Wu Zhixiong*, 1956, S. 51.

231 *Genkin/Bratus (Hrsg.)*, Sowjetisches Zivilrecht, Bd. 1, chinesische Übersetzung von *Li Guangmo, Kang Baotian* und *Wu Zhixiong*, 1956, S. 19.

232 *Genkin/Bratus (Hrsg.)*, Sowjetisches Zivilrecht, Bd. 1, chinesische Übersetzung von *Li Guangmo, Kang Baotian* und *Wu Zhixiong*, 1956, S. 21.

233 *Andrei Januarjewitsch Wyschinski*, Die Fragen der Staats- und Rechtstheorie, chinesische Übersetzung, 1955, S. 117, 118.

nach nicht zum Umfang des Privatrechts, sondern zum Umfang des öffentlichen Rechts[234]."

(c) *Das Merkmal des Instruments*

Der Staat spielt auch im Überbau des Rechts selbst nach der sowjetischen Rechtstheorie eine vergleichsweise wichtige Rolle. Das Recht wäre demnach bloß ein Mittel der Verwirklichung der Staatsfunktionen. Wie sowjetische Rechtswissenschaftler mit einem Zitat von *Stalin* klarstellten, seien politische Standpunkte und das politische System des Überbaus am wichtigsten, denn sie seien einer bestimmten ökonomischen Basis dienlich, und der Staat sei das wichtigste politische System[235]. Dieses Zitat ist auch für das sowjetische Zivilrecht als Teil des ganzen sowjetischen sozialistischen Rechtssystems gültig. Demnach sei die ganze Geschichte der Ausarbeitung des sowjetischen Zivilrechts die Verwirklichung der Politik der Kommunistischen Partei der Sowjetunion in jedem Zeitabschnitt der Entwicklung des sowjetischen Staats und der sozialistischen Ordnung[236]. Die Entwicklung des sowjetischen sozialistischen Zivilrechts durchlebe deswegen auch zwei Phasen, weil sich so auch die Politik der Kommunistischen Partei der Sowjetunion und des sowjetischen Regimes darstellen ließe[237]. Während dieser zwei Phasen veränderte sich die Aufgabe des Zivilrechts, einhergehend mit der Umwandlung der Staatsfunktionen. Der Staat ändere sich hin zu einer Niederschlagung der umgewälzten Klasse, zur Vernichtung der herrschenden Wirtschaftsform der Ausbeuter und hin zur Herstellung der ökonomischen Basis des Sozialismus mit der konzentrierten Kraft des sozialistischen Gemeineigentums und der umfassenden Entwicklung der sozialistischen Wirtschaft[238].

Das lässt sich aus diesen stark ideologisch geprägten theoretischen Beschreibungen folgern, auch wenn dies nicht ausdrücklich wörtlich als Merkmal des Instruments des Zivilrechts beschrieben wird.

---

234 Dieser Satz stammt aus einem Merkblatt in Form eines kurzen Brief von *Lenin* aus der Zeit als das sowjetisch-russische ZGB im Jahr 1922 entstand an den damaligen Direktor der Volkskommission des Privatrechts, vgl. Chinesische Übersetzungen der gesammelten Werke von *Lenin*, Band 36, 1959, S. 587.

235 *Surikov/Beckov*, Vorlesung über die Frage des Staats und Rechts, chinesische Übersetzung, 1954, S. 32.

236 *Genkin/Bratus (Hrsg.)*, Sowjetisches Zivilrecht, Bd. 1, chinesische Übersetzung von *Li Guangmo, Kang Baotian* und *Wu Zhixiong*, 1956, S. 60.

237 *Genkin/Bratus (Hrsg.)*, Sowjetisches Zivilrecht, Bd. 1, chinesische Übersetzung von *Li Guangmo, Kang Baotian* und *Wu Zhixiong*, 1956, S. 62.

238 *Genkin/Bratus (Hrsg.)*, Sowjetisches Zivilrecht, Bd. 1, chinesische Übersetzung von *Li Guangmo, Kang Baotian* und *Wu Zhixiong*, 1956, S. 62, 63.

cc) Die theoretische Rezeption des sowjetischen Zivilrechts

Die beschriebenen drei Punkte der Theorien des sowjetischen Zivilrechts wurden nicht nur von chinesischen akademischen Kreisen vollständig übernommen, sondern gingen auch deutlich in die Ausarbeitungen eigener theoretischer Bücher zum chinesischen Zivilrecht ein[239]. Zunächst gilt das für das Merkmal der Klasse des Zivilrechts der VR China. Das Wesen des neuen Zivilrechts der VR China sei der Schutz und die Konsolidierung der sozialistischen Interessen der VR China. Nur unter dieser grundlegenden Voraussetzung könnten die Rechte und die legalen Interessen der Bürger nach den Gesetzen ausreichend geschützt werden[240]. Denn das Zivilrecht der VR China verkörpere, wie anderes Recht und die Rechtswissenschaft – welche beide gemäß Marxismus-Leninismus vom starken Klassencharakter seien und nur der damals herrschenden Klasse dienten[241] – den Willen der werktätigen Massen, die von der Arbeiterklasse geleitet würden[242]. Daher sei die Aufgabe des neuen Zivilrechts der VR China auch der Kampf gegen das alte Zivilrecht, jenes der Republik China, dessen Wesen die Unterstützung des reaktionären Regimes und die Bewahrung der feudalen und kapitalistischen Ausbeutung und Unterdrückung sei[243].

Zweitens wurden sowjetische Theorien auch für die Zugehörigkeit des Zivilrechts der VR China zum öffentlichen Recht übernommen. Wie Beschreibungen in sowjetischen Schriften zu entnehmen ist, hatten chinesische Rechtswissenschaftler auch hierüber nicht aktiv debattiert[244]. Dennoch wird es offensichtlich, betrachtet man die Vorstellung, nach der die Prinzipien des Zivilrechts der VR China gemäß

---

239 Vgl. *Hu Zhimin*, Vom Einfluss der sowjetischen Rechtstheorien zur Zivilrechtslehre VR Chinas, Journal of Shanghai Normal University (Philosophy and Social Sciences Edition) Dec., 2015 Vol. 44, No. 6, S. 54ff.

240 Die Grundprobleme des Zivilrechts der VR China, herausgegeben von der Abteilung für Lehre und Forschung über das Zivilrecht der zentralen Schule für politische und juristische Kader, 1958, S. 5.

241 Die Grundprobleme des Zivilrechts der VR China, herausgegeben von der Abteilung für Lehre und Forschung über das Zivilrecht der zentralen Schule für politische und juristische Kader, 1958, S. 1.

242 Die Grundprobleme des Zivilrechts der VR China, herausgegeben von der Abteilung für Lehre und Forschung über das Zivilrecht der zentralen Schule für politische und juristische Kader, 1958, S. 9.

243 Die Grundprobleme des Zivilrechts der VR China, herausgegeben von der Abteilung für Lehre und Forschung über das Zivilrecht der zentralen Schule für politische und juristische Kader, 1958, S. 13ff.

244 Vgl. *Hu Zhimin*, Vom Einfluss der sowjetischen Rechtstheorien zur Zivilrechtslehre VR Chinas, Journal of Shanghai Normal University (Philosophy and Social Sciences Edition) Dec., 2015 Vol. 44, No. 6, S. 55, *Li Xiuqing*, Die Untersuchung zur Struktur der Rezeption des sowjetischen Rechts vom China, Social Sciences in China, 2002 No. 5, S. 127.

der sozialistisch-ökonomischen Basis ausgerichtet werden sollen[245]. Des Weiteren ist es so, dass die Prinzipien des Zivilrechts der VR China – also die sozialistischen Prinzipien, die konzentrierte Verkörperung des sozialistischen Wesens des Zivilrechts der VR China und die Widerspiegelung der wirtschaftlichen Gesetze des Sozialismus – im Gesetz verankert seien[246]. Deswegen wurde eine Reihe der sogenannten Prinzipien des Zivilrechts VR Chinas aufgestellt: Das Prinzip der Unantastbarkeit des Gemeineigentums und des besonderen Schutzes des Staatseigentums; das Prinzip der Gewährleistung der vollständigen Ausmerzung der Ausbeutung und des Privateigentums; das Prinzip der Gewährleistung der Realisierung der wirtschaftlichen Pläne des Staats; das Prinzip der Gleichheit der Rechte und Pflichten der Bürger im Zivilrecht; und das Prinzip der engen Verschränkung von persönlichen, partiellen und öffentlichen Interessen, worin schwerpunktmäßig das Prinzip des Schutzes des Gemeineigentums des Sozialismus, der Konsolidierung und der Entwicklung des sozialistischen Eigentumssystems läge[247]. An dieser Idee wurde so sehr festgehalten, dass sie bis in die 1980er Jahre hinein noch häufig zur Grundlagen- und der Prinzipienbildung für das Zivilrecht der VR China benutzt wurde[248].

Die Merkmale des Instruments des Zivilrechts wurde in der chinesischen Rechtswissenschaft noch schärfer als in der sowjetischen dargestellt. Das Zivilrecht der VR China diene den politischen Aufgaben der VR China[249], weil das Zivilrecht ebenso wie die anderen Rechte allein von der herrschenden Klasse zum Klassenkampf benutzt werden könne[250]. Daher sei die allererste Aufgabe der zivilrechtlichen Gesetze der VR China der Schutz und die Konsolidierung des sozialistischen Gemeineigentums und darauf aufbauend der Schutz und die Konsolidierung der sozialistischen Ordnung der zivilen Warenzirkulation, sowie der ausreichende

---

245 Die Grundprobleme des Zivilrechts der VR China, herausgegeben von der Abteilung für Lehre und Forschung über das Zivilrecht der zentralen Schule für politische und juristische Kader, 1958, S. 12.

246 Die Grundprobleme des Zivilrechts der VR China, herausgegeben von der Abteilung für Lehre und Forschung über das Zivilrecht der zentralen Schule für politische und juristische Kader, 1958, S. 25.

247 Die Grundprobleme des Zivilrechts der VR China, herausgegeben von der Abteilung für Lehre und Forschung über das Zivilrecht der zentralen Schule für politische und juristische Kader, 1958, S. 26ff.

248 Vgl. *Wang Zuotang*, Der Kurs des Zivilrechts, 1983, S. 33ff. Darüber hinaus auch *Wang Weiguo*, Das sozialistischen Zivilrecht ist kein Privatrecht, Quarterly of Law Science (heutzutage *Modern Law Science*), 1983, No. 2, S. 43ff.

249 Die Grundprobleme des Zivilrechts der VR China, herausgegeben von der Abteilung für Lehre und Forschung über das Zivilrecht der zentralen Schule für politische und juristische Kader, 1958, S. 9.

250 Die Grundprobleme des Zivilrechts der VR China, herausgegeben von der Abteilung für Lehre und Forschung über das Zivilrecht der zentralen Schule für politische und juristische Kader, 1958, S. 16.

Schutz der Zivilrechte und rechtlichen Interessen der Bürger, um die Einheit im Volk zu fördern und eine ungestörte Entwicklung der Produktivität zu gewährleisten[251]. Deswegen seien zivilrechtliche Gesetze nur eine Zusammenfassung der zivilpolitischen Praxis der Kommunistischen Partei China[252].

b) Darstellung der Rezeption in den konkreten Rechtsinstituten

Die Vorstellungen der akademischen Kreise beeinflussten nicht nur den theoretischen Rahmen des Rechtsinstituts des Zivilrechts, sondern führten auch zur Aufnahme der konkreten Regelungen des sowjetischen ZGB in die Entwürfe des ZGB der VR China in den 1950er Jahren. Dies wird hauptsächlich von drei maßgeblichen Rechtsinstituten verkörpert: Dem Regelungsgegenstand, dem Zivilsubjekt sowie dem Rechtsobjekt und Eigentumssystem. Dazu kommen sowie einige andere konkrete Aspekte[253].

aa) Regelungsgegenstand

Über die Debatte des Regelungsgegenstands des Zivilrechts konnten die sowjetischen Juristen zwar zu keiner Übereinstimmung kommen[254]. Doch bis zu dem Zeitpunkt, an dem es in den 1950er Jahren ins chinesische Zivilrecht übernommen

---

251 Die Grundprobleme des Zivilrechts der VR China, herausgegeben von der Abteilung für Lehre und Forschung über das Zivilrecht der zentralen Schule für politische und juristische Kader, 1958, S. 24, 25.

252 Die Grundprobleme des Zivilrechts der VR China, herausgegeben von der Abteilung für Lehre und Forschung über das Zivilrecht der zentralen Schule für politische und juristische Kader, 1958, S. 32.

253 *Li Xiuqing*, Die Untersuchung zur Struktur der Rezeption des sowjetischen Rechts vom China, Social Sciences in China, 2002 No. 5, S. 126ff, vgl. *Hu Zhimin*, Vom Einfluss der sowjetischen Rechtstheorien zur Zivilrechtslehre VR Chinas, Journal of Shanghai Normal University (Philosophy and Social Sciences Edition) Dec., 2015 Vol. 44, No. 6, S. 56, *Yang Lixin*, Der Einfluss des sowjetischen Zivilrechts soll bei der Verfassung der ZGB der VR China liquidiert werden, Law and Social Development, 2016, No. 2, S. 142.

254 Diese Frage wurde im sowjetischen russischen ZGB selbst zwar nicht abschließend geklärt. Allerdings sind nach § 3 des sowjetischen russischen ZGB aus dem Jahr 1922 die Grundstücks-, Arbeits- und Familienverhältnisse in besonderen Gesetzbüchern geregelt und aus dem ZGB ausgeschlossen. Der h.M. sowjetischer Rechtswissenschaftler nach sind das Grundstücks-, Arbeits- und Familienrecht vom Zivilrecht unabhängig. Deswegen ist die Frage nach den vom Zivilrecht geregelten konkreten Rechtsverhältnissen theoretisch auch umstritten, vgl. *Genkin/Bratus (Hrsg.)*, Sowjetisches Zivilrecht, Bd. 1, chinesische Übersetzung von *Li Guangmo, Kang Baotian* und *Wu Zhixiong*, 1956, S. 27ff. Der zitierte Paragraph entstammt dem sowjetisch-russischen ZGB aus dem Jahr 1922 in der Übersetzung von *Zheng Hua* aus dem Jahr 1956. Alle folgenden Paragraphen des sowjetisch-russischen ZGB aus dem Jahr 1922 werden aus dieser Übersetzung zitiert.

wurde, hatte sich bereits eine herrschende Meinung darüber etabliert. Das Zivilrecht regelte hauptsächlich die Vermögensverhältnisse und nebensächlich auch die persönlichen Nichtvermögensverhältnisse, die mit den Vermögensverhältnissen bis zu einem gewissen Grad zusammenhängen[255].

Die Ansichten des sowjetischen Zivilrechts wurde von der Kommission zur Ausarbeitung des ZGB der VR China in den Entwurf des allgemeinen Teils des ZGB der VR China aus dem Jahr 1955[256] und in den Entwurf des allgemeinen Teils des ZGB der VR China aus dem Jahr 1957[257] übernommen. Sie wurde auch in die Theorien der chinesischen Rechtswissenschaft übernommen. In einem früheren – damals maßgeblichen – Lehrbuch über das Zivilrecht wurde ausdrücklich klargestellt, dass das Zivilrecht hauptsächlich die Vermögensverhältnisse und nebensächlich gewisse persönliche Nichtvermögensverhältnisse regle[258].

bb) Zivilsubjekt

Mit Blick auf das Zivilsubjekt hat das sowjetische Recht mit dem politischen Begriff „Bürger“[259] den Begriff „natürliche Personen“[260] aus den traditionellen bürgerlichen Gesetzbüchern ersetzt. Das sowjetisch-russische ZGB des Jahres 1922 benennt im zweiten Kapitel mit dem Titel „das Rechtssubjekt (Person)“ die Bürger und die juristischen Personen als Zivilsubjekt als konkretes Rechtsinstitut. § 4 Abs. 1 des sowjetisch-russischen ZGB des Jahres 1922 lautet: „Um die Produktivität zu weiterzuentwickeln, verleiht das sowjetische Russland allen Bürgern die zivilrechtliche Rechtsfähigkeit (die Fähigkeit, vom Zivilrecht Gebrauch zu machen und Zivilverpflichtungen zu übernehmen), soweit ihre Rechte nicht durch ein Gericht eingeschränkt werden.“ Der Begriff „natürliche Person“ wurde in diesem Kapitel

---

255 Vgl. Die *Redaktion* der sowjetischen Zeitschrift *„Sowjetischer Staat und Sowjetisches Recht“*, Die Zusammenfassung der Diskussion über den Regelungsgegenstand des sowjetischen Zivilrechts, chinesische Übersetzung von *Wang Mingyi*, Journal of Translation from politics and Law, 1956, the inaugural issue.

256 Gemäß § 2 Halbsatz 1dieses Entwurfs sind die Vermögensverhältnisse zwischen sozialistischen Organisationen, zwischen sozialistischen Organisationen und Privatwirtschaften sowie Bürgern, zwischen Bürgern und zwischen privaten Betrieben und Bürgern in diesem Gesetz geregelt. Vgl. *He Qinhua/Li Xiuqing/Chen Yi* (Hrsg.), Überblick über die Entwürfe des ZGB der VR China, Bd. 1, 2003, S. 3.

257 Gemäß § 2 dieses Entwurfs regelt dieses Gesetz die Vermögensverhältnisse und die mit dem Vermögensverhältnis eng zusammengehangenen persönlichen Verhältnisse zwischen staatlichen Organisationen, Betrieben, Genossenschaften, sozialen Gemeinschaften und Bürgern. Vgl. *He Qinhua/Li Xiuqing/Chen Yi* (Hrsg.), Überblick über die Entwürfe des ZGB der VR China, Bd. 1, 2003, S. 36.

258 Vgl. Abteilung für Lehre und Forschung über das Zivilrecht der zentralen Schule für politische und juristische Kader (Hrsg.), Die Grundprobleme über Zivilrecht der VR China, 1958, S. 20.

259 Im chinesischen Original 公民.

260 Im chinesischen Original 自然人.

nur einmal in § 17 verwendet: „Alle innerhalb der Grenzen Russlands wohnenden natürlichen Personen und juristischen Personen müssen Außenhandel über das Volkskomitee für Außenhandel führen [...]" An anderen Stellen des ZGB wird der Begriff „Bürger" oder „Mensch" verwendet. Trotz der gelegentlichen Verwendung des Begriffs „Mensch" wurde dieser aufgrund der allgemeinen Bestimmung des § 4 des sowjetisch-russischen ZGB aus dem Jahr 1922 in der Tat mit dem Begriff „Bürger" gleichgesetzt. Nach maßgebenden Formulierungen sowjetischer Rechtswissenschaftler[261] wurde der als das Rechtssubjekt betrachtete Mensch fortan mit dem Begriff „Bürger", gelegentlich auch mit dem Begriff „Mensch" bezeichnet. Trotzdem bestätigte das sowjetisch-russische ZGB aus dem Jahr 1922 nur die Bezeichnung als „Bürger" anstatt des Begriffs „natürliche Person[262]. Auf jeden Fall kann man daraus folgern, dass das sowjetisch-russische ZGB von 1922 bei der Regelung des Zivilsubjekts noch nicht komplett den Begriff „Bürger" anstelle von „natürlichen Person" verwendet hat. Deswegen gab es vor den 1950er auch noch Raum für sowjetischen Juristen, das Problem des Begriffs „natürlichen Person" zu diskutieren[263].

Die Verwendung des politischen Begriffs „Bürger" im ZGB war nicht nur ein ideologisches Wortspiel. Darüber hinaus gab es weitreichende politische und ideologische Gründe. Bei der Gesetzgebung der sozialistischen Staaten wurde die naturrechtliche Idee, der die Qualifikation des Menschen als Rechtssubjekt inhärent ist, von den sowjetischen Gesetzgebern verworfen. Nach einer Meinung aus chinesischen Kreisen konnte die Rechtsfähigkeit der Bürger durch Gesetze eingeschränkt werden, da dem Menschen die Qualifikation, Rechte haben zu können, erst vom Gesetz gewährt wird[264]. Hinter dieser Idee steht das sozialistische Verständnis der sowjetischen Gesetzgeber zum Wesen des Zivilrechts. Denn unter dem Sozialismus wurden in sozialistischen Staaten Gemeineigentum und Planwirtschaft eingeführt, die ganze Gesellschaft stark politisiert und die „Zivilgesellschaft" vom „politischen Staat" überdeckt. Unter diesen gesellschaftlichen Bedingungen wurde das Zivilrecht nach dem Verständnis der sowjetischen Gesetzgeber wie oben erwähnt nicht als Privatrecht, sondern als öffentliches Recht angesehen[265].

---

261 Vgl. *Genkin/Bratus (Hrsg.)*, Sowjetisches Zivilrecht, Bd. 1, chinesische Übersetzung von *Li Guangmo, Kang Baotian* und *Wu Zhixiong*, 1956, S. 27ff., *S. N. Bratus* (Hrsg.), Sowjetisches Zivilrecht, Bd. 1, chinesische Übersetzung von der Abteilung für Lehre und Forschung über das Zivilrecht der Renmin Universität 1954, S. 57, 58.

262 Einer anderen Meinung nach wurde das Wort „Bürger" nur im sowjetisch-russischen ZGB des Jahres 1964 wirklich im Sinne des Zivilsubjekts benutzt, vgl. *Hu Zhimin*, Vom Einfluss der sowjetischen Rechtstheorien zur Zivilrechtslehre der VR China, Journal of Shanghai Normal University (Philosophy and Social Sciences Edition) Dec., 2015 Vol. 44, No. 6, S. 57, vgl. auch *Zhang Junhao (Hrsg)*, Die Lehre der Zivilrechtswissenschaft, 1991, S. 101.

263 Siehe Fn 260, S. 86.

264 Vgl. *Li Xiuqing*, Die Untersuchung zur Struktur der Rezeption des sowjetischen Rechts vom China, Social Sciences in China, 2002 No. 5, S. 127.

265 Siehe Fn 234, S. 82.

Das sowjetische Institut des Zivilsubjekts wurde von den Entwürfen des chinesischen ZGB in den 1950er Jahren nachgebildet[266]. Im Gegensatz zur Situation in sowjetischen akademischen Kreisen vor den 1950ern, bei der es noch Raum für Diskussion zur Bezeichnung des Zivilsubjekts gab, wurde im Sprachgebrauch die Bezeichnung „Bürger" – sowohl in den Entwürfen des Zivilrechts, als auch im juristischen Theoriediskurs im China der 1950er Jahre – vollständig und ohne zusätzliche Überlegungen übernommen. Die in den 1950er Jahren verfassten Entwürfe nennen nur den Bürger und die juristische Person als das Zivilsubjekt und verwenden die Bezeichnung „natürliche Person" überhaupt nicht[267]. Dementsprechend war es in der damaligen juristisch-theoretischen Forschung selbstverständlich bei der Darstellung des Zivilsubjekts auch die Bezeichnung „Bürger" zu verwenden[268]. Einige Juristen dieser Zeiten verwendeten sogar in Darstellungen des Instituts des Zivilsubjekts in westlichen Zivilgesetzbüchern den Begriff „Bürger" anstelle des Begriffs „natürliche Person" oder „Person"[269].

Nachwehen dieser Terminologie sind auch in den in den 1980er Jahren erlassenen und heute gültigen zivilrechtlichen Gesetzen Chinas immer noch offensichtlich. Ein typisches Beispiel hierfür ist die Situation in den 1986 erlassenen Allgemeinen Grundsätzen des Zivilrechts (AGZ) der VR China, das als ein vorläufiger Ersatz eines wirklichen ZGB Chinas angesehen wird und heute noch gültig ist. In den ganzen Gesetztexten des AGZ der VR China wird zwar noch die Bezeichnung „Bürger" verwendet, doch im Titel des zweiten Kapitels, welches die natürlichen Personen als eines der zwei Zivilsubjekte im chinesischen Zivilrecht regelt, wird neben der Bezeichnung „Bürger" auch die Bezeichnung „natürliche Personen" in Klammern angegeben, um die Bedeutung der Bezeichnung „Bürger" zu erklären[270]. In diesem Unterschied zeigen sich die Gedanken der Gesetzgeber und der Juristen aus dem akademischen Bereich zur Übernahme des Begriffs „Bürger" aus dem sowjetischen Zivilrecht in den 1950er Jahren und ihr Versuch angemessener Veränderungen[271].

---

266 Gemäß § 2 vom Entwurf von 1955 und 1957, vgl. *He Qinhua/Li Xiuqing/Chen Yi* (Hrsg.), Überblick über die Entwürfe des ZGB der VR China, Bd. 1, 2003, S. 3, 36.

267 Siehe die Entwürfe von 1955 und 1957, vgl. *He Qinhua/Li Xiuqing/Chen Yi* (Hrsg.), Überblick über die Entwürfe des ZGB der VR China, Bd. 1, 2003, S. 3ff, 36ff.

268 Die Grundprobleme des Zivilrechts der VR China, herausgegeben von der Abteilung für Lehre und Forschung über das Zivilrecht der zentralen Schule für politische und juristische Kader, 1958, Kapitel 4, Abschnitt 2.

269 Vgl. *Li Haopei*, Die rudimentäre Kritik zu Code Napoléon, Chinese Journal of Law, 1955, No. 2, S. 39, 40. Um die Maxime der Gleichheit vor dem Gesetz aus dem Code Napoléon zu erklären, beschreibt der Autor, dass die Rechtsfähigkeit aller Bürger (anstatt aller Männer bzw. Personen) rechtlich gleich sei.

270 Siehe den Titel des Kapitels 2 der AGZ der VR China von 1986.

271 Im aktuell erlassenen (15.03.2017, Inkrafttreten am 01.10.2017) allgemeinen Teil des ZGB der VR China bleibt im Titel des des Kapitels 2 nur die Bezeichnung der „Natürliche Personen".

cc) Das Rechtsobjekt und Eigentumssystem

Auch hinsichtlich des Rechtsinstituts des Eigentumssystems oder des Zivilobjekts wurden die sowjetischen juristischen Theorien und Regelungen komplett in die Entwürfe des ZGB Chinas übernommen. Zwar waren die sowjetischen Juristen der Meinung, dass das Zivilobjekt der zivilrechtlichen Verhältnisse jene Dinge sind, auf die sich die Rechte und Pflichten der Beteiligten der zivilrechtlichen Verhältnisse richten. Dabei umfasst der Begriff des Zivilobjekts die Sachen, das persönliche Vermögen und die Erzeugnisse geistiger Schöpfung der Menschen umfasst[272]. Sachen waren für die zivilrechtlichen Verhältnisse, die sich hauptsächlich als Vermögensverhältnisse darstellten, besonders bedeutend[273]. Deswegen lag der Schwerpunkt darauf, anstelle der bourgeoisen Kategorisierung der Sachen der Zivilrechtslehre, also der beweglichen und unbeweglichen Sachen, die sowjetische Kategorisierung in Produktions- und Lebensmittel vorzunehmen, um das neue Wirtschaftssystem zu errichten[274]. Daher wurden im sowjetischen Zivilrecht die konkreten Begriffe Vermögen und Eigentum betont und nicht der abstrakte Begriff Sachenrecht[275]. Die neue Kategorisierung und die Betonung der Wichtigkeit des Eigentums als Zivilobjekt entsprechen auch der Ansicht, dass das dem Staat gehörende Vermögen im Falle des Gemeineigentums besonders geschützt werden sollte[276]. Im sowjetisch-russischen ZGB von 1922 wurde dieser Standpunkt durch viele wichtige Regelungen zu den Sachen als „Zivilobjekt" und zur Betonung der Unübertragbarkeit des Staatsvermögens deutlich gemacht[277].

---

272 Vgl. *S.N.Bratus* (Hrsg.), Sowjetisches Zivilrecht, Bd. 1, chinesische Übersetzung von der Abteilung für Lehre und Forschung über das Zivilrecht von der Renmin Universität 1954, S. 59.

273 Vgl. *S.N.Bratus* (Hrsg.), Sowjetisches Zivilrecht, Bd. 1, chinesische Übersetzung von der Abteilung für Lehre und Forschung über das Zivilrecht von der Renmin Universität 1954, S. 59, 60.

274 Vgl. *Genkin/Bratus* (Hrsg.), Sowjetisches Zivilrecht, Bd. 1, chinesische Übersetzung von *Li Guangmo, Kang Baotian* und *Wu Zhixiong*, 1956, S. 21, *S.N.Bratus (Hrsg)*, Sowjetisches Zivilrecht, Bd. 1, chinesische Übersetzung von der Abteilung für Lehre und Forschung über das Zivilrecht der Renmin Universität 1954, S. 131.

275 Vgl. *Hu Zhimin*, Vom Einfluss der sowjetischen Rechtstheorien zur Zivilrechtslehre VR Chinas, Journal of Shanghai Normal University (Philosophy and Social Sciences Edition) Dec., 2015 Vol. 44, No. 6, S. 58.

276 Vgl. *Genkin/Bratus* (Hrsg.), Sowjetisches Zivilrecht, Bd. 1, chinesische Übersetzung von *Li Guangmo, Kang Baotian* und *Wu Zhixiong*, 1956, S. 250, 251.

277 Hier werden nur einige der einschlägigen und wichtigen Vorschriften im sowjetisch-russischen ZGB von 1922 zitiert. Z.B. gehören die Grundstücke zum Vermögen des Staats und sind nicht übertragbar; die Privatpersonen haben nur das Gebrauchsrecht an den Grundstücken (§21). Fabriken, Anlagen, Beförderungsmittel, Kommunikationsmittel usw. gehören zum Vermögen des Staats und dürfen nicht übertragen werden an: Privatpersonen und privaten Gemeinschaften, Genossenschaften und gesellschaftlichen Gemeinschaften, die noch nicht an dem Genossenschaftssystem teilnehmen. Sie dürfen auch, nicht das Objekt einer Hypothek werden und nicht

Der Entwurf des ZGB der VR China von 1955 hat nur in vier Paragrafen (§ 32, § 33, § 34 und § 35) Regelungen über das Zivilobjekt getroffen[278]. Drei davon, also § 23, § 25 und § 24, sind offenbar Nachbildungen der § 23 und § 24 des sowjetisch-russischen ZGB von 1922[279]. Der Entwurf des ZGB der VR China aus dem Jahr 1957 regelt das Zivilobjekt ausführlicher, als der Entwurf aus dem Jahr 1955 (§ 22 bis § 25)[280]. Die meisten davon waren auch das Ergebnis der Nachbildung der entsprechenden Vorschriften des sowjetisch-russischen ZGB von 1922[281]. Hinzu kam § 27[282] des Entwurfs des ZGB der VR China von 1955, in welchem das als das Zivilobjekt angesehene Vermögen sich hauptsächlich in zwei Arten unterscheidet, nämlich in das Zivilobjekt der Lebensmittel und in das der Produktionsmittel, wie dies auch in der sowjetischen zivilrechtlichen Theorie der Fall ist[283]. Wichtig war es, dass der oben beschriebene Standpunkt der sowjetischen Juristen bezüglich des Zivilobjekts auch von akademischen Kreisen in Chinas übernommen wurde[284]. Diese Kategorisierung[285] und die Betonung der Wichtigkeit des

---

nach dem Regressverfahren zur Schuldentilgung dienen (§22). In Anbetracht der staatlichen Ordnung und Sicherheit werden Waffen, Explosivstoffe, militärischen Güter und Materialien, Telekommunikationsmittel, heftige Rauschmittel usw. unter die Sachen platziert, deren Übertragung and Privatpersonen verboten ist (§23). Darüber hinaus erhalten Bürger nur unter besonderen Bedingungen die Zulassung der zuständigen Behörden, um diese Sachen besitzen und benutzen zu dürfen (§56). Noch gültige Dokumente dürfen keine Geschäftsobjekte sein (§23). Gold, Silber, Münzen aus Platin, ausländische Währung und Wertpapiere mit ausländischen Standardzahlungswährung. dürfen erst durch von speziellen Gesetzen geregelten Verfahren Geschäftsobjekt werden (§24). Zitierten Vorschriften des sowjetisch-russischen ZGB von 1922, entnommen aus: Das sowjetische russische ZGB von 1922, chinesische Übersetzung von *Zheng Hua*, 1956, S. 7, 8, 9 undS. 15.

278 Zu den Texten des Entwurfs des ZGB der VR China von 1955 vgl. *He Qinhua/Li Xiuqing/Chen Yi* (Hrsg.), Überblick über die Entwürfe des ZGB VR Chinas, Bd. 1, 2003, S. 17,18.

279 Siehe Fn 276,S. 89.

280 Zu den Texten des Entwurfs des ZGB der VR China von 1955 vgl. *He Qinhua/Li Xiuqing/Chen Yi* (Hrsg.), Überblick über die Entwürfe des ZGB der VR China, Bd. 1, 2003, S. 39,40.

281 Siehe Fn 276,S. 89.

282 Zu den Texten des Entwurfs des ZGB der VR China von 1955 vgl. *He Qinhua/Li Xiuqing/Chen Yi* (Hrsg.), Überblick über die Entwürfe des ZGB der VR China, Bd. 1, 2003,S. 17.

283 Siehe Fn 274, S. 88 und Fn 275,S. 89.

284 Vgl. Die Grundprobleme des Zivilrechts der VR China, herausgegeben von der Abteilung für Lehre und Forschung über das Zivilrecht der zentralen Schule für politische und juristische Kader, 1958,S. 54.

285 Z.B. §75 Abs. 1 AGZ der VR China von 1986 über den Inhalt und die Kategorisierung des persönlichen Vermögens der Bürger und § 3 ErbG der VR China über den Inhalt und die Kategorisierung des Nachlasses.

Eigentums[286] bestehen bis heute noch in den geltenden Zivilgesetzen und ihren Erläuterungen.

dd) Andere konkrete Aspekte

Darüber hinaus lässt sich die Übernahme des sowjetischen Zivilrechts in die Entwürfe des ZGB Chinas in den 1950er Jahren auch in den folgenden konkreten Aspekten des Zivilrechts nachverfolgen: Im Schuldrecht (insbesondere bei den Schuldverhältnissen durch Rechtsgeschäfte) wurden die Verordnungen über die staatliche Wirtschaftsplanung zur hauptsächlichen Grundlage der Schuldverhältnisse[287]. Die Verträge der staatlichen Wirtschaftsplanung nahmen auch im Schuldrecht eine wichtige Stellung ein und wurden umfangreich bestimmt[288]. Diese Auffassung wurde auch in den 1980er noch in akademischen Kreisen vertreten[289]. Im Sachenrecht wurde das Eigentum, vornehmlich das staatliche Eigentum im Kontext der sogenannten Theorie des Eigentumssystems (entsprechend dem sowjetischen Zivilrecht[290]) besonders berücksichtigt[291]. Hiermit wurde der Schutz des staatlichen Vermögens und der wirtschaftlichen Ordnung des Staats unter

---

286 Der Titel von Kapitel 5 Abschnitt 1 des AGZ der VR China von 1986 lautet nicht einfach „Sachenrecht", sondern trägt die komplizierte Bezeichnung „Vermögenseigentum und zum Vermögenseigentum in Bezug stehende Vermögensrechte".

287 Zum sowjetischen Recht vgl. *S.N. Bratus* (Hrsg.), Sowjetisches Zivilrecht, Bd. 1, chinesische Übersetzung von von der Abteilung für Lehre und Forschung über das Zivilrecht der Renmin Universität 1954, S. 268ff. Zur Rezeption VR Chinas vgl. den Entwurf des ZGB der VR China von 1957, § 3 und § 4, in *He Qinhua/Li Xiuqing/Chen Yi* (Hrsg.), Überblick über die Entwürfe des ZGB der VR China, Bd. 1, 2003, S. 36.

288 In den 1950er wurde eine Reihe von Vorschriften verschiedener Arten über die Vertragsregelung durch die staatlichen Wirtschaftspläne erlassen, vgl. Sammlung des Schrifttums über das Zivilrechts der VR China, herausgegeben von der Abteilung für Lehre und Forschung über das Zivilrecht der zentralen Schule für politische und juristische Kader, 1956, S. 250ff.

289 Vgl. z.B. *Liang Huixing*, Zum Grundsatz des Plans und der Freiheit im System des Vertragsrechts der VR China, Chinese Journal of Law, 1982, No. 4, S. 45, *Xie Huaishi*, Das Vertragssystem und -Recht der VR China, Chinese Journal of Law, 1988, No. 4, S. 64.

290 Vgl. *Genkin/Bratus* (Hrsg.), Sowjetisches Zivilrecht, Bd. 1, chinesische Übersetzung von *Li Guangmo, Kang Baotian* und *Wu Zhixiong*, 1956, S. 23ff, *Venediktov*, Der Schutz zum sozialistischen Vermögen im sowjetischen Zivilrecht, chinesische Übersetzung von *Xie Huaishi* und *Li Wei*, 1957, S. 121ff.

291 Die Grundprobleme des Zivilrechts der VR China, herausgegeben von der Abteilung für Lehre und Forschung über das Zivilrecht der zentralen Schule für politische und juristische Kader, 1958, S. 135ff. Zum besonderen Schutz von staatlichem Eigentum siehe einige Paragrafen des Entwurfs des ZGB der VR China von 1955, z.B. § 2 und § 31, vgl. *He Qinhua/Li Xiuqing/Chen Yi* (Hrsg.), Überblick über die Entwürfe des ZGB der VR China, Bd. 1, 2003, S. 13, 17.

Voraussetzung des Gemeineigentums und der Planwirtschaft des sozialistischen Staats verstärkt.

c) *Zusammenfassung*

Chinesische Juristen versuchten bei der Errichtung der Ordnung des Zivilrechts, dem sowjetischen Recht nicht in jeder Einzelheit zu folgen, sondern zogen auch Rechtsregelungen anderer Länder heran[292] und formulierten einige neue zivilrechtliche Regelungen, die den Charakter des Sozialismus wiederspiegelten. Sie versuchten auch, die sogenannten chinesischen Charakteristiken herauszuarbeiten. Trotzdem war es wegen der damaligen politischen Situation unvermeidbar, dass die chinesische zivilrechtliche Gesetzgebung und Forschung in der Gründungsphase der VR China komplett sozialistisch ideologisiert und politisiert wurde, weswegen das sowjetische Zivilrecht und dessen Theorien fast unbesehen übernommen wurden.

Daher wurden viele sowjetische juristische Ansichten zum Zivilrecht, ja sogar zu den konkreten Regelungen, bei den Arbeiten zur Erstellung des ZGB Chinas in den 1950er Jahren von chinesischen juristischen akademischen und praktischen Kreisen unverändert übernommen. Die oben beschriebene Übernahme führte zwar wegen des Stopps der Arbeiten zur zivilrechtlichen Gesetzgebung Ende der 1950er Jahre zu keinen Neuschöpfungen von Gesetzen. Aber ihr Einfluss findet sich dennoch in der neuen Gesetzgebung Chinas die seit den 1980er Jahren im Zuge der Reform- und Öffnungspolitik entstand[293]. Dieser Einfluss bleibt bis heute weitgehend in den geltenden Zivilgesetzen Chinas[294] erhalten. Innerhalb der juristischen Forschung wurden die Methoden des Marxismus und Leninismus bis zu den 1980er Jahren als hauptsächliche zivilrechtliche Methoden behandelt, insbesondere der historische Materialismus als Rahmen[295] und die Klassenanalyse als konkrete Methode[296],

---

292 Z.B. Code Napoléon, BGB, Japanisches ZGB usw. Vgl. *Li Xiuqing*, Die Untersuchung zur Struktur der Rezeption des sowjetischen Rechts vom China, Social Sciences in China, 2002 No. 5, S. 139, 140, auch vgl. *He Qinhua/Li Xiuqing/Chen Yi* (Hrsg.), Überblick über die Entwürfe des ZGB der VR China, Bd. 1, 2003, Vorwort.

293 Siehe Fn 212 und 213, S. 77.

294 Siehe Fn 270, S. 88 und Fn 286, S. 91. Vgl. auch *He Qinhua/Yin Xiaohu* (Hrsg.), Die Geschichte des Zivilrechts der VR China, 1999, S. 21.

295 Vgl. *Sun Guangyan/Yu Yisheng*, Der Rückblick über den Einfluss zur Entwicklung vom Aufbau des Rechtssystems Chinas, Chinese Journal of Law, 2003 No. 1, S. 148, *Hu Zhimin*, Vom Einfluss der sowjetischen Rechtstheorien zur Zivilrechtslehre VR Chinas, Journal of Shanghai Normal University (Philosophy and Social Sciences Edition) Dec., 2015 Vol. 44, No. 6, S .61, 62, *He Qinhua/Yin Xiaohu* (Hrsg.), Die Geschichte des Zivilrechts VR Chinas, 1999, S. 20, 21.

296 Vgl vor allem *Du Jianming*, Die Anwendung und der Einfluss der Methode der Klassenanalyse in der rechtswissenschaftlichen Forschung der Sowjetunion, in *Zhang Wenxian, Du Yanlin* (Hrsg.), Jurisprudence Review, Vol. 6, 2012, S. 156ff., *Chen Shouyi*, Der Rückblick auf die 30 Jahre der Rechtswissenschaft VR Chinas,

die ebenfalls aus der sowjetischen zivilrechtlichen Forschung übernommen wurde[297].

Zwar gilt es noch ausführlicher und konkreter zu untersuchen, ob und wie die beschriebene Rezeption des sowjetischen Zivilrechts in Zusammenhang mit der Schaffung des Erbrechts und der Gesetzgebung des ErbG der VR Chinas steht[298]. Allerdings ist in diesem Kontext – vor allem im Hinblick auf die zeitlichen Umstände der Gesetzgebung des ErbG und den Umstand, dass bisher keine Änderungen erfolgt sind – nur schwer anzunehmen, dass diese Rezeption keinen Einfluss auf das ErbG als Teil des Zivilrechts genommen hätte. Umgekehrt könnte man wohl behaupten, dass die aus dem sowjetischen Recht übernommenen Vorstellungen über das Zivilrecht, die sehr stark ideologisch und politisch aufgeladen sind, auch Grundlage und sogar untrennbarer Teil des ErbG der VR China geworden sind.

3. *Einfluss des sowjetischen Erbrechts auf die erbrechtliche Gesetzgebung insgesamt*

Wegen des engen Zusammenhangs von Erbrecht und Privateigentum[299] in den 1950er Jahren wurde von einer Minderheit angenommen, dass es nach der Vollendung des sozialistischen Umbaus[300] bei einer weiten Verbreitung der Vorstellung von Gemeineigentum in der VR China nicht notwendig wäre, ein Erbgesetz zu schaffen[301]. Dennoch wurde die praktische Bedeutung des Erbrechts, das ein wichtiger Teil des ZGB ist, jederzeit von der h.M. bejaht[302]. Vor dem Hintergrund der Idee, dass das Erbgesetz ein wichtiger Teil des ZGB sei und auch praktische Bedeutung habe, folgte der Entwurf eines Buchs des Erbrechts, das so wie die anderen Bücher des ZGB auch, nahezu dem sowjetischen Recht nachempfunden wurde[303].

Chinese Journal of Law, 1980, No. 1, S. 2, *Liao Yongchun*, Die tiefen Gründe des negativen Einflusses der Rechtswissenschaft der Sowjetunion auf die VR Chinas, Chinese Journal of Law, 2002, No. 2, S. 148, *Hu Zhimin*, Vom Einfluss der sowjetischen Rechtstheorien zur Zivilrechtslehre VR Chinas, Journal of Shanghai Normal University (Philosophy and Social Sciences Edition) Dec., 2015 Vol. 44, No. 6, S. 62.

297 Zur kritischen Überlegung vgl. *Zhang Liqiang*, Das Überdenken zu den Forschungsmethoden der Zivilrechtswissenschaft VR Chinas, Seeker, 2003 No. 4, S. 59ff.

298 Siehe § 7 II 3, S. 93ff.

299 Vgl. *Muscheler*, Erbrecht, Band I, 2010, S. 1, 2.

300 Im chinesischen Original 社会主义改造, auf Englisch *Socialist construction and transformation* (1953–1956), vgl. *Teiwes*, Establishment and consolidation of the new regime, in *MacFarquhar/Fairbank* (Hrsg.), The Cambridge History of China, Vol. 14: The People's Republic, Part 1: The Emergence of Revolutionary China, 1949–1965, 1987, S. 92ff.

301 Vgl. *Wang Kezhong*, Die Einführung des Erbrechts, 1985, S. 2, 3.

302 Vgl. *You Sheng*, Die Bedeutung des Erbrechts vom Zivilrecht in der Übergangszeit VR Chinas, Chinese Journal of Law, 1955, No. 5, S. 21.

303 Vgl. *He Shan/Xiao Bing*, Grundriss des Erbgesetzes, 1985, S. 10, 11.

Wegen der Besonderheit des Erbrechts, das durch geschichtliche Tradition geprägt ist, wurden im Gesetzgebungsverfahren für das Erbrecht in den 1950er Jahren schon in einigen konkreten Punkten spezielle Charakteristiken ausgearbeitet, die vor allem aus den nachfolgend dargestellten Kontroversen bei der Gesetzgebung des Erbrechts resultieren. Darüber hinaus hatte die Entwicklung des sowjetischen Rechts nach den 1950er Jahren auch einen gewissen Einfluss auf die chinesische Gesetzgebung des Erbrechts.

a) Die zwei kontrovers diskutierten Probleme bei der Ausarbeitung des Erbgesetzes in den 1950er Jahren

aa) Das Problem des Kreises der gesetzlichen Erben

Zunächst bestand das Problem des Kreises der gesetzlichen Erben. Dem geltenden chinesischen Erbrecht nach ist der Kreis der gesetzlichen Erben sehr eingeschränkt. Gemäß § 10 Abs. 1 ErbG gibt es im chinesischen Erbrecht nur zwei Ordnungen: Ehegatten, Kinder und Eltern in der ersten Ordnung und Geschwister und Großeltern in der zweiten Ordnung der gesetzlichen Erben. Dieser eingeschränkte Kreis der gesetzlichen Erben ist das Ergebnis der kontroversen Diskussion dieses Problems in den 1950er Jahren.

(a) *Die Wandlung des Kreises der gesetzlichen Erben im sowjetischen Recht*

Tatsächlich waren die konkreten Bestimmungen des Kreises der gesetzlichen Erben im sowjetischen Recht zu verschiedenen Zeiten unterschiedlich. Nach der sowjetischen Revolution hat die sowjetische Verordnung „Über die Abschaffung des Instituts der Erbfolge“ aus dem Jahr 1918[304] einen weiten Kreis der gesetzlichen Erben bestimmt, wobei gemäß Art. 2 dieser Verordnung alle Vorfahren und Abkömmlinge in gerader Linie, lebende Ehegatten, alle Vollgeschwister und Halbgeschwister des Erblassers gesetzliche Erben sind[305]. In der ab 1921 beginnenden Zeit der „Neuen Ökonomischen Politik“ der Sowjetunion wurde der Kreis

---

304 Der h.M. nach war das Erbensystem im April 1918 in Sowjetrussland bereits tatsächlich abgeschafft, vgl. *Dai Dunlong* (Hrsg.), Das Lexikon für das Zivilrecht, der Artikel „Das Sowjetische Erbrecht“, S. 316, Die Regelung vom Kreis der gesetzlichen Erben in dieser Verordnung war nur in dem Sinn von Bedeutung, dass vor dem Erlassen des einheitlichen Gesetzes der Sozialversicherung die nahen Verwandten der Verstorben über diesen Kreis hinaus nur ein begrenzbares Gebrauchsrecht auf den Nachlass haben können, vgl. *Xu Fuji/Wu Mengda/Li Jinzhang* (Hrsg. und Übersetzt), Die Geschichte der Entwicklung des Erbrechts der Sowjetunion, 1951, S. 1, 7ff.

305 *B.C.Antimonow/K.A.Grawe*, Das sowjetische Erbrecht, chinesische Übersetzung von *Li Guangmo/Jia Baolian/Pan Tonglong*, 1957, S. 27.

der gesetzlichen Erben angepasst, um die Volkswirtschaft wiederherzustellen[306]. In einer Verordnung von Mai 1922 wurde der Kreis der gesetzlichen Erben verkleinert. Gemäß Art. 6 dieser Verordnung waren gesetzlichen Erben nunmehr lebende Ehegatten und Abkömmlinge in gerader Linie des Erblassers[307]. Das spätere russisch-sowjetische ZGB aus dem Jahr 1922 hat in § 418 diese Ansicht auch übernommen und Ehegatten und Abkömmlinge in gerader Linie des Erblassers als gesetzliche Erben festgelegt sowie im selben Paragraf bestimmt, dass dürftige Personen, die vor dem Tod des Erblassers über mindestens den Zeitraum eines Jahres tatsächlich von ihm abhängig gelebt hatten, auch gesetzliche Erben sind[308]. 1945 erfuhr das sowjetische Erbrecht wieder eine große Veränderung und es wurde die Verordnung „Über die gesetzlichen und testamentarischen Erben“ erlassen[309]. Nach dieser Verordnung wurde der Kreis der gesetzlichen Erben ausgeweitet, um die sowjetischen Familien zu stärken und die neuen sozialistischen Verhältnisse in den Familien zu stabilisieren[310]. Der Regelung dieser Verordnung nach sind gesetzliche Erben Kinder (einschließlich Adoptivkinder), Gatten, Eltern und Geschwister des Erblassers sowie bedürftige Personen (vom Erblasser gepflegte Personen)[311], die vor dem Tod des Erblassers über mindestens den Zeitraum eines Jahres tatsächlich von diesem abhängig gelebt hatten. Anderen Abkömmlinge in gerader Linie, d.h. Enkelkinder und Großenkelkinder können nur als eintretende Erben an der gesetzlichen Erbfolge teilnehmen[312]. Diese neuen Bestimmungen waren auch der hauptsächliche Inhalt des vom Präsidium des Obersten Sowjets der UdSSR veränderten § 418 des russisch-sowjetischen ZGB[313].

---

306 *R.O. Halfina*, Das Erbrecht der Sowjetunion, chinesische Übersetzung von *Zhong Wu/Qing Bo*, 1956, S. 8.

307 „Die Verordnung über einige von der Russischen Föderation anerkannte und von den Gesetzen des Sowjetrusslands und den Gerichten geschützte hauptsächliche Privateigentume“, vgl. *R.O. Halfina*, Das Erbrecht der Sowjetunion, chinesische Übersetzung von *Zhong Wu/Qing Bo*, 1956, S. 8, 9.

308 Vgl. *Xu Fuji/Wu Mengda/Li Jinzhang* (Hrsg. und Übersetzt), Die Geschichte der Entwicklung des Erbrechts der Sowjetunion, 1951, S. 14, 15.

309 Vgl. *Xu Fuji/Wu Mengda/Li Jinzhang* (Hrsg. und Übersetzt), Die Geschichte der Entwicklung des Erbrechts der Sowjetunion, 1951, S. 14, 15.

310 Vgl. *B.C. Antimonow/K.A. Grawe*, Das sowjetische Erbrecht, chinesische Übersetzung von *Li Guangmo/Jia Baolian/Pan Tonglong*, 1957, S. 53.

311 Im chinesischen Original 寄养人. Diese Bestimmung zur Einbeziehung der vom Erblasser gepflegten Personen in den Kreis der gesetzlichen Erben gründet in der sozialistischen öffentlichen Moral. Vgl. *B.C. Antimonow/K.A. Grawe*, Das sowjetische Erbrecht, chinesische Übersetzung von *Li Guangmo/Jia Baolian/Pan Tonglong*, 1957, S. 54.

312 *B.C. Antimonow/K.A. Grawe*, Das sowjetische Erbrecht, chinesische Übersetzung von *Li Guangmo/Jia Baolian/Pan Tonglong*, 1957, S. 143.

313 Vgl. *B.C. Antimonow/K.A. Grawe*, Das sowjetische Erbrecht, chinesische Übersetzung von *Li Guangmo/Jia Baolian/Pan Tonglong*, 1957, S. 144, 145.

(b) *Die chinesische Debatte über den Kreis der gesetzlichen Erben in den 1950er Jahren*

Bei den Arbeiten zum Entwurf des Erbrechts als Teil des ersten Entwurfs des chinesischen ZGB in den 1950er Jahren kam es zu einer heftigen Debatte bezüglich der Übernahme der damaligen sowjetischen erbrechtlichen Bestimmungen[314]. Obwohl der Kreis der gesetzlichen Erben im russisch-sowjetischen ZGB von 1945 im Vergleich zu früher schon ausgeweitet war, war er noch ziemlich eng im Vergleich beispielsweise zum deutschen BGB, welches bei den Arbeiten für den ersten Entwurf des chinesischen ZGB auch als ein wichtiges Nachschlagewerk zu Rate gezogen wurde[315]. Das deutsche Erbrecht regelt einen umfassenden Kreis gesetzlicher Erben. Die gesetzlichen Erben sind in fünf Ordnungen unterschieden[316] und beinhalten nicht nur die Abkömmlinge des Erblassers als erste Ordnung[317], die Eltern des Erblassers und deren Abkömmlinge als zweite Ordnung[318] und die Großeltern des Erblassers und deren Abkömmlinge als dritte Ordnung[319], sondern auch die Urgroßeltern des Erblassers und deren Abkömmlinge als vierte Ordnung[320], sowie noch entferntere Voreltern des Erblassers und deren Abkömmlinge[321]. Bei den Arbeiten für den Entwurf des Erbrechts war es strittig, ob der im § 418 des russisch-sowjetischen ZGB geregelte, enge sowjetische Kreis der gesetzlichen Erben übernommen werden sollte, oder ob bei der Gesetzgebung des chinesischen Erbrechts – dem deutschen Erbrecht folgend – der Kreis der gesetzlichen Erben passend ausgeweitet werden sollte[322]. Darüber hinaus liegt der Schwerpunkt der Debatte über den Kreis der gesetzlichen Erben konkret auf dem Problem, ob Großeltern des Erblassers und die vom Erblasser gepflegten Personen in den Kreis der gesetzlichen Erben einbezogen werden sollten[323].

Bei der Erörterung der oben beschriebenen Probleme lagen immer zwei gegenteilige Ansichten vor. Im damaligen ideologischen Kontext wurde die sowjetische Rechtsordnung selbst häufig die Grundlage nachfolgender chinesischer

---

314 Vgl. *Li Xiuqing*, Die Untersuchung zur Struktur der Rezeption des sowjetischen Rechts vom China, Social Sciences in China, 2002 No. 5, S. 137.

315 Vgl. *Liu Wen*, Die Forschung zur Rechtsvergleichung zum Erbrecht, 2004, S. 102, 103.

316 Vgl. die geltenden § 1924 – § 1929 im Bürgerlichen Gesetzbuch (BGB) von Deutschland. Bei den folgenden Zitaten ist es nur von „BGB" abgekürzt.

317 § 1924 Abs. 1 BGB.

318 § 1925 Abs. 1 BGB.

319 § 1926 Abs. 1 BGB.

320 § 1928 Abs. 1 BGB.

321 § 1929 Abs. 1 BGB.

322 Vgl. *Yang Lixin*, Der Einfluss des sowjetischen Zivilrechts soll bei der Verfassung der ZGB VR Chinas liquidiert weden, Law and Social Development, 2016 No. 2, S. 139, 140.

323 *Li Xiuqing*, Die Untersuchung zur Struktur der Rezeption des sowjetischen Rechts vom China, Social Sciences in China, 2002 No. 5, S. 138.

Gesetzgebung. Das Hauptargument bei der Ausarbeitung des Entwurfs des Erbgesetzes, nach den gepflegten Personen, nicht aber Großeltern, in den Kreis der gesetzlichen Erben einbezogen werden sollten, war allein, dass diese gesetzliche Struktur vom sowjetischen Erbrecht aufgestellt worden war[324]. Eine Gegenmeinung ging hingegen davon aus, dass die chinesische erbrechtliche Gesetzgebung dem sowjetischen Modell nicht zwingend folgen müsse. Denn einerseits wären anderen Rechtsordnungen, einschließlich der sowjetischen, nur Inspirationsmaterial und hätten keine Bindungswirkung für die chinesische Gesetzgebung. Andererseits würde das sowjetische erbrechtliche gesetzgebende Modell den chinesischen traditionellen Gewohnheiten kaum entsprechen[325]. Schlussendlich entschieden sich die Gesetzgeber bei der Ausarbeitung des Entwurfs des Erbgesetzes nach den damaligen Umständen und historischen Traditionen schließlich für einen Kompromiss bei der Regelung des Kreises der gesetzlichen Erben[326]. Der Kreis der gesetzlichen Erben sollte nämlich nicht zu weit sein, wie z.B. der im deutschen Erbrecht, aber auch nicht zu eng, wie der im sowjetischen Erbrecht. Bei einem zu weit bestimmten Kreis der gesetzlichen Erben würde der Nachlass nach der Teilung verstreut werden, was nicht vorteilhaft für den Gebrauch des Nachlasses wäre und leicht zum Streit führen könnte; ein zu eng bestimmter Kreis von gesetzlichen Erben würde hingegen den chinesischen traditionellen Gewohnheiten nicht entsprechen und sogar gegebenenfalls Solidarität und gegenseitige Hilfe unter den Familienmitgliedern beeinträchtigen[327].

(c) *Abweichung vom sowjetischen Recht im chinesischen Entwurf*

In der Folge wurden die Großeltern des Erblassers zusammen mit Ehegatten, Kindern, Eltern, und Geschwistern als gesetzliche Erben des Erblassers im Entwurf des Erbgesetzes festgelegt (§ 15 des Entwurfs des Erbgesetzes)[328]. Beim in diesem Entwurf bestimmten Kreis der gesetzlichen Erben können sowohl die Nachteile eines zu weit bestimmten Kreises der gesetzlichen Erben (wie im deutschen Erbrecht), als auch die Schwierigkeiten eines zu eng geregelten Kreises der gesetzlichen Erben

---

324 Vgl. *Wu Jiandou/Chen Degui/Li Wencai*, Die Forschung über den Kreis und die Ordnung der gesetzlichen Erben des Erbrechts der VR China, Law Science, 1956 No. 1, S. 23ff.

325 Vgl. *Guo Sheng*, Die Diskussion zu zwei Problemen von dem Kreis und der Ordnung der gesetzlichen Erben, Law Science, 1957 No. 1, S. 47ff.

326 Vgl. *Wang Suyuan*, Umgestaltung des gesetzlichen Erbensystems, Law Science, 2003 No. 11, S. 82.

327 Vgl. *Guo Mingrui*, Drei Fragen über die Vollkommenheit des gesetzlichen Erbensystems, The Jurist, 2013 No. 4, S. 110ff., *Wang Suyuan*, Umgestaltung des gesetzlichen Erbensystems, Law Science, 2003 No. 11, S. 82,83.

328 *He Qinhua/Li Xiuqing/Chen Yi* (Hrsg.), Überblick über die Entwürfe des ZGB der VR China, Bd. 2, 2003, S. 452.

(wie im sowjetischen Erbrecht) vermieden werden[329]. Darüber hinaus liegt nach den chinesischen Traditionen der Altersversorgung und der Kindererziehung, die tiefe historische Wurzeln haben und auch vom Volk allgemein anerkannt werden, häufig tatsächlich Unterhaltsverhältnisse zwischen Großeltern und Enkelkindern vor[330]. Daher war diese Regelung mit der praktischen Situation Chinas vereinbar. Ansonsten würde der Nachlass des Erblassers dem Fiskus gehören (Gesetzliches Erbrecht des Staates), wenn es beim Tod der Enkelkinder keine andere Erben gäbe. In der Praxis würde dies Unzufriedenheit und Missfallen in der Bevölkerung hervorrufen und wäre aus diesem Grund nicht durchsetzbar[331].

Das Problem der vom Erblasser gepflegten Personen wurde auch im Entwurf des Erbgesetzes behandelt. Nach chinesischer Tradition ist der Unterhalt alter Personen eine intrinsische Tugend Chinas und es ist auch notwendig alten Personen, die keine Kinder haben, verwitwet sind und vom Erblasser zu dessen Lebzeiten unterhalten worden sind, einen bestimmten Unterhalt nach dem Tod des Erblassers durch das Erbrecht zu gewähren[332]. Dadurch wird es vermieden, dass diese Leute nach dem Tod des Erblassers keine Lebensquelle haben, obdachlos werden und so unnötige soziale Lasten entstehen[333]. Aber die Berücksichtigung der zu pflegenden Personen sollte nicht durch eine Einbeziehung dieser Leute in den Kreis der gesetzlichen Erben erreicht werden, wie es das sowjetische Erbrecht geregelt hatte[334]. Denn die zu pflegenden Personen würden häufig alleine den Nachlass des Erblassers erben, wenn sie in den Kreis der gesetzlichen Erben aufgenommen würden und es zu dieser Zeit keine anderen gesetzlichen Erben der gleichen Ordnung gibt[335]. Das würde dazu führen, dass gesetzliche Erben anderer Ordnungen, z.B. arbeitsfähige Eltern und Geschwister des Erblassers, an der Verteilung des Nachlasses nicht teilhaben könnten, was nur schwierig vom chinesischen Volk akzeptiert werden würde[336]. Für diesen Fall wurde es im Entwurf des Erbgesetzes

329 Vgl. *Chen Wei/Du Jiangyong*, Das gesetzgebende Konzept zum Rechtsinstitut der gesetzlichen Erbfolge Chinas, Modern Law Science Vol.24, No. 3 2002, S. 97.

330 Vgl. *Yan Lin*, Die Rechtsvergleichungsforschung zum Kreis und zur Portion der gesetzlichen Erben, Journal of Shanxi Normal University (Social Science Edition), 2009, Vol. 24, No. 3, S. 26.

331 Vgl. *Li Xiuqing*, Die Untersuchung zur Struktur der Rezeption des sowjetischen Rechts vom China, Social Sciences in China, 2002 No. 5, S. 138, *Yan Lin*, Die Rechtsvergleichungsforschung zum Kreis und zur Portion der gesetzlichen Erben, Journal of Shanxi Normal University (Social Science Edition), 2009, Vol. 24, No. 3, S. 27, 28.

332 Vgl. *Chen Wei/Du Jiangyong*, Das gesetzgebende Konzept zum Rechtsinstitut der gesetzlichen Erbfolge Chinas, Modern Law Science Vol. 24, No. 3 2002, S. 100.

333 Vgl. *Wang Suyuan*, Umgestaltung des gesetzlichen Erbensystems, Law Science, 2003 No. 11, S. 83.

334 Vgl. *Liu Suping*, Erbrecht, 1988, S. 95.

335 Vgl. *Liu Suping*, Erbrecht, 1988, S. 95, 96.

336 Vgl. *Chen Wei/Du Jiangyong*, Das gesetzgebende Konzept zum Rechtsinstitut der gesetzlichen Erbfolge Chinas, Modern Law Science Vol. 24, No. 3 2002, S. 102.

bestimmt, dass die gepflegten Personen einen bestimmten Anteil des Nachlasses beim Tod des Erblassers erhalten können (§ 20 und § 24 des Entwurfs des Erbgesetzes)[337]. Obwohl den gepflegten Personen im Entwurf des Erbgesetzes der 1950er Jahre nicht, wie in den entsprechenden Bestimmungen im sowjetischen Erbrecht, die Stellung eines gesetzlichen Erben im Entwurf des Erbgesetzes eingeräumt wurde, wurden ihre Interessen dabei auch im Entwurf berücksichtigt[338].

bb) Das Problem der Ordnung der gesetzlichen Erben

Darüber hinaus bildete auch das Problem der Stellung des Erbrechts des Ehegatten bei der gesetzlichen Erbfolge einen Schwerpunkt bei der Ausarbeitung des Entwurfs. Bei der Ausarbeitung des Entwurfs haben die Verfasser die einschlägigen Vorschriften jeweils des sowjetisch-russischen ZGB, des tschechoslowakischen ZGB, des bulgarischen Erbgesetz und des ZGB der Republik China verglichen[339]. Das sowjetisch-russische ZGB hat das Erbrecht der Ehegatten in der ersten Ordnung geregelt. Danach sollte der Ehegatte zusammen mit den anderen gesetzlichen Erben gleiche Anteile des Nachlasses des Erblassers erhalten, wenn es andere gesetzliche Erben in der ersten Ordnung gibt. Andernfalls erbt der Ehegatten alleine den Nachlass[340]. Die drei anderen Kodifikationen oder das Erbgesetz haben das Erbrecht des Ehegatten nicht in einer bestimmten Ordnung festgelegt. Ehegatten sollten mit den anderen gesetzlichen Erben zusammen den Nachlass des Erblassers zu gleichen Anteilen erben, wenn andere gesetzliche Erben in irgendeiner der Ordnungen bestehen, nicht nur in der ersten. Der Ehegatte kann nur dann alleine den Nachlass des Erblassers erben, wenn es in allen Ordnungen keine anderen gesetzlichen Erben gibt[341]. Schlussendlich wurde das sowjetische Modell über die Ordnung des Erbrechts des Ehegatten im Entwurf des Erbgesetzes völlig übernommen[342]. Danach wurde das Erbrecht des Ehegatten im Entwurf des Erbgesetzes auch in einer Ordnung bestimmt und nur in der ersten Ordnung festgelegt. Der Grund für diese Übernahme liegt weitgehend in einer ideologischen

---

337 *He Qinhua/Li Xiuqing/Chen Yi* (Hrsg.), Überblick über die Entwürfe des ZGB der VR China, Bd. 2, 2003, S. 455.

338 Hier kann man diese Lösung mit dem § 14 ErbG der VR China vergleichen.

339 Vgl. *He Qinhua/Yin Xiaohu* (Hrsg.), Die Geschichte des Zivilrechts der VR China, 1999, S. 149ff., auch vgl. *Li Xiuqing*, Die Untersuchung zur Struktur der Rezeption des sowjetischen Rechts vom China, Social Sciences in China, 2002 No. 5, S. 139.

340 Siehe § 418 Sowjetisches russisches ZGB von 1922, chinesische Übersetzung von *Zheng Hua*, a.a.O., S. 92.

341 Vgl. *Li Xiuqing*, Die Untersuchung zur Struktur der Rezeption des sowjetischen Rechts vom China, Social Sciences in China, 2002 No. 5, S. 139.

342 Vgl. *Wang Suyuan*, Umgestaltung des gesetzlichen Erbensystems, Law Science, 2003 No. 11, S. 82, *Yang Lixin/He Lijun*, Die Reform zur unfest gelegten Ordnung im gesetzlichen Erben der Ehegatten der VR China, Academic Journal of Zhongzhou, 2013 No. 1, S. 51.

Überlegung: Das Modell des ZGB der Republik China, in dem kein Erbrecht des Ehegatten in einer Ordnung festgelegt wurde, wurde damals als rückständig erachtet, da es dem Erhalt der männlichen Autorität dient und Wiederheiraten von Witwen einschränkt[343]. Die Bestimmung aus dem Entwurf des Erbgesetzes wurde zur gesetzlichen Vorschrift des ErbG aus dem Jahr 1985, die bis heute gilt.

b) Der Einfluss des sowjetischen Erbrechts nach den 1950er Jahren

Erwähnt werden muss auch das neue sowjetisch-russische ZGB, das am 11.6.1964 erlassen wurde und am 1.10 desselben Jahres in Kraft trat[344], um den Plan der Gesetzgebung des sowjetischen Zivilrechts von 1961 umzusetzen[345]. Eine wichtige Veränderung im Erbrecht beim neuen sowjetisch-russischen ZGB von 1964 war auch der Kreis der gesetzlichen Erben[346]. Der Kreis der gesetzlichen Erben im sowjetisch-russischen ZGB von 1964 wurde wieder ausgeweitet. Gemäß § 532 des sowjetisch-russischen ZGB von 1964 waren gesetzliche Erben Kinder (einschließlich Adoptivkinder und Kinder, die nach dem Tod des Erblassers geboren wurden), Ehegatten, Eltern, Geschwister und Großeltern des Erblassers[347]. Die Erbrechte der gesetzlichen Erben wurden in zwei Ordnungen unterschieden, nämlich die der Kinder, der Ehegatten und der Eltern des Erblassers (sie bilden die erste Ordnung der gesetzlichen Erbfolge) und die Geschwister sowie die Großeltern des Erblassers (sie gehören der zweiten Ordnung der gesetzlichen Erbfolge an)[348]. Dies betreffend hat der chinesische Gesetzgeber anscheinend in den später verfassten Bestimmungen über den Kreis der gesetzlichen Erben im chinesischen ErbG von 1985 das sowjetische Erbrecht und insbesondere die entsprechenden Vorschriften im sowjetisch-russischen ZGB von 1964 völlig übernommen[349]. Diese Behauptung

---

343 Vgl. *Li Xiuqing*, Die Untersuchung zur Struktur der Rezeption des sowjetischen Rechts vom China, Social Sciences in China, 2002 No. 5, S. 139, auch *Yang Lixin*, Der Einfluss des sowjetischen Zivilrechts soll bei der Verfassung der ZGB der VR Chinas liquidiert werden, Law and Social Development, 2016 No. 2, S. 140–141.

344 Vgl. *Wei Leijie*, Die rechtliche Rezeption und die Kodifikation des ZGB im Post- Zeitalter der Sowjetunion, Journal of Comparative Law, 2008 No. 5, S. 48.

345 Vgl. *S.N.Bratus*, Die wichtige Phase der Entwicklung der Gesetzgebung des sowjetischen Zivilrechts, Der sowjetische Staat und das Recht, 1962 No. 2, chinesische Übersetzung von *Jiang Ke*, Korrektur der Übersetzung von *Ke Cong*, in Eine Auswahl des Schrifttums vom ausländischen Zivilrecht, 1983, S. 106.

346 Vgl. *Yan Yimei*, Die neuen Veränderungen der Erbrechtsnormen im ZGB des Russlands, Journal of Comparative Law, 2004 No. 2, S. 136.

347 *V.L.Gribanov/S.M.Korneev*, Das Zivilrecht der Sowjetunion, Bd. 2, chinesische Übersetzung, 1986, S. 548.

348 Vgl. *V.L. Gribanov/S.M. Korneev*, Das Zivilrecht der Sowjetunion, Band. 2, chinesische Übersetzung, 1986, S. 549, 550.

349 § 10 Abs. 1 ErbG der VR China.

findet auch allgemein Zustimmung in der Literatur[350]. Zwar zeigt die vorliegende Literatur, dass die Gesetzgeber bei der Ausarbeitung des ErbG von 1985 sicher die sowjetisch-russische Gesetzeslage in den 1960er und 1970er Jahren zu Rate gezogen und mit den Veränderungen im russisch-sowjetischen Erbrecht dieser Zeit vertraut war[351]. Dennoch hat bereits der Entwurf des chinesischen Erbgesetzes aus den 1950er Jahren, der auch den Arbeiten für die Fassung des ErbG von 1985 zugrunde liegt, wie oben beschrieben, den Kreis der gesetzlichen Erben bestimmt. Dieser wich von den Vorschriften des damaligen sowjetisch-russischen Erbrechts ab und entsprach den entsprechenden Vorschriften des später erlassenen sowjetisch-russischen Erbrechts von 1964. Mit anderen Worten: Die Regelungen im ErbG von 1985 waren wahrscheinlich eine Konsequenz aus dem bei der Verfassung des Entwurfs des chinesischen Erbgesetzes in den 1950er Jahren eingegangenen Kompromisses bei der erbrechtlichen Gesetzgebung, zumindest aber Resultat des doppelten Einflusses des gesetzgebenden Grundsatzes aus den 1950er Jahren und der entsprechenden Regelung des sowjetisch-russischen ZGB von 1964. Die Regelung wurde also nicht eine einfache Kopie der Regelung des sowjetisch-russischen ZGB von 1964. Vor diesem Hintergrund ist es schwer zu behaupten, dass die Gesetzgeber des ErbG von 1985 die Regelung im sowjetisch-russischen ZGB von 1964 völlig übernommen hätten.

c) Zusammenfassung

Mit Blick auf die Rezeption des sowjetischen Erbrechts von der VR China muss man nachfolgend einige Aspekte berücksichtigen. Vor dem Hintergrund der ideologischen Identifizierung Chinas als ein kommunistischer Staat und der völligen Rezeption des sowjetischen Rechts in den 1950er Jahren sind viele Vorstellungen mit stark ideologischem Einschlag in das Zivilrecht übernommen worden. Als ein Teil des Zivilrechts konnte das Erbrecht der VR China in den 1950er Jahren derartigem Einfluss offenbar auch nicht widerstehen. Obwohl die Rezeption in den 1950er Jahren kein materiell-gesetzliches Ergebnis hervorbrachte, wirkte sich dieser Einfluss durch die neu geschaffene Erbrechtswissenschaft der VR China und die nochmalige Bezugnahme auf eine Reihe der Entwürfe des ZGB aus den 1950er Jahren bei der Ausarbeitung des ErbG in den 1980er Jahren noch auf das ErbG von 1985 aus.

Die Rezeption des sowjetischen Erbrechts stellt sich einerseits als direkte und komplette Nachbildung der konkreten Rechtsinstitute und Rechtsnormen dar.

---

350 Vgl. *Yan Yimei*, Die neuen Veränderungen der Erbrechtsnormen im ZGB des Russlands, Journal of Comparative Law, 2004 No. 2, S. 136, auch *Eberl-Borges*, Erbrechtreform in China, in: *Eberl-Borger/Wang Qiang* (Hrsg.), a.a.O., S. 37, 38, *Yang Lixin*, das Hindernis und Erwartung zum ErbG VR Chinas als ein Buch des künftigen Zivilgesetzbuchs VR Chinas, Journal of Henan University of Economics and Law, 2016 No. 5, S. 4, 5.

351 Vgl. *Guo Mingrui/Fang Shaokun*, Erbrecht, 2. Aufl. 2004, S. 30.

Typisches Beispiel hierfür sind die Bestimmungen zum Kreis der gesetzlichen Erben und die Stellung der Ehegatten des Erblassers in der gesetzlichen Erbfolge[352]. Andererseits liegt dieser Einfluss in der genannten Rechtsnorm mit chinesischen Charakteristiken nur indirekt vor. Bei der Frage nach der Stellung der gepflegten Personen des Erblassers hat der Gesetzgeber der VR China, im Gegensatz zum sowjetischen Erbrecht, sowohl in den Entwürfen des ZGB in den 1950er Jahren als auch im ErbG von 1985 gepflegten Personen nie die gleiche Stellung als gesetzliche Erben verliehen. Der Gesetzgeber hat stattdessen Rücksicht auf die gepflegten Personen dadurch genommen, dass die gepflegten Personen einen bestimmten Anteil des Nachlasses beim Tod des Erblassers erhalten dürfen. Damit wird die Vorstellung von der sozialistisch öffentlichen Moral aus dem sowjetischen Erbrecht auch in das ErbG der VR China übernommen.

Schließlich hat der chinesische Gesetzgeber die Abweichung vom sowjetischen Erbrecht im ErbG der VR China auf chinesische Traditionen und die Volksgewohnheiten gestützt. Deswegen sind der Einfluss der Rezeption des sowjetischen Erbrechts und der Einfluss der geschichtlichen Tradition Chinas schon seit Beginn der Arbeiten am Entwurf des Buchs des Erbrechts in den 1950er Jahren bis hin zur Verabschiedung des ErbG in den 1980er Jahren miteinander verflochten. Das entspricht den Rechtsnormen mit chinesischen Charakteristiken.

4. Die politischen Faktoren beim Rechtsinstitut der Flexibilisierung der gesetzlichen Erbquoten

Fraglich ist, ob neben den oben aufgezählten erbrechtlichen Regelungen die Regelungen des in dieser Untersuchung hauptsächlich betrachteten Rechtsinstituts – nämlich die Flexibilisierung der gesetzlichen Erbquoten in § 13 ErbG – auch sowjetische Faktoren beinhalten[353], und wie diese Faktoren bei der Flexibilisierung der gesetzlichen Erbquoten in § 13 ErbG sich darstellen würden, wenn sie es sind.

Einen direkten Zusammenhang dieses Rechtsinstituts mit dem sowjetischen Erbrecht kann man alleine aus den Normentexten heraus nicht erkennen. Mit anderen Worten: Es lässt sich nicht alleine anhand der konkreten Regelungen und der gesetzgebenden Materialien unmittelbar auf eine sowjetische Herkunft dieses Rechtsinstituts schließen. Auf eine solche Herkunft kann man aber wegen

---

352 Wie oben beschrieben ist es schwer zu behaupten, dass die geltende Bestimmung zum Kreis der gesetzlichen Erben im ErbG vom 1985 ein Ergebnis der direkten Nachbildung der einschlägigen Rechtsnormen des sowjetischen russischen ZGB von 1964 oder ein Ergebnis der Bezugnahme auf die Entwürfe des ZGB von den 1950er, oder ein Ergebnis beider Kombinationen wären. Der direkte Zusammenhang zwischen diesen chinesischen Rechtsnormen und den sowjetischen aber offensichtlich. Siehe 2. Teil § 7 II 3 b), S. 100ff.

353 Selbstverständlich liegen andere Faktoren vor, die mit der chinesischen sozialen Realität und Geschichte in Verbindung stehen. Siehe 2. Teil § 7 III und § 7 IV, S. 104ff., 125ff.

der offensichtlichen Übernahme und eines mehr oder weniger spürbaren Einflusses des sowjetischen Rechts bei einigen oben beschriebenen Regelungen des chinesischen Erbrechts schließen. Beispiele sind der Kreis und die Ordnung der gesetzlichen Erben sowie der besonderen Berücksichtigung bestimmter Personen außerhalb des Kreises der gesetzlichen Erben. Weiterhin kann man auch den Faktor der sozialistischen Ideologie und den mittelbaren Einfluss des sowjetischen Rechts in diesem Rechtsinstitut erkennen, wenn man den Fokus – anknüpfend an das Ergebnis der theoretischen Übernahme aus dem sowjetischen Recht bei der Entstehung der zivilrechtlichen Ordnung Chinas – sowohl in der Gesetzgebung als auch in akademischen Kreisen wieder auf die Struktur der Normen dieses Rechtsinstituts und dessen Stellung im erbgesetzlichen System (welche schon oben dargestellt wurden[354]) legt.

Erstens zeigt sich bei der Kategorisierung der aktiven (§ 13 Abs. 2 und Abs. 3 ErbG) und passiven (§ 13 Abs. 4 ErbG) Rechtsfolge bei bestimmten Tatbeständen ein starker, dem Anschein nach sogar übermäßig zwanghafter Eingriff des Staates in die naturgemäß gleichmäßige Verteilung der Erbschaft unter den Erben gleicher Ordnung bei der gesetzlichen Erbfolge. Hinter diesem staatlichen Eingriff liegende Ziele sind z.B. die Förderung der sozialistischen Sitten in der Gesellschaft und die Verfestigung einiger guter Volkstraditionen[355]. Entsprechend findet man die vom sowjetischen Recht übernommen Vorstellungen über das Zivilrecht, welche die öffentlich-rechtliche Natur des Zivilrechts und die Funktion des Zivilrechts zur Erhaltung der staatlichen Ordnung durch die sozialistische Moral betonen. Dies sind die Einflüsse auf das Erbrecht der VR China als Teil des Zivilrechts der VR China, die von politischen und ideologischen Faktoren abhingen und durch die Rezeption des sowjetischen sozialistischen Rechts entstanden. Zweitens konnte in der obigen Darstellung zur Stellung dieser Gruppe von Regelungen im ErbG und zu deren Beziehungen zu anderen ähnlichen Regelungen schon bewiesen werden, dass die Flexibilisierung der gesetzlichen Erbquoten in § 13 ErbG nicht nur hinsichtlich der gesetzlichen Erbfolge, sondern auch hinsichtlich des ganzen ErbG keine Ausnahmen darstellt. Stattdessen weisen alle Regelungen aus dieser Reihe der Flexibilisierung der Erbfolge eine Ähnlichkeit auf: Die verschiedenen Gruppen der Flexibilisierung gehören zwar jeweils zu unterschiedlichen Rechtsinstituten und haben verschiedenartige konkrete Funktionen, doch ermöglichen sie alle einen starken staatlichen Eingriff in die Verteilung der Erbschaft durch ähnliche Regelungen, um die Erhaltung einer bestimmten Staatsordnung und die Bewahrung sozialistischer Vorstellungen zu fördern. Denn einige ähnliche Regelungen[356] weisen unübersehbar Ursprünge im sowjetischen Recht auf. Im Umkehrschluss ist es schwierig zu bestreiten, dass die Regelungen aus dieser Reihe, die in wesentlichen Eigenschaften übereinstimmen, auch gleiche Ursprünge haben.

---

354 Siehe 2. Teil § 6, S. 52ff.

355 Auch in Form sozialistischer guter Sitten.

356 Z.B. die Regelung von § 14 ErbG der VR China.

Zusammenfassend lässt sich sagen, dass sozialistische Faktoren mit Gründung der VR China unter stark ideologisierten politischen Umständen durch die Übernahme juristischer Theorien und Gesetzgebungstechniken aus dem sowjetischen Zivilrecht in das von inländischer Kultur und Geschichte tief geprägte chinesische Erbrecht eingebracht wurden. Diese Faktoren finden sich in der Flexibilisierung der gesetzlichen Erbquoten in § 13 ErbG, die ein Unterinstitut des chinesischen Erbrechts und eine gesetzgebende Innovation darstellen, wieder. Dennoch wird dieser Zusammenhang aus den konkreten Regelungen nicht offensichtlich, sondern erst aus der Entstehung der Normen und den dahinterstehenden Vorstellungen.

III. Der Faktor der sozialen Wirklichkeit von der Zeit der Ausarbeitung bis zum heutigen Tag

1. Die Gründe für dem frühen Zeitpunkt des Erlasses des ErbG als Ausgangpunkt

Vor der Untersuchung in diesem Abschnitt soll kurz auf die Geschichte der Zivilgesetzgebung der VR China zurückgeblickt werden. Dies wird bei der Beantwortung der Frage in diesem Abschnitt hilfreich sein.

a) Die Geschichte der Gesetzgebung in der VR China

Viele Aufgaben, insbesondere im Bereich der staatlichen Gesetzgebung, warteten nach Beginn der Reform- und Öffnungspolitik auf eine Lösung. Deswegen war nach der Entscheidung der KP China ein sofortiger Beginn der Ausarbeitung der staatlichen Gesetze zur „gesetzesgemäßen Verwaltung des Staates“[357] sehr dringlich. Die Gesetzgebung hatte daher in den 1980er Jahren ihren zweiten Höhepunkt nach der Gründungsphase der VR China[358] und ihr Einfluss wirkt in China noch bis heute fort[359]. Die zivilrechtliche Gesetzgebung, insbesondere das chinesische

357 Im chinesischen Original 依法治国, vgl. *Zhang Wenxian*, Das rechtsstaatliche System des Sozialismus mit den chinesischen Charakteren, Chinese Journal of Law, 2014 No. 6, S. 13.

358 Das Rechtssystem nahm schon in den 1980er eine vollkommene Gestalt an, für Einzelheiten vgl. *Cai Dingjian*, Die Geschichte und die Reform: Der Verlauf vom Aufbau des Rechtssystems der VR China, 1999, S. 161, 162.

359 Die Leitlinie der Ausarbeitung einer Reihe der wichtigen chinesischen Gesetze des Zivilrechts des 21. Jahrhunderts, z.B. das Sachenrechtsgesetz vom 2007, das Gesetz über die Haftung für die Verletzung von Rechten vom 2009 und der aktuell erlassene (15.03.2017, Inkrafttreten am 01.10.2017) allgemeine Teil des ZGB der VR China, lässt sich auch auf die Entscheidung der KP China zur „gesetzesgemäßen Verwaltung des Staates“ bei der Reform- und Öffnungspolitik zurückführen, vgl. Leitartikel der Nachrichtenagentur Xinhua vom 15.03.2017, Der wichtige Meilenstein

Zivilgesetzbuch, war zwar seit den 1950er Jahren ein Schwerpunkt der Gesetzgebung Chinas[360]. Die Gesetzgeber verfassten auch nach Beginn der Reform. und Öffnungspolitik zwischen 1979 und 1982 vier Entwürfe des chinesischen Zivilgesetzbuchs[361]. Doch gaben sie wegen der dynamischen Zustände in China im Zuge der Wirtschaftsreform die Ausarbeitung eines kompletten chinesischen Zivilgesetzbuchs auf. Dabei folgten sie der Strategie, zunächst zivilrechtliche Einzelgesetze anstelle eines kompletten, einheitlichen chinesischen Zivilgesetzbuchs zu verfassen und diese Einzelgesetze später, nachdem sich bestimmte wirtschaftliche und politische Bedingungen herausgebildet hätten, in ein komplettes Zivilgesetzbuch Chinas zu integrieren[362]. Deswegen wurde der Plan der Verfassung eines Zivilgesetzbuchs für die VR China nach den 1950er Jahren nicht wieder aufgegriffen. Die Ausrichtung der zivilrechtlichen Gesetzgebung änderte sich hin zur Ausarbeitung von zivilrechtlichen Einzelgesetzen.

b) Die Abwesenheit einer Diskussion über die Gründe für dem frühen Zeitpunkt des Erlasses des ErbG in der Literatur

Neben dem jetzt noch geltenden chinesischen Ehegesetz, welches am 10.9.1980 erlassen wurde, am 1.1.1981 in Kraft getreten ist und wegen des Einflusses der sowjetischen zivilrechtlichen Theorie und der Struktur des sowjetischen Zivilgesetzbuchs damals noch nicht als Zivilgesetz angesehen wurde[363], war das ErbG das am frühesten ausgearbeitete und erlassene zivilrechtliche Einzelgesetz in den 1980er Jahren. Dennoch ruft diese Tatsache kaum Interesse in chinesischen akademischen Kreisen[364] hervor. Dieser Umstand ist befremdlich, deshalb sollen an

---

der Herstellung des Rechtsstaat Chinas, online unter: http://news.xinhuanet.com/politics/2017lh/2017-03/15/c_1120634903.htm. (Zugriff:06.07.2017)

360 Dieser Vorgang wurde allerdings in den 1950er und den 1960er jeweils zwei Mal unterbrochen. Siehe Fn 38 und Fn 39, S. 35.

361 Siehe Fn 40, S. 36.

362 Vgl. *Liang Huixing*, Der Geschichtliche Rückblick und die Aussicht von der chinesischen Zivilrechtslehre, Besuche auf der Webseite: http://www.iolaw.org.cn/showArticle.aspx?id=2131. (Zugriff: 06.07.2017)

363 Die damalige Auffassung, nach der das Eherecht nicht zum Zivilrecht gehöre, beeinflusst bis heute bis zu einem gewissen Grad noch die Forschung zum chinesischen Eherecht. Obwohl die Zugehörigkeit des Eherechts zum Zivilrecht in heutiges China selbstverständlich ist, wird die Besonderheit des Eherechts im System des Zivilrechts in akademischen Kreisen noch stark diskutiert. Vor kurzem wurde sogar ein Aufsatz veröffentlicht, in dem es darum geht, wie das Eherecht zum Zivilrecht in China zurückkehren könnte. Vgl. *He Jian*, Der wesentliche Gedankengang der Rückkehr des Eherechts zum Zivilrecht – Unter besonderer Berücksichtigung des gesetzlichen Güterrechts, Peking University Law Journal, 2014 No. 6, S. 1500ff.

364 Die gängigen Lehrbücher zum chinesischen Erbrecht nennen kaum die Gründe und erwähnen nur kurz, dass es dem dringenden Bedarf der damaligen sozialen Realität geschuldet sei, vgl. z.B. *He Shan/Xiao Bing*, Grundriss des Erbgesetzes, 1985, S. 14, 15.

dieser Stelle die Gründe hierfür genauer untersucht werden. Denn zunächst befindet sich in Hinsicht auf den Gesetzgebungsprozess das Erbgesetz immer am Ende des Zivilgesetzbuchs als dessen letztes Buch, ganz gleich ob es Teil der aus fünf Büchern bestehenden traditionellen, pandektistischen, zivilrechtlichen Kodifikation oder der bei Ausschluss des Familienrechts aus nur vier Bücher bestehenden sowjetischen Zivilgesetzbuches ist. Dies hängt damit zusammen, dass mit dem Erbrecht posthume Rechtsverhältnisse, nur die Vermögensverhältnisse, eines Menschen behandelt werden[365]. Obwohl das Erbrecht für das alltäglichen Leben nicht unwichtig ist, ist die Wichtigkeit des Erbrechts im Zivilrecht nicht so auffällig wie die der anderen Teile, z.B. der von den wesentlichen zivilrechtlichen Grundsätzen bestimmte und an erster Stelle stehende allgemeine Teil des Zivilgesetzbuchs und das dynamischste Recht der Schuldverhältnisse. Deshalb bestand eine geringere Dringlichkeit bei der Gesetzgebung des Erbrechts im Gegensatz zu den ersten drei Teilen des Zivilgesetzbuchs. Im Zuge der Gesetzgebung begann die Ausarbeitung des Erbgesetzes auch häufig nach Vollendung der Ausarbeitung der anderen Bücher des Zivilgesetzbuchs[366]. Zweitens liegt der Sachverhalt des Erbfalls, nämlich der Tod eines Menschen, allen erbrechtlichen Normen zugrunde. Daher ist er oft tief mit lokalen historischen und kulturellen Traditionen verflochten. Aus diesem Grund basiert die Ausarbeitung der erbrechtlichen Normen oft auf einer lange andauernden und intensiven völkerkundlichen Feldforschung[367], was auch zu Verzögerungen in der erbrechtlichen Gesetzgebung führt. Drittens waren die Lebensumstände der chinesischen Bevölkerung trotz der damals bereits mehrere Jahre andauernden Reform- und Öffnungspolitik wegen der lange Zeit betriebenen Planwirtschaft und über Jahre hinweg zunehmenden linksradikalen Bewegungen noch sehr unterentwickelt. Das Einkommen der allermeisten Leute

---

365 Vgl. *Schmoeckel*, Erbrecht, 3. Aufl., S. 19.

366 Vgl. die Reihenfolge der Gesetzgebungen des ZGB der Republik China zwischen 1929 und 1931. Das Buch des Erbrechts wurde im Jahr 1931 als letztes Buch des ZGB der Republik China erlassen. Vgl. *Xie Zhenmin (Hrsg.)*, Zhang Zhiben (Revisor), Die Geschichte der Gesetzgebung der Republik China, Bd. 2, 2000, S. 740ff., 778ff.

367 Für mehr zur umfassenden völkerkundlichen Feldforschung bei der Gesetzgebung des Buchs des Erbrechts des ZGB der Republik China, vgl. *Ma Jianhong*, Das kräftige Wachstum der Feldforschung zu den Völkerkunden und die Abmagerung der Volksnormen in der späten der Qing-Dynastie und in der frühen Republik China, Journal of Political Science and Law, 2015, No. 2, S. 98. Der Gesetzgebung des ErbG der VR China lag keine umfassende, sondern nur eine begrenzte völkerkundliche Feldforschung zugrunde, vgl. *He Shan/Xiao Bing*, Grundriss des Erbgesetzes, 1985, S. 13. Deswegen werden die Notwendigkeit und die Bedeutung der völkerkundlichen Feldforschung für die künftigen Änderungen des geltenden ErbG und der Gesetzgebung zum Buchs des Erbrechts des ZGB der VR China auch in der Literatur betont, z.B. vgl. *Jin Mei*, Die Notwendigkeit der Feldforschung zu den Völkerkunden bei den Änderungen des geltenden ErbG, Nanjing Journal of Social Sciences, 2013 No. 10, S. 82ff.

konnte höchstens ihren Lebensbedarf decken[368]. Unter diesen Umständen hatten die meisten Leute kaum Vermögen zu hinterlassen.

c) *Etwaige Gründe für eine frühe Zulassung des ErbG*

Aufgrund dieser Umstände gilt es zu hinterfragen, weshalb der chinesische Gesetzgeber unter einer Reihe der zivilrechtlichen Einzelgesetze das Erbgesetz so früh verfasst und erlassen hat. Diese Tatsache verwunderte vor allem eine deutsche Rechtswissenschaftlerin[369], weshalb sie die Gründe für dieses Phänomen aus ausländischer Sicht kurz untersucht hat. Sie hat die folgenden vier Aspekte identifiziert: Erstens gab es damals kein erbrechtliches Gesetz. Todesfälle seien trotzdem objektive Realität und die Rechte der Verstorbenen demnach behandlungsbedürftig. Um diese Frage zu regeln, die Menschen zu motivieren und die Volkswirtschaft zu fördern, sei die Ausarbeitung des Erbgesetzes dringlich. Zweitens müsse das in Art. 13 Abs. 2 der chinesischen Verfassung vom Jahr 1982 bestimmte Grundrecht des Schutzes des Erbrechts der Bürger nach Beginn der Reform- und Öffnungspolitik in einem konkreten Gesetz umgesetzt werden. Drittens habe das Erbgesetz einen engen Zusammenhang mit dem Familienrecht, dessen Kerngesetz, das chinesische Ehegesetz, schon zwei Jahre zuvor im Jahr 1982 erlassen wurde. Es sei selbstverständlich für den Gesetzgeber im Anschluss das Erbgesetz zu verfassen, um das Ehegesetz zu komplettieren. Viertens habe die KP China zwar zu Anfang der Reform- und Öffnungspolitik verkündet, die seit der Gründung der VR Chinas durchgeführte linksextremistische staatliche Richtlinie abzuändern. Die KP China habe aber nach wie vor an wesentlichen ideologischen Standpunkten festgehalten. Weiter seien das Gemeineigentum und die Planwirtschaft auch in der Volkswirtschaft vorherrschend gewesen. Aus diesen Gründen sei es noch ein ideologisches Tabu gewesen, in den Gesetzen allgemeine zivilrechtliche Grundsätze klar zu bestimmen (z.B. das Vertragsfreiheitsprinzip, das ist erst in § 4 des Vertragsgesetzes der VR China von 1999 formuliert wurde). Die Ausarbeitung und der Erlass des ErbG ist aber nicht von diesem Tabu betroffen und stehe auch nicht im Widerspruch zur damaligen wirtschaftlichen Lage, sodass die KP China hierbei „großzügig"[370] habe sein können.

---

368 Im Anfangsstadium der Reform- und Öffnungspolitik (1978–1984) lebten 0,25 Milliarden an oder unter der Armutsgrenze, was einem Viertel der damaligen Gesamtbevölkerung (ungefähr 1 Milliarde) entspricht, vgl. Der erste Bericht vom *Staatlichen Statistikamt* der VR China über 30 Jahre der Reform- und Öffnungspolitik: Große Reform, Große Öffnung, Große Entwicklung, online, http://www.stats.gov.cn/ztjc/ztfx/jnggkf30n/200810/t20081027_65687.html. (Zugriff: 06.07.2017)

369 Vgl. *Eberl-Borges*, Die Erbrechtsreform in China, in: *Eberl-Borger/Wang Qiang* (Hrsg.), a.a.O., S. 32ff.

370 Siehe *Eberl-Borges*, Die Erbrechtsreform in China, in: *Eberl-Borger/Wang Qiang* (Hrsg.), a.a.O., S. 33.

2. *Soziale Sicherung als Funktion des ErbG*

a) Die Hintergründe der frühen Ausarbeitung und des Erlasses des ErbG

aa) Kurze Anmerkungen zu den oben genannten vier Gründen

Die oben dargestellten Gründe überzeugen zu einem gewissen Grad. Insbesondere die ersten drei Aspekte erwähnen den Einfluss der politischen und rechtlichen Umstände auf die Ausarbeitung und den Erlass des ErbG, z.B. die Notwendigkeit der Umsetzung der in der Verfassung bestimmten Grundrechte und die Komplettierung zum Ehegesetz, die oben in § 6 I auch bereits untersucht wurden. Hingegen fehlen für den vierten Aspekt, nach dem die frühe Ausarbeitung und der Erlass des ErbG nur eine politische und ideologische „List" der KP China sei, treffende Beweise.

bb) Die praktische Funktion des ErbG

Es ist wichtig, dass die Untersuchung der Gründe auf der Vorstellung basiert, dass das ErbG als vom Gesetzgeber verfasste Rechtsnormen verstanden werden sollte, die die Rechtsverhältnisse eines Menschen nach dem Tod behandeln und dem Erbrecht Schutz gewähren. Etwaige andere Ziele des ErbG, die der Gesetzgeber aus spezifischen politischen und ideologischen Umständen möglicherweise bewusst oder unbewusst durch das ErbG erreichen will, sollten ausgeblendet werden. Von der oben dargestellten Untersuchung aus ideologischer Sicht wurde bereits angenommen, dass der Gesetzgeber unter dem Einfluss der sowjetischen Rechtstheorien in den 1950er Jahren das Zivilrecht nicht als Privatrecht verstanden hat[371]. Zwar hat der chinesische Gesetzgeber das Zivilrecht nicht direkt dem öffentlichen Recht zugeordnet hat, wie die sowjetischen Kollegen das taten. Doch nahm er zumindest an, dass es sich beim Zivilrecht nicht nur um Rechtsverhältnisse zwischen einzelnen gleichgeordneten Mitgliedern der Gesellschaft handle, sondern mit dem Zivilrecht auch die Rechtsverhältnisse zwischen den Bürgern und dem Staat und insbesondere die sozialen Rechtsverhältnisse geregelt werden. Diese Vorstellung wurde zwar infolge des Abbruchs der Gesetzgebung aufgrund der politischen Bewegungen der 1950er Jahre und des chinesisch-sowjetischen Zerwürfnisses der 1960er Jahre nicht den Gesetzen umgesetzt. Aber über akademische juristische Kreise ging sie in die Ausarbeitungen der Gesetzgebung in den 1980er Jahren ein. Es ist deshalb offensichtlich, dass der Gesetzgeber aufgrund dieser instrumentalen Vorstellung vom Zivilrecht dem ErbG außerhalb des Rechts liegende Funktionen zuschreiben will, wie die oben dargestellte ideologische und politische Belehrung des Regimes.

---

371 Siehe die Darstellung im § 7 II 2 a) cc), S. 83f.

cc) Ein missachteter Punkt bei den bisher angeführten Gründen

Der Gesetzgeber wünschte meiner Meinung nach, durch das ErbG bis zu einem gewissen Grad die Funktion der damals fehlenden allgemeinen Sozialversicherung ausfüllen zu können, die wegen der sich rapide verändernden sozialen und wirtschaftlichen Umstände während der Reform- und Öffnungspolitik der 1980er Jahre mehr und mehr notwendig wurde. Dieser Zweck war so dringlich, dass der Gesetzgeber dessen Erreichung nicht durch die langwierige Konstruktion eines Systems der allgemeinen sozialen Sicherung[372] erreichen konnte, sondern nur durch die Bestimmungen besonderer Regelungen in den Gesetzen, insbesondere im ErbG[373]. Vor diesem Hintergrund hat die frühe Ausarbeitung und der Erlass des ErbG nichts mit politischer oder ideologischer „List" zu tun, sondern war der damaligen gesellschaftlichen Wirklichkeit in China geschuldet.

b) Die Verkörperung der Funktion der sozialen Absicherung im ErbG: die Flexibilisierung der gesetzlichen Erbquoten

Selbstverständlich hat der Gesetzgeber in den Texten des ErbG und in den die gesetzgebenden Materialien enthaltenen Erläuterungen zum Entwurf des Erbgesetzes nicht ausdrücklich geschrieben, dass einigen Vorschriften des ErbG die Funktion der sozialen Sicherung zukommt. Aber aus den Erläuterungen zum Entwurf des Erbgesetzes, dem Wortlaut der Rechtsnormen des ErbG sowie frühen Aufsätzen chinesischer Rechtswissenschaftlern zum ErbG ist es nicht schwer zu folgern, dass die Vorschriften über die Flexibilisierung der gesetzlichen Erbquoten im ErbG, die an verschiedene reale Fälle angepasst wird, in einem gewissen Maße die Funktion der sozialen Sicherung erfüllen. Vor allem verkörpert die Flexibilisierung der gesetzlichen Erbquoten zentral die Funktion der sozialen Sicherung im ErbG. Im Folgenden wird diese zentrale Verkörperung der Funktion der sozialen Absicherung im ErbG durch die Flexibilisierung der gesetzlichen Erbquoten in den

---

372 Tatsächlich ist die Herstellung eines allgemeinen Systems der sozialen Sicherung bis jetzt noch nicht vollendet. Dieses Ziel wird gemäß dem *Beschluss des Zentralkomitees der KP Chinas über einige wichtige Fragen zur Strukturierung einer harmonischen sozialistischen Gesellschaft* vom 11.10.2016 im Jahr 2020 erreicht werden, vgl *Beschluss des Zentralkomitees der KP China* vom 11.10.2006 im Bericht der Nachrichtenagentur *Xinhua* vom 18.10.2006, Online: http://news.xinhuanet.com/politics/2006-10/18/content_5218639.htm. (Zugriff: 08.07.2017)

373 Das bedeutet allerdings nicht, dass der Gesetzgeber nur besonderen Bestimmungen im ErbG zu einem gewissen Grad die Funktion einer sozialen Absicherung verliehen hat. Auch in anderen Gesetzen werden Bestimmungen, die die Funktion der sozialen Absicherung beinhalten, geregelt, z.B. Unterhaltspflichten von volljährigen Kindern gegenüber ihren alten Eltern in § 21 Abs. 1 EheG und § 14 Abs. 1 im Gesetz über die Gewährleistung der Rechte und Interessen der alten Menschen in der VR China. Vielmehr soll hiermit betont werden, dass dieser soziale Faktor in bestimmten Vorschriften des ErbG der VR Chinas auch vorliegt.

konkreten Vorschriften des ErbG, den Erläuterungen zum Entwurf des Erbgesetzes und den entsprechenden Erklärungen chinesischer Rechtswissenschaftler ausführlich behandelt.

aa) Die konkreten Vorschriften des ErbG

Zuerst sind die konkreten Vorschriften des ErbG zu untersuchen. Unmittelbar zeigt § 13 Abs. 2 ErbG die Funktion der sozialen Sicherung dergestalt, dass Erben, die unter besonderen Schwierigkeiten leben und arbeitsunfähig sind, bei der Verteilung des Nachlasses besonders berücksichtigt werden müssen[374]. Weiterhin knüpfen § 13 Abs. 3 ErbG und § 13 Abs. 4 ErbG durch eine regulierte Verteilung des Nachlasses in der gesetzlichen Erbfolge an die Unterhaltspflichten gegenüber Eltern im chinesischen Familienrecht an. Einerseits kann Erben ein größerer Teil des Nachlasses gegeben werden (§ 13 Abs. 3 ErbG), wenn sie sich zu Unterhalt des Erblassers verpflichtet haben, oder den hauptsächlichen Unterhalt aktiv geleistet haben. Andererseits kann Erben, die zwar die Fähigkeit und die Voraussetzungen gehabt hätten, den Erblasser zu unterhalten, ihre Unterhaltspflichten aber nicht erfüllt haben, bei der Verteilung des Nachlasses weniger oder sogar nichts zugeteilt werden (§ 13 Abs. 4 ErbG). Offensichtlich sollen diese zwei Absätze Erben unmittelbar dazu ansporn, aktiv den Unterhalt der Eltern zu übernehmen. Dass die nächsten Generationen in gerader Linie, insbesondere die Kinder, zu Unterhalt für ihre Vorfahren in gerader Linie verpflichtet werden, ist bereits gesetzlich festgelegt[375]. Dabei ist es zwar unerheblich, ob die Pflichten der Unterhaltsleistenden, die in gerader Linie in der nächsten Generation von den Alten abstammen, durch besondere Vorschriften im ErbG betont werden oder nicht. Denn die Pflichten der Unterhaltsleistenden der nächsten Generationen in gerader Linie entstammen einer wichtigen chinesischen Tradition. Sie sind eine wichtige Institution in der traditionellen Gesellschaft, da es weder Alters- noch Sozialversicherung gab. Diese sind auch heute auf dem Land in China oft noch nicht verwirklicht, was im Folgenden noch ausführlich untersucht wird[376]. In diesem Sinne kann man daher sagen, dass die zwei Absätze im § 13 ErbG mittelbar die Funktionen der Alters- und Sozialversicherung zum Ausdruck bringen.

---

374 Gemäß der h.M. in der VR China wird die soziale Absicherung hauptsächlich in drei Kategorien unterschieden: die Sozialversicherung (社会保险), die Sozialhilfe (社会救济) und die Sozialfürsorge (社会福利), vgl. *Zheng Gongcheng*, Die Lehre der sozialen Absicherung, 2000, S. 12. Diese Kategorisierung entspricht annähernd Kategorisierung von Sozialleistungen in Deutschland, die in (Sozial-) Fürsorge, Versorgung und Versicherung unterschieden werden, vgl. *Eichenhofer*, Sozialrecht, 10. Aufl., 2017, Rn. 10, S. 10.

375 Siehe Fn 373, S. 109.

376 Siehe § 7 IV, S. 125ff.

bb) Die Erläuterungen zum Entwurf des ErbG

Bei der Beschreibung des Zwecks der Ausarbeitung des ErbG zu Beginn der Erläuterungen des Entwurfs des ErbG ist auch ausdrücklich davon die Rede, dass das Erbgesetz neben dem Schutz des Erbrechts und des Vermögens des Einzelnen auch durch einige besondere Vorschriften die Volksgewohnheit der Förderung der Altenversorgung und der Kindererziehung fördern solle. Dadurch habe es auch die Funktion der Unterstützung von Solidarität in sozialen Beziehungen inne, vor allem der familiären Beziehungen. Dies könne auch in großem Maße vorteilhaft für die Entwicklung der sozialistischen Marktwirtschaft sein[377]. Im anschließenden vierten Teil der Erläuterungen zum Entwurf des Erbgesetzes wird das auch nochmals besonders betont, indem der zu Beginn der Erläuterungen beschriebe Grundsatz der Altersversorgung und der Kindererziehung erneut aufgegriffen wird[378]. Trotz des Fehlens einer ausdrücklichen Formulierung des Gesetzgebers im Wortlaut des ErbG zur Funktion der sozialen Sicherung sprechen alle Anhaltspunkte in den Erläuterungen dafür, dass im ErbG die Funktion der sozialen Sicherung in der Idee der Förderung von Solidarität in familiären Beziehungen und im Grundsatz des Altersversorgung und der Kindererziehung widergespiegelt wird.

cc) Aus der Perspektive der Struktur des geltenden ErbG

Schließlich war es, laut den von einigen Rechtswissenschaftlern kurz nach dem Erlass des ErbG verfassten Erklärungen, Absicht des Gesetzgebers, eine erbgesetzliche Struktur zu schaffen, in der die gesetzliche Erbfolge den Schwerpunkt des ErbG bildet und eine Kernstelle desselben besetzt, auch wenn mittlerweile in Einzelfällen eine testamentarische Erbfolge erlaubt ist[379]. Das ist auch der Grund, weshalb die Vorschriften über die gesetzliche Erbfolge so ausführlich im ErbG geregelt sind. Der Gesetzgeber verfolgt mit dieser Struktur die Absicht[380], durch zwingende

---

377 Vgl. *Wang Hanbin*, Die Erläuterungen zum Entwurf des ErbG der VR China, a.a.O., S. 345.

378 Vgl. *Wang Hanbin*, Die Erläuterungen zum Entwurf des ErbG der VR China, a.a.O., S. 347, 348

379 In der Tat war die Auffassung, nach der die gesetzlichen vor der testamentarischen Erbfolge Vorrang hätte, schon vor der Verkündung des ErbG der VR China in der juristischen Praxis weit verbreitet, vgl. *Zhao Xudong*, Die Forschung zum Verhältnis zwischen gesetzlichen und testamentarischen Erbfolge, Modern Law Science, 1983 No. 3, S. 38. Zur Rezeption nach der Verkündung des ErbG der VR China, vgl. *Yang Zhenshan*, Die Bedingungen der Entstehung des ErbG der VR Chinas und dessen Charaktere, Tribune of Political Science and Law, 1985 No. 3, S. 24, *Chen Yimin*, Von der Einheitlichkeit der gesetzlichen und testamentarischen Erbfolge, Tribune of Political Science and Law, 1986 No. 5, S. 76.

380 Eine weitere Absicht des Gesetzgebers ist es durch die Struktur des ErbG der VR China die im chinesischen Erbrecht erhaltenen historischen Elemente aufzugreifen, was im Folgenden darstellt wird, siehe § 7 IV, S. 125ff.

Vorschriften der Judikative ein besseres Eingreifen in die Verteilung des Nachlasses zu ermöglichen. Dadurch können durch den Erbfall und die Verteilung des Nachlasses die wesentlichen familiären Funktionen erfüllt werden, insbesondere Altersversorgung und Kindererziehung, was eine Funktion der sozialen Sicherung darstellt.

3. Die Gründe für die in der Flexibilisierung der gesetzlichen Erbquoten beinhaltete Funktion der sozialen Sicherung

Deshalb liegt es nahe, dass die Gründe, aus denen der Gesetzgeber dem ErbG, insbesondere durch die Flexibilisierung der gesetzlichen Erbquoten des ErbG, zu einem gewissen Grad eine Funktion der sozialen Sicherung beigemessen hatte, in der Realität des damaligen Systems der sozialen Sicherung in China liegen. Vor allem hat die Geschichte der Entwicklung des Systems der sozialen Sicherung der VR China, das sich während der kurzen 60 Jahre seit der Gründung der VR China bereits mehrmals schwerwiegend verändert hat, die Ausarbeitung der Vorschriften für die Flexibilisierung der gesetzlichen Erbquoten beeinflusst. Im Folgenden werden deswegen aus Sicht der geschichtlichen Entwicklung des Systems der sozialen Sicherung in der VR China die sozialen Hintergründe der Vorschriften für die Flexibilisierung der gesetzlichen Erbquoten behandelt.

a) Übersicht über die Entwicklung des Systems der sozialen Sicherung in der VR China

Nach allgemeiner Meinung in chinesischen akademischen Kreisen entspricht die Entwicklung des Systems der sozialen Sicherung der VR China im Großen und Ganzen der Entwicklung von Politik und Wirtschaft seit der Gründung der VR China. Sie wird in drei Phasen unterschieden[381].

---

381 In der Literatur finden sich verschiedene Meinungen zur Unterteilung der Entwicklungsgeschichte des Systems der sozialen Absicherung der VR China in einzelne Phasen. Laut der herrschenden Meinung sollte in drei Phasen unterteilt werden, mit zwei Trennlinien zu Beginn der Reform- und Öffnungspolitik im Jahr 1978 und der Reform der sozialen Sicherung Mitte der 1990er, vgl. dazu. *Li Ling*, Die 60 Jahre des Systems der sozialen Sicherung der VR China und die Forschung zu ihrer Gerechtigkeit, Fujian Tribune (The Humanities & Social Sciences Bimonthly), 2009 No. 11, S. 157, *Zheng Bingwen*, Die 60 Jahre des Systems der sozialen Sicherung der VR China: Ausführung und Lektion, Chinese Journal of Population Science, 2009 No. 5, S. 2, 3, *Mu Guangzong/Miao Jingrui*, Der Rückblick und die Aussicht vom System der sozialen Sicherung der VR China, Population Journal, 2002 No. 1, S. 31. Eine weitere Meinung trennt die Entwicklungsgeschichte jedoch mit nur einer Trennlinie bei der Reform- und Öffnungspolitik im Jahr 1978 in nur zwei Phasen, vgl. *Zhong Hongliang*, Die Haftung der Regierung in der Abwechslung des Systems der sozialen Sicherung der VR China: 1949–2009, Journal of University of Science and Technology Beijing (Social Sciences Edition), Mar. 2009 Vol. 27 No. 1, S. 137, 141. Eine dritte

aa) Die Phase: Planwirtschaft und ihre Eigenschaft

Die erste Phase begann Anfang der 1950er Jahre, in der Gründungsphase der VR China, und dauerte bis zum Beginn der Reform- und Öffnungspolitik Ende der 1970er Jahre. Während dieser Zeit wurde der sogenannte sozialistische Umbau[382] vollendet. Deswegen gab es in den Städten im Wesentlichen nur staatseigene Industrien und Händler, also staatliche Wirtschaft; auf dem Land entstand die unter Leitung der Volkskommunen stehende Kollektivwirtschaft[383]. Deshalb wurde in diesem Zeitraum, der durch die vom damaligen Administrativen Kollegium der chinesischen Regierung erlassenen „Verordnung zur Arbeiter- und Angestelltenversicherung von VR China"[384] gekennzeichnet ist[385], im Großen und Ganzen ein System der sozialen Sicherung innerhalb der Arbeitseinheit[386] etabliert, nach welcher die soziale Sicherung der einzelnen Menschen auf ihrer jeweiligen – staatlichen oder kollektiven – Arbeitseinheit basiert und vom Staat gewährleistet wurde[387].

Meinung unterteilt dagegen in vier Phasen, wobei die Zeit seit der Reform- und Öffnungspolitik mit den drei Reformen aus den Jahren 1985, 1993 und 1998 jeweils weiter unterteilt wird, vgl. *Zheng Gongcheng*, Vom System der Sicherung von Staat-Einheit bis das System der Sicherung von Staat-Gesellschaft: Die Abwechslung des Systems und der Reform der sozialen Sicherung der VR China von vergangenen 30 Jahren, Social Security Studies, 2008 No. 2, S. 2. Eine andere Sichtweise unterteilt hingegen die Zeit vor der Reform- und Öffnungspolitik in drei Phasen und kommt zu insgesamt auf fünf Entwicklungsphasen, vgl. *Huang Qingfeng/Shi Jing/Cai Xia*, Die Analyse zur Route der Abwechslung des Systems der sozialen Sicherung in den 60 Jahren nach der Gründung der VR China: Aus der Perspektive der NIÖ, Social Security Studies, 2010 No. 3, S. 60. Die oben beschriebenen Auffassungen über die entwicklungsgeschichtliche Unterteilung des Systems der sozialen Sicherung der VR China betrachten grundsätzlich die Reform- und Öffnungspolitik als Trennlinie und unterscheidet sich darüber hinaus nicht wesentlich. Um die Bedeutung der Reform der sozialen Sicherung in der Mitte der 1990er herauszustreichen wird in dieser Untersuchung der Unterteilung in drei Phasen gefolgt.

382 Siehe Fn 300, S. 93.

383 Im chinesischen Original 人民公社形式的集体经济组织, vgl. *Zheng Gongcheng*, Vom System der Sicherung von Staat-Einheit bis das System der Sicherung von Staat-Gesellschaft: Die Abwechslung des Systems und der Reform der sozialen Sicherung der VR China von vergangenen 30 Jahren, Social Security Studies, 2008 No. 2, S. 2, 3.

384 Im chinesischen Original 《中华人民共和国劳动保险条例》, am 26.01.1953 vom Ministerium für Arbeit der VR Chinas zur vorläufigen Anwendung verkündet.

385 Vgl. *Lin Jia*, Der gegenwärtige Stand, das Problem und die Entwicklung des Systems der sozialen Sicherung der VR China, Journal of Henan Administrative Institute of Politics and Law, 2005 No. 5, S. 1.

386 Im chinesischen Original 单位.

387 Vgl. *Zheng Bingwen*, Die 60 Jahre des Systems der sozialen Sicherung der VR China: Ausführung und Lektion, Chinese Journal of Population Science, 2009 No.

Konkret gesagt, da unter den Voraussetzungen der gemeineigenen Wirtschaft betont wurde, dass Privatinteressen und die Interessen des Staats und der Arbeitseinheiten in Einklang stehen, wurde nicht nur das System der sozialen Sicherung vom Staat etabliert und garantiert, sondern die soziale Sicherung durch die Regierung und die Arbeitseinheit auch komplett vom Staat für den Einzelnen gewährleistet. So waren die Regierung und die Arbeitseinheiten voneinander abhängig und die Versicherungen der Einzelnen eine gemeinschaftliche Pflicht[388]. Dadurch entstanden in den Städten und auf dem Land zwei verschiedenen Wege der sozialen Sicherung: In den Städten wurden alle Mitglieder der Gesellschaft den verschiedenen Regierungsorganen, anderen staatlichen Institutionen und staatseigenen Betrieben zugeordnet, während die Zuteilung auf dem Land gemäß der kollektiven Organisationen der Volkskommunen und Produktionsgruppen erfolgte. Zwischen allen Mitgliedern und ihren jeweiligen Organisationen oder Arbeitseinheiten bildeten sich integrierende Beziehungen und mit ihrer Mitgliedschaft erhielten die Mitglieder unentgeltlich Bezüge aus der sozialen Sicherung[389]. Trotzdem wurde die soziale Sicherung auf dem Land wegen der Natur der autonomen kollektiven Organisationen kaum von Staatseinnahmen unterstützt[390]. Denn auf dem Land herrschte Kollektivwirtschaft und die Bauern konnten nach allgemeiner Meinung durch die Produktionsfähigkeit der Agrarwirtschaft und deren Erträge abgesichert werden[391]. Bei der Absicherung für medizinische Kosten auf dem Land, die durch Agrarwirtschaft alleine nicht aufgebracht werden konnten, wurde – im Vergleich zu den Städten – auf das kollektive genossenschaftliche Gesundheitssystem

---

5, S. 3, 4. Vgl. auch *Zheng Gongcheng*, Vom System der Sicherung von Staat-Einheit bis das System der Sicherung von Staat-Gesellschaft: Die Abwechslung des Systems der sozialen Sicherung der VR China von vergangenen 30 Jahren, Social Security Studies, 2008 No. 2, S. 2, *Cheng Haijun*, Die historische Untersuchung des Systems der sozialen Wohlfahrt der VR China der Planwirtschaftszeit, Contemporary China History Studies, 2008 No. 5, S. 51, 52.

388 Vgl. *Zheng Gongcheng*, Vom System der Sicherung von Staat-Einheit bis das System der Sicherung von Staat-Gesellschaft: Die Abwechslung des Systems der sozialen Sicherung der VR China von vergangenen 30 Jahren, Social Security Studies, 2008 No. 2, S. 10.

389 Vgl. *Mu Guangzong/Miao Jingrui*, Der Rückblick und die Aussicht vom System der sozialen Sicherung der VR China, Population Journal, 2002 No. 1, S. 31.

390 Vgl. *Li Ling*, Die 60 Jahre des Systems der sozialen Sicherung der VR China und die Forschung zu ihrer Gerechtigkeit, Fujian Tribune (The Humanities & Social Sciences Bimonthly), 2009 No. 11, S. 156, 157.

391 Zum sogenannten System der Bewertung der Arbeitspunkte (Im chinesischen Original 工分赋值制度) für die Mitglieder der kollektiven Organisationen, vgl. *Duan Qinglin*, Die Abwechslung des Systems der sozialen Sicherung auf dem Land der VR China (1949–1999), Social Sciences in Ningxia, No.1, Jan. 2001, Gen. No. 104, S. 23, 24, *Wang Guojun*, Die Geschichte des Systems der sozialen Sicherung auf dem Land der VR China, Zhejiang Social Sciences, No. 1, Jan. 2004, S. 142.

zurückgegriffen, das mit medizinischen Einrichtungen und medizinischem Personal aus den kollektiven Organisationen der Volkskommune versorgt wurde; die restlichen Geldmittel für die medizinische Versorgung wurden von den Bauern selbst oder von kollektiven Organisationen bereit gestellt, um damit medizinische Behandlungskosten und medizinische Dienstleistungen zu gewährleisten[392]. Deswegen liegt im Sinne der allgemeinen Lehre vom modernen System der sozialen Sicherung[393] eine solche kaum vor, obwohl dieses System in einigen Veröffentlichungen[394] einheitliches „Staat-Arbeitseinheitssicherungsmodell“[395] genannt wird. Deswegen wurde die soziale Sicherung vor allem auf dem Land während dieser Zeiten tatsächlich hauptsächlich durch den gegenseitigen Unterhalt innerhalb der Familie oder des Familienklans erzielt und die Sicherung durch die kollektiven Organisationen nur als eine notwendige Ergänzung gesehen[396]. Indes weist dieser Unterschied zwischen den Städten und den ländlichen Gegenden bei der Sozialversicherung auch die spätere Unterscheidung zwischen Stadt- und Landbevölkerung beim Umbau des Sozialversicherungssystems hin.

---

392 Vgl. *Tian Biyao*, Das Interesse der Verfassung und die soziale Gerechtigkeit—die Untersuchung der Geschichte des Systems der Krankenversicherung auf dem Land der VR China, People's Congress Studying, 2004 No. 8 (Gen. No. 152), S. 4, 5.

393 Der h.M. nach wird in China es unter der sozialen Sicherung ein umfassendes System der vergesellschaftlichten Sicherung des bürgerlichen Lebens mit wirtschaftlicher Wohlfahrt verstanden. Für ein modernes System der sozialen Sicherung sind drei Charakteristiken notwendig: Die wirtschaftliche Wohlfahrt, die Vergesellschaftlichung und Vereinheitlichung der Ausführung der Aufgaben der sozialen Sicherung, sprich durch die offiziellen Organisationen oder die von ihnen beauftragten gesellschaftlichen Organisationen, und das Ziel der Sicherung und Verbesserung des bürgerlichen Lebens. Vgl. *Zheng Gongcheng*, Die Lehre der sozialen Sicherung, 2000, S. 11–12. Die weltweite allgemeine Lehre der sozialen Sicherung als in Deutschland auch ähnlich, vgl. *Eichenhofer*, a.a.O., Rn. 8, S. 8.

394 Vgl. z.B. *Zheng Gongcheng*, Vom System der Sicherung von Staat-Einheit bis das System der Sicherung von Staat-Gesellschaft: Die Abwechslung des Systems der sozialen Sicherung der VR China von vergangenen 30 Jahren, Social Security Studies, 2008 No. 2, S. 1ff., *Zheng Bingwen*, Die 60 Jahre des Systems der sozialen Sicherung der VR China: Ausführung und Lektion, Chinese Journal of Population Science, 2009 No. 5, S. 3, 4.

395 Im chinesischen Original 国家-单位保障模式. In dieser Phase gehörten alle Arbeitseinheiten in den Städten zum Staat. Deshalb gewährtet der Staat direkt durch die Arbeitseinheiten den Arbeitern die gesamte soziale Sicherung.

396 Vgl. *Li Hancai*, Die geschichtliche Evolution und die Charaktere der Entwicklung des Systems der sozialen Sicherung auf dem Land der VR China, Journal of Hebei University (Philosophy and Social Science), May 2014, Vol. 39, No. 3, S. 117.

bb) Die zweite Phase: Beginn der modernen sozialen Sicherung in der VR China

Die zweite Phase dauerte von der Durchsetzung der Reform- und Öffnungspolitik im Jahr 1978 bis zur Ankündigung des „Beschlusses des Staatsrates zur Errichtung eines einheitlichen Grundrentenversicherungssystems für die Beschäftigten von Unternehmen“[397] im Jahr 1997. In dieser Phase der Reform stand der wirtschaftliche Ausbau im Mittelpunkt der Politik der VR China. Trotz der Aufhebung der Volkskommunen, der hauptsächlichen kollektiven Organisationen und der anfangs durchgeführten Reform des „Haushaltsverantwortungssystems“[398] auf dem Land lag der Schwerpunkt der Wirtschaftsreform auf der Reform der staatseigenen Betriebe in den Städten[399], um eine gemeinsame Ordnung sozialistischer Marktwirtschaft mit der öffentlichen Eigentumsordnung als Hauptsubjekt und eine Wirtschaft vielfältiger Eigentumsordnungen zu entwickeln[400]. Deswegen lag der Schwerpunkt der Reform der sozialen Sicherung als ergänzende Maßnahme zur wirtschaftlichen Reform auch auf einer Reform des Systems der sozialen Sicherung in den Städten. Dies geschah dadurch, dass die Kosten der sozialen Sicherung von Einzelpersonen, Betrieben und dem Staat gemeinsam übernommen wurden und dass die Kosten durch die gesamte Gesellschaft aufgebracht wurden. Dadurch wurde ein einheitliches Grundrentenversicherungssystem für die Beschäftigten von städtischen Unternehmen errichtet[401] und gleichzeitig des Mindestlebensunterhalts der städtischen Bevölkerung gesichert[402]. Als der Staatsrat im Jahr 1997 den „Beschluss des Staatsrates zur Errichtung eines einheitlichen Grundrentenversicherungssystems für die Beschäftigten von Unternehmen“ verkündete, war ein einheitliches Sozialversicherungssystem einschließlich Rentenversicherung, Krankensozialversicherung und Arbeitslosenversicherung für Beschäftigte von Unternehmen in den

397 Im chinesischen Original 国务院建立统一的企业职工基本养老保险制度的决定, Dokument Nr. 26 des Staatsrats der VR China, erlassen am 16.07.1997.

398 Im chinesischen Original 家庭联产承包责任, vgl. *Wei Zhang*, Sozialwesen in China, Dissertation, 2005, S. 88.

399 Vgl. *Li Hancai*, Die geschichtliche Evolution und die Charaktere der Entwickung des Systems der sozialen Sicherung auf dem Land der VR China, Journal of Hebei University (Philosophy and Social Science), May 2014, Vol. 39, No. 3, S. 119.

400 Vgl. Den vom ehemaligen Präsidenten *Jiang Zemin* vorgetragenen Bericht beim 15. Nationalen Parteitag der KP China am 12.09.1997, der volle Text online: http://news.xinhuanet.com/zhengfu/2004-04/29/content_1447509.htm. (Zugriff: 15.07.2017)

401 Vgl. *Yang Cuiying*, Der Unterschied zwischen Stadt und Land und die koordinierte Reform im System der sozialen Sicherung der VR China, Journal of Zhejiang University (Humanities and Social Sciences), Vol. 34, No. 3, May 2004, S. 13, *Zheng Gongcheng*, Die Reform und Herstellung des Systems der sozialen Sicherung der VR Chinas, Journal of Renmin University of China, 2003 No. 1, S. 18.

402 Vgl. *Huang Qingfeng/Shi Jing/Cai Xia*, Die Analyse zur Route der Abwechslung des Systems der sozialen Sicherung in den 60 Jahren nach der Gründung der VR China: Aus der Perspektive der NIÖ, Social Security Studies, 2010 No. 3, S. 62.

Städten und ein System der Sicherung des Mindestlebensunterhalts der städtischen Bevölkerung im Grunde bereits errichtet[403]. Doch da der Schwerpunkt der Reform lange Zeit auf der sozialen Sicherung der Beschäftigten von städtischen Unternehmen lag, wurde ein umfassendes System lange Zeit vernachlässigt. Die ländliche Bevölkerung genoss durch die von den ländlichen kollektiven Organisationen geleistete Sozial- und Katastrophenhilfe[404] und das „Fünf-Garantien-System"[405] nur eine äußerst geringe sozialen Sicherung ihrer Existenz[406]. Darüber hinaus hatte ein vor der Reform- und Öffnungspolitik entstandenes Genossenschaftliches Gesundheitssystem weiter Bestand[407]. Zwar hatte die chinesische Regierung im Jahr 1992 auch ein Programm zur ländlichen Rentenversicherung[408] ausgearbeitet. Hierin sollten Landwirte auf freiwilliger Basis zur Teilnahme an der ländlichen Rentenversicherung angespornt werden, indem sie die Kosten der Rentenversicherung hauptsächlich selbst bezahlen und dann Zuschüsse von den ländlichen kollektiven Organisationen erhalten sollten. Dadurch sollten Kreis- und Gemeinderegierungen den Landwirten Subventionen für die Teilnahme zur Versicherung geben[409]. Jedoch konnte einerseits die vor der Reform- und Öffnungspolitik bereits vorliegende sehr schwache soziale Sicherung oft nicht die gewünschte Wirkung erzielen, da die ländlichen kollektiven Organisationen als unterstützende Einheiten der ländlichen

403 Vgl. *Zheng Gongcheng*, Vom System der Sicherung von Staat-Einheit bis das System der Sicherung von Staat-Gesellschaft: Die Abwechslung des Systems der sozialen Sicherung der VR China von vergangenen 30 Jahren, Social Security Studies, 2008 No. 2, S. 5.

404 Im chinesischen Original 社会救助和自然灾害救济.

405 Im chinesischen Original 五保制度, welches gemäß §§ 2, 6, 9 der Verordnung über das Fünf-Garantien-System, die vom Staatsrat der VR China vom 21.01.2006 erlassen wurde. Es gewährleistete ein Mindestmaß an Lebensmitteln, Kleidung, Unterkunft, medizinischer Grundversorgung, finanzieller Unterstützung für Beerdigungen und die Grundbildung von Waisenkindern durch die Regierung für Alte und Waise ohne Arbeitsfähigkeit und Lebensunterhaltsquelle (im chinesischen Original 保吃、保穿、保住、保医、保葬 oder 孤儿保教).

406 Vgl. *Wang Guojun*, Die Geschichte des Systems der sozialen Sicherung auf dem Land der VR China, Zhejiang Social Sciences, No. 1, Jan. 2004, S. 142. Über konkrete Charakteristiken und seine Ablösung, vgl. *Gao Jianguo/Huang Zhixiong*, Von Charaktere des Fünf-Garantien-Systems auf dem Land der VR China—auch vom Verhältnis zwischen dem Staat und der Gemeinde, Journal of Social Sciences, 2007 No. 6, S. 64ff.

407 Vgl. *Chen Xinyong/Wang Yunfu*, Die Auswahl zur Herstellung des Systems Krankenversicherung auf dem Land der VR China – Eine Perspektive vom Bedarf der Evolution, Zhejiang Social Sciences, No. 1, Jan., 2004, S. 147.

408 Die sogennate alte ländliche Rentenversicherung, im chinesischen Original 旧农保, wurde im Jahr 1992 vom Ministerium für Zivilverwaltung der VR China beendet.

409 Vgl. *Tao Jikun*, Die Vergleichung zwischen den Programmen der „alten" und „neuen" Rentenversicherung auf dem Land der VR China, Lanzhou Academic Journal, 2010 No. 6, S. 90, 91.

sozialen Sicherungen im Zuge der Reform- und Öffnungspolitik rasch zersetzt und die Finanzen der Lokalregierungen weitgehend limitiert waren, wodurch sie nach und nach ihre eigentliche Rolle verloren[410]. Andererseits sank die von der Regierung vorangebrachte ländliche Rentenversicherung vom Jahr 1992 wegen des Zerfalls der ländlichen kollektiven Organisationen und der Limitierung der Finanzen der Lokalregierungen allmählich auf ein Maß, an dem die Landwirte die Rentenversicherung völlig selbst zu tragen hatten, was im Niedriglohngebiet des ländlichen China kaum funktionieren konnte[411]. Am Ende des Jahres 1997 traten in mehreren ländlichen Orten Landwirte in großer Zahl wieder aus der ländlichen Rentenversicherung aus[412], sodass das Programm der ländlichen Rentenversicherung von 1992 im Jahr 1998 abgeschafft wurde[413]. Die bereits vorliegende Ungleichheit bei der sozialen Sicherung zwischen Städten und Land führte daher im weiteren Verlauf zu einer klaren Trennung zwischen Stadt- und Landbevölkerung beim System der sozialen Sicherung, was zu Ungerechtigkeiten bei der sozialen Sicherung dieser Gebiete führte[414]. Darüber hinaus vergrößerte sich in dieser Phase die Ungerechtigkeit auch durch die Einseitigkeit der Reform der sozialen Sicherung in Bezug auf verschiedene gesellschaftlichen Personengruppen, z.B. zwischen städtischen Beschäftigte und Wanderarbeitern vom Land, zwischen städtischen Beschäftigten in Unternehmen und Beschäftigten im öffentlichen Dienst und auch zwischen unterschiedlichen Regionen Chinas[415].

---

410 Vgl. *Li Hancai*, Die geschichtliche Evolution und die Charaktere der Entwickung des Systems der sozialen Sicherung auf dem Land der VR China, Journal of Hebei University (Philosophy and Social Science), May, 2014, Vol.39, No.3, S. 118–119.

411 Vgl. *Yang Liqiong*, Die Notwendigkeit der Ausführung der „neuen" Rentenversicherung aus der Perspektive der Mängel der „alten" Rentenversicherung auf dem Land der VR China, Truth Seeking, 2011 No. 5, S. 88. Vgl. auch *Tao Jikun*, Die Vergleichung zwischen den Programmen der „alten" und „neuen" Rentenversicherung auf dem Land der VR China, Lanzhou Academic Journal, 2010 No. 6, S. 92, 93.

412 Vgl. *Li Xuanhong*, Die Gründe zur Abwechslung des Systems der Rentenversicherung auf dem Land der VR China, Shangdong Social Sciences, 2011 No. 3, General No.187, S. 119.

413 Vgl. *Li Honglan*, Untersuchung zur Lösung der Zusammenfügung der Systeme der „alten" und „neuen" Rentenversicherung auf dem Land der VR China, China Social Security, 2012 No. 11, S. 48.

414 Vgl. *Li Ling*, Die 60 Jahre des Systems der sozialen Sicherung der VR China und die Forschung zu ihrer Gerechtigkeit, Fujian Tribune (The Humanities & Social Sciences Bimonthly), 2009 No. 11, S. 157, 158.

415 Vgl. *Lin Jia*, Der gegenwärtige Stand, das Problem und die Entwicklung des Systems der sozialen Sicherung der VR Chinas, Journal of Henan Administrative Institute of Politics and Law, 2005 No. 5, S. 2, 3.

cc) Die dritte Phase ab dem Jahr 1998

Die dritte Phase der Entwicklung begann im Jahr 1998 und dauert bis heute an Angesichts der Problematik der Ungerechtigkeit der Reform der sozialen Sicherung, die in der vorangehenden Phase auftauchte, hat die chinesische Regierung in dieser Phase einen neuen Anlauf zur Reform der sozialen Sicherung unternommen, bei der es im Kern um die Gerechtigkeit ging[416].

Einerseits wurde die frühere Reform der sozialen Sicherung für die Beschäftigten von städtischen Unternehmen vertieft, um Ungleichheiten bei der sozialen Sicherung verschiedener Personengruppen innerhalb der Stadtbevölkerung auszugleichen. Dafür hat der Staatsrat mehrere Verordnungen[417] betreffend die soziale Sicherung der Stadtbevölkerung und die städtischen Beschäftigten von Unternehmen erlassen, um ein System der städtischen sozialen Sicherung grundlegend zu errichten, das aus Renten-, Krankensozial- und Arbeitslosenversicherung sowie einer Sicherung des Existenzminimums der Stadtbevölkerung besteht und den Großteil der Stadtbevölkerung abdecken kann. Andererseits wurde synchron eine Reform und Rekonstruktion der ländlichen sozialen Sicherung ausgeführt. Der am 19.10.2002 erlassene Beschluss des Zentralkomitees der KP Chinas und des Staatsrats über die Stärkung der Gesundheitsarbeit auf dem Land[418] hat ausdrücklich darauf hingewiesen, dass die schrittweise Absicherung schwerwiegender Krankheiten[419] als Hauptangelegenheit des neuen Systems der genossenschaftlichen medizinischen Betreuung betrachtet wird. Bis zum Jahr 2010 sollte das neue System der genossenschaftlichen medizinischen Betreuung grundsätzlich die Landbevölkerung abdecken können. Durch diesen Beschluss wird allmählich ein Ersatz für das frühere System der genossenschaftlichen medizinischen Betreuung[420] errichtet, bei dem die Kosten der Krankensozialversicherung auf freiwilliger Basis

---

416 Vgl. *Zheng Gongcheng*, Die neue Überlegung zur Reform des Systems der sozialen Sicherung der VR Chinas, Shangdong Social Sciences, 2007 No. 6, General No. 142, S. 8.

417 Z.B. den vom Staatsrat erlassenen Beschluss über die Herstellung eines Systems der der Basiskrankenversicherung der städtischen Beschäftigten (im chinesischen Original 关于建立城镇职工基本医疗保险制度的决定) vom 14.12.1998. Die Reihe der vom Staatsrat erlassenen Verordnungen beinhaltet die Vorläufige Verordnung der Erhebung der Sozialversicherungsbeiträge (im chinesischen Original 社会保险费征缴暂行条例) vom 14.01.1999, die Verordnung der Arbeitslosenversicherung (im chinesischen Original 失业保险条例) von 22.01.1999, die Verordnung zur Sicherung des Mindestlebensunterhalts der städtischen Bevölkerung (im chinesischen Original 城市居民最低生活保障条例) von 28.09.1999, und die Verordnung zur Arbeitsunfallversicherung (im chinesischen Original 工伤保险条例) vom 16.04.2003.

418 Im chinesischen Original 中共中央、国务院关于进一步加强农村卫生工作的决定.

419 Im chinesischen Original 大病统筹.

420 Im chinesischen Original 新型农村合作医疗制度.

hauptsächlich durch die Staatsfinanzen und nebensächlich von den Einzelnen geleistet und schließlich von den ländlichen kollektiven Organisationen ergänzt wurden[421].

Der Staatsrat hat eine Reihe von Dokumenten über den Aufbau des Systems der ländlichen sozialen Sicherung erlassen[422], stellvertretend für die Einige Ansichten des Zentralkomitees der KP China und des Staatsrats zur Voranbringung des Aufbaus der neuen sozialistischen ländlichen Gegenden vom 31.12.2005[423] genannt werden kann. Ferner hat die Regierung im Jahr 2009 eine ländliche Rentenversicherung in neuer Form[424] initiiert, bei der, wie auch bei der neuen genossenschaftlichen medizinischen Betreuung, immer noch auf freiwilliger Basis Beitragszahlungen von Einzelpersonen mit Beihilfen der Kollektiven und Regierungszuschüssen verbunden werden[425]. Insbesondere gewährleistet die Einführung der Regierungszuschüsse zur ländlichen Rentenversicherung deren Fortsetzung[426].

Mit den oben beschriebenen Reformmaßnahmen zur sozialen Sicherung ab 1998 wurde versucht die Disparität der sozialen Sicherung zwischen verschiedenen Regionen Chinas und zwischen unterschiedlichen Personengruppen zu verkleinern[427]. Dabei gilt es vor allem, die Trennung zwischen Stadt- und Landbevölkerung zu überwinden und allgemeine Gerechtigkeit zwischen städtischen und ländlichen Regionen zu verwirklichen[428]. 2010 wurden diese in den Dokumenten der chinesischen Regierung und der KP China initiierten Reformmaßnahmen als Form des Gesetzes in das Sozialversicherungsgesetz der VR China[429] festgelegt.

---

421 Vgl. *Sun Shuyun*, Die Verbesserung des neuen Systems der genossenschaftlichen medizinischen Betreuung unter der Idee der sozialen Sicherung, Journal of Shanxi University (Philosophy and Social Science Edition), 2012 No. 2, S. 67, 68.

422 Z.B. Eine vom Staatsrat verkündete Reihe von Stellungnahmen zur Lösung des Wanderarbeiterproblems (im chinesischen Original 国务院关于解决农民工问题的若干意见) vom 27.03.2006, Die Mitteilung des Staatsrats über die Errichtung der Sicherung des Mindestlebensunterhalts der ländlichen Wohnbevölkerung (im chinesischen Original 国务院关于在全国建立农村最低生活保障制度的通知) vom 11.70.2007.

423 Im chinesischen Original 中共中央、国务院关于推进社会主义新农村建设的若干意见.

424 Im chinesischen Original 新农村社保, vgl. *Tao Jikun*, Die Vergleichung zwischen den Programmen der „alten" und „neuen" Rentenversicherung auf dem Land der VR China, Lanzhou Academic Journal, 2010 No. 6, S. 91ff.

425 Vgl. § 20 Abs. 2 Sozialversicherungsgesetz der VR China.

426 Vgl. *Zhang Zuping/Ma Biying*, Die Forschung zum Niveau der moderaten Versicherung der neuen ländlichen Rentenversicherung, Journal of Jiangsu University (Social Sciences Edition), Jan. 2014, Vol.16 No.1, S. 60.

427 Vgl. *Zheng Gongcheng*, Von der Reform des Systems der sozialen Sicherung der VR China, Medicine and Society, August. 1998, Vol. 11 No. 4, S. 3, 4.

428 Vgl. *Zheng Gongcheng*, Von der Reform des Systems der sozialen Sicherung der VR China, Medicine and Society, August. 1998, Vol. 11 No .4, S. 6.

429 Das Sozialversicherungsgesetz der VR China wurde am 28.10.2010 erlassen und ist am 01.07.2011 in Kraft getreten.

b) *Die Flexibilisierung der gesetzlichen Erbquoten unter dem Gesichtspunkt der Entwicklungsgeschichte des Systems der sozialen Sicherung der VR China*

Aus Sicht der Entwicklungsgeschichte des Systems der sozialen Sicherung in der VR China war die Übernahme von gewissen Funktionen der sozialen Sicherung in die Vorschriften der Flexibilisierung der gesetzlichen Erbquoten der sozialen Realität der Zeit der Ausarbeitung und Verkündung des ErbG von 1985 geschuldet. Doch die Relevanz der Übernahme gewisser Funktionen der sozialen Sicherung durch solche Vorschriften veränderte sich je nach Stand der Entwicklung des Systems der sozialen Sicherung der VR China.

aa) Die Rolle der familiären Sicherung im sich verändernden System der sozialen Sicherung in der VR China

In der ersten Phase der Geschichte des Systems der sozialen Sicherung der VR China wurde zwar die soziale Sicherung des Großteils der Bevölkerung unter dem „Staat-Arbeitseinheitssicherungsmodell" theoretisch bereits unmittelbar vom Staat oder den staatlichen Kollektiven übernommen. Jedoch ist es nicht schwierig zu sehen, dass trotz der völligen Beschränkung von den Landwirten auf Volkskommunen und andere kollektive Organisationen aufgrund der zuerst bestehenden Ungleichheit und der folgenden völligen Trennung von Stadt- und Landbevölkerung im politischen und wirtschaftlichen System und der schwachen ländlichen wirtschaftlichen Grundlage die ländliche soziale Sicherung hauptsächlich durch ländlichen Kollektive übernommen wurde[430]. Das führte dazu, dass die traditionelle Sicherungsform durch familiären Unterhalt[431] aufrechterhalten wurde und immer noch die wichtigste Form der ländlichen sozialen Sicherung blieb[432], während die durch kollektive Organisationen übernommene soziale Sicherung tatsächlich nebensächlich war und ergänzend wirkte[433]. Deswegen war es damals auch notwendig, diese familiäre Sicherungsform durch die Gesetzgebung festzulegen und zu fördern, um die ländliche Gesellschaft zu stabilisieren. Das ist auch der praktische Grund dafür, dass später in den Erläuterungen zum Entwurf des ErbG betont wird, dass die guten Bräuche, und vor allem die ländlichen Bräuche, im Gesetz

---

430 Vgl. *Ma Jie/Zheng Bingwen*, Die neue Bewertung des Systems der sozialen Sicherung der VR China der Planwirtschaftszeit, Studies on Marxism, 2005 No. 1, S. 43, 44.

431 Hiermit bedeutet es hauptsächlich den Unterhalt, die die erwachsenen Kinder den alten Eltern leisten. Siehe oben Fn 373, S. 109.

432 Vgl. *Cheng Haijun*, Die historische Untersuchung des Systems der sozialen Wohlfahrt der VR China der Planwirtschaftszeit, Contemporary China History Studies, 2008 No. 5, S. 51.

433 Vgl. *Wen Yaoli*, Die Geschichte und Zukunft des Systems der sozialen Sicherung mit chinesischen Charakteristiken – Eine Untersuchung aufgrund des Systems, der Interessen und Idee, Journal of Guangxi University of Finance and Economics, Jun. 2009, Vol. 22 No. 3, S. 38.

gefestigt werden sollen[434]. Trotzdem war dies auf dem hoch politisierten Land aufgrund der Beschränkung der Freizügigkeit der Bevölkerung auf die zugewiesenen kollektiven Organisationen und des niedrigen Bedarfs einer Versicherung nicht unbedingt dringend notwendig[435]. Dagegen war diese familiäre Sicherungsform in den Städten als notwendige Ergänzung unerheblich, weil das „Staat-Arbeitseinheitssicherungsmodell durch die staatseigenen Betriebe, die Staatsbehörden und den staatlichen Institutionen alle Bereiche des Lebens abdeckte, auch wenn dieses Modell nicht die gesamte städtische Bevölkerung abdecken konnte[436]. Deshalb war die gesetzliche Festlegung einer familiären Sicherungsform in dieser Phase sowohl auf dem Land als auch in den Städten im Großen und Ganzen zwar notwendig, aber noch nicht dringlich.

bb) Die Flexibilisierung der gesetzlichen Erbquoten als ein Teil der familiären Sicherung

Im Jahr 1985, als das ErbG ausgearbeitet und erlassen wurde, veränderte sich die Gesamtlage der Gesellschaft erheblich, insbesondere die wirtschaftliche Lage, obwohl Reform- und Öffnungspolitik zu diesem Zeitpunkt erst 7 Jahre ausgeführt worden war. Einerseits entwickelte sich die Privatwirtschaft in großem Stil. Andererseits lösten sich die Volkskommune und andere kollektive Organisationen auf dem Land und viele staatseigene Betriebe in den Städten wegen der Reform der städtischen Wirtschaft rasch auf, weshalb es immer mehr Leute gab, die zwar von der Beschränkung auf die früheren Arbeitseinheiten befreit wurden, aber zugleich auch die soziale Sicherung der Arbeitseinheiten verloren.

434 Vgl. *Wang Hanbin*, Die Erläuterungen zum Entwurf des ErbG der VR China, a.a.O., S. 345. Auch aus dieser Perspektive wird die Meinung in der Literatur vertreten, dass die familiäre Versicherungsform, die von der Gründung der VR China bis zur Reform- und Öffnungspolitik noch eine große Rolle spielte, aus der historischen Perspektive unvermeidlich sei,: Sie sei nämlich das Ergebnis der stetigen Betonung der Funktion von Familien und Klans für die Stabilisierung der Gesellschaft in der chinesischen Geschichte. Vgl. *Zheng Gongcheng*, Die historische Logik der Evolution der chinesischen sozialen Sicherung, Journal of Renmin University of China, 2014 No. 1, S. 5ff. Bei der Untersuchung des sozialen Hintergrunds dieses Rechtsinstituts kam nochmal den Einfluss der historischen Traditionen dahinter sehen, was unten bei der Untersuchung der historischen Wurzeln dargestellt wird, siehe § 7 IV, S. 125ff.

435 Vgl. *Wang Guojun*, Die Geschichte des Systems der sozialen Sicherung auf dem Land der VR China, Zhejiang Social Sciences, No. 1, Jan. 2004, S. 142.

436 Vgl. *Zheng Gongcheng*, Vom System der Sicherung von Staat-Einheit bis das System der Sicherung von Staat-Gesellschaft: Die Abwechslung des Systems der sozialen Sicherung der VR China von vergangenen 30 Jahren, Social Security Studies, 2008 No. 2, S. 2.

Zwar begann die Reform des Systems der sozialen Sicherung auch dementsprechend. Von der beschriebenen Entwicklungsgeschichte aus betrachtet fiel die Reform und Etablierung einer modernen allgemeinen sozialen Sicherung gegenüber der wirtschaftlichen und gesellschaftlichen Entwicklung zurück. In den Städten wurde der Bedarf der sozialen Sicherung anderer städtischer Personengruppen im Zuge der Reform des Systems der sozialen Sicherung übersehen, weil die Reform, die durch die städtischen staatseigenen Betriebe ausgeführt und koordiniert wurde, hauptsächlich auf die soziale Sicherung der Beschäftigten von städtischen Unternehmen abzielte. Dies führte in den Städten dazu, dass es immer mehr Leute gab, die von der staatlichen Sozialversicherung nicht abgesichert werden konnten. Schwerwiegender war der Umstand, dass die soziale Sicherung der ländlichen Bevölkerung fast gänzlich übersehen wurde. Denn die zur Implementierung des Haushaltsverantwortungssystems hervorgerufene rasche Auflösung der Volkskommunen und anderer kollektiver Organisationen und die Reform von Teilen des Systems der sozialen Sicherung in den Städten machte aus der vor der Reform- und Öffnungspolitik auf der Grundlage der ländlichen Kollektive ausgeführten, bereits sehr schwachen, ländlichen sozialen Sicherung wirkungslose Staffage. Im staatlichen System der sozialen Sicherung der ländlichen Bevölkerung entstand ein Vakuum und die Versicherungsform auf dem Lande ging völlig zur familiären Sicherungsform zurück. All dieses führte dazu, dass die Disparität bei der sozialen Sicherung zwischen Stadt und Land und zwischen verschiedenen Personengruppen sich immer weiter ausweitete.

Deswegen war es unter diesen Umständen sehr dringlich, dass die familiäre Sicherungsform durch die Vorschriften zur Flexibilisierung der gesetzlichen Erbquoten im ErbG gefestigt und gefördert würde, um damit gewisse Funktionen der sozialen Sicherung zu übernehmen. Darüber hinaus war die Anhäufung von Vermögen in der Bevölkerung im Zeitraum der Ausarbeitung und Verkündung des ErbG noch sehr begrenzt und es wurden tatsächlich nur geringe Vermögen hinterlassen, weil die Ausführung der Reform- und Öffnungspolitik erst seit Kurzem andauerte und der Entwicklungsstand von Wirtschaft und Gesellschaft noch auf einem niedrigen Niveau war[437]. Deswegen war in diesem Sinne vielmehr die eigentliche Funktion des ErbG, die Erbfolge der einzelnen Nachlässe zu regulieren, nicht so dringlich wie die Nebenfunktion der sozialen Sicherung[438]. Das ist auch der Grund, weshalb der Gesetzgeber in der Regelung über die Verteilung des Nachlasses in der gesetzlichen Erbfolge, nämlich in §13 ErbG, neben dem ersten Absatz

437 Vgl. *Yang Lixin*, Hindernisse und Erwartungen zum ErbG VR Chinas als ein Buch des künftigen Zivilgesetzbuchs der VR China, Journal of Henan University of Economics and Law, 2016 No. 5, S. 4.

438 Diese Funktion wurde in der frühen Literatur insbesondere betont, vgl. *Chen Youzun*, Von den Prinzipen der Teilung vom Nachlass der VR China, Chinese Journal of Law, 1984 No. 5, S. 82, 83. Auch vgl. *Wang Jiazhen*, Ein der Staatslage entsprechendes ErbG der VR China, Science of Law, 1985 No. 3, S. 33.

über den allgemeinen Grundsatz der gleichmäßigen Verteilung des Nachlasses bei der gesetzlichen Erbfolge anschließend vier Fälle von Ausnahmen detailliert darstellt und ferner in den anderen Teilen des ErbG auch andere ähnliche besondere Vorschriften erlassen hat[439].

Zusammen mit der Flexibilisierung der gesetzlichen Erbquoten im § 13 ErbG bilden sie eine Reihe von allgemeinen Tendenzen im ErbG der VR China, durch die die Funktion der sozialen Sicherung in das Erbrecht zu übernommen wurde[440].

cc) Die zukünftige Rolle der Flexibilisierung der gesetzlichen Erbquoten

Bei der neuen und bisher noch nicht beendenden Runde der Reform der sozialen Sicherung, deren Kern die Gerechtigkeit ist, versuchen die KP und die Regierung der VR China durch ein allgemeines einheitliches System der sozialen Sicherung die großen Ungerechtigkeiten zwischen verschiedenen Regionen und unterschiedlichen Personengruppen bei der sozialen Sicherung auszugleichen, vor allem zwischen Stadt und Land. Bisher wurde der Rahmen eines relativ einheitlichen und in ganz China verallgemeinerten Systems der sozialen Sicherung nur rudimentär errichtet[441].

Davon ausgehend würde die familiäre Sicherungsform vor allem auf dem Land wegen der Errichtung und Vervollkommnung eines einheitlichen staatlichen Systems der sozialen Sicherung einhergehend mit der Fortsetzung und Vertiefung der Reform des Systems der sozialen Sicherung ihre Relevanz für die soziale Sicherung in der Zukunft allmählich verlieren. Dementsprechend würde die Bedeutung der Übernahme gewisser Funktionen der sozialen Sicherung durch die Vorschriften zur Flexibilisierung der gesetzlichen Erbquoten im ErbG auch immer mehr abnehmen. Es ist jedoch absehbar, dass wegen der Unausgeglichenheit der Entwicklung der verschiedenen Regionen und der Diskrepanz der unterschiedlichen Personengruppen auch in Zukunft eine gewisse Ungerechtigkeit bei der sozialen Sicherung bestehen bleiben wird.

Dass gewisse Funktionen der sozialen Sicherung durch die Flexibilisierung der gesetzlichen Erbquoten ins ErbG übernommen werden, ist unter diesem Gesichtspunkt wahrscheinlich in absehbarer Zukunft nur noch als Ergänzung zum staatlichen System der sozialen Sicherung notwendig.

---

439 Siehe § 6 II 2 a) bb), S. 60ff.

440 Siehe § 6 II 2 b), S. 64, 65.

441 Einer Meinung nach ist das Zeichen das Erlassen des Gesetzes der Sozialversicherung der VR China vom 28.10.2010. Vgl. *Pan Jingtang*, Die Innovation und Bedeutung des Gesetzes der Sozialversicherung der VR China, Journal of Social Sciences, 2011 No. 11, S. 81.

4. *Zusammenfassung*

Aus der obigen Beschreibung ist es nicht schwer zu entnehmen, dass wegen der Besonderheiten der Entwicklungsgeschichte des Systems der sozialen Sicherung der VR China die familiäre Sicherungsform, die chinesischen Traditionen folgt, auch nach der Gründung der VR China und sogar bis heute noch eine wichtige Rolle spielt. Die Vorschriften der Flexibilisierung der gesetzlichen Erbquoten im ErbG, welches in der Zeit großer Umwälzungen in der chinesischen Gesellschaft zu Beginn der Reform- und Öffnungspolitik vom Gesetzgeber relativ früh ausgearbeitet und verkündet wurde, dienen also der gesetzlichen Festlegung der familiären Sicherungsform im chinesischen Erbrecht. Dadurch wird eine gesetzliche Erwägung vom Gesetzgeber im Erbrecht dergestalt getroffen, dass gewisse Funktionen der sozialen Sicherung dem chinesischen Erbrecht zukommen, um das noch unvollendete System der sozialen Sicherung der VR China zu ergänzen.

Es ist deswegen auch unbestritten, dass diese besonderen Vorschriften des ErbG, angesichts dessen, dass sie nicht lange nach Beginn der Reform- und Öffnungspolitik im Jahr 1985 ausgearbeitet und verkündet wurden, als Behelfsmaßnahmen für die konkreten Probleme des damaligen Systems der sozialen Sicherung und als zeitlich begrenzt angesehen wurden. Insbesondere mit der Etablierung und allmählichen Fertigstellung eines allgemeinen modernen Systems der sozialen Sicherung nimmt die Wichtigkeit der familiären Sicherungsform allmählich ab. Demgemäß würde die Bedeutung der Vorschriften der Flexibilisierung der gesetzlichen Erbquoten im ErbG hinsichtlich der Funktion der sozialen Sicherung zukünftig auch abnehmen.

Allerdings hat diese Flexibilisierung der gesetzlichen Erbquoten vor dem Hintergrund des gegenwärtigen Zustands und der künftigen Entwicklung der chinesischen Gesellschaft in einem zunehmend vervollkommnenden modernen System der sozialen Sicherung nach wie vor sicherlich gesellschaftliche und gesetzliche Bedeutung.

IV. Der Faktor der historischen Wurzeln

1. *Ausgangspunkt*

Ganz gleich, ob bei der Analyse der ideologischen Faktoren in den Vorschriften zur Flexibilisierung der gesetzlichen Erbquoten im ErbG, deren politische Funktion der Gesetzgeber immer betont hat, oder bei der Untersuchung ihrer sozialen Hintergründe, durch die er vor allem versucht hat, gewisse Funktionen der sozialen Sicherung zu schaffen, ist es selbstverständlich, dass der Gesetzgeber deren Innovation und die bereits beschriebenen dahinterstehenden Erwägungen sehr häufig auf die aus der Kaiserzeit stammenden sogenannten guten Volksgewohnheiten und die guten historischen Traditionen zurückgeführt hat.

Dies zeigt sich zunächst ausdrücklich in der Formulierung der „Entfaltung der Tradition der Altersversorgung und der Kindererziehung“ im Anfangsteil der

Erläuterungen zum Entwurf des ErbG bei der Darstellung der Bedeutung einer Ausarbeitung des ErbG[442]. Im vierten Teil der Erläuterung zum Entwurf des ErbG „über die Altersversorgung und die Kindererziehung" wird weiter konkret ausgesagt, dass die Vorschriften zur Flexibilisierung der gesetzlichen Erbquoten in den § 13 Abs. 2, Abs. 3 und Abs. 4 ErbG gerade eine konzentrierte Verkörperung der Tradition „der Altersversorgung und der Kindererziehung" im ErbG darstellt[443].

Darüber hinaus haben viele Rechtswissenschaftler kurz nach dem Erlass des ErbG in Erklärungen zum ErbG auch die Ansicht vertreten, dass der Gesetzgeber die gute Tradition von „der Altersversorgung und der Kindererziehung" als einen der Grundsätze des chinesischen ErbG aufgestellt hat[444].

Deswegen ist es auffällig, dass der Gesetzgeber bei der Ausarbeitung der Vorschriften der Flexibilisierung der gesetzlichen Erbquoten auf der einen Seite ähnliche guten Volksgewohnheiten oder die historische guten Traditionen als wichtigen Anhaltspunkt für die Legitimität dieser innovativen Vorschriften gesehen hat, und auf der anderen Seite auch mit den Ergebnissen der im Gesetzgebungsprozess ausgeführten begrenzten Feldforschung zu den Volksgewohnheiten[445] offensichtlich versucht hat, Volksgewohnheiten oder historische gute Traditionen in diese innovativen Vorschriften zu integrieren[446].

Doch einerseits wurde der Gang der Gesetzgebung und die konkreten gesetzgebenden Materialien noch nicht komplett veröffentlicht[447] und andererseits heben

---

442 Vgl. *Wang Hanbin*, Die Erläuterungen zum Entwurf des ErbG der VR China, a.a.O., S. 345.

443 Vgl. *Wang Hanbin*, Die Erläuterungen zum Entwurf des ErbG der VR China, a.a.O., S. 347, 348.

444 Vgl. z.B. *Chen Youzun*, Von den Prinzipien der Teilung vom Nachlass der VR China, Chinese Journal of Law, 1984 No. 5, S. 83, *Zhang Yongen*, Ein Erbgesetz mit chinesischen Charakteristiken, Modern Law Science, 1985 No. 3, S. 35, 36, *Chen Cuiyin*, Die grundsätzlichen Charakteristiken des Erbgesetzes der VR China, Political Science and Law, 1985 No. 4, S. 15, *Wu Jianping*, Von den Charakteristiken des Erbgesetzes der VR China, Qinghai Social Sciences, 1985 No. 4, S .100, 101, *Mei Zhuoluo*, Die grundsätzlichen Prinzipien des Erbgesetzes der VR China, Journal of Sun Yatsen University (Social Science Edition), 1986 No. 2, S. 14.

445 Siehe Fn 367, S. 106.

446 Vgl. *Liu Chunmao/Liu Wen*, Einführung in das Erbrecht, 1985, S. 5.

447 Das am 15.03.2000 erlassene und am 15.03.2015 zuletzt geänderte Gesetzgebungsgesetz der VR China schreibt zwar in Artikel 37 ausdrücklich vor, dass Änderung, deren Gründe und der Entwurf öffentlich bekanntgemacht werden sollten. Trotzdem wird im selben Artikel auch bestimmt, dass das Komitee der Gesetzgebung die Macht habe, diese gesetzgebenden Materialien nicht öffentlich bekanntzumachen. Diese Bestimmung zur weitläufigen Begrenzung der Bekanntmachung gesetzgebender Materialien wird in der Literatur häufig kritisiert, vgl. *Shen Taixia*, Die Forschung zum Problem der Rationalität der Gesetzgebung, Journal of Jinan University (Philosophy & Social Science Edition), 2012 No. 12, Sum No. 167, S. 49. Einziges öffentlich bekanntgemachtes gesetzgebendes Material zur Gesetzgebung des ErbG

starre Meinungen aus rechtswissenschaftlichen akademischen Kreise bezüglich der Rechtsquelle immer hervor, dass die staatlichen Gesetze die einzig relevante Rechtsquelle seien[448] und daher die Auslegung auch hauptsächlich auf diesen Gesetzen beruhen sollte[449]. Daher wurde bei Untersuchungen die Frage der historischen Wurzeln der Gesetzgebung bezogen auf die Volksgewohnheiten und historischen guten Traditionen nur selten berücksichtigt[450].

Deshalb gilt es an dieser Stelle, den Zusammenhang zwischen dem Erbrecht der chinesischen Vergangenheit und dem geltenden ErbG Chinas konkret zu untersuchen und dabei zu betrachten, wie sich die historischen Wurzeln der Vorschriften der Flexibilisierung der gesetzlichen Erbquoten im ErbG darstellen. Mit anderen Worten, ist aus rechtsgeschichtlicher Sicht zu prüfen, wie die einschlägigen Normen oder Gewohnheiten aus der chinesischen Geschichte, vor allem aus der späten Kaiserzeit (221 v. Chr. – 1911 n. Chr.) ausgestaltet waren und wie sie in die Innovation einer chinesischen Prägung der Vorschriften zur Flexibilisierung der gesetzlichen Erbquoten im geltenden ErbG Chinas integriert wurden.

---

der VR China sind nur die von *Wang Hanbin* vom 03.04.1985 vorgetragenen Erläuterungen zum Entwurf des ErbG der VR China, siehe Fn 21, S. 30 und § 6 II 3 b), S. 65ff.

448 Früher wurden im AGZ der VR China nur zwei Rechtsquellen des chinesischen Zivilrechts geregelt, nämlich das Gesetz und die staatliche Politik (§ 6 AGZ der VR China). Andere Rechtsquellen, einschließlich der Volksgewohnheiten, wurden ausgeschlossen. Diese Bestimmung wurde lange Zeit kritisiert. Zur jüngeren Kritik vgl. *Wang Liming*, Von der Gewohnheit als die Rechtsquelle des Zivilrechts, Law Science Magazine, 2016 No.11, S. 10. Im aktuell erlassenen (15.03.2017, Inkrafttreten am 01.10.2017) allgemeinen Teil des ZGB der VR China wird bereits regelt, dass die Gewohnheiten im Falle mangelnder Rechtsbestimmungen und ohne Verstoß gegen gute Sitten zu gelten haben, um Zivilstreitigkeiten zu behandeln (§ 10). Dies bestätigt die Gewohnheiten als eine Rechtsquelle des Zivilrechts.

449 Einer frühen Meinung nach sollte beispielsweise die Gesetzeserklärung vor allem auf der ersten im AGZ der VR China geregelten Rechtsquelle und ergänzend auf der staatlichen Politik beruhen. Vgl. *Xu Guodong*, Die im AGZ der VR China geregelten Rechtsquellen des Zivilrechts, Chinese Journal of Law, 1991 No. 1, S. 76ff.

450 Zwar erwähnt die Literatur auch die historischen Wurzeln der Vorschriften des geltenden ErbG der VR China, aber diese Erwähnungen begrenzen sich auf kurze propagandistische Zusammenfassung. Ein Beispiel ist die Darstellung des geltenden ErbG als Nachfolge und Entfaltung guter chinesischer Traditionen, wie in Die Erläuterungen zum Entwurf des ErbG der VR China. Z.B. vgl. *Wang Kezhong*, Die Einführung des Erbrechts,1985, S. 13, *He Shan/Xiao Bing*, Grundriss des ErbG, 1985, S. 17. Jedoch fehlt eine Untersuchung von inhaltlichen Zusammenhängen und Unterschieden zwischen dem historischen und dem geltenden Erbrecht in Form einer historischen oder vertikalen Rechtsvergleichung.

2. *Das Rechtssystem im alten China unter dem Gesichtspunkt der neuen chinesischen Rechtsgeschichte*

Noch vor der Analyse der historischen Wurzeln der einschlägigen Vorschriften der Flexibilisierung der gesetzlichen Erbquoten im ErbG steht man bereits vor dem ersten Problem: Wie soll man heute Struktur und Charakteristiken des einst herrschende und erst seit kurzer Zeit, nämlich ungefähr hundert Jahren[451], abgeschaffte Rechtssystem des alten China[452] betrachten? Dieses Problem ist außerordentlich wichtig, weil verschiedene Antworten darauf, wie man nachfolgend sehen wird, unmittelbar die Frage beantworten, wie man die zu benutzenden Materialien für die Analyse der historischen Wurzeln der einschlägigen Vorschriften der Flexibilisierung der gesetzlichen Erbquoten auswählt. Diese beeinflussen wiederum unmittelbar Schlussfolgerungen aus der Untersuchung dieses Abschnitts.

a) *Die gegenwärtige herrschende Meinung über das Rechtssystem im alten China und deren Gründe*

aa) Die herrschende Meinung

Seit der Gründung der VR China sind laut der herrschenden Meinung[453] in der rechtgeschichtlichen Literatur Chinas die Charakteristiken des Rechtssystems im

451 Das Ende der Qing-Dynastie im Jahr 1911 wird als Zeitpunkt der Abschaffung des Rechtssystems des alten China als einem eigenständigen Rechtssystem gesehen, was auch der h.M. in der Literatur entspricht. Auch Lehrbücher zur Geschichte des Rechtssystems im alten China enden häufig mit der Qing-Dynastie. Vgl. z.B. *Pu Jian (Hrsg.)*, Neuer Kurs zur Geschichte des chinesischen Rechtssystems, 2. Aufl., 2009, Vorwort., S. 2.

452 In dieser Untersuchung wird nicht wie in der chinesichen Literatur üblich die Bezeichnung „der chinesische Rechtskreis (Im chinesischen Original 中华法系)" gebraucht, sondern stattdessen „das Rechtssystem im alten China" oder „das traditionelle chinesische Rechtssystem" verwendet, um die Recht im alten China in seiner Ganzheit zu benennen. Denn man versteht in der chinesischen Literatur unter der Bezeichnung „der chinesische Rechtskreis" im engeren Sinn zwar nur das Rechtssystem des alten China. Vgl. *Chen Chaobi*, Die Forschung zu den Charakteristiken des chinesischen Rechtskreises, Chinese Journal of Law, 1980 No. 1, S. 48, 49, *Qiao Wei*, Die wesentlichen Charakteristiken des chinesischen Rechtskreises, Journal of Chinese Humanities, 1986 No. 2, S. 44. Doch diese Bezeichnung schließt im weiteren Sinn eine Reihe von Rechtssystemen verschiedener Staaten im alten Ostasien ein, z.B. das alte japanische oder koreanische Rechtssystem. Vgl. *Yang Zhenhong*, Von Entstehung und die Voraussetzungen der Entwicklung des chinesischen Rechtskreises, Chinese Journal of Law, 1997 No. 4, S. 145.

453 Siehe vor allem die zwei standardisierten Lehrbücher zum Kurs der Geschichte des chinesischen Rechtssystems für das Grundständige Studium (den Bachelor-Studiengang), Die Geschichte des Rechtssystems im alten China, herausgegeben von

alten China immer unter den folgenden Aspekten zusammengefasst worden. Erstens sei die Durchführung des Willens der herrschenden Klasse, vor allem des Kaisers, das hauptsächliche Wesen der Gesetze im alten China. Da der Wille des Kaisers oft über den Gesetzen stand[454], kam es zu erheblicher Willkür im Rechtssystem. Zweitens seien die rechtlichen Gedanken in den Gesetzen im alten China so stark durch die Moral weitgehend beeinflusst, dass man eine Abgrenzung zwischen Recht und Moral häufig nicht vornehmen könnte[455]. Das gilt vor allem für die Vorstellungen und die Moral des Konfuzianismus, welcher beginnend mit der Han-Dynastie (206 v. Chr. – 220 n. Chr.)[456] während der gesamten Kaiserzeit von den chinesischen Herrschern als orthodoxe Staatsphilosophie angesehen wurde[457]. Diesem Punkt wird oft in zwei Hinsichten weiter ausgeführt. Einerseits legen die „Riten"[458] oder die „Etikettenvorschriften"[459], welche nach moderner allgemeiner

---

Redaktion juristischer Lehrbücher, vorläufige Aufl., 1982 und Die Geschichte des Rechtssystems im alten China, herausgegeben von Justizministerium der VR China, 1998. Diese hatten einen großen Einfluss für die Entstehung dieser h.M., weil sie damals nicht nur standardisiert waren, sondern jeweils auch das einzige Lehrbuch zum Kurs der Geschichte des chinesischen Rechtssystems aller chinesischer Universitäten waren. Vgl. *Yang Yifan*, Ein großer Irrtum in der Forschung zum chinesischen Rechtskreis—Zweifel an „Integrierung aller Rechtsnormen, kein Unterschied zwischen Strafrecht und Zivilrecht", Social Sciences in China, 2002 No. 6, S. 79, *Liu Guangan*, Die erneute Erkenntnis zur Lebenskraft des chinesischen Rechtskreises, Tribune of Political Science and Law, 2011 No. 2, S. 103, 104.

454 Vgl. Die Geschichte des Rechtssystems im alten China, herausgegeben von Redaktion juristischer Lehrbücher, vorläufige Aufl., 1982, Vorwort, Die Geschichte des Rechtssystems im alten China, herausgegeben von Justizministerium der VR China, 1998. Einge einheitlich herausgegebene Lehrbücher zur Geschichte des Rechtssystems im alten China in der jüngeren Zeit auch so. Vgl. *Pu Jian (Hrsg.)*, Neuer Kurs zur Geschichte des chinesischen Rechtssystems, 2. Aufl., 2009, Vorwort, S. 2. Siehe auch die Darstellung im standardisierten Studienbuch für das juristische Staatsexamen der VR China, Das Studienbuch für das juristische Staatsexamen der VR China, Bd. 1, 2013, S. 116.

455 Vgl. *Chen Chaobi*, Die Forschung zu den Charakteristiken des chinesischen Rechtskreises, Chinese Journal of Law, 1980 No. 1, S. 52.

456 Im chinesischen Original汉代.

457 Vgl. *Pu Jian (Hrsg.)*, Neuer Kurs zur Geschichte des chinesischen Rechtssystems, 2. Aufl., 2009, S. 87.

458 Im chinesischen Original礼.

459 Im chinesischen Original礼制. Die beiden Wörter im Chinesisch haben grundsätzlich die gleiche Bedeutung, auch wenn der Begriff „Etikettenvorschriften" manchmal benutzt wird um das System der „Riten" darzustellen. Unten werden die chinesischen Wörter „礼制" und „礼" einheitlich mit dem Wort „Riten" übersetzt. Allerdings bleiben die beiden deutschen Übersetzungen „Riten" oder „Etikettenvorschriften" immer problematisch, da keines der inhaltlich mit den Begriffen „礼" oder „礼制" geleichgesetzt werden kann. Siehe § 7 IV 2 b) bb) (b), S. 139ff.

Meinung eine soziale Institution oder soziale Normen des alten China sind, Identität und Stellung von einzelnen Menschen in der Gesellschaft fest und sorgen für den Zusammenhalt der zwischenmenschlichen Beziehungen. Deren konfuzianische Moralvorstellung hat die Gesetzgebung im alten China tief beeinflusst[460]. Die Herrscher des alten China fügten die Riten in das Recht ein, um „gemeinsam durch Riten und Gesetz zu regieren“[461], wodurch die Gesetze moralisierende Tendenzen erhielten. Andererseits haben die Herrscher im alten China auch immer die Kontrolle der Gesellschaft durch die als Grundlage des Rechts betrachtete „Tugend“[462] betont und behauptet: „Die Tugend spielt die Hauptrolle, Strafen eine ergänzende Rolle“[463]. Der chinesische Begriff „Strafe“ ist mit dem Begriff „Gesetz“ gleichbedeutend[464] und beides meint im alten China vor allem die Gesetze mit Strafmaßnahmen. Der Begriff „Tugend“ hat in diesem Kontext zwei Bedeutungen für die Anwendung bei den sogenannten zwei Klassen[465], die der Herrschenden und die der Beherrschten. In Hinsicht auf die Herrscher bedeutet die Tugend, dass ihre Herrschaft nicht nur durch zwingende Gesetze und die Machtausübung geschieht, sondern auch die innere Zustimmung vom Volk in den das Volk betreffenden Maßnahmen erfordert[466]. Auf der anderen Seite meint die Tugend wieder die allgemein anerkannte Wertanschauung und das Rechtsbewusstsein der konfuzianischen Ethik[467], wobei diese aus der Sicht der Herrscher natürlich vor allem für ihr Volk gelten.

Drittens wird das mit dem Zeichen „Lü“[468] bezeichnete Gesetz die hauptsächliche Form der Gesetzgebung und der Kern des Rechtssystems im alten China

---

460 Vgl. *Wu Shuchen*, Die Geistesgeschichte des chinesischen Rechts, 2004, S. 36, 37.

461 Im chinesischen Original 礼法合治. Dass das chinesische Wort „法“ mit dem Wort „Gesetz“ ins Deutsche übersetzt wird, ist auch problematisch. Siehe unten § 7 IV 2 b) bb), S. 137ff.

462 Im chinesischen Original 德.

463 Im chinesischen Original 德主刑辅.

464 Hierbei ist auf die Unterschiede in Bedeutung und Anwendung des chinesischen Begriffs „法“ („Gesetz“) im alten China und modernen China zu verweisen. Die Darstellung dieses Vorgangs betrifft das Verständnis des Rechtsystems im alten China. Deswegen wird dies unten ausführlicher behandelt. Siehe § 7 IV 2 b) bb), S. 137ff.

465 Für diese Kategorisierung in der Rechtsanwendung siehe *Wu Shuchen*, Die Geistesgeschichte des chinesischen Rechts, 2004, S. 73ff.

466 Vgl. den Ausspruch „regieren durch Tugend (Im chinesischen Original 为政以德)“ in *Gespräche des Konfuzius* (Im chinesischen Original 论语).

467 Vgl. den Anfang eines weiteren konfuzianischen Klassikers, *Das Große Lernen* (Im chinesischen Original 大学): „Der Weg des großen Lernens besteht darin, die klare Tugend erleuchten zu lassen (Im chinesischen Original 大学之道，在明明德)“.

468 Im chinesischen Original 律. Dieser Begriff kann ebenso wie der Begriff „法“ im engeren Sinn auf Deutsch als „Gesetz“ wiedergegeben werden. Im Chinesisch gibt es aber teilweise große Unterschiede in der Wortbedeutung, vgl. § 7 IV 2 b) bb), S. 137ff. Deswegen der Begriff „律“ in dieser Untersuchung immer als „Lü-Gesetz“ ins Deutsche übersetzt, um es von der Übersetzung des Begriffs „法“ zu unterscheiden.

gesehen. Hingegen spiele die als die Dekrete verstandenen „Verordnung", auf Chinesisch „Ling"[469] nur eine ergänzende Rolle. Gemeinsam bildeten die beiden die Ordnung der „parallelen Anwendung von Lü und Ling"[470], die für zwei Tausende Jahre Bestand hatte. Die Lü-Gesetze wurden seit der Han-Dynastie immer in einem allgemeinen Lü-Gesetzbuch bestimmt[471]. Die Normen in dem Lü-Gesetzbuch sind als Strafnormen gemeint. Daneben gibt es nur wenige Normen des Verfahrensrechts und des Verwaltungsrechts, sowie fast keine des bürgerlichen Rechts und wenn dann nur solche mit starke Strafcharakter[472]. Viertens gab es kein selbstständiges formelles Recht[473], was in der Praxis dazu führte, dass die Exekutive und die Judikative nicht voneinander getrennt waren[474].

Deswegen hat sich eine allgemeine Vorstellung des Rechtssystems im alten China durch Lehrbücher und einschlägige Literatur zur chinesischen Rechtsgeschichte ausgebildet. Diese kann durch die Beschreibung seiner Charakteristiken mit den Worten „Integrierung aller Rechtsnormen. Kein Unterschied zwischen Strafrecht und Zivilrecht. Schwerpunktmäßigkeit des Strafrechts[475]." einfach zusammengefasst werden. Diese Verallgemeinerung der Charakteristiken des Rechtssystems im alten China erweckt – vor allem im Vergleich zum modernen westlichen Rechtssystem oder auch zum bisher noch unvollendeten modernen Rechtssystem der VR China – den Eindruck, dass es beim Rechtssystem im alten China nicht nur an der Herrschaft des Rechts im modernen Sinne[476] mangelte, sondern dass es den Normen auch an Einheitlichkeit und Sicherheit fehlte und dass sowohl die Gesetzgebung als auch die Entscheidungsfindung willkürlich sind. Insgesamt handele es sich also um ein sehr zurückgebliebenes Rechtssystem[477].

---

469 Im chinesischen Original令.

470 Im chinesischen Original 律令并行, vgl. *Zheng Xianwen*, Die Forschung zum System von „Lü" und „Verordnung" der Tang-Dynastie, 2004, Vorwort, *Guo Chengwei*, Die Geschichte des Rechtssystems im alten China, 2007, S. 88, 89.

471 Vgl. *Guo Chengwei*, Die Geschichte des Rechtssystems im alten China, 2007, S. 130.

472 Vgl. *Guo Chengwei*, Die Geschichte des Rechtssystems im alten China, 2007, S. 137, 138.

473 Vgl. Das Studienbuch für das juristische Staatsexamen der VR China, Band.1, 2013, S. 98.

474 Vgl. *Zhang Jinfan*, Nochmal für einige Probleme des Rechtssystems im alten China, Tribune of Political Science and Law, 1984 No. 2, S. 10, 11.

475 Im chinesischen Original 诸法合体，刑民不分，以刑为主. Einer Meinung nach fehlte im Rechtssystem des alten Chinas das Privatrecht sogar ganz, vgl. *Kieschel*, Rechtsvergleichung, 2015, S. 741.

476 Im chinesischen Original法治, auf Englisch *rule of law*. Die Debatte darüber in der chinesischen juristischen Literatur ist sehr auffallend, insbesondere die Debatte über die Beziehung zwischen diesem Begriff und dem chinesischen Homophon 法制, auf Englisch *rule by law*, welcher Herrschaft durch das Recht bedeutet, vgl. *Kieschel*, a.a.O., Rn. 122, 123, S. 782, 783.

477 Vgl. Die Geschichte des Rechtssystems im alten China, vom Justizministerium der VR China herausgegeben, 1998, Vorwort, S. 6, 7.

bb) Die Gründe der Entstehung dieser herrschenden Meinung

Die Gründe, aus denen eine solche vorherrschende Meinung entstanden ist und deshalb die Forschung zur chinesischen Rechtsgeschichte in ihrem jetzigen Dilemma steckt, lassen sich folgendermaßen darstellen. Erstens entspricht das schablonenhafte Verständnis des traditionellen chinesischen Rechtssystems, das seit der Gründung der VR China in akademischen Kreisen vorherrschte, der historischen Idee, nach der die Vergangenheit als Ganzes überwunden und zurückgelassen werden sollte. Dabei liegt der Entstehung dieser historischen Idee nichts anderes als die allgemeinen sozialen Erkenntnisse über das Schicksal Chinas seit Beginn der chinesischen Neuzeit und die Ideologie der KP China nach Gründung der VR China zugrunde[478].

Die chinesische Neuzeit[479] wird allgemein als ein gewundener, schmerzender und erniedrigender historischer Vorgang anerkannt, in dem China gezwungen wurde, sich am Prozess der Globalisierung zu beteiligen. Die Geschichte der chinesischen Neuzeit brachte aber auch eine rasche Transformation von einer traditionellen kaiserlichen autokratischen Dynastie hin zu einem modernen Nationalstaat mit sich[480]. Die von heterologischer Kraft getriebene, rasche und unter großem Druck vorangetriebene soziale Umwandlung bewirkte es, dass chinesische Intellektuelle orientiert an externen Vorbildern, genauer gesagt an den westlichen Staaten, versuchten, die Nation und den Staat zu retten. Der so gestaltete Lernprozess erstreckte sich von der Nachahmung auf technischer Ebene[481], über die

---

478 Vgl. *Jin Min*, Allgemeiner Teil der Geschichte des Rechtssystems im alten China, in *Guo Jian* (Hrsg.), Geschichte des Rechtssystems im alten China, 2011, S. 66.

479 Die chinesische Neuzeit beginnt nach herrschender Meinung mit dem Ersten Opiumkrieg (Im chinesischen Original 第一次鸦片战争, 1839–1842), vgl. *Jiang Tingfu*, Die Geschichte der chinesischen Neuzeit, 2016, S. 18, auch das Lehrbuch von der Universität *Zheng Shiqu* (Hrsg.), Die Geschichte der chinesischen Neuzeit, 2007, S. 18, oder *Fenby*, Modern China: The Fall and Rise of a Great Power, 1850 to the Present, 2008, S. 9 ff.. Nach Meinung von *Immanuel Chung-yueh Hsü* kann der Anfang des modernen Chinas dagegen auf das Ende der Ming-Dynastie (1644) zurückgeführt werden, vgl. *Immanuel Chung-yueh Hsü*, The Rise of Modern China, 6th edition, Oxford University Press, 2000, S. 4. In dieser Untersuchung wird gemäß der herrschenden Meinung der Erste Opiumkrieg als der Anfang der chinesischen Neuzeit angenommen.

480 Diese Transformation ist noch bei Weitem nicht vollendend und wird vermutlich bis in die 2040er Jahre und, damit ca. 200 Jahre, dauern, vgl. *Tang Degang*, Von der Transformation der chinesischen Kultur und Gesellschaft, Die letzten 70 Jahren von Qing-Dynastie, Bd. 1, 1998, S. 36.

481 In der sogenannten „Bewegung zur Verwestlichung“ (Im chinesischen Original洋务运动) von ca. 1861 bis 1895 während der späten Qing-Dynastie, vgl. *Kuo Ting-Yee*, Self-strengthening: the pursuit of Western technology, in *Fairbank* (Hrsg.), The Cambridge History of China, Vol. 10: Late Ch'ing 1800–1911, Part 1, 1978, S. 491ff.

institutionelle Übernahme[482] bis hin zum Erlernen westlicher Gedanken[483]. Dementsprechend entstand im Laufe der neuzeitlichen sozialen Entwicklung in der Gesellschaft die vorherrschende Tendenz, alle Institutionen der alten autokratischen Dynastie abzulehnen und zu verwerfen[484]. Dies war auch der historische Kontext der Rezeption des Marxismus und Leninismus in den 1920er Jahren[485], woraus später ab 1949 die offizielle Ideologie der KP und VR China wurde. Diese trat wesentlich für eine soziale Evolutionstheorie und die historische Fortschrittlichkeit der Gegenwart im Gegensatz zur Vergangenheit ein[486]. Deshalb wurde diese Tendenz zur vollständigen Ablehnung oder Geringschätzung der Vergangenheit Chinas, insbesondere in der langen Kaiserzeit, nach der Gründung der VR China im Jahr 1949 mit Hilfe von ideologischer Propaganda erheblich gestärkt. Nach den Theorien des historischen Materialismus läuft der Entwicklungsprozess der menschlichen Gesellschaft, ähnlich wie in der Evolutionstheorie, in mehreren Phasen ab, von der primären hin zu einer fortgeschrittenen. Dem folgend lässt sich auch die Entwicklung der menschlichen Gesellschaft historisch in die fünf Phasen der primitiven Gesellschaft, Sklavengesellschaft, feudalen Gesellschaft, kapitalistischen Gesellschaft, sozialistischen Gesellschaft und der in der Zukunft zu verwirklichenden kommunistischen Gesellschaftsich unterscheiden[487]. Deswegen wird nach dem sozialistischen Umbau der 1950er Jahre, durch den China in das sozialistische Zeitalter eintrat[488], die Kaiserzeit einschließlich der Qing-Dynastie der feudalen Gesellschaft zugeordnet[489]. In konkreten Vorschriften gewisser

482 In der sogenannten „Hundert-Tage-Reform" (Im chinesischen Original 百日维新 oder 戊戌变法) im Jahr 1898, vgl. *Chang Hao*, Intellectual change and the reform movement, 1890–8, in *Fairbank/Liu Kwang-Ching* (Hrsg.), The Cambridge History of China, Vol. 11: Late Ch'ing 1800–1911, Part 2, 1980, S. 318ff.

483 In der sogenannten „Neue-Kultur-Bewegung" (Im chinesischen Original 新文化运动) in der 1910er und 1920er Jahren der Republik China, vgl. *Schwartz*, Themes in intellectual history: May Fourth and after, in *Fairbank* (Hrsg.), The Cambridge History of China, Vol. 12: Republican China, 1912–1949, Part 1, 1983, S. 419ff.

484 Damals war der Evolutionismus unter den Intellektuellern in China schon weit verbreitet, vgl. *Furth*, Intellectual change: from the Reform movement to the May Fourth, in a.a.O., S. 322ff.

485 Vgl. *Schwartz*, a.a.O., in a.a.O., S. 430ff.

486 Zu den damals üblichen Vorstellungen über den revolutionären Gang der chinesischen Gesellschaft, vgl. *Rankin*, Introduction: perspectives on modern China's history, in *Fairbank/Feuerwerker* (Hrsg.), The Cambridge History of China, Vol. 13: Republican China 1912–1949, Part 2, 1986, S. 49ff.

487 Die fünf Phasen der Entwicklung der Gesellschaft im Stalinismus, die heute noch offiziellen Status in der KP China haben. Für jüngere Kritik daran in der chinesischen Literatur, vgl. *Yang Shanzhun*, Übersteigen die fünf Phasen, Journal of Yanhuang Chunqiu, 2015 No.10, S. 41, 42.

488 Siehe Fn 300, S. 93.

489 So zurzeit noch im Lehrbuch der Geschichte der Neuzeit Chinas. Zur Kaiserzeit Chinas vgl. *Zheng Shiqu* (Hrsg.), a.a.O., S. 1.

Gesetze wurde deshalb zwar die Berücksichtigung der historischen Traditionen und Gewohnheiten hervorgehoben[490]. Aber der offizielle Standpunkt zum Rechtssystem im alten China ist nach der Gründung der VR China im Großen und Ganzen den Tendenzen der allgemeinen Vorstellung zur neuzeitlichen Geschichte Chinas – also der Verneinung und Abschaffung – gefolgt, und hat sich wegen der Einfügung der offiziellen Ideologie im Vergleich zu den früheren Auffassungen mehr und mehr radikalisiert[491]. Dabei hat die KP China nach der Gründung der VR China durch eine Reihe politischer Kampagnen in fast allen Bereichen der Gesellschaft, einschließlich der Rechtswissenschaften und der Sozialwissenschaften, den historischen Materialismus propagiert und vollständig durchgesetzt, sodass er der einzige Leitgedanke der Forschung in den Wissenschaften wurde. Deswegen ist es nicht verwunderlich, dass sich nach Gründung der VR China in der Rechtsgeschichte die Auffassung verbreitete, nach der das Recht der Kaiserzeit zurückgeblieben, primitiv und obsolet sei. Das Recht sei, gleich wie der Staat, das Erzeugnis der Klassengesellschaft und besitze in einer Klassengesellschaft immer Klassencharakter[492]. So sei das Recht nur die Verordnung der herrschenden Klasse, also die Verordnung allgemeiner Handlungsnormen, die von der herrschenden Klasse vorgesehen und den ausgebeuteten Klassen aufgezwungen wurden[493]. Nach dieser Auffassung wäre das Recht in der chinesischen Geschichte in einer Weise zu untersuchen, dass die Untersuchung auf die grundlegenden, vom Regime der autokratischen Dynastie als herrschende Klasse bestimmten, Gesetze zu begrenzen wäre. Es ist merkwürdig, dass der Begriff des Rechts im alten China nach der herrschenden Meinung akademischer Kreise in der chinesischen Rechtsgeschichte anscheinend noch eingeschränkter verwendet wird, als er in der offiziellen Ideologie ist, da er dort auf die Gesetze von der kodifizierten „Lü-Gesetzbüchern“ begrenzt ist.

Ein weiterer Grund sind Missverständnisse bezüglich rechtswissenschaftlicher Begriffe und Theorien bei der Rezeption der westlichen Rechtswissenschaft in China. Wie schon beschrieben, fiel die Zeit der Rezeption der Rechtswissenschaftstheorien in China mit den schwierigen Anfängen einer bis jetzt noch nicht vollendeten Transformation zusammen. Die Modernisierung des Rechts in China

490 Vgl. die Erläuterungen zum Entwurf des ErbG der VR China, siehe oben S. 65ff.

491 Der Höhepunkt der Radikalisierung ist die Kulturrevolution (Im chinesischen Original 文化大革命) von 1966 bis 1976, in der gefordert wurde, alle chinesischen Tradition völlig zu beseitigen, vgl. *Harding*, The Chinese state in crisis, in *MacFarquhar/Fairbank* (Hrsg.), The Cambridge History of China, Vol. 15: The People's Republic, Part 2: Revolutions within the Chinese Revolution 1966–1982, 1991, S. 123ff. Im August 1973 begann sogar eine konkrete Anti-Konfuzius-Kampagne. Deutsche Übersetzungen einiger Primärquellen, vgl. *Schickel* (Hrsg.) Konfuzius-Materialien zu einer Jahrhundert-Debatte, 1974, S. 149ff.

492 Siehe 2. Teil § 7 II 2 a) bb) (a), S. 81.

493 Siehe 2. Teil § 7 II 2 a) bb) (a), S. 81.

wurde außerdem auch unter dem Einfluss äußerer Faktoren ausgeführt[494]. Das galt auch für die Entstehung der akademischen Disziplin der Rechtswissenschaft und dem Sonderfach Rechtsgeschichte Chinas im modernen Sinne[495]. Indes wandte sich die Forschung in der westlichen Rechtswissenschaft in derselben Zeit dem Gesetzespositivismus[496] zu, der die staatliche Gesetzgebung, also die Normativität und die Geschlossenheit des Rechts[497] betont. Diesen Gedanken hat die damals entstehende Forschung der Rechtsgeschichte Chinas auch übernommen und die sogenannten „Tatsachenfragen"[498] aus der Rechtswissenschaft verdrängt[499]. Andererseits war die aufgeklärte Kodifikation im 19. Jahrhundert in den kontinentaleuropäischen Abendländern auf dem Höhepunkt[500], wobei insbesondere das Bürgerliche Gesetzbuch Deutschlands die Gesetzgebung auf der ganzen Welt erheblich beeinflusste, vor allem die Kodifikation in anderen Ländern[501]. Diese

494 Die von *Shen Jiaben*, dem damaligen Justizminister geführte Modernisierung des Rechts (Im chinesischen Original清末修律) in den letzten zwei Jahren der Qing-Dynastie, vgl. *Li Guilian*, Shen Jiaben – Biographie, 2000, S. 202ff.

495 Unter der Rechtsgeschichte wird heute die Grundlage der Rechtsdogmatik oder Rechtswissenschaft verstanden und sie berührt auch die Entwicklung und Anwendung der Rechtswissenschaft, vgl. *Hähnchen*, Rechtsgeschichte, 4. Aufl., 2012, S. 1, 2. Umgekehrt war im alten China die bloße Darstellung der tatsächlichen Entwicklung der gesetzlichen Regelungen auch nur ein Teil der allgemeinen Geschichte, vgl. *Liu Junwen*, Kommentar zum Lü-Gesetzbuch von Tang-Dynastie, 1996, S. 11.

496 In Deutschland durch das Inkrafttreten des BGB im Jahr 1900 symbolisiert. Über den Gesetzespositivismus des BGB, vgl. *Wieacker*, Die Privatrechtsgeschichte der Neuzeit, 2. Aufl., 1967, S. 458ff.

497 Diese beiden sind auch die wesentlichen Besonderheiten des modernen Rechtssystems, vgl. *Vesting*, Rechtstheorie, 2. Aufl., Rn. 42, S. 27.

498 Hiermit ist die tatsächliche historische Entwicklung gemeint.

499 Vgl. *Jin Min*, a.a.O., S. 67.

500 Vorläufer der Kodifikation sind die naturrechtlichen Kodifikationen. Obwohl viele Kodifikationen, z.B. das Bayerische Zivilgesetzbuch, das Allgemeine Landrecht für die Preußischen Staaten (ALR), und das ABGB von Österreich früher entstanden, war der „Code Civil" Frankreichs am einflussreichsten. Zu den pandektistischen Kodifikationen, vgl. *Braunder*, Europäische Privatrechtsgeschichte, 2013, S. 109, 110, 143ff.

501 Insbesondere in Ostasien. Bei der Kodifikation des *Meiji* ZGB wurde zuerst der erste Entwurf nach dem Code Civil Frankreichs und dann der zweite Entwurf nach dem BGB verfasst, vgl. *Yoshiyuki Noda*, Introduction to Japanese Law, translated and edited by *Anthony H. Angelo*, 1976, S. 50, 51. Der Einfluss des deutschen BGB wurde einerseits im Zuge der japanischen Expansion und Kolonisation am Ende des 19. Jahrhunderts nach Korea und Taiwan gebracht, vgl. *Wang Tay-sheng*, Legal Reform in Taiwan under Japanese Colonial Rule, 1895–1945: The Reception of Western Law, 2000, S. 5. Andererseits hat das BGB bei der Modernisierung des Rechts am Ende der Qing-Dynastie durch die Berufung japanischer Juristen als Ratgeber die Richtung der Modernisierung des chinesischen Rechts auch mittelbar beeinflusst,

Wende zur Kodifikation in den Abendländern hat auch das damalige China insofern beeinflusst, als dass bei der Rezeption der Form der abendländischen Kodifikation gleichzeitig zur Apotheose der Kodifikation auch die Erinnerung an die Lü-Gesetzbücher im alten China mit einbezogen wurde und zum Verständnis des Wesens des Rechts beitrug[502]. Aus diesem Grund wurde dieses Kriterium wiederum für die akademischen Rekonstruktionen des eigenen früheren Rechtssystems – des traditionellen Rechtssystems Chinas – angewandt. Das führte dazu, dass die Forschung zur Rechtsgeschichte Chinas mit sehr großem Interesse die Entwicklung der Lü-Gesetzbücher im alten China verfolgte und der Gegenstand der Forschung zur Rechtsgeschichte Chinas auch nur auf strafrechtliche Gesetze in Form der Lü-Gesetzbücher begrenzt blieb[503].

b) Neue Darstellung des Rechtssystems des alten China in chinesischen akademischen Kreisen

Einhergehend mit einer weiteren Lockerung der politischen Atmosphäre Chinas in den vergangenen Jahren[504] veränderten sich selbstverständlich auch die sozialen Ansichten in ihrer Gesamtheit. Unwillkürlich führten das in Bezug auf die chinesische Rechtsgeschichte auch zunehmend zu Reflexionen in akademischen Kreisen und zu Versuchen, die chinesische Rechtsgeschichte aus dieser neuen Sicht heraus zu beschreiben[505]. Diese Reflexionen und neuen Darstellungen der chinesischen Rechtsgeschichte kann man in drei Aspekten betrachten: Erstens bedeutet sie die Erneuerung der historischen Ideen bei der Erforschung der chinesischen Rechtsgeschichte; zweitens stellt sie ein neues Verständnis vom Konzept des Rechts dar; schließlich werden erneut Erkenntnisse zum Rechtssystem im alten China konstruiert, was wieder dazu führte, dass der Umfang an Materialien für die Erforschung der chinesischen Rechtsgeschichte erweitert wurde.

---

vgl. *Feng Lin*, Die Rechtsreform am Ende Der Qing-Dynastie-Der erste Schritt der Modernisierung des chinesischen Rechts, 2005, S. 156, 157.

502 Vgl. *Su Yigong*, Vom Komplex des Tang-Gesetzbuch bis zum Komplex der Kodifikation, Social Sciences in China, 2005 No. 1, S. 132.

503 Vgl. *Tao An* (*Arnd Helmut Hafner*), Zwischen der Kodifikation und dem Gesetz: Der Einfluss der Rechtswissenschaft der Neuzeit auf die chinesische Rechtsgeschichte, in *Huang Yuansheng* (Hrsg.), Die Nachfolge der Rechtsgeschichte: Methode und Tendenz, 2004, S. 473.

504 Seit der Reform- und Öffnungspolitik im Jahr 1978, siehe S. 37.

505 Zu diesem Zweck wurden einige neuen Lehrbücher zur chinesischen Rechtsgeschichte veröffentlicht, z.B. *Ye Xiaoxin* (Hrsg.), Chinesische Rechtsgeschichte, 2. Aufl., 2008 und *Guo Jian* (Hrsg.), Chinesische Rechtsgeschichte, 2011.

aa) Die erneuerte historische Idee

Obwohl der historische Materialismus auch weiterhin die offizielle Ideologie der chinesischen Rechtswissenschaft ist[506], wankte dessen Monopolstellung im akademischen Bereich schon mit dem Auftreten der Reform- und Öffnungspolitik auf der historischen Bühne. Die Disziplin der chinesischen Rechtsgeschichte wandte sich selbstkritisch nach innen, um ihren Bereich durch geschichtliche Ideen zu bereichern. Zunächst sei zu berücksichtigen, dass das Geschichtsstudium nicht bedeuten würde, Erkenntnisse über eine schon tote „Vergangenheit" zu gewinnen. Das gleiche gelte auch für die chinesische Rechtsgeschichte als ein Fachzweig sowohl der Rechts- wie auch der Geschichtswissenschaften. Weiterhin wurde in akademischen Kreisen die historische Vorstellung aufgenommen, nach der der Gegenstand der geschichtlichen Forschung die gegenwärtig noch lebendige „Vergangenheit" ist, also die „lebendige Geschichte"[507] nach *Robin George Collingwood*[508]. Danach bestehe die Aufgabe der chinesischen Rechtsgeschichte nicht nur in der Darstellung des historischen Zustands des Rechts, sondern auch darin, den Zusammenhang zwischen dem Recht in der Geschichte und in der Gegenwart zu erklären[509]. Deswegen sei es Hauptaufgabe und Verantwortung der Disziplin der chinesischen Rechtsgeschichte diesen Zusammenhang zu erklären und mit Hilfe dieser Erklärung insbesondere den im gegenwärtigen China problematischen Gegensatz zwischen Vergangenheit und Gegenwart zu überwinden. Deshalb wurde der Ruf nach einer neuen Darstellung der chinesischen Rechtsgeschichte im akademischen Kreis der chinesischen Rechtsgeschichte immer lauter[510].

bb) Neue Erkenntnisse zum Konzept des Rechts

(a) *Die Erweiterte Bedeutung des chinesischen Begriffs „Fa (法)"*

Es ist wichtig sich zu verdeutlichen, dass das Konzept des Rechts sich erheblich von seiner originalen Bedeutung entfernte, als westliche Rechtstheorien, Rechtsgrundsätze, Rechtsbegriffe und zahlreicher konkreter Rechtsnormen rezipiert wurden, während gleichzeitig das traditionelle chinesische Rechtssystem komplett

506 Siehe 2. Teil § 7 II 2 c), S. 92, 93.
507 Englisch „*living past*".
508 Siehe *R. G. Collingwood*, The Idea of History, 1966, S. 225, 226, vgl. auch *Xu Yongkang*, Die konfuzianische Rechtskultur und die Modernisierung des Rechtssystems, 2003, S. 576.
509 Vgl. *Yu Jiang*, Zwischen Gedanken und System- Aussicht über die Forschung der Rechtsgeschichte auf dem Festland China, Journal for Legal History Studies (Taipei), 2000 No. 1, S. 371ff. Für die Bedeutung der Geschichte für die heutige Auslegung, vgl. *Jordan*, Theorien und Methoden der Geschichtswissenschaft, 3. Aufl., 2016, Rn. 1.2, S. 15.
510 Vgl. *Jin Min*, a.a.O., S. 7, 8.

aufgelöst wurde und rechtliche Reformen und Modernisierungen am Ende der Qing-Dynastie nach westlichem Vorbild erfolgten[511].

Als der berühmte chinesische Übersetzer *Yan Fu*[512] die englische Version des französischen Werks „*Vom Geist der Gesetze*" von *Montesquieu* ins Chinesische übersetzte[513], wählte er den chinesische Begriff „Fa (法)" um das französische Wort „loi" (das englische Wort „law") zu übersetzen. Jedoch erinnerte er auch im Vorwort seiner chinesischen Übersetzung die Leser daran, dass es im Chinesischen kein passendes Wort gebe, das dem Wort „Gesetz" (law, loi) in den westlichen Sprachen entspreche und das Wort „Gesetz" (law, loi) im Chinesischen je nach Umstand jeweils mit den Begriffen „Li (理)"[514], „Li (礼)", „Fa (法)" oder „Zhi (制)"[515] wiedergegeben werden könnte[516]. Dass hier der Begriff „Gesetz" (loi, law) der westlichen Sprachen mit dem Begriff „Fa" übersetzt werde, sei nur ein Notbehelf[517].

Untersucht man die Begriffe „Li (礼)" und „Fa (法)", die beide häufig als wichtigste und hauptsächliche Rechtsquellen konzipiert werden[518], im Klassischen Chinesisch, wird schnell kar, dass „Fa (法)" im Chinesischen eigentlich sehr eng definiert ist, während der Begriff „Li (礼)" viele Bedeutungen besitzt. Wie oben bereits dargestellt[519], ist der Begriff „Fa (法)" seinem Ursprung nach eng mit dem Konzept der Strafe verbunden und wurde in der chinesischen Antike mit dem Begriff „Xing (刑)"[520] gleichgesetzt[521]. Selbst wenn der chinesische Begriff „Fa (法)" in der späteren Geschichte die Bedeutung der vom Staat zwingend bestimmten und durchgeführten Gesetze erhielt, beschreibt es vielmehr staatliche Sanktionen[522]

---

511 Zum sogenannten „Verlust der originalen des Gedächtnisses" in der Definition von *He Weifang*, vgl. *He Weifang*, Die Kommunikation der Bedeutung des Rechts zwischen Osten und Westen, das Vorwort vom Buch „Die Kommunikation der Bedeutung des Rechts der zwei Welten" von *Wang Jian*, 2001, S. 2.

512 Im chinesischen Original 严复1853–1921, eingehend zu dieser Person vgl. *Schwartz*, In Search of Wealth and Power: Yen Fu and the West, 1964.

513 Die chinesische Übersetzung von „Vom Geist der Gesetze" von *Yan Fu* (2 Bände), Im chinesischen Original 孟德斯鸠法意, Nachdruck 1981.

514 Auf Deutsch Vernunft.

515 Auf Deutsch System. Konzeptuell sind die Begriffe „Li (理)" und „Zhi (制)" in „Li (礼)" inbegriffen, weshalb in Folgendem nur die Beziehung zwischen „Li (礼) " und „Fa (法) " darzulegen ist. Vgl. *Wu Shuchen*, a.a.O., S. 70, 71.

516 Vgl. *Yan Fu*, Das Vorwort der chinesischen Übersetzung von „Vom Geist der Gesetze" von *Yan Fu*, 1. Band, 1981.

517 Vgl. *Yan Fu*, a.a.O.

518 Vgl. *Zhang Guohua*, Neue Geistesgeschichte des chinesischen Rechts, 1991, S. 6, 7, 77.

519 Siehe Fn 464, S. 130.

520 Auf Deutsch „Strafe".

521 Vgl. *Liu Xing*, Die Bedeutung des alten Zeichens „Lü", 2015, S. 3. *Bodde* und *Morris* weisen darauf hin, dass „Fa (法)" aus diesem Grund in der chinesischen Geschichte als negativ angesehen wurde, vgl. *Bodde/Morris*, Law in Imperial China, 1967, S. 11, 13.

522 Vgl. *Zhang Wenxian* (Hrsg.), Rechtstheorie, 4. Aufl., 2011, S. 39.

und vor allem die strafrechtlichen Gesetze[523]. Zudem liegen einer Meinung nach im Begriff „Li (礼)“ drei Bedeutungsaspekte vor: Die natürlichen Ordnung der Welt[524]; die sozialen Normen, die den westlichen privatrechtlichen oder zivilrechtlichen Normen ähnlich sind; und ein Instrument zur Belehrung der Bevölkerung, also ein Mittel zur Förderung der Tugend[525].

Durch diese Untersuchung der unterschiedlichen Bedeutungen der beiden chinesischen Begriffe und ihres Bedeutungswandels zeigt sich, dass die Bedeutung des Begriffs „Fa (法)“ – der im Klassischen Chinesisch eigentlich nur „Strafe“ bedeutete – sich im modernen Chinesisch während des Prozess der „Ausbreitung des westlichen Rechts gen Osten“[526] und der Übersetzung und Rezeption westlicher Rechtsbegriffe erweitert wurden, wohingegen die originale Bedeutung des Begriffs „Li (礼)“ verloren gegangen ist. Diese semantische Veränderung beeinflusst ihrerseits im modernen Chinesisch das Verständnis des Rechtsbegriffs im alten China.

(b) *Der Begriff des Rechts aus Sicht der chinesischen Rechtsgeschichte*

Aus diesen Gründen besteht die unmittelbare Notwendigkeit, aus Sicht der chinesischen Rechtsgeschichte erneut einen Rechtsbegriff zu definieren, der für die Erläuterung des traditionellen Rechtssystems im alten China ein geeigneter ist.

Nach Meinung eines taiwanischen Juristen[527] lässt sich die Zusammenfassung der unterschiedlichen Rechtsdefinitionen verschiedener Rechtswissenschaftlern in zwei Typen aufteilen: In den Katalog der restriktiven (*under-inclusive*) Definitionen des Rechts und die der extensiven (*over-inclusive*) Definitionen, wobei der erste Begriff die Ausarbeitung des Rechts durch den Souverän oder den Staat betone, wohingegen der zweite Begriff eher zur Wirkung des gesamten gesellschaftlichen Umfelds auf das Wachstum und die Verwirklichung des Rechts tendiere[528]. Weiter sei ein geeigneter Rechtsbegriff für die Erforschung der chinesischen Geschichte erforderlich. Eine solche Definition des Rechts hat er dann auch gleich mitgegeben: Das Rechtssystem sei ein Ideensystem aller Normen, die soziale Handlungen regeln und soziale Streitigkeiten im Gesellschaftsleben entscheiden können[529].

---

523 Vgl. *Shen Zongling* (Hrsg.), Rechtstheorie, 2. Aufl., 2009, S. 1.
524 Tao, Im chinesischen Original 道.
525 Vgl. *Jin Min*, a.a.O., S. 10, 11.
526 Im chinesischen Original 西法东渐.
527 Prof. Dr. *Yen Chueh-An* (顏厥安). Vgl. *Yen Chueh-An*, Die Beziehung zwischen chinesische Rechtsgeschichte und anderen juristischen Fächern-eine Untersuchung des Objekts der chinesischen Rechtsgeschichte mit dem Beispiel der Rechtstheorie, in Schrift des Diskussionsforums über das Lehren des Faches der chinesischen Rechtsgeschichte der *National Cheng Chi University, Taiwan*, 1993, oder auch in *Yen Chueh-An*, Recht und praktische Vernunft, 2003, S. 69ff.
528 Vgl. *Yen Chueh-An*, a.a.O., S. 73ff., 76, 77.
529 Vgl. *Yen Chueh-An*, a.a.O., S. 77ff.

Eine solch extensive Definition des Rechts wurde später mit der weiteren Öffnung akademischer Gedanken und Perspektiven auch allmählich vom akademischen Kreis der chinesischen Geschichte in Festlandchina aufgegriffen[530]. Die Rationalität dieser Definition führte zu Rechtfertigungen unter Einbeziehung westlicher Rechtsgedanken der damaligen Zeit[531] unter den Gesichtspunkten der allgemeinen und der chinesischen Rechtsgeschichte. Aus Sicht der allgemeinen Rechtsgeschichte wurden einerseits einige sogenannte extensive Rechtsbegriffe durch die Übersetzung von rechtswissenschaftlichen Werken in China umfassend übernommen[532]. So war beispielsweise die Rechtstheorie „des rechtlichen Prozesses" (*the legal process*) von *Harold J. Berman* über die Tradition des westlichen Rechts Mitte der 1990er in chinesischen akademischen Kreisen sehr einflussreich[533]. Unter ihrem Einfluss haben chinesischen Rechtswissenschaftler in den 1990er Jahren aus Sicht der allgemeinen Rechtsgeschichte einen ähnlichen Rechtsbegriff geschaffen. Dieser kann zusammengefasst werden: Das Recht stelle nicht – oder zumindest nicht hauptsächlich – die geschriebenen Gesetze, die Verfassung oder rechtlichen Grundsätze dar, wie dies chinesische Rechtswissenschaftler üblicherweise angenommen hatten, sondern das Recht sei die Gesamtheit der im Gesellschaftsleben auf Erden existierenden konkreten Regelungen[534].

Eine solch extensive Definition des Rechts ist aus der besonderen Sicht der chinesischen Rechtsgeschichte, vor allem unter soziologischer und geschichtswissenschaftlicher Betrachtung der chinesischen Gesellschaft und Geschichte, unerlässlich. Wie der chinesische Soziologe *Fei Xiaotong* in seinem Werk *„From the Soil: The Foundations of Chinese Society"*[535] aus soziologischer Sicht sehr klar beschrieb, wäre die chinesische traditionelle Gesellschaft eine Gesellschaft ohne Gesetze, wenn man die Gesetze nur auf die Vorschriften, die von staatlicher Gewalt

530 Z.B. *Hou Xinyi*, Die wissenschaftliche Positionierung und Methode der Forschung der Rechtsgeschichte, Nanjing University Law Review, 1997 No. 2, S. 202ff. *Jin Min*, a.a.O., S. 11.

531 In den 1980er Jahren wurden in China die westlichen juristischen Gedanken neu entdeckt und ins chinesische übersetzt. Vgl. *Liu Yi*, Steine von anderen Bergen: Die Forschung zu den juristischen Übersetzungen der chinesischen Neuzeit und modernen Zeit, 2012, S. 134ff.

532 Vgl. *Jin Min*, a.a.O., S. 12ff.

533 Am 31.10.2008 gab *Liu Yi* ein Interview zu drei Übersetzern von *Recht und Revolution*, angefertigt von *Gao Hongjun*, *He Weifang* und *Zhang Zhiming*. Dabei wurde dem 15-jährigen Jubiläum der chinesischen Übersetzung von *Recht und Revolution* gedacht und daran erinnert, dass der erhebliche Einfluss dieser Übersetzung sogar über die juristischen akademischen Kreise Chinas hinausging. Vgl. Interview: 15 Jahre der Übersetzung von *Recht und Revolution*, in *Liu Yi*, a.a.O., im Anhang, S. 185ff.

534 Z.B. vgl. *Zhu Suli*, Die Ordnung Lesen, 1999, S. 105.

535 *Fei Xiaotong* (费孝通), From the Soil: The Foundations of Chinese Society (乡土中国), English Translation, University of California Press, 1992.

gestützt wurden, also auf den chinesischen Begriff „Fa(法)", begrenzen würde. Trotzdem bedeutet das aber nicht, dass es in der chinesischen traditionellen Gesellschaft keine Normen oder Ordnung gegeben hätte, da diese Ordnung aus einer „Ordnung durch Riten[536]" entstand[537]. Daher könnte das traditionelle Rechtssystem in China ohne solche extensive Definition des Rechts nicht beschrieben werden. Indes hat der chinesische Historiker *Qu Tongzu* in seinem Werk „*Law and Society in Traditional China*"[538] aus geisteswissenschaftlicher Sicht die Idee vorgestellt, dass Ordnung und Normen im alten China hauptsächlich im Rahmen der nach den konfuzianischen Riten organisierten Familien vorlägen[539].

Zusammenfassend lässt sich sagen, dass ist die soziale Ordnung im alten China nicht hauptsächlich durch das „Fa (法)" im klassischen Sinn, sondern durch das konfuzianische „Li (礼)" gewahrt wurde[540]. Das „Li" enthält zwar keine Beschreibung des Gesetzes oder Rechts nach westlichen Rechtsbegriffen, erfüllt jedoch in begrenztem Umfang die Funktion des Rechts in der Gesellschaft. Deshalb darf die Darstellung des traditionellen Rechtssystems im alten China nicht nur auf den Begriff „Fa" limitiert werden und andere historischen Quellen, vor allem zum Begriff „Li", dürfen nicht ausgeschlossen werden. Sonst würden die wirklichen geschichtlichen Umstände Chinas weiter unvollständig dargelegt werden.

cc) Neue Erkenntnisse zum Rechtssystems des alten China

Die neuen Erkenntnisse bestehen hauptsächlich aus zwei Aspekten, nämlich aus der Struktur, der die Beziehung vom „Li (礼)" und „Fa (法)" behandelt, und aus den Formen des Rechtssystems sowie neuen Materialien zum alten China.

(a) *Die Struktur der Beziehung von „Li (礼)" und „Fa (法)"*

Die grundlegende Struktur des traditionellen Rechtssystems Chinas stellt sich vor allem als integrierendes Modell vom „Li (礼)" und „Fa (法)" dar, das viele Wissenschaftler als Struktur vom „Li" und „Fa"[541] bezeichnet haben. Die Natur von „Li" und die Beziehung der beiden Begriffe zueinander ist seit langer Zeit umstritten[542]. Davon ist es einer Meinung nach möglich die Struktur von „Li" und „Fa"

536 Im chinesischen Original 礼治秩序, auf Englisch *A Rule of Ritual.*

537 Vgl. *Fei Xiaotong*, a.a.O., S. 96.

538 *Qu Tongzu* (瞿同祖), Law and Society in Traditional China, Paris Mouton, 1961.

539 Vgl. *Qu Tongzu*, a.a.O., S. 236, 237.

540 In diesem Sinne wird es von *Qu Tongzu* als das Konfuzieren des chinesisch traditionellen Rechts (auf Englisch *The Confucianization of Law*, Im chinesischen Original 法律儒家化 oder 以礼入法) bezeichnet. Vgl. *Qu Tongzu*, a.a.O., S. 267ff.

541 Im chinesischen Original 礼法结构, vgl. *Zhang Jinfan* (Hrsg.), Chinesische Rechtsgeschichte, 2. Aufl., 2007, S. 73, *Ma Xiaohong*, Li und Fa, 2004, S. 18.

542 Li (礼) ist beispielsweise ähnlich wie das Zivilrecht eine Art des Gewohnheits- oder Naturrechts, vgl. *Jin Min*, a.a.O., S. 18.

aus drei unterschiedlichen Perspektiven zu verstehen[543]. Zuerst wären „Li“ und „Fa“ bezüglich der Regelung des traditionellen Rechtssystems im alten China einheitlich. Zweitens wurde „Li“ als der Leitfaden für allgemeine Handlungen und „Fa“ nur als Mittel und strafende Maßnahme zur Sicherung der Verwirklichung von „Li“ verstanden. Drittens könnte die Beziehung vom „Li“ und „Fa“ auch aus Sicht der juristischen Praxis im alten China und aus Sicht der heute noch übrigen Dokumenten dergestalt verstanden werden[544], dass die Gerichtsentscheidungen im alten China nicht nur in den Rechtsnormen der Lü-Gesetzbücher beruhen, sondern auch überlieferte Sitten, Volksbräuche usw. umfassen, die dem Bereich des „Li“ zugeschrieben werden können[545].

(b) *Die Formen des Rechtssystems im alten China und den neuen Materialien*

Aus der Sicht der Struktur vom „Li (礼)“ und „Fa (法)“ im oben beschriebenen Sinn nehmen die Gesetze im traditionellen Rechtssystem im alten China vielfältige Formen an. Auf der Ebene des Rechts in den Büchern (*law in books*)[546] kann man ebenfalls zwei Richtungen unterscheiden. Im Bereich der staatlichen Gesetze gab es neben den Lü-Gesetzbüchern im Lauf der Zeiten vom alten China auch eine andere wichtige Form, nämlich das „Ling (令)“[547], das von der herrschenden Meinung oft sehr eng als Verwaltungsakt verstanden wird[548]. Nach Meinung von *Yang Yifan*, einem Rechtswissenschaftler der chinesischen Rechtsgeschichte, der viel altchinesische Literatur zu den staatlichen Gesetzen untersucht hat, bestanden „Lü (律)“ und „Ling“ immer parallel als die zwei wichtigsten Formen[549] staatlicher Gesetze, auch wenn sich die staatlichen Gesetze je nach Dynastien in der gesamten Kaiserzeit unterscheiden[550]. Deswegen ist die parallele Struktur von „Lü“ und „Ling“ zur wichtigsten Charakteristik der traditionellen Rechtsformen in den staatlichen Gesetzen im alten China geworden[551]. Wie schon beschrieben,

543 Vgl. *Jin Min*, a.a.O., S. 19, 20.

544 Z.B. *Wang Yaxin* (Hrsg.), Der Zivilprozess und die Volksverträge von Ming- und Qing-Dynastie, 1998.

545 Vgl. *Ma Xiaohong*, Die Untersuchung der Beziehung zwischen Li (礼) und Lü (律) im System des chinesisch traditionellen Rechts, Chinese Journal of Law, 2014 No. 1, S. 115–117.

546 Nach der Kategorisierung und Definitionen von *Roscoe Pound*. Vgl. *Pound, Roscoe*, Law in books and law in action, American Law Review 44 (1910), S. 12ff. Auch vgl. *Kischel*, a.a.O., S. 7.

547 Auf Deutsch „Verordnung“.

548 Vgl. *Chen Xiaofeng* (Hrsg.), Neue chinesische Rechtsgeschichte, 2. Aufl., 2011, S. 11.

549 Im chinesischen Original 律令制.

550 Vgl. *Yang Yifan*, a.a.O., S. 81ff.

551 Vgl. *Fan Zhongxin*, Die Beziehung von Lü (律) und Ling (令), Beziehung von Li (礼) und Xing (刑) und die Entwicklung des Rechtssystems von Lü (律) und Ling

ist" Lü" in der Kodifikation der strafrechtlichen Normen in den Lü-Gesetzbüchern verkörpert. Indes gehörten zum „Ling", das ursprünglich nur kaiserliche Edikte[552] bezeichnete[553], später nicht nur die Verwaltungsakte der Regierung, sondern auch Verordnungen und einige Verfahrensrechtsnormen[554]. Der Meinung eines Rechtswissenschaftlers nach wurden sogar Normen des „Ling", die verfahrensbezogen waren, später ein wichtiges Medium des „Li" und hatten die Tendenz zur Kodifikation, weil viele ihrer Normen staatliche Riten regelten, die offensichtlich ein wichtiger Teil des „Li" waren[555]. Außerdem waren auch die anderen Formen kaiserlicher Direktiven, wie z.B. kaiserlichen Edikte[556], Proklamation[557] und Aushänge[558] aus späten Kaiserzeit, sprich den Dynastien Ming (1386–1644) und Qing (1644–1911), nicht rein administrativ, sondern hatten auch Rechtscharakter[559]. Die Lokalregierungen in der Qing-Dynastie hatten sogar auch die Macht eine Art von Regionalverordnung[560] zu erlassen, die den Titel Provinzverordnung trug[561]. Im Bereich der nicht staatlichen Gesetze war das Recht des Klans (Klanregelungen) und die daraus abgeleiteten, in den regionalen Gemeinden gültigen, dörflichen Regelungen ein wichtiges Medium des „Li"[562].

Auf der Ebene des Rechts in der Praxis (*law in action*)[563] wurden auch die traditionellen Kompilationen von Gerichtsentscheiden[564], juristische Dokumente[565]

(令), Science of Law (Journal of Northwest University of Political Science and Law), 2014 No. 4, S. 31, 32.

552 Im chinesischen Original 诏令.

553 Vgl. *Zhang Guohua*, a.a.O., S. 184.

554 Vgl. *Fan Zhongxin*, a.a.O., S. 34, 35.

555 Vgl. *Li Yusheng*, Einige Probleme über den Unterschied Lü (律) und Ling (令) in der Dynastie Wei-Jin, Chinese Journal of Law, 2003 No. 5, S. 153ff.

556 Im chinesischen Original 谕旨.

557 Im chinesischen Original 诰.

558 Im chinesischen Original 榜文.

559 Vgl. *Yang Yifan*, a.a.O., S. 81.

560 Vgl. *Jin Min*, a.a.O., S. 71.

561 Im chinesischen Original 省例.

562 Im chinesischen Original 乡规民约. Vgl. *Niu Mingshi* (Hrsg.), Chinesische dörfliche Regelungen aller Zeiten, 2014, S. 3, 4.

563 Siehe Fn 546, S. 142.

564 Vgl. die Sammlungen strafrechtlicher Fälle der Qing-Dynastie (Im chinesischen Original 清代《刑案汇览》), vgl. *Zhu Qingqi* (Hrsg.), Die Sammlungen strafrechtlicher Fälle (3 Bücher), 4 Bände, 2004.

565 Am berühmtesten sind die juristischen Dokumente der Distrikte Danshui und Xinzhu auf Taiwan (Im chinesischen Original 《淡新档案》). Der amerikanische Rechtshistoriker *David C. Buxbaum* hat auf Grundlage der juristischen Dokumente von Danshui und Xinzhu den Aufsatz *„Civil Law in the Qing Dynasty: A Unique Contribution of Professor Dai Ian-Huai"* veröffentlicht. Darin beschreibt er, dass im alten China ein umfassendes, rationales und präzises System von Verträgen bestand, auf dem die Entscheidungen der Gerichte der Qing-Dynastie oftmals beruhten. Vgl. *Buxbaum*, Civil Law in the Qing Dynasty: A Unique Contribution

und rechtlichen Volksschriftstücke[566] in Betracht gezogen. Bei den zwei letzteren wurden in den letzten Jahren häufig neue Materialien gefunden[567], was für die Forschung sehr förderlich ist. Auch die lange übersehenen Volksgewohnheiten wurden als besondere Form des traditionellen Rechtssystems im alten China in die Betrachtungen einbezogen[568]. Diese wichtigen Formen des Rechts in der Praxis trugen erheblich zum Verständnis des Erscheinungsbildes des traditionellen Rechtssystems im alten China bei[569].

3. *Das Erbrecht im traditionellen Rechtssystems des alten China und Spuren seines Wandels im ErbG Chinas*

a) *Übersicht über das traditionelle Erbrecht Chinas*

aa) Unterscheidung der Begriffe

Der Begriff des „Erbens" wird wegen der Rezeption der westlichen Rechtswissenschaft und der Übersetzung der Begriffe in der chinesischen Neuzeit hinsichtlich Semantik und Bedeutung im modernen Chinesisch signifikant anders verstanden als im klassischen Chinesisch[570]. Unter dem Begriff „Jicheng (Erbfolge)" verstand man im klassischen Chinesisch, dass die Blutsverwandten der nächsten Generation in gerader Linie beim Ableben ihrer Vorfahren in gerader Linie deren Identität in der Familie, dem Klan und der Gesellschaft übernehmen[571]. Im System des patriarchalisch organisierten Klans[572], der im alten China um den Kernbegriff „Li (礼)"

---

of Professor Dai Ian-Huai, in *Huang Yuansheng* (Hrsg.), Die Nachfolge der Rechtsgeschichte: Methode und Tendenz, 2004, S. 461ff.

566 Z.B. wurden im Jahr 2006 ungefähr 8000 alte Volksschriftstücke im Dorf Shicang nahe der Stadt Lishui in der Provinz Zhejiang (VR China) entdeckt, wobei es sich bei den meistens um Verträge handelt. Sie werden Verträge von Shicang genannt (Im chinesischen Original 石仓契约). Vgl. *Cao Shuji* (Hrsg.), Die Verträge von Shicang, 2011.

567 Z.B. wurden in der Stadt Huangyan in der Provinz Zhejiang Dokumente zu zivilrechtlichen Rechtsstreitigkeiten entdeckt (Im chinesischen Original 黄岩诉讼档案). Diese Entdeckung lief dramatisch ab: Diese in der Wand eines alten Hausses versteckten Dokumente tauchten nach dem Einsturz des Hauses durch einen Taifun im Jahr 2000 wieder auf. Vgl. *Tian Tao* (Hrsg.), Die Dokumente des Rechtsstreits in Huangyan sowie ihr Untersuchungsbericht, 2 Bände, 2004.

568 Z.B. vgl. *Liang Zhiping*, Das Volksgewohnheitsrecht in der Qing-Dynastie, 1996.

569 Vgl. *Jin Min*, a.a.O., S. 73.

570 Im modernen Chinesischen wird normalerweise das Wort „Jicheng (继承)" benutzt, während es im Klassischen neben diesem „继承" noch die Bezeichnung „Chengji (承继)" gab. Im Folgenden wird einheitlich das Wort „Jicheng" benutzt.

571 Vgl. *Guo Jian*, Das Vermögensrecht im alten China, in *Guo Jian* (Hrsg.), Geschichte des Rechtssystems im alten China, 2010, S. 182.

572 Im chinesischen Original 宗法制, vgl. *Ye Xiaoxin* (Hrsg.), a.a.O., S. 31, 32.

aufgebaut war, waren persönliche Identität, Stellung und die damit einhergehende Verantwortung gegenüber der Familie, dem Klan und der Gesellschaft hauptsächlicher Bestandteil der Erbfolge im alten China[573]. Streng nach den Lehren des Konfuzianismus ist diese Erbfolge der Identität eine unabdingliche Verantwortung jeder Einzelperson[574], weil sie in untrennbaren Zusammenhang zur Fortführung der Klanlinie steht, worin nach konfuzianischer Meinung gerade die wichtigste Aufgabe der Mitglieder eines Klans besteht[575]. Daher schenkten die Gesetze, insbesondere die vom Staat beispielsweise in den Lü-Gesetzbüchern festgelegten Rechte, durch die gesamte chinesische Geschichte hindurch der Erbfolge der Identität immer eine besondere Aufmerksamkeit[576]. Die Erbfolge des Vermögens, das nach moderner Definition die Übertragung des Vermögens von Einzelpersonen nach deren Ableben von ihrer Generation zur nächsten Generation bedeutet[577], war wenig im Fokus der Gesetze im alten China und manchmal hat der Gesetzgeber absichtlich vermieden, die Erbfolge des Vermögens in den Gesetzen festzuschreiben. Dies geschah nach allgemeiner Vorstellung der Menschen im alten China aus der Bestrebung der kaiserlichen Dynastien, ihre Bevölkerung moralisch zu erziehen.

Aus diesem Grund ist es leicht der herrschenden Meinung[578] zu folgen, die annimmt, dass keine oder wenige Gesetze über die Erbfolge des Vermögens im modernen Sinne im alten China vorgelegen hätten. Denn viele normale Bestimmungen und rechtliche Erscheinungen bezüglich der Erbfolge des Vermögens im alten China erscheinen vor dem Hintergrund des modernen Erbrechts als seltsam und verwirrend und könnten nicht in das moderne erbrechtliche System und die Begrifflichkeiten eingeordnet werden. Beispielsweise trat im alten China der Erbfall häufig signifikant früher oder später als der Zeitpunkt des Todes der Erblasser ein, das also heißt, dass das Vermögen eines Erblassers sehr früh vor seinem Tod schon oder ziemlich spät nach seinem Tod erst von den Erben aufgeteilt werden konnte[579]; die Teilung der Erbschaft erfolgte oft nicht gleichmäßig[580] und testamentarische Erbfolge war extrem selten[581].

---

573 Vgl. *Deng Changchun*, Die historische Entwicklung der traditionellen Erbfolge im alten China, Confucian Academy, 2016 No. 4, S. 34, 35.

574 Vgl. *Guo Jian*, a.a.O., S. 182, 183.

575 Vgl. *Cheng Weirong*, Die Geschichte des Systems der chinesischen Erbfolge, 2006, S. 4.

576 Immer wurde sie in den Lü-Gesetzbüchern als Strafrecht geregelt, vgl. *Chen Xiaofeng* (Hrsg.), a.a.O., S. 319, 320.

577 Vgl. *Lange*, Erbrecht, 2. Aufl., 2017, S. 19ff.

578 Z.B. Vgl. *Ye Xiaoxin* (Hrsg.), a.a.O., S. 39. Hierin wird nur ein Satz für die Darstellung über die Erbfolge des Vermögens im alten Chin verwendet! Vgl. auch *Chen Xiaofeng* (Hrsg.), a.a.O., S. 321.

579 Vgl. *Guo Jian*, a.a.O., S. 185, 186.

580 Vgl. *Chen Xiaofeng* (Hrsg.), a.a.O., S. 322, *Guo Jian*, a.a.O., S. 190.

581 Vgl. *Guo Jian*, a.a.O., S. 191.

Obwohl es im alten China keine Erbfolge im modernen Sinn gab, bedeutet das trotzdem nicht, dass es im alten China auch keine Übertragung des Vermögens zwischen den Generationen gegeben habe, wenn sich diese auch nicht auf die moderne Definition der Erbfolge begrenzen lässt. Verwendet man hingegen die Definition der Übertragung des Vermögens zwischen den Generationen, so lag bestimmt auch ein vollständiges, wenn auch eigentümliches, Rechtssystem der Erbfolge vor. Einerseits stützte sich dieses Erbrechtssystem nicht auf den Begriff der „Erbfolge" und dessen Unterbegriffe, wie beispielsweise des „Erbfalls" im modernen Sinn, sondern stützte sich auf den Kernbegriff der „Familienteilung"[582]. Unter dem Begriff der Familienteilung versteht man im weitesten Sinn die Teilung einer Familie zwischen Seitenverwandten (Brüdern) der nächsten Generation[583], und damit einhergehend die Aufteilung des Vermögens der Vorfahren dieser nächsten Generation in gerader Linie zwischen den Blutsverwandten der nächsten Generation in gerader Linie[584]. Deren Bedeutung ist jedoch viel weiter gefasst als die der Erbfolge im modernen Sinn. Andererseits wurde die Familienteilung wiederum von den anderen gesellschaftlichen Institutionen im alten China, z.B. vom „Li", vom System und Recht des Klans und vor allem von der Erbfolge der Identität beeinflusst.

Wegen dieser Besonderheiten bei der Erbfolge des Vermögens im alten China kann man das Erbrechtssystem des alten Chinas nicht unmittelbar unter dem modernen System zusammenfassen[585]. Deswegen wird in der folgenden Untersuchung des Erbrechtssystems im alten China nach der zurzeit herrschenden Meinung in die Erbfolge der Identität und die des Vermögens unterschieden. Jedoch geht es nicht darum, dem üblichen Aufbau vieler Lehrbücher zur chinesischen Rechtsgeschichte zu folgen, die sich bei der Untersuchung häufig auf die Unterschiede konzentrieren, sondern es geht darum, das System der Familienteilung im Erbrechtssystem im alten China zu untersuchen. Dennoch liegt der Schwerpunkt der ganzen Untersuchung weiterhin auf der Erbfolge des Vermögens, während die Untersuchung der Erbfolge der Identität nur den notwendigen Kontext dafür liefert, um die Geschichte des Wandels zwischen dem alten und modernen Erbrechtssystem und dessen Spuren im ErbG Chinas aufzuzeigen.

---

582 Im chinesischen Original 分家析产, zur deutschen Übersetzung vgl. *Shuhan Zhang*, Das Testament in China: Geschichte, Gesetz und Gewohnheit, ZChinR 2013, S. 77.

583 Vgl. *Shiga Shuzo*, Die Lehre des Rechts der Familien im alten China, chinesische Übersetzung von *Zhang Jianguo/Li Li*, 2003, S. 69.

584 Auch unterscheiden sich einer Meinung nach die Teilung der Familie und die Teilung des Vermögens, vgl. *Wang Yuesheng*, Die Forschung zu Familienteilung in Süden Hebei Provinz von 1930er und 1940er, Modern Chinese History Studies, 2002 No. 4, S. 162, 168.

585 Daher wird im Folgenden der Begriff „Jicheng (继承)" im Sinne des klassischen Chinesischen als „Erbfolge der Identität" und das System der Übertragung des Vermögens zwischen der Generationen im alten China als „Erbfolge des Vermögens" bezeichnet, um Verwechselungen zu vermeiden.

bb) Die Erbfolge der Identität im alten China

Zusammenfassend lässt sich sagen, dass die Erstgeborenen-Nachfolgeordnung zwar bei der Erbfolge der Identität im alten China immer durchzuführen war[586]. Jedoch hatte die Erbfolge der Identität nach der Auflösung des Lehensgutssystems und des patriarchalischen Systems der Westlichen Zhou-Dynastie (11. Jh. – 771 v. Chr.) außer für die Nachfolge bei Adelstiteln und für Kandidatur für öffentliche Ämter keine wesentliche politische Bedeutung mehr[587], weil sie nur im Lehensgutssystem mit politischer Macht und Stellung verbunden war. Deswegen ist die Erstgeborenen-Nachfolgeordnung hier nicht eingehend darzustellen. Es ist allerdings anzumerken, dass die Gedanken des Konfuzianismus und des „Li" die Erbfolge der Identität in der Familie und dem Klan in der Bevölkerung noch weitgehend beeinflussten. Dieser Einfluss hatte Auswirkungen auf zwei Ebenen. Einerseits hatten die Gesetzgeber aller kaiserlicher Dynastien die Erbfolge der Identität in den Familien oder Klans als wichtigen Teil des „Li" in den Lü-Gesetzbüchern strafrechtlich streng geregelt, was bedeutet, dass rechtswidrige Erbeinsetzung (Erbeinsetzung keines ersten Sohns der Hauptfrau) bei der Erbfolge der Identität strafbar (80 Schläge mit einem Stock, also Prügelstrafe[588]) war[589] und sogar mit Hilfe negativer Rechtsfolgen bezüglich des Vermögens bei Verletzung dieser strengen Vorschriften[590] versucht, die Bevölkerung zur Einhaltung anzuregen. Andererseits zeigte das Volk in den Familien oder Klans in Form des Klanrechts oder der Klanregelungen auch eine Bereitschaft, älteste Söhne der jeweiligen Hauptfrau als Erben der Identität einzusetzen[591]. Deswegen hat das Prinzip der Erstgeborener-der-Hauptfrau-Nachfolgeordnung und die entsprechende Erbfolge, wie die folgende Untersuchung zeigen wird, auch großen Einfluss auf die Erbfolge des Vermögens im alten China genommen.

cc) Die Erbfolge des Vermögens im alten China mit dem System der Familienteilung als Mittelpunkt

Nach Meinung einiger Rechtswissenschaftler[592] sollte der Begriff der „Familienteilung" im weiteren Sinne nochmals in die Teilung des Familienvermögens im

586 In der chinesischen Kaiserzeit mindestens seit der Han-Dynastie (202 v. Chr-220 n. Chr.), vgl. *Shen Shimei*, Das Rechtssystem der Erbfolge der Identität in der Han-Dynastie, Lantai World, 2016 No. 15, S. 126.

587 Vgl. *Guo Jian*, a.a.O., S. 183.

588 Im chinesischen Original 杖八十 oder 杖刑八十.

589 Vgl. *Chen Xiaofeng* (Hrsg.), a.a.O., S. 318, 319. Auch vgl. *Mäding*, Chinesisches traditionelles Erbrecht, 1966, S. 11.

590 Nach den Vorschriften der Lü-Gesetzbücher aller Dynastien würde das Familienvermögen von der Regierung konfisziert werden, wenn eine Familie keine Nachkommen hat, vgl. *Chen Xiaofeng* (Hrsg.), a.a.O., S. 320.

591 Im chinesischen Original 立嗣.

592 Vgl. *Lu Jingyi*, Familienteilung oder Erbfolge der Erbschaft, in Privatrecht, 2010, S. 204, 205.

engeren Sinn[593] und die Teilung des Familienvermögens, die der Erbfolge im modernen Sinn ähnelt[594], unterschieden werden, um damit unter dem Begriff der Erbfolge des modernen Erbrechts eine Analyse des Systems der Übertragung des Vermögens zwischen Generationen im alten China vorzunehmen. Aber ausgehend von den erhaltenen Materialien aus dem alten China ist es sehr schwierig, diese Unterscheidung vorzunehmen[595]. Daher kann mit diesem Gedankengang weder eine Übersicht über das Systems der Erbfolge des Vermögens im alten China gegeben werden, noch kann das Wesen dieses Systems klar dargestellt werden. Deswegen wird die folgende Untersuchung nicht auf die konkreten und allgemeinen Vorschriften in den Kodizes des alten China hinarbeiten, sondern von einer Definition der Familienteilung ausgehen, die als Teilung des Vermögens der Vorfahren zwischen den Blutsverwandten der nächsten Generation in gerader Linie innerhalb der Familie oder dem Klan definiert ist. Angefangen wird mit der in kaiserzeitlichen Quellen dargestellten Einstellung zur Familienteilung, wonach die konkreten Fälle der Familienteilung betrachtet werden, um schließlich eine wesentliche Übersicht über das System der Erfolge des Vermögens im alten China zu erstellen.

Obwohl die Familienteilung, wie oben bereits dargestellt, im alten China tatsächlich die Teilung des Vermögens der Vorfahren zwischen den Blutsverwandten der nächsten Generation in gerader Linie innerhalb der Familie oder dem Klan bedeutet, trat diese Vermögensteilung nicht selbstständig auf. Die Familienteilung bedeutet aus Sicht der alten Chinesen nämlich vielmehr, dass die Blutsverwandten der nächsten Generation in gerader Linie, also die Brüder[596], sich von der Familie ihrer Eltern abtrennen und jeweils eigene selbstständige Familie führten[597], wobei die Teilung des Vermögens der Eltern nur eine unvermeidliche Konsequenz der Teilung der Familie ist[598]. Die Gesetzgeber bzw. der Kaiser war diesem Brauch gegenüber nicht immer positiv eingestellt. Oft wurde die Gesetzgebung zu diesem Brauch umgegangen und er wurde sogar bis zu einem gewissen Grad verboten[599]. Ausgehend von den Vorschriften der Lü-Gesetzbücher war zumindest die Familienteilung zu Lebzeiten der Eltern von den Gesetzgebern ausdrücklich verboten[600].

593 Teilung des Familienvermögens zu Lebzeiten der Eltern, im chinesischen Original 生分, vgl. *Xing Tie*, Die Geschichte der Erbfolge des Familienvermögens, 2. Aufl., 2012, S. 14.
594 Teilung des Familienvermögens nach Ableben der Eltern, im chinesischen Original auch 死分, vgl. *Xing Tie*, a.a.O., S. 14, 15.
595 Vgl. *Lu Jingyi*, a.a.O., S. 204.
596 Töchter gehörten nach der Heirat nicht zu ihrer Geburtsfamilie, sondern wurden Teil der Familie ihres Ehemannes, vgl. *Cheng Weirong*, a.a.O., S. 6.
597 Vgl. *Wang Yuesheng*, a.a.O., S. 161.
598 Vgl. *Wang Yuesheng*, a.a.O., S. 162.
599 Vgl. *Huang Zongzhi*, Gesetz, Gesellschaft und Kultur der Qing-Dynastie, 2001, S. 21.
600 Zu den Lü-Gesetzbüchern ab der Tang-Dynastie, vgl. *Wei Daoming*, Zweifel am Bestand des Systems des Testaments im alten China, Historical Research, 2000 No.

Aus anderen historischen Quellen lässt sich entnehmen, dass die Familienteilung nach dem Ableben der Eltern auch nicht befürwortet wurde[601], obwohl das im staatlichen Gesetz (Lü) nicht ausdrücklich bestimmt wurde. Darin kann man auch den Einfluss der konfuzianischen Lehre sehen, weil die Familienteilung zu Lebzeiten der Eltern der Kindespietät[602] und dem Leben mit dem aus verschiedenen Familien bestehenden Klan[603] widerspricht. Beide sind wichtige Faktoren des Familienlebens im alten China gemäß dem konfuzianischen „Li (礼)"[604].

Demgegenüber war die Familienteilung im Alltagsleben des alten China tatsächlich häufig notwendig, da die Kosten des Lebens im Klan bei der im alten China vorherrschenden Parzellenwirtschaft untragbar waren[605]. Daher erlaubten die Herrscher den Fortbestand der Familienteilung in bestimmten Umfang[606]. Deswegen entstanden verschiedene Arten der Familienteilung unabhängig vom Gesetz in der Bevölkerung. Die Familienteilung wird je nach Zeitrahmen allgemein in drei Arten unterschieden. Die Erste ist die Vereinbarung der Familienteilung zwischen den Brüdern zu Lebzeiten der Eltern unter deren Vorsitz, welche den größten Teil der Familienteilung bildet[607]. Die Zweite ist die Durchführung einer Familienteilung beim Ableben eines Elternteils[608], was der Erbfolge im modernen Sinne sehr ähnelt. Die Dritte ist die Durchführung der Familienteilung nach dem Ableben beider Eltern[609]. In diesem Sinne hat die Vereinbarung der Familienteilung, bei der normalerweise eine strenge schriftliche Form verwendet wurde[610], die Funktion der testamentarischen Erbfolge im modernen Sinne übernommen[611], sodass einige in der modernen Literatur oft zitierte Beispiele der testamentarischen Erbfolge im

6, S. 158. Darin wurden das sogenannte „Gemeinsame Wohnen und gemeinsames Eigentum" befürwortet, Im chinesischen Original 同居共财, vgl. *Wei Daoming*, a.a.O., S. 158, 159. Vgl. auch *Yu Jiang*, Die Gewohnheit der Familienteilung und die Einheitlichkeit der Familie, Tribune of Political Science and Law, 2006 No. 1, S. 32.

601 Vgl. *Xing Tie*, a.a.O., S. 11, 12.

602 Im chinesischen Original 孝. Es ist ein ethischer Begriff des Konfuzianismus und sie bedeutet im Wesentlichen den gehorsamen Respekt und die Liebe der Kinder zu ihren Eltern und Ahnen. Siehe *Wu Shuchen*, Die Geistesgeschichte des chinesischen Rechts, 2004, S. 30. Auch vgl. *Mäding*, Chinesisches traditionelles Erbrecht, 1966, S. 33.

603 Im chinesischen Original 合族而居.

604 Vgl. *Yu Jiang*, a.a.O., S. 32, 33. Auch vgl. *Mäding*, Chinesisches traditionelles Erbrecht, 1966, S. 56, 57.

605 Vgl. *Cheng Weirong*, a.a.O., S. 6, 7.

606 Zu den Ausnahmeregelungen außerhalb der Lü-Gesetzbücher, vgl. *Lu Jingyi*, a.a.O., S. 206.

607 Vgl. *Xing Tie*, a.a.O., S. 14ff.

608 Vgl. *Xing Tie*, a.a.O., S. 23ff.

609 Vgl. *Wang Yuesheng*, a.a.O., S. 169, 170.

610 Vgl. *Xing Tie*, a.a.O., S. 45ff.

611 Vgl. *Wei Daoming*, a.a.O., S. 160, 161.

alten China wahrscheinlich nur besondere Fälle von Familienteilung sind, die der testamentarischen Erbfolge im modernen Sinne formell sehr ähnlich sind[612].

Für den Anteil des Vermögens bei der Familienteilung wurde sowohl in der gesetzlichen Literatur[613] als auch in anderer Literatur[614] prinzipiell eine gleichmäßige Teilung angenommen[615]. Jedoch gab es oft Ausnahmen zu dieser Regelung, wodurch es oft zu ungleichmäßigen Vermögensteilungen im Zuge der Familienteilung kam[616]. Diese ungleichmäßige Vermögensteilung bei der Familienteilung wurden in zwei Sorten unterschieden. Erstens könnte der Sohn, der zum Zeitpunkt der Familienteilung den hauptsächlichen Unterhalt der Eltern geleistet hatte, bei der Familienteilung den Hauptteil des Vermögens oder mehr bekommen[617]. Im alten China stellte häufig das Zusammenleben mit den Eltern die hauptsächliche Unterhaltsleistung dar[618], hauptsächlich über die Leistung von Lebensmittel an Eltern, die wegen hohen Lebensalters oder Krankheit arbeitsunfähig waren oder sogar schon die Lebensfähigkeit verloren hatten, sowie die Versorgung sterbender Eltern[619]. Auf diese Weise wurden einerseits Grundsätze des konfuzianischen „Li“ umgesetzt[620]. Andererseits wurde auf der praktischen Ebene hierdurch die Funktion der Sozialversicherung, deren Hauptinhalt die Altersversorgung ist, erfüllt; im alten China fehlte ein allgemeines System der Sozialversicherung[621]. Das ist auch ein wichtiger Grund dafür, dass die meisten Familienteilungen zu Lebzeiten der Eltern durchgeführt wurden[622]. Zweitens kann der Sohn, der als der Erbe im wichtigen Sakralerbrecht[623] eingesetzt wurde, auch oft bei der Familienteilung das hauptsächliche Vermögen bekommen, weil er die Identität der ganzen Familie fortsetzt und die Pflege der Ahnenkulte übernimmt[624]. Hier kann man den Einfluss der Erstgeborener-der-Hauptfrau-Nachfolgeordnung sehen. Außerdem tauchten auf der Ebene des Klanrechts auch viele Faktoren auf, die den Grundsatz der gleichmäßigen Teilung bei der Familienteilung verdrängen können[625]. Ein entscheidender

612 Vgl. *Guo Jian*, a.a.O., S. 191, 192.
613 Z.B. in der Tang-Ling (令), vgl. *Lu Jingyi*, a.a.O., S. 207.
614 Z.B. in der Han-Dynastie, vgl. *Guo Jian*, a.a.O., S. 189.
615 Im chinesischen Original 诸子均分. Vgl. *Zhang Jinfan* (Hrsg.), a.a.O., S. 146.
616 Vgl. *Wang Yuesheng*, a.a.O., S. 170ff.
617 Z.B. das Ackerland und das Haus, vgl. *Wang Yuesheng*, a.a.O., S. 174.
618 Vgl. *Zheng Gongcheng*, Die historische Logik der Evolution der chinesischen sozialen Sicherung, a.a.O., S. 6,7.
619 Im chinesischen Original 养老送终.
620 Vgl. *Zheng Gongcheng*, a.a.O., S. 7.
621 Vgl. *Zheng Gongcheng*, a.a.O., S. 9.
622 Vgl. *Xing Tie*, a.a.O., S. 18.
623 Im chinesischen Original 宗祧继承. Es bedeutet die Nachfolge in die Ahnenverehrung eines Klans im alten China. Vgl. *Mäding*, Chinesisches traditionelles Erbrecht, 1966, S. 30ff.
624 Vgl. *Wang Yuesheng*, a.a.O., S. 171.
625 Hier handelt es sich tatsächlich den Unterschied zwischen Familie und Klan.

Faktor für die Festlegung des Vermögensanteils bei der Familienteilung war auch die Eingebundenheit in die Verpflichtungen innerhalb des Klans. Diese Verpflichtungen waren mannigfach und umfassten nicht nur die Erhaltung von Gebäuden für Kulte umfassen, wie zum Beispiel den Ahnentempel[626] und den Klanverbund[627], sondern auch die Verwaltung des Klanvermögens[628] für Belange des Klans[629]. Bei diesen Belangen des Klans handelte es sich wiederum meistens um Funktionen der Sozialversicherung[630], z.B. die Unterstützung der Alten, des Nachwuchses, der Kranken und der Behinderten[631] im Alltag und sogar in der Bildung. Wegen der Eingebundenheit in diese Verpflichtungen wurde das Vermögen eines Vorfahrens bei der Familienteilung oft nicht komplett und gleichmäßig unter den Brüdern des betreffenden Familienzweiges innerhalb des Klans geteilt[632]. Bei der Familienteilung

626 Im chinesischen Original 宗祠 oder 祠堂.
627 Im chinesischen Original 宗亲会.
628 Im chinesischen Original 堂, 标会 oder 互助会.
629 Vgl. *Lin Ji*, Die Gewohnheit der Erbfolge des Vermögens in der chinesischen Neuzeit und die Klansgesellschaft in Norden und Süden, Agricultural History of China, 2003 No. 3, S. 76ff.
630 Die ist nur ein Aspekt. Es gibt auch andere Kosten, die der Klan übernimmt.
631 Im chinesischen Original 老幼病残.
632 Ein neueres Beispiel hierfür ist der Fall *TANG ON KWAI AND OTHERS v. TANG HOI WO. CACV181/2008* des *High Court Hong Kong*. In diesem Fall hat ein großer Klan mit dem Familienamen *Deng* in der Mitte der Qing-Dynastie mit einer großen Zahl an Grundstücken in den Hongkonger New Territories (香港新界) das Vermögen des Klans *Deng* (邓光裕堂) errichtet, um damit die internen Ausgaben des Klans, z.B. für die Instandhaltung des Ahnentempels und Friedhofs, für die Unterstützung der Alten, des Nachwuchsen, der Kranken und Behinderten sowie die Kosten für die Bildung der Nachkommen, zu decken. Nach den Klansregeln (族规) dürfen die Nachkommen des Klans *Deng* diese Grundstücke nicht vererben, verkaufen und teilen. Einige Teile dieser Grundstücke wurden im Jahr 1963 wegen des Baus des Flughafens durch die Hongkonger Regierung enteignet und mit ungefähr 73,000,000 Hong Kong Dollar abgefunden. Es ist umstritten, ob die große Entschädigung unter den 5 Stämmen des Klans *Deng* geteilt werden darf und wenn ja, wie. Inzwischen hat der *High Court Hong Kong* gemäß der *Convention for the Extension of Hong Kong Territory* zwischen dem Vereinigten Königreich und China (d.h. der Qing-Dynastie) aus dem Jahr 1898 beschlossen, dass in diesem Fall das Qing-Lü-Gesetzbuch, das Gewohnheitsrecht sowie die Regelung innerhalb des Klans *Deng* anzuwenden seien. Schließlich hat der *High Court Hong Kong* mithilfe der Beweisführung des chinesischen Rechtshistorikers *Wejen Chang* (張偉仁) geurteilt, dass diese Entschädigung nach der Klansregelung (族规) des Klans *Deng* vor dem Jahr 2047 nicht geteilt werden darf. Dieser Fall beweist klar, welche Macht die Klans auch in der modernen chinesischen Gesellschaft noch ausüben. Nach einer Anmerkung in der chinesischen Literatur geht auch weiterhin das Gespenst des Familien- und Klanrechts des traditionellen China noch im Land um, auch wenn das traditionelle chinesische Rechtssystem schon seit langem nicht mehr besteht. Vgl. *Jin Min*, Ist

sollte derjenige mehr bekommen, der im Klan mehr Verpflichtungen übernommen hat und andere, die dies nicht taten, weniger bekommen[633].

Zusammenfassend lässt sich sagen, dass sich das System der Vermögenserbfolge, also die Übertragung des Vermögens zwischen den Generationen im alten China, hinsichtlich Struktur und Charakter ganz anders darstellt, als das des Erbrechts im modernen Sinn. Erstens ist der Begriff der Familienteilung Mittelpunkt und bezeichnender Charakter des Systems der Vermögenserbfolge im alten China. Zwar ähneln die konkreten Vorschriften der Familienteilung in Einzelheiten dem modernen Erbrecht formell sehr stark und funktionieren z.B. analog zum prinzipielle Grundsatz der gleichmäßigen Teilung in der modernen gesetzlichen Erbfolge und einigen das Testament betreffenden Vereinbarungen, sodass moderne Rechtswissenschaftler gemäß der Theorie des modernen Erbrechts der Ansicht folgen, dass die gesetzliche Erbfolge die hauptsächliche Art der Erbfolge gewesen sei und es wenig oder gar keine testamentarischen Erbfolge gegeben habe[634]. Jedoch unterscheidet sich das System des Erbrechts im alten China erheblich vom modernen. Seine ganz eigenen Gedankengrundlagen und seine innere Logik werden von modernen Chinesen häufig übersehen[635]. Deswegen hatten sich die Herrscher des alten China unter dem Einfluss der Gedanken des konfuzianischen „Li" bei der Gesetzgebung der Erbfolge immer vor allem auf die Erbfolge der Identität konzentriert und deshalb nimmt die Erbfolge der Identität im ganzen staatlichen Rechtssystem der Erbfolge des alten China die erste Stelle ein. Die Erbfolge des Vermögens wird hingegen wesentlich durch das in der Bevölkerung unabhängig entstandene System der Familienteilung durchgeführt. Zwar ist bei der Familienteilung grundsätzlich die Frage nach der Übertragung des Vermögens der Vorfahren einer Familie zu regeln und grundsätzlich erfolgt die Verteilung des Vermögens auch gleichmäßig. Dennoch wurde die Familienteilung im Laufe der Zeit so erheblich von der Erbfolge der Identität beeinflusst, dass es viele Ausnahmen gab, bei

---

der nächste Tag gut oder noch bestehend? Anmerkung zum Fall vom Fonds des Klans *Deng* von *High Court Hong Kong*, Peking University Law Journal, 2013, Vol. 25, No. 3, S. 571ff.

633 Natürlich gilt diese Situation nur für große Klans, die z.B. oft in Südchina vorkommen und wegen des ökonomischen Drucks auch nicht einfach zu erhalten ist. Für die Kernfamilie ist dieser Einfluss fast irrelevant. Zu den komplizierten Einflüssen des Klans in der chinesisch traditionellen Erbfolge des Vermögens, vgl. *Gao Yongping*, Die kulturelle Logik hinter der chinesisch traditionellen Erbfolge des Vermögens, Journal of Sociology Study, 2006 No. 3, S. 167ff.

634 Vgl. die Darstellung im Rahmen der modern testamentarischen Erbfolge bei *Guo Jian*, a.a.O., S. 191, 192. Siehe auch die Kritik von *Wei Daoming*, a.a.O., S. 164ff.

635 In einigen gängigen Lehrbüchern der chinesischen Rechtsgeschichte wird die traditionelle chinesisch Erbfolge des Vermögens oft im Rahmen des modernen Systems des Erbrechts dargestellt und die traditionelle Familienteilung als ein Brauch außerhalb des Recht außer der Rechtsgeschichte ausgeschlossen, z.B. vgl. *Pu Jian* (Hrsg.), a.a.O., S. 131.

denen es zu einer ungleichmäßigen Teilung kommen konnte. Schließlich wurde die Durchsetzung einer gleichmäßigen Verteilung des Vermögens auch durch die Verpflichtungen innerhalb der Familie oder des Klans begrenzt, insbesondere solche Verpflichtungen, denen die Funktion einer Sozialversicherung zukam. Deshalb kam der Familienteilung als eine Art der Erbfolge des Vermögens im alten China also einerseits die gleiche Funktion zu wie der Übertragung des Vermögens von Einzelpersonen an die nächste Generation im modernen Erbrecht. Andererseits ist die Familienteilung so stark von der „Klanzentrierung"[636] und der „Pflichtenzentrierung"[637] geprägt, dass im Extremfall die Abgrenzung von Vermögen einer Einzelperson[638] und Vermögen der Familie oder des Klans nicht immer sehr klar ist[639]. Man könnte hiervon ausgehend sogar sagen, dass es im alten China keine Erbfolge des Vermögens von Einzelpersonen gegeben habe[640].

b) Die Wiederspiegelung im ErbG Chinas

Das System der Erbfolge des Vermögens im alten China, in dessen Mittelpunkt die Familienteilung stand, wurde auf der Ebene des Rechtssystems im Zuge der Rechtsreform in den letzten Jahren der Qing-Dynastie und durch eine Reihe von Rechtsprechungen und Erläuterungen des Obersten Gerichtshofs[641] in den Anfangsjahren der Republik China allmählich durch die von den westlichen Staaten übernommenen Theorien zum modernen Erbrecht ersetzt; diese Wandlung wurde bereits von einem Rechtswissenschaftler ausführlich dargestellt[642]. Jedoch hat sich der Oberste Gerichtshof in den Anfangsjahren der Republik China auch vieler Rechtsstreitigkeiten über die Familienteilung angenommen[643]. Im Gegenteil zu ihrer allmählichen Tilgung aus dem vom Staat gesetzten Rechtssystem, war die Familienteilung auf der Ebene der Bräuche und des Gewohnheitsrechts immer noch lebendig[644]. Nach Gründung der VR China hat der Gesetzgeber das Rechtssystem

---

636 Im chinesischen Original 家族本位.

637 Im chinesischen Original 义务本位.

638 Oder Privatvermögen, bei dem es sich vielmehr um einzelne Gegenstände handelt, vgl. *Mäding*, a.a.O., S. 101, 102.

639 Vgl. *Zhang Jinjian*, Die Grundrisse der chinesischen Rechtsgeschichte, 1974, S. 6, 7.

640 Vgl. *Chen Guyuan*, Die Grundrisse der chinesischen Rechtsgeschichte, 1977, S. 262, 263. Darin wird eine gute Vergleichung zwischen der chinesisch traditionellen Erbfolge und modernen Erbfolge gegeben.

641 Im chinesischen Original 大理院.

642 Vgl. *Lu Jingyi*, Die Entwicklung des Systems des Familienvermögens vom Ende der Qing-Dynastie und Anfang der Republik China-von der Familienteilung bis zur Erbfolge der Erbschaft, 2012, S. 85ff., 153ff.

643 Auch einschließlich vieler Fälle über die Erbfolge der Identität, vgl. *Lu Jingyi*, a.a.O., S. 119ff.

644 Vgl. *Li Chuanguang*, Die Regelung der Familienteilung, die Teilung des Familienvermögens auf dem chinesischen Land und das staatliche Recht, Privatrecht, 2005 No. 1, S. 147, 148.

der Republik China[645], das ein Ergebnis der seit den letzten Jahren der Qing-Dynastie durchgeführten Rezeption der abendländischen Rechtswissenschaft darstellt, zwar im Zuge der politischen und ideologischen Radikalisierung völlig aufgegeben. Jedoch stellt die Übernahme aus dem sowjetischen Recht bei der Gesetzgebung in den 1950er Jahren und die Zuwendung zur westlichen Rechtswissenschaft bei der Gesetzgebung in den 1980er Jahren vom chinesischen Gesetzgeber tatsächlich auch eine Rezeption ausländischen Rechts dar. Selbstverständlich ist die Rezeption des westlichen Rechts in der Zeit der großen gesellschaftlichen Transformation in den 1980ern unvermeidlich, denn dieser Wandel hat eine moderne Gesellschaft nach westlichem Vorbild als Ziel. Aber es war unmöglich für den Gesetzgeber bei der Gesetzgebung die einheimische gesellschaftliche Wirklichkeit zu ignorieren, die auf Ebene der staatlichen Gesetze zwar bereits verschwunden war, auf der Ebene der sozialen Kultur und Gewohnheiten aber durchaus noch lebendig ist.

Das gilt auch für das Erbrecht. Hinsichtlich des erheblichen Einflusses des Systems des traditionellen Erbrechts im alten China auf die zwischenmenschlichen Beziehungen, musste der Gesetzgeber bei der Gesetzgebung des chinesischen ErbG, angepasst an die chinesische gesellschaftliche Wirklichkeit, die allgemeine übernommene Rechtstheorie aufbereiten. Obwohl es dafür nur wenige gesetzgebende Materialien gibt, kann man auch aus den begrenzten Materialien und einem Vergleich der Struktur im geltenden ErbG mit dem System des Erbrechts im alten China die Überlegung des gegenwärtigen Gesetzgebers feststellen. Auf Seite der gesetzgebenden Materialien, namentlich der Erläuterungen zum Entwurf des ErbG, wurde dieses Überdauern der historischen Wurzeln in Form der sozialen Gewohnheiten aus gesetzgeberischer Sicht bereits dargestellt und bewertet[646]. Im Folgenden wird dieses Überdauern aus Sicht der Rechtsnormen des geltenden ErbG selbst heraus kurz bewertet. Zunächst kann anhand der Struktur des geltenden ErbG, in der es umfangreiche Rechtsnormen zur gesetzlichen Erbfolge gibt und die testamentarische Erbfolge nur mit wenigen Rechtsnormen erlaubt wird, gefolgert werden, dass diese gesetzgebende Gestaltung wahrscheinlich ausgeht von einem Missverständnis für das Erbrecht im alten China des Gesetzgebers. Dabei ähnelt die absolut zentral stehende Familienteilung einerseits tatsächlich formell häufig der modernen gesetzlichen Erbfolge und kann andererseits auch funktional die Form der testamentarischen Erbfolge übernehmen und ersetzen. Deswegen sind zusätzlichen Rechtsnormen über die testamentarische Erbfolge nicht nötig. Dabei wird die weitgehend bestehende Flexibilisierung der Erbquoten im geltenden ErbG als Ergebnis der Berücksichtigung des Umstands gesehen, dass der Grundsatz einer gleichmäßigen Teilung des Familienvermögens wegen der vielseitigen Funktionen der Familienteilung sowohl im alten China als auch im modernen China, häufig nicht befolgt wird. Zwar ist die Umwandlung auf der

645 Das sogenannte „Kompendium der sechs Kodizes (Im chinesischen Original 六法全书)", siehe Fn 202, S. 74.

646 Siehe historische Auslegung im 2. Teil § 6 II 3, S. 65ff.

Ebene des Rechtssystems durch die frühen Rechtsreformen, die in den letzten Jahren der Qing-Dynastie begannen und in den Anfangsjahren der Republik China schon annähernd beendet waren, sowie durch die weiteren Neugestaltungen des Rechtssystems nach Gründung der VR China, die auf der Rezeption der westlichen Rechtswissenschaft basierte, bereits vollendet. Jedoch besteht die Familienteilung aus Sicht der Rechtsprechung der Republik China und der Gesetzgebung des Erbrechts nach Gründung der VR China als Gewohnheit in der Bevölkerung weitgehend im gesellschaftlichen Leben fort, sodass der Gesetzgeber bei der konkreten Gesetzgebung des Erbrechts der Familienteilung und ihren Ausnahmen besondere Aufmerksamkeit zu schenken hatte. Diese Ausnahmen wurden im geltenden ErbG vollständig und ausführlich in Gestalt der Flexibilisierung der Erbquoten geregelt, also in der in dieser Untersuchung erläuterten erbrechtlichen Rechtsnormen der Flexibilisierung der gesetzlichen Erbquoten[647]. Die Wirkung dieser Berücksichtigung traditioneller Vermögensübertragung durch den Gesetzgeber, durch die soziale Gewohnheiten durch innovative gesetzgeberische Variationen ins moderne System des Erbrechts aufzunehmen und damit ins gesamte Rechtssystem zu übertragen versucht wird, muss im Folgenden noch abschließend erörtert werden[648]. Nach der Meinung eines Rechtswissenschaftlers liegt dabei sogar eine unversöhnliche Diskrepanz zwischen dem System der traditionellen Familienteilung und dem gegenwärtigen System des Erbrechts Chinas vor[649]. Ohne Zweifel ergibt es sich aus der obigen Analyse zu den historischen Wurzeln, dass der Einflusses des einschlägigen Systems des Erbrechts im alten China auf die Gesetzgebung des modernen Erbrechts Chinas in viel größerem Maß erfolgt ist, als man sich dies allgemein vorstellt. Dieser Einfluss zeigt sich nicht nur in einzelnen Vorschriften, sondern auch in den Überlegungen des Gesetzgebers zur gesamten Struktur des ErbG. Mit anderen Worten kann man schließlich die innovativen Teile im gegenwärtigen ErbG Chinas, insbesondere die Flexibilisierung der gesetzlichen Erbquoten, wenn man sie aus Sicht ihrer historischen Wurzeln betrachtet, durch die nach wie vor weitgehend bestehenden alten Gewohnheiten als Wiederspiegelung des einschlägigen Systems des Erbrechts im alten China, einschließlich seiner Struktur und konkreter Regelungen sehen.

---

647 Siehe die Untersuchung der Auslegung des Gesetzes im 2. Teil § 6 II, S. 54ff.

648 Bisher handelt es sich nur um statische Untersuchungen des Rechtssystems und der Rechtsnormen dieses Rechtsinstituts, zur dynamischen Untersuchung, also seiner Rechtsanwendung in der Praxis siehe 3. Teil § 10, S. 178ff.

649 Eine Feldforschung hat ergeben, dass die rechtliche Umsetzung tatsächlich nicht wirklich vollendet wurde, vgl. *Yu Jiang*, Die Entstehung des Konflikts im Bereich des Erbrechts-Die Gewohnheit der Familienteilung der chinesischen Neuzeit und die Rezeption des Erbrechts, Social Sciences in China, 2005 No. 5, S. 128.

V. Zwischenergebnis

Aus der obigen Untersuchung zur Flexibilisierung der gesetzlichen Erbquoten im geltenden ErbG Chinas ergibt sich, dass das Rechtsinstitut der Flexibilisierung der gesetzlichen Erbquoten in der Struktur des geltenden Erbrechts, in der die Rechtsnormen zur gesetzlichen Erbfolge überwiegen, wohingegen die testamentarische Erbfolge nur in wenigen Rechtsnormen erlaubt wird, eine wichtige Rolle einnimmt.

Außerhalb der exegetischen Jurisprudenz, also jeweils auf der politischen, sozialen und historischen Ebene, kann man auch aus der konkreten Darstellung der Erläuterungen zum Entwurf des ErbG die drei Funktionen erkennen, die der Gesetzgeber mit Hilfe dieses Rechtsinstituts erfüllen möchte. Auf der politischen Ebene stimmt dieses Rechtsinstitut mit dem in der 1978 beginnenden Reform- und Öffnungspolitik und der 1982 in Kraft getretenen Verfassung Chinas vorgesehenen Erbrecht überein. Trotzdem ist nicht zu verneinen, dass das ErbG Chinas durch die Rezeption des sowjetischen Rechts, vor allem des sowjetischen Zivilrechts, auch sicherlich weiterhin stark von der sozialistischen Ideologie beeinflusst wurde. Außerdem ist es selbstverständlich, dass die autokratisch regierende kommunistische Partei während der wirtschaftlichen und politischen Reform mit dem ErbG eine bestimmte Propaganda der politischen Ideologie durchzusetzen versuchte. In diesem historischen Kontext teilt das Rechtsinstitut der Flexibilisierung der gesetzlichen Erbquoten im ErbG Chinas auch diesen Faktor. Nur ist dieser Faktor nicht unmittelbar in den entsprechenden Vorschriften dieses Rechtsinstituts verkörpert, sondern liegt als eine Grundlage vor, die gewisse Eigenschaften dieses Rechtsinstituts betonen kann.

Auf der sozialen Ebene ist es die Absicht des Gesetzgebers, mit diesem Rechtsinstitut gewisse Funktionen der Sozialversicherung zu erfüllen, was in den einschlägigen gesetzgebenden Materialien, konkreten Rechtsnormen und ihren Erläuterungen zum Ausdruck gebracht wird. Zwar dient die Erfüllung einer gewissen Sozialversicherungsfunktion durch das ErbG im Hinblick auf das System der allgemeinen Sozialversicherung immer noch lediglich als Hilfsmittel und Ergänzung. Vor dem zeitlichen und politischen Hintergrund ist es aber Absicht des ErbG, dass dieses einen vorläufigen Notbehelf für die allgemeine Sozialversicherung darstellt, falls eine solche nicht vollendet wird.

Am schwierigsten festzustellen, aber trotzdem am tiefgreifendsten, ist der Einfluss der traditionellen Erbfolge des Vermögens auf das Rechtsinstitut der Flexibilisierung der gesetzlichen Erbquoten im ErbG. Im Mittelpunkt der traditionellen Erbfolge steht dabei die Familienteilung, die sich im Laufe der Kaiserzeit allmählich entwickelt hatte. Einerseits tauchten die neuen Erkenntnisse zum traditionellen Rechtssystem im alten China vor ungefähr 30 Jahren als Folge des Umdenkens im Zuge der Reform- und Öffnungspolitik im Bereich der chinesischen Rechtsgeschichte auf, insbesondere im Vergleich zur starren Einschätzung dieser historischen chinesischen Tradition, die in der Gründungsphase der VR China unter dem Einfluss der offiziellen Ideologie entstanden waren. Darauf aufbauend kann man sagen, dass die Gesamteinschätzung über das Wesen der Erbfolge des Vermögens im traditionellen Rechtssystem im alten China nicht unmittelbar von der bloßen Übernahme des aus dem Westen übernommenen Erbrechtssystems, der Erbrechtstheorie und der entsprechenden Begriffe beeinflusst wurde. Die Erbfolge des Vermögens kann in ihrem eigenen historischen Zusammenhang so beschrieben werden, dass sie ein eigentümliches Erbrechtssystem darstellt, in dessen Mittelpunkt die Familienteilung steht und die stark von konfuzianischen Vorstellungen zur Erbfolge der Identität und dem Recht des Klans beeinflusst wurde. Andererseits wurde die Erbfolge des Vermögens des traditionellen Rechtssystems im alten China auf Ebene des Rechtssystems durch die Rezeption der westlichen Rechtswissenschaft in der Rechtsreform seit Beginn des 20. Jahrhunderts schon durch das moderne Erbrechtssystem ersetzt. Trotzdem besteht dieser zentrale Punkt, also die Familienteilung, in Form von Volksbräuchen in der chinesischen Gesellschaft, weiterhin fort. Nach Gründung der VR China hat die KP China bei der Gesetzgebung des Erbrechts bis zu einem gewissen Grad einige Charakterzüge dieser Gewohnheiten in das ErbG aufgenommen und gesetzlich geregelt, was sich in der Flexibilisierung der gesetzlichen Erbquoten im geltenden ErbG Chinas, die häufig als innovative Vorschriften mit chinesischen Charakteristiken bezeichnet werden, niederschlägt. Jedoch kann die bestehende Diskrepanz zwischen dem Erbrechtssystem des alten China und dem ErbG des modernen China durch die innovative Weise, in der die Rechtstraditionen des alten China in das moderne Erbgesetz übernommen wurden, nicht beseitigt werden. Der Grund hierfür ist, dass grundlegende Unterschiede zwischen der ostasiatischen und der westlichen Rechtstradition bestehen, die allerdings vom Gesetzgeber nicht hinreichend wahrgenommen wurden, was dazu führte, dass die Erbfolge des Vermögens im alten China, nämlich die Familienteilung, missverstanden wurde. Eine Neubewertung der Familienteilung wird zweifellos die verdeckte enge Beziehung zwischen dem Rechtsinstitut im geltenden ErbG und der Erbfolge des Vermögens im traditionellen Rechtssystem im alten China klarstellen.

3. Teil: § 13 Abs. 2, 3, 4 ErbG in der juristischen Praxis

Um das Rechtsinstitut der Flexibilisierung der gesetzlichen Erbquoten im chinesischen Erbrecht in ihrer Ganzheit vollständig zu begreifen, muss nach der Darstellung dieses Rechtsinstituts im Hinblick auf seine Stellung in der Rechtsordnung und seine Hintergründe auch dessen dynamische Anwendung untersucht werden, also wie die konkreten Vorschriften in der juristischen Praxis angewandt werden.

§ 8. Die Schwierigkeit der Untersuchung der juristischen Praxis

I. Die Bedeutung der Untersuchung der juristischen Praxis

In dieser Untersuchung besteht die juristische Praxis vor allem aus den Rechtsprechungen aller Volksgerichtsebenen Chinas, konkreter aus den Rechtsanwendungsregelungen in Form der Rechtsfortbildung oder des Richterrechts[650]. Die erste Frage, mit der der chinesische akademische Kreis zurzeit konfrontiert wird, wie der deutsche akademische Kreis wurde, ist die Bedeutung der Rechtsprechung in der juristischen Methodenlehre. Aus der Sicht der deutschen juristischen Methodenlehre, die in China übernommen wurde[651], ist die Wichtigkeit der Rechtsprechung und die Rechtfertigung der Rechtsfortbildung sowohl auf der Ebene der Theorie als auch der Praxis über jeden Zweifel erhaben. Obwohl in der Geschichte der deutschen Rechtswissenschaft die Rechtsfortbildung vor dem Hintergrund der Begriffsjurisprudenz[652] längst von der Rechtswissenschaft verdrängt wurde[653], sind die Theorie und die Auswirkungen der Rechtsfortbildung auf Grund

650 Also in den Regelungen der Rechtsanwendung aus den Entscheidungen, vgl. *F. Bydlinski*, Juristische Methodenlehre und Rechtsbegriff, 2. Aufl., 1991, S. 501ff.

651 Vgl. *Lei Lei*, Die Verbreitung der Juristischen Methodenlehre auf dem Festland Chinas, in *Yuanshi Bu* (Hrsg.), Juristische Methodenlehre in China und Ostasien, 2016, S. 19, 20, *Weixing Shen*, Rezeption der deutschen juristischen Methodenlehre in China und deren Einfluss auf die chinesische Zivilrechtswissenschaft, in *dieselbe*, a.a.O., S. 123, 124.

652 Siehe das von *Puchta* konzipierte in sich widerspruchsfreie System der präzisen juristischen Begriffe, vgl. *Rückert/Seinecke* (Hrsg.), Methodik des Zivilrechts-von Savigny bis Teubner, 2. Aufl., 2012, *Rückert*, Einführung, Rn. 15, S. 15.

653 Insbesondere in Bezug auf das Rechtsstaatsprinzip von Art. 20 Abs. 3 und Art. 97 Abs. 1 GG, nach dem die vollziehende Rechtsprechung an Gesetz und Recht gebunden ist, und die Richter unabhängig und nur dem Gesetz unterworfen sind. Vgl. *Maurer*, Staatsrecht I, 6. Aufl., 2010, Rn. 13, S. 208.

der Rechtsprechung durch die große Umwandlung der juristischen Methodenlehre des 20. Jahrhundert[654] unter bestimmten Voraussetzungen auch gegenwärtig ein unerlässlicher Teil der modernen juristischen Methodenlehre[655]. Wichtig ist auch, dass die maßgebliche Entscheidungsgewalt zu den verschiedenen Anwendungen einer Vorschrift von den Untergerichten im Zivilrecht auch schon durch eine Verfassungsentscheidung[656] dem BGH gewährt[657] wird, was der theoretischen Rechtfertigung entspricht. Obwohl diese maßgeblichen Entscheidungen vom BGH, anders als die Präzedenzfälle des Fallrechts, nicht als unmittelbare Rechtsquellen gelten, stellen sie in der juristischen Praxis immerhin einheitliche Rechtsanwendungsregelungen dar, denen die Untergerichte ohne weitergehende Begründungen[658] bei der Entscheidung so nachfolgen sollen[659]. Sie bilden als das sogenannte Richterrecht eine tatsächliche Rechtsquelle[660], ähnlich wie das Gewohnheitsrecht[661]. Diese Rechtstechnik dient auf jeden Fall einerseits der Milderung der Erstarrung des geschriebenen Rechtsnormenkomplexes und der Füllung der Gesetzeslücken[662] und andererseits der Sicherheit und der Vorhersehbarkeit bei der Rechtsanwendung in der juristischen Praxis[663].

II. Die schwierige Lage im gegenwärtigen China und ihre Hintergründe

Tatsächlich ist die Rezeption der Theorie der juristischen Methodenlehre an sich in akademischen Kreisen der chinesischen Rechtswissenschaft kaum auf Widerstand gestoßen[664]. Das ist eine Folge der in den vergangenen 30 Jahren wieder entdeckten

---

654 Die Entwicklung der Methodenlehre von der Begriffsjurisprudenz über Interessenjurisprudenz bis zur Wertungsjurisprudenz, vgl. *Larenz*, a.a.O., S. 19ff.

655 Vgl. *Wank*, Die Auslegung von Gesetzen, 5. Aufl., 2011, S. 82, 83.

656 Durch den Verfassungsentscheidung BVerfGE 34,269 (288), vgl. *Brox/Walker*, AT BGB, 40. Aufl., 2016, Rn. 8, S. 8

657 Vgl. *Brox/Walker*, a.a.O., Rn. 8, S. 8, auch *Bork*, AT BGB, 4. Aufl., 2016, Rn. 148, 149, S. 64.

658 Also besondere Bindung an tragende Gründe, siehe *Pawlowski*, Methodenlehre für Juristen, 3. Aufl., 1999, Rn. 1047, S. 480.

659 Zur „Fallnorm" von *Wolfgang Fikentscher*, siehe *Fikentscher*, Methoden des Rechts IV, 1977, S. 328, *derselbe*, Eine Theorie der Fallnorm als Grundlage von Kodex- und Fallrecht (code law and case law), ZfRV 1980, S. 161. *Pawlowski*, Einführung in die juristische Methodenlehre, 2. Aufl., 2000, Rn. 139, S. 73.

660 Bezüglich er tatsächlichen Verbindlichkeit der Rechtsprechung, vgl. *Larenz*, a.a.O., S. 366.

661 Vgl. *Kühl/Reichold/Ronellenfitsch*, Einführung in die Rechtswissenschaft, 2. Aufl., 2015, Rn. 19, S. 92.

662 Siehe *Honsell/Mayer-Maly*, a.a.O., S. 112.

663 Vgl. *F. Bydlinski*, Hauptpositionen zum Richterrecht, JZ 1985, S. 149.

664 Vgl. *Ren Chao*, Die Rezeption der deutsch juristischen Methodenlehre in China, Gansu Social Sciences, 2016 No. 5, S. 177.

und erneuten Übernahme westlicher Rechtswissenschaft in China[665]. Jedoch wurde die Entwicklung der Idee vom Richterrecht in der juristischen Praxis Chinas mit erheblich eingeschränkt[666], was sich darin zeigt, dass in den Entscheidungen nur schwache einheitliche Rechtsanwendungsregelungen geschaffen werden[667], nämlich die sogenannten verschieden Entscheidungen bei gleichen Fällen[668].

Die Gründe für diese Erscheinung sind verschieden. Auf der subjektiven Seite liegt es zugestandenermaßen in der rückständigen und einfachen Vorstellung[669] der regierenden KP China. Diese versucht sich damit ideologisch vom westlichen kapitalistischen Modell der Entscheidung abzugrenzen[670]. Auf der objektiven Seite betreffen sie vielmehr die Struktur der chinesischen Instanzen selbst, das wirtschaftliche System, und die gesellschaftlichen Wirklichkeit Chinas. Auf wirtschaftlicher und gesellschaftlicher Ebene tragen das Ungleichgewicht bei der Entwicklung der regionalen Wirtschaft[671] und die regionalen Unterschiede bei der

---

665 Siehe 2. Teil § 7 IV 2 b) bb) (a), S. 137ff.

666 Vgl. die Kritik zur Ablehnung der Rechtsfortbildung im chinesischen Gerichtsurteil im Jahr 2003, vgl. *He Jiahong*, Von der Rechtsfortbildung des Richters, The Jurist, 2003 No. 5, S. 141. Die gleiche Kritik nach ungefähr 12 Jahren vgl. *Xue Jun*, Die Kodifikation des Zivilgesetzbuchs und die Rechtsfortbildung des Richters, Law Science Magazine, 2015 No. 6, S. 31, 32.

667 Dies ist seit langem ein Problem. Für eine Untersuchung über die unorganisierten Kriterien der Entscheidung in den chinesischen unteren Volksgerichten durch die positive Forschung, vgl. *Tang Xuchao*, Norm und Rekonstruktion: Eine positive Forschung zur Festsetzung Richterkollegium für das Zivilreht in den chinesischen unteren Volksgerichten, Journal of Law Application, 2017 No. 5, S. 97, 98. Vgl. auch den offiziellen Bericht von. *Shen Yang*, Weiter die Kriterien gleichzusetzen und verschieden Entscheidungen unter dem gleichen Falle zu vermeiden, China Trial, 2017 No. 18, S. 67.

668 Im chinesischen Original 同案不同判.

669 Vgl. das Prinzip, dass gemäß Art. 7 des Zivilprozessgesetzes chinesische Gerichtsurteile „auf der Grundlage der Tatsachen und mit dem Recht als Richtschnur" (im chinesischen Original 以事实为根据，以法律为准绳) erfolgen sollen. Für frühe Zweifel daran, vgl. *Liao Yongan*, Belüftung zum Prinzip „auf der Grundlage der Tatsachen" im Zivilprozess, Hebei Law Science, 1999 No. 5, S. 23ff.

670 Ideologisch entstammt dieses Prinzip den Zeiten der kommunistisch Revolution Chinas, vgl. *Zhu Liyu/Lin Hongjiao*, Die Entstehung und Entwicklung des Prinzips „auf der Grundlage der Tatsachen und mit dem Recht als Richtschnur", Journal of Law Application, 2013 No. 2, S. 42ff.

671 Vgl. den Einfluss des wirtschaftlichen Elements bei unterschiedlichen Gerichtsurteilen betreffend der gemeinsamen Schuld der Ehegatten gemäß Art. 24 in den Ansichten des Obersten Volksgerichts über das Ehegesetz der VR China (im chinesischen Original 《婚姻法解释二》第24条), vgl. *Chen Fa*, Reflexion und Rekonstruktion der Regelungen der gemeinsamen Schuld der Ehegatten, Studies in Law and Business, 2017 No. 1, S. 126, 127.

gesellschaftlichen Wirklichkeit[672] Chinas dazu bei, die in einem großen multiethnischen Staat unvermeidlich sind[673].

Allerdings hat den größten Einfluss darauf die Struktur der chinesischen Instanzen selbst. Man bezeichnet sie als sogenanntes „System der vier Instanzen mit abschließender Behandlung oder endgültigen Entscheidung in zweiter Instanz“[674], das einerseits in § 2[675] und anderseits in § 11 Abs. 1[676] des Volksgerichtsorganisationsgesetzes Chinas geregelt wird. Die Nachteile dieser Struktur der chinesischen Instanzen werden folgendermaßen relevant: Die meisten Fälle fallen in der ersten Instanz in die Zuständigkeit der Unteren Volksgerichte oder der Mittleren Volksgerichte. Sie werden aber bereits in der zweiten Instanz schon abschließend entschieden, was dazu führt, dass viele endgültige Entscheidungen nur auf Ebene der Regionalinstanz, also in den Mittleren Volksgerichten oder den Oberen Volksgerichten getroffen werden können[677]. Damit hat das oberste Gericht nur wenige Chancen in normaler Instanz die Fälle zu entscheiden[678]. Dies wird in der chinesischen Literatur als Regionalismus der Entscheidungen bezeichnet[679]. Es ist anzumerken, dass dieser Regionalismus der Entscheidungen in der juristischen Praxis

672 Vgl. die unterschiedliche Behandlung des Problems der Rückgabe der Brautgabe (im chinesischen Original彩礼) aufgrund verschiedener chinesischer Gewohnheiten, vgl. *Huang Xiaozheng*, Das Gesetz und der Grund über Rückgabe der Brautgabe im Gerichtsurteil, Journal of Xiangtan University (Philosophy and Social Sciences), 2015 No. 3, S. 62, 63.

673 Hinzu kommen die oben besprochenen unterschiedlichen lokalen Gewohnheiten der Han-Chinesen (汉族), die die Bevölkerungsmehrheit darstellen.

674 Im chinesischen Original 四级二审终审制. Der Hintergrund ihrer Entstehung, vgl. *Jiang Wei/Fu Yulin* (Hrsg.), Zivilprozessrechtswissenschaft, 3. Aufl., 2015, S. 66ff.

675 Einerseits wird gemäß § 2 Abs. 1 das Oberste Volksgericht eingesetzt und andererseits gemäß § 2 Abs. 2 die lokalen Volksgerichte aller Stufen in Volksgerichte der Grundstufe, Volksgerichte der Mittelstufe und Volksgerichte der Oberstufe eingeteilt. Deutsche Übersetzung des Volksgerichtsorganisationsgesetzes der VR China von *Knut Benjamin Pißler*, ZChinR 2012, S. 52.

676 Gemäß §11 Abs. 1 folgen die Volksgerichte bei der Rechtsprechung von Fällen dem System einer abschließenden Behandlung in zweiter Instanz. Deutsche Übersetzung von *Pißler*, ZChinR 2012, S. 54.

677 Vgl. *Zhang Jinhong*, Die Nachteile des Systems vier Instanzen mit der abschließenden Behandlung in zweiter Instanz und seine Verzerrung bei der Anwendung, Forschung des Zivilprozessrechts, 2007 No. 3, S. 27.

678 Obwohl die Wiederaufnahme (im chinesischen Original 再审) als eine mögliche Lösung zu diesem Problem in § 13 Abs. 2 des Volksgerichtsorganisationsgesetz der VR China geregelt wird, wird dieses Mittel eigentlich im Notfall angewandt. Zur Kritik daran vgl. *Wang Yaxin*, Die Wiederaufnahme im Zivilprozess: Ihre Entwicklung und Anwendung, Northern Legal Science, 2016 No. 5, S. 128.

679 Im chinesischen Original 司法地方主义, vgl. *Zhang Jianwei*, Regionalismus Übersteigen und De-administration der Entscheidung, Law Science Magazine, 2014 No. 3, S. 34ff.

bei Anwendung der Vorschriften der Flexibilisierung der gesetzlichen Erbquoten noch viel mehr ins Gewicht fällt. Außerdem können die Fälle betreffend das Erbrecht nach den Kriterien des Obersten Volksgerichts seit dem Inkrafttreten des Standards über die instanzliche Zuständigkeit in der VR China normalerweise nur von den Volksgerichten der Grundstufe aufgenommen werden[680]. Dadurch entsteht die Situation, dass viele endgültige Entscheidungen zur Flexibilisierung der gesetzlichen Erbquoten nur in den Mittleren Volksgerichten getroffen werden und sodann gar nicht mehr in die Zuständigkeit eines Oberen Volksgerichts einer Provinz eingehen können. Des Weiteren kann der tatsächliche Stand der Anwendung dieser Vorschriften von der Öffentlichkeit kaum in Erfahrung gebracht werden, weil die Entscheidungsurkunden kaum öffentlich zugänglich gemacht werden[681]. Dieses Problem hat deswegen bei der Untersuchung der chinesischen juristischen Praxis in akademischen Kreisen viele Schwierigkeiten mit sich gebracht[682].

§ 9. Offizielle und akademische Lösungen sowie ihre Bewertungen

Um die oben in der Untersuchung dargestellte Problematik betreffend die juristische Praxis zu überwinden, versuchen längst sowohl das Oberste Volksgericht Chinas als auch akademische Kreise offizielle Lösungen oder durch akademische juristische Forschungsmethoden eine einheitliche Regelung zur Rechtsanwendung der Vorschriften zu präsentieren.

I. Die offizielle Lösung des Obersten Volksgerichts Chinas

Tatsächlich hat das Oberste Volksgericht Chinas schon vor einiger Zeit die Wichtigkeit einer einheitlichen Regelung der Rechtsanwendung erkannt und deshalb in der gesamten Zeit seit der Gründung der Volksrepublik China durch verschiedene Maßnahmen versucht eine solche herzustellen; die wichtigsten drei Maßnahmen sind die schon seit langem durchgeführten Ansichten oder Erläuterungen

680 Die Mitteilung über die Anpassung der Standarden der Zuständigkeit der Volksgerichte vom 2015 (im chinesischen Original法发[2015]7号，最高人民法院关于调整高级人民法院和中级人民法院管辖第一审民商事案件标准的通知), online unter http://www.court.gov.cn/fabu-xiangqing-14366.html. (Zugriff: 23.07.2017)

681 Auch wenn 2014 eine Webseite *China Judgements Online* für die Publikation der Urteile eingerichtet wurde, (eingehender dazu S. 173ff.) ist der Publikationsumfang noch ziemlich begrenzt. Außerdem ist die Auswahl der publizierten Urteile ein Problem. Siehe dazu den offiziellen Bericht von *Liu Tingmei/Sun Ruofeng, Zhou Qiang*: Vertiefung der Publikation der Urteile und Förderung der juristischen Gerechtigkeit, China Trial, 2016 No. 17, S. 3.

682 Vgl. *Xu Bing*, Die Art der Publikation der Urteile reformiert werden solle, Global Law Review, 2013 No. 2, S. 26, 27.

des Obersten Volksgerichts[683], die Leitfälle des Obersten Volksgerichts[684] sowie die jüngst geschaffene Veröffentlichung von Entscheidungsurkunden[685]. Allerdings werden die Auswirkungen dieser Maßnahmen noch in Frage gestellt, besonders im Hinblick auf das Festhalten der Behörden an ideologischen Vorstellungen, wie z.B. der Aufrechterhaltung des „Systems der vier Instanzen mit abschließender Behandlung oder endgültiger Entscheidung in zweiter Instanz"[686] und unklarer Einstellung zur Natur der Leitfälle, durch die das sogenannte „westliche Fallrecht" und die Verletzung der Gesetzgebungskompetenz des Nationalen Volkskongresses vermieden werden soll[687].

1. *Die Ansichten oder Erläuterungen des Obersten Volksgerichts*

Die Ansichten oder Erläuterungen des Obersten Volksgerichts[688] werden in der Praxis tatsächlich schon als eine inoffizielle Rechtsquelle betrachtet[689], obwohl sie wegen der Verletzung der Autorität der nahezu einzigen Rechtsquelle des modernen Systems, des Gesetzes des Nationalen Volkskongresses, ständig von akademischen Kreisen kritisiert werden[690]. Aber geschichtlich betrachtet zielen die Ansichten des Obersten Volksgerichts vom Anfang an gerade auf die Einheitlichkeit der Rechtsanwendung[691]. Dieses kann man daran erkennen, dass die früheste Form der Ansichten des Obersten Volksgerichts ein juristische Dokument[692] ist, das vom Obersten Volksgericht aufgrund der in der regionalen juristischen Praxis aufgetauchten und von den Regionalvolksgerichten vorgelegten konkreten Problematik ausgestellt wurde[693]. In der Gründungsphase der VR China erschien

683 Im chinesischen Original 最高院司法解释. Für allgemeine Literatur siehe Fn 33, S. 34.

684 Im chinesischen Original 最高院指导性案例.

685 Im chinesischen Original 裁判文书公开. Unter dem Begriff „Entscheidungsurkunde" versteht man das offizielle Schriftstück der Rechtsprechung.

686 Im chinesischen Original 四级二审终审制, siehe oben Fn 674, S. 162.

687 Vgl. *Yu Tongzhi*, Zur Heranziehung der anleitenden Fälle, People' s Judicature, 2013 No. 7, S. 64.

688 Im Folgenden nur als „Ansichten" bezeichnet, da, wie weiter unten darzustellen ist, die Formen der Ansichten eigentlich vielfältig sind, siehe Fn 695, S. 165.

689 Siehe oben S. 34, 35.

690 Siehe oben S. 34.

691 Vgl. *Wang Quansheng*, Die Schwierigkeit der Richtigkeit der juristischen Ansichten und der Ausweg, Journal of National Prosecutors College, 2009 No. 3, S. 92.

692 Im chinesischen Original司法文件. Dieses früherste juristische Dokument aus der Anfangszeit der VR China ist eine Weisung (im chinesischen Original命令) vom Obersten Volksgericht vom 03.11.1949 mit militärischer Färbung. Vgl. *Wu Zhaoxiang*, Das Verständnis und die Anwendung zu den Vorschriften über die Ansichten vom Obersten Volksgericht, People' s Judicature, 2007 No. 5A, S. 29.

693 Vergleiche dazu Art. 2 der gültigen Bestimmungen über die Erarbeitung der juristischen Ansichten vom Obersten Volksgericht vom 23.03.2007 (im chinesischen

die konkrete Form dieser juristischen Dokumente in außerordentlicher Vielfältigkeit[694]. Neben den heute üblichen Erläuterungen des Obersten Volksgerichts gab es nach der Ansicht eines Rechtswissenschaftlers auch viele andere Ausprägungen von Ansichten des Obersten Volksgerichts unter verschiedenen Bezeichnungen[695]. Obwohl man bei diesen Ausprägungen mit jeweils verschiedenen Bezeichnungen einen starken Einschlag der Exekutiven sehen kann[696], kann nicht verneint werden, dass das Ergebnis der Ansichten des Obersten Volksgerichts sicherlich der Einheitlichkeit der Rechtsanwendung in der juristischen Praxis der regionalen Volksgerichte diente[697], sich aber nur gegen den Einzelfall richtete[698]. Im Jahr 1981 hat der Ständige Ausschuss des Nationalen Volkskongresses der VR China einen Beschluss[699] erlassen, in dem zum ersten Mal von der nationalen Legislative ausdrücklich bestätigt wird, dass das Oberste Volksgericht die Macht zur konkreten Auslegung von Problemen in der juristischen Praxis habe[700]. Dies bedeutet also, dass die Ansichten des Obersten Volksgerichts zu normieren und systematisieren seien und dass sie in der juristischen Praxis immer größere Auswirkungen haben sollen[701]. Um diesen Beschluss der Legislative umzusetzen, hat das Oberste

---

Original 《最高人民法院关于司法解释工作的若干规定》2007年3月23日法发(2007) 12号), nach dem sie zum Ziel haben, die konkreten Probleme im Gerichtsurteil zu lösen, im Folgenden abgekürzt als Vorschriften vom 23.03.2007. Chinesische Version online unter http://www.npc.gov.cn/npc/xinwen/fztd/sfgz/2007-03/23/content_362927.htm. (Zugriff: 06.07.2017)

694 Ungefähr 20 Arten, vgl. *Dong Hao*, Die 60 Jahre der Ansichten des Obersten Volksgerichts, Lingnan Journal, 2009 No. 5, S. 49.

695 Z.B. Mitteilungen (im chinesischen Original 通知), Befehle (im chinesischen Original 指令), Lösungen (im chinesischen Original 解答), Hinweise (im chinesischen Original 指示), Aktenvermerke (im chinesischen Original 批示), offizielle Antworten (im chinesischen Original 批复), Stellungnahmen zur Behandlung (im chinesischen Original 处理意见) usw., vgl. *Dong Hao*, a.a.O., S. 49.

696 Dieser exekutive Einschlag des Verwaltungsakts folgt aus den oben aufgezählten Bezeichnungen, siehe Fn 695, S. 165.

697 Vgl. *Chen Chunlong*, Die Stellung und die Funktion der Ansichten des Obersten Volksgerichts, China Legal Science, 2003 No. 1, S. 28.

698 Vgl. *Hu Yan*, Die Geschichte und die Zukunft der Ansichten des Obersten Volksgerichts, Tribune of Political Science and Law, 2015 No. 3, S. 41, 42.

699 Der Beschluss des Ständigen Komitee des Nationalen Volkskongresses über die Verstärkung der Erläuterung des Gesetzes vom 10.06.1981 (im chinesischen Original 1981年6月10日第五届全国人民代表大会常务委员会第十九次会议通过的 《全国人民代表大会常务委员会关于加强法律解释工作的决议》). Chinesische Version online unter http://www.npc.gov.cn/wxzl/gongbao/2000-12/06/content_5004401.htm. (Zugriff: 22.07.2017)

700 In Nr. 2 dieses Beschlusses wird ausdrücklich geregelt, dass die konkreten Probleme der Anwendung der Gesetze und Verordnungen in einem Gerichtsurteil des Obersten Volksgerichts erläutert werden.

701 Vgl. *Jin Zhenbao*, Die Macht der abstrakten juristischen Auslegung des Obersten Volksgerichts, Journal of Comparative Law, 2010 No. 2, S. 58.

Volksgericht am 23.06.1997 eine Bestimmung[702] erlassen. Diese Bestimmung ist immens wichtig für die Entwicklung der Ansichten des Obersten Volksgerichts, also die Systematisierung. Denn daraus ergeben sich vier bedeutende Punkte. Erstens ist die Geltung der Ansichten des Obersten Volksgerichts gleich zu bewerten wie die staatlichen Gesetze (wie bereits oben erwähnt)[703]. Zweitens wird das Verfahren zur Ausarbeitung und Verkündung der Ansichten des Obersten Volksgerichts klar und konkret bestimmt[704]. Drittens sind die Ausprägungen der Ansichten des Obersten Volksgerichts dergestalt eingeschränkt, dass nur die drei Formen der Erläuterung, Bestimmung und offiziellen Antwort nach wie vor zugelassen werden[705]. Viertens ist auch ein einheitliches Schema für den Inhalt der Ansichten des Obersten Volksgerichts vorgesehen[706]. Obwohl gemäß der Bestimmung vom 23.06.1997 die konkreten Formen und Verfahren für die Ansichten des Obersten Volksgerichts einheitlich geregelt sind, tauchten auch nach 1997 noch häufig Ausnahmen dieser Bestimmung auf, die zu deren Nichtbeachtung führen[707]. Aus diesem Grund wurde im März 2007 eine weitere Bestimmung[708] vom Obersten Volksgerichts verkündet und gleichzeitig die Bestimmung vom 23.06.1997 aufgehoben[709]. Allerdings ist diese Bestimmung vom März 2007 in inhaltlicher Hinsicht vielmehr eine detaillierte Ausarbeitung der Bestimmung vom 23.06.1997, denn der wesentliche Inhalt der alten Bestimmung ist auch in der neuen Bestimmung enthalten. Neben der Erweiterung der Ausprägungen von möglichen Arten der Ansichten des Obersten Volksgerichts, bei der aus vormals drei Formen vier geworden sind[710], ist die größte Veränderung das Einfügen von Art. 3, nach dem die Ansichten des Obersten Volksgerichts, abhängig vom praktischen Bedarf der Arbeiten der Gerichte, nach dem Gesetz und dem gesetzgebenden Willen verfasst werden

---

702 Bestimmungen über die Arbeit der juristischen Ansichten vom Obersten Volksgericht vom 23.06.1997 (im chinesischen Original 《最高人民法院关于司法解释工作的若干规定》1997 年 6 月 23 日法发(1997)15号), im Folgenden als Vorschriften vom 23.06.1997 abgekürzt.

703 Siehe Art. 4 der Bestimmungen vom 23.06.1997, der die Stellung der juristischen Ansichten im Rechtssystem festlegt, obwohl seine Richtigkeit in der Literatur bisher angezweifelt wird, vgl. *Jin Zhenbao*, a.a.O., S. 64.

704 Siehe Art. 5 der Bestimmungen vom 23.06.1997. Hier wird das Verfahren in 6 Schritten geregelt.

705 Gemäß Art. 9 der Bestimmungen vom 23.06.1997 gibt es drei Formen: Erläuterungen (im chinesischen Original 解释), Vorschriften (im chinesischen Original 规定) und offizielle Antworten (im chinesischen Original 批复).

706 Vgl. Art. 10 der Bestimmungen vom 23.06.1997.

707 Vgl. *Hu Yan*, a.a.O., S. 40.

708 Vom 12.03.2007.

709 Vgl. Art. 31 der Bestimmungen vom 12.03.2007.

710 Im Art. 6 der Bestimmungen vom 12.03.2007 wird den drei im Art. 9 der Vorschriften vom 23.06.1997 geregelten Formen noch Entscheidungen (im chinesischen Original 决定) hinzugefügt.

sollen. Damit wurden der gesetzgeberische Wille und der praktische Bedarf an juristischen Entscheidungen betont. Obwohl diese Vorschrift schon im Wortlaut über den Umfang des vom Ständigen Ausschuss des Nationalen Volkskongresses vorgesehenen Beschlusses hinaus geht[711], ist es offensichtlich, dass der Verfasser damit die Ansichten des Obersten Volksgerichts deutlicher zugelassen hat, mit dem Ziel Einheitlichkeit von Regelungen zur Rechtsanwendung zuzulassen[712].

Auf jeden Fall sind die Ansichten des Obersten Volksgerichts das erste vom Obersten Volksgericht eingesetzte Mittel, das sich bis heute noch auswirkt, mit dem versucht wurde, eine Einheitlichkeit der Regelungen zur Rechtsanwendung zu schaffen. Aus ihrer historischen Entwicklung kann man erkennen, dass sie selbst tatsächlich eine vom Obersten Volksgericht einheitlich organisierte Art von Regelungen zur Rechtsanwendung in der juristischen Praxis darstellen[713]. Allerdings werden erstens ihre Rechtfertigungen noch immer in Frage gestellt[714], was zu gewisser Verwirrung führt[715]. Zweitens hat diese Form von Normensätzen und Erläuterungen der Ansichten des Obersten Volksgerichts – insbesondere nach der Bestimmung des Obersten Volksgerichts vom 23.06.1997 zur Normierung und Systematisierung- fast alle Nachteile eines normalen Gesetzeskonstrukts mehr und mehr aufgewiesen[716] und ihr Zurückbleiben hinter der aktuellen juristischen Praxis wurde auch offensichtlich[717]. Deswegen ist die tatsächliche Auswirkung der Ansichten des Obersten Volksgerichts als offizielles Mittel, durch das die Einheitlichkeit der Regelungen zur Rechtsanwendung in der juristischen Praxis hergestellt werden soll, noch zweifelhaft[718], obwohl sie in der juristischen Praxis eine zunehmend wichtige Rolle spielen[719].

---

711 Die juristischen Ansichten sollen nach dem Beschluss nicht über das Gesetz hinaus gehen und sich auf die konkreten Probleme bei der Anwendung der Gesetze begrenzen.

712 Vgl. *Dong Hao*, a.a.O., S. 49, 50.

713 Vgl. *Tian Fang*, Die Übereinstimmung der Auslegung der Gesetze, Science of Law, 2007 No. 6, S. 8, 9.

714 Vgl. *Jin Zhenbao*, a.a.O., S. 64, 65.

715 Die sogenannte zweite Gesetzgebung der Justizorgane, vgl. *Chen Xingliang*, Von Leistungen und Nachteile der juristischen Ansichten, Law Science, 2003 No. 8, S. 54.

716 Zur Abstraktion und verzögerten Wirkung der generellen Normen und dessen Unvereinbarkeit mit dem Gesetz, vgl. z.B. die Regelung im Art. 24 der Ansichten des Obersten Volksgerichtsüber das Ehegesetz der VR China ist mit der Regelung im Ehegesetz der VR China (im chinesischen Original 《婚姻法解释二》第24条), siehe Fn 671, S. 161.

717 Vgl. *Tian Fang*, a.a.O., S. 10.

718 Siehe Fn 714, 715, S. 167.

719 In der Tat baut das System der Leitfälle des Obersten Volksgerichts auf der Grundlage der juristischen Ansichten auf, eingehend hierzu siehe 3. Teil § 9 I 4, S. 175f.

2. Die Leitfälle des Obersten Volksgerichts

Nach der vom Obersten Volksgericht am 26.11.2010 verkündeten Bestimmung[720] hat das Oberste Volksgericht die Befugnis, einige Konstellationen aus den rechtskräftigen Urteilen unter gewissen Voraussetzungen[721] auszuwählen und im ganzen Staat einheitlich zu verkünden[722], um dadurch in der juristischen Praxis entscheidende Erfahrungen zusammenzufassen, die Rechtsanwendung zu vereinheitlichen und die Qualität der Entscheidungen zu verbessern[723]. Auf Geltungsseite sollen alle regionalen Volksgerichte nach den Vorschriften dieser Bestimmung[724] bei der Entscheidung ähnlich gelagerter Fälle die vom Obersten Volksgericht einheitlich verkündeten Leitfälle Bezug heranziehen[725]. Zwischen 20.12.2011 und 31.08.2017[726] hat das Oberste Volksgericht schon insgesamt 87 Leitfälle in 16 Gruppen verkündet[727].

In der Tat ist das Oberste Volksgericht schon seit langer Zeit daran interessiert, dass klassische Entscheidungen von ihm selbst und von allen regionalen Volksgerichten[728] befolgt werden und hatte deswegen versucht, ein System dafür zu schaffen, indem es die Leitfälle in Sammlungen klassischer Entscheidungen geordnet und veröffentlicht hat[729]. Dafür hat das Oberste Volksgericht einerseits im Jahr

720 Bestimmungen des Obersten Volksgerichts zur Arbeit der Anleitung mit Fällen vom 26.11.2010 (im chinesischen Original 《最高人民法院关于案例指导工作的规定》法发 (2010)51 号2010 年11月26日). Chinesische Version online unter http://www.law-lib.com/law/law_view.asp?id=342688, (Zugriff: 23.07.2017) deutsche Übersetzung von *Knut Benjamin Pißler*, ZChinR 2012, S. 33, 34. Im Folgenden abgekürzt als Bestimmungen vom 26.11.2010.

721 Gemäß Art. 2 der Bestimmungen vom 26.11.2010 werden fünf Voraussetzungen für die Leitfälle festgelegt.

722 Die Leitfälle werden einheitlich vom Obersten Volksgericht (gemäß Art. 1) gleichzeitig im „Amtsblatt des Obersten Volksgerichts" (im chinesischen Original 《最高法院公报》), auf der Webseite des Obersten Volksgerichts und in der „Volksgerichtszeitung" (im chinesischen Original 《人民法院报》) als Bekanntmachung veröffentlicht (gemäß Art. 6 Abs. 2).

723 Siehe die Einleitung der Bestimmungen vom 26.11.2010.

724 Art. 7 der Bestimmungen vom 26.11.2010.

725 Nach der Übersetzung von *Pißler* „Heranziehung durch andere Volksgerichte" (im chinesischen Original 各级人民法院应当参照).

726 Informationen auf dem Stand vom 31.08.2017.

727 Siehe die Bekanntmachung der Veröffentlichung der zehn Leitfälle (Nr. 78–87) der sechzehnten Gruppe, online unter http://www.court.gov.cn/fabu-xiangqing-37602.html.

728 Im chinesischen Original 各级地方法院, hier auch einschließlich der besonderen Gerichte.

729 Für einen Rückblick auf die vormaligen Veröffentlichungen der Entscheidungen, vgl. *Wang Bin*, Die schwierige Lage der Geltung der anleitenden Fälle und die Lösung, Journal of Henan University (Social Science), 2017 No. 4, S. 66ff.

2005 im Fünf-Jahres-Reformplan für die Volksgerichte[730] schon seine Vorstellungen, wie das System der Leitfälle aufgebaut und vervollständigt werden sollte, veröffentlicht[731]. Andererseits gibt es schon seit längerem geeignete Medien für die Veröffentlichung dieser Fälle. Hauptsächlich sind dies *Das Amtsblatt vom Obersten Volksgericht*[732] und die vom Institut für die praktische Rechtswissenschaft (einer dem Obersten Volksgericht angehörenden Organisation) herausgegebene Entscheidungssammlung *Ausgewählte Fälle der Volksgerichte*[733]. Obwohl *Das Blatt vom Obersten Volksgericht* die einzige offizielle Fachzeitschrift des Obersten Volksgerichts ist, dürfen die im *Blatt vom Obersten Volksgericht* publizierten Fälle, mit Ausnahme der nach der Bestimmung vom 26.11.2010 vom Obersten Volksgericht als Leitfälle festgelegten Fälle, nach einer Entscheidung vom Obersten Volksgericht[734] in der juristischen Praxis nicht als die Begründung der Entscheidung herangezogen werden. Deswegen sind die meisten im *Amtsblatt vom Obersten Volksgericht* publizierten Fälle für die juristische Praxis, insbesondere für die Entscheidungsarbeit der Volksgerichte, nicht maßgeblich[735]. Was die *Ausgewählten Fälle der Volksgerichte* betrifft, ist der Herausgeber, das Institut für die praktische Rechtswissenschaft, zwar dem Obersten Volksgericht untergeordnet[736], jedoch ist das Institut eher eine akademische Organisation des Obersten Volksgerichts[737]. Daher sind die von ihm herausgegebenen Entscheidungssammlungen zwar akademisch

730 „Überblick über den zweiten Fünf-Jahres-Reformplan für das Volksgericht“ des Obersten Volksgerichts vom 26.10.2005 (im chinesischen Original 2005年10月26日最高人民法院法发 [2005]18号《人民法院第二个五年改革纲要 (2004–2008)》), online unter http://www.china-judge.com/ReadNews.asp?NewsID=3284&BigClassID=17&SmallClassID=25&SpecialID=0. (Zugriff:25.07.2017)

731 Siehe den zweiten Abschnitt des „Überblicks über den zweiten Fünf-Jahres-Reformplan des Volksgerichts“.

732 Publikationsbeginn im Jahr 1985. Von Anfang an wurden ausgewählten Urteile der Volksgerichte aller Instanzen darin veröffentlicht. Vgl. *Dong Hao*, Über Entscheidung hinaus bis zur Rechtsprechung: Die Forschung zur Veröffentlichung der Entscheidungen im „Amtsblatt des Obersten Volksgerichts“, People' s Judicature, 2002 No. 6,S. 18.

733 Im chinesischen Original 《人民法院案例选》. Die Reihe der ausgewählten Fälle der Volksgerichte werden seit 1992 vom dem Obersten Volksgericht untergeordneten *Institut für die praktische Rechtswissenschaft* (im chinesischen Original 应用法学研究所) in Form eines Buchs herausgegeben. Vgl. *Zhou Daoluan*, Die historische Entwicklung des Systems chinesischer Rechtsprechung, Journal of Law Application, 2004 No. 5,S. 6.

734 Verfügung vom Obersten Volksgericht (2014 民申字第441号).

735 Seine Maßgeblichkeit ist zumindest unscharf, vgl. *Dong Hao*, Die Entwicklung und Rekonstruktion der Auslegung der Rechtsprechung, 2015, S. 195, 196.

736 Siehe den Onlineauftritt von *Institut für die praktische Rechtswissenschaft*, online unter http://yyfx.court.gov.cn/gywm1/fysjj/. (Zugriff: 26.07.2017)

737 Siehe a.a.O., online unter http://yyfx.court.gov.cn/gywm1/fysjj/.

bedeutend[738], für die entscheidenden Arbeiten der Volksgerichte jedoch auch nicht maßgeblich[739]. In diesem Sinne haben die zwei Arten von klassischen Fällen bis zur endgültigen Festlegung eines Systems der Leitfälle in der juristischen Praxis entweder die Bedeutung einer unmaßgeblichen Referenz[740] oder dienen nur dem „allgemeinen Studium" von Juristen[741]. Allerdings werden die Art und Weise in der diese zwei Medien ausgewählte Fällen veröffentlichen ins System der Leitfälle übernommen[742]. Deswegen können diese zwei Medienarten nach einer Meinung als Vorläufer der Leitfälle bezeichnet werden[743].

Die Bedeutung des Systems der Leitfälle liegt deswegen genau darin, dass dadurch den ausgewählten klassischen Fällen in der juristischen Praxis eine rechtliche Geltung verliehen wird, um die Rechtsanwendung mit der juristischen Praxis verbindlicher zu machen[744]. Allerdings ist das System der Leitfälle selbstverständlich mit einer gewissen Problematik behaftet.

Das größte Problem besteht darin, wie die rechtliche Geltung dieser Leitfällen geartet sein soll. Zwar hat Art. 7 der Bestimmung vom 26.11.2010 vom Obersten Volksgericht ausdrücklich geregelt, dass alle regionalen Volksgerichte bei der Entscheidung der entsprechenden Fälle auf die vom Obersten Volksgericht einheitlich verkündeten Leitfälle Bezug nehmen sollen[745]. Jedoch ist die Bedeutung des Ausdrucks „sollen Bezug nehmen" trotz der Konnotation einer rechtlichen Maßgeblichkeit im Chinesischen einer kurz nach Verkündung der Bestimmungen vom 26.11.2010 geäußerten Meinung zufolge semantisch unscharf[746].

---

738 Eine weitere Reihe ausgewählter Fälle, die oft mit *Ausgewählten Fällen der Volksgerichte* verglichen wird, ist die Reihe „*Übersicht über die wichtigsten chinesischen Fälle*" (im chinesischen Original 《中国审判案例要览》), die gemeinsam vom *National Judges College* (im chinesischen Original 国家法官学院) und der juristischen Fakultät von Renmin University of China (im chinesischen Original 中国人民大学法学院) herausgegeben wird und rein akademischer Natur ist, was sie in eine Reihe mit dem akademischen und nicht normativen Natur *Ausgewählten Fällen der Volksgerichte* stellt, vgl. *Dong Hao*, a.a.O., S. 196, 197.

739 Da die Veröffentlichung ohne die Überprüfung des Rechtsprechungsausschusses vom Obersten Volksgericht erfolgt. Vgl. hierzu *Zhou Daoluan*, a.a.O., S. 7.

740 Die klassischen Fälle vom *Amtsblatt vom Obersten Volksgericht* (im chinesischen Original 公报案例).

741 Siehe *Institut für die praktische Rechtswissenschaft vom Obersten Volksgericht* (Hrsg.), Vorwort zu Ausgewählte Fälle der Volksgerichte, No. 1, 1992.

742 Vgl. *Dong Hao*, a.a.O., S. 204.

743 Vgl. *Wang Jian*, Die Geschichte und der Zustand des Systems der chinesischen anleitenden Fälle, Rule By Law and The Society, 2017 No. 8, S. 45.

744 Vgl. *Su Chi*, Die Funktion und Bedeutung des Systems der anleitenden Fälle, *Legal Daily* vom 01.07.2017, Besuche zur Webseite http://www.legaldaily.com.cn/zfzz/content/2017-07/03/content_7229490.htm?node=81123.

745 Siehe Fn 722, S. 168.

746 Vgl. *Song Xiao*, Die Entstehung der Rechtsprechung und das System der chinesischen anleitenden Fälle, Chinese Journal of Law, 2011 No. 4, S. 69, 70.

Einerseits verneinen nämlich sowohl die akademische Erklärung[747], als auch die offizielle Erläuterung[748] später mit Bezug auf den Ausdruck „sollen Bezug nehmen“ zuallererst, dass die Eigenschaft der Leitfälle gleich denen des Vorfalls im Fallrecht wäre, weil dadurch die staatlichen Gesetze in Leere laufen würden[749]. Gleichzeitig lassen die Bestimmungen vom 26.11.2010 und die detaillierten Regelungen vom Obersten Volksgericht mögliche weitere Auslegung der konkreten Begriffe offen[750]. Andererseits finden sich hierzu drei verschiedene Meinungen in der Literatur[751]. Der ersten Meinung nach dürfe man bei der juristischen Entscheidung die Leitfälle in der Begründung der Entscheidung zitieren[752]. Der zweiten Meinung nach dürfe man zwar die Leitfälle nicht als Begründungen der Entscheidung nennen, könne diese aber als einen Fall, auf den Bezug genommen wird, in der Begründung der Entscheidung zitieren[753]. Einer dritten Ansicht könnten die Leitfälle weder als Begründung der Entscheidung, noch als ein Fall, auf den Bezug genommen wird, zur Begründung der Entscheidung in den Entscheidungsurkunden zitiert werden; sie könnten nur als Richtungsvorgabe dienen[754]. Darüber hinaus kann man dem Interview von *Legal Daily*[755] mit dem Direktor des Forschungsbüros des Obersten Volksgerichts[756] *Hu Tengyun* zur Verkündung der Bestimmung vom 26.11.2010 durch das Oberste Volksgericht mittelbar entnehmen, zu welcher Einstellung das Oberste Volksgerichts tendiert[757]. Demnach könnten die Leitfälle zumindest als Erklärung zur Begründung der Entscheidung in den Entscheidungsurkunden

---

747 Vgl. *Zhang Qi*, Nochmal von der Natur und Garantie der Geltung der anleitenden Fälle, Law and Social Development, 2013 No. 1, S. 93.

748 Detaillierte Regelungen der *Bestimmungen vom 26.11.2010* vom 13.05.2015 (im chinesischen Original 2015年5月13日最高人民法院 法 (2015)130号 《〈关于案例指导工作的规定〉 实施细则》), online unter http://legal.china.com.cn/2015-06/02/content_35718862.htm. (Zugriff: 26.07.2017)

749 Gemäß Nr. 10 der Detaillierte Regelungen der *Bestimmungen vom 26.11.2010* vom 13.05.2015 sollen die anderen Gerichte zwar auf die Leitfälle Bezug nehmen, jedoch nur als Begründung der Entscheidung, nicht als Anhaltspunkt für die Entscheidung (作为裁判理由引述，但不作为裁判依据引用).

750 Vgl. *Ahl*, Neue Maßnahmen zur Vereinheitlichung der Rechtsprechung in China, ZChinR 2012, S. 14, 15.

751 Vgl. *Wang Liming*, Forschung zu einige Probleme des Systems der chinesischen anleitenden Fälle, Law Science, 2012 No. 1, S. 76. Auch vgl. *Zhang Qi*, a.a.O., S. 92.

752 Im chinesischen Original 说理功能说 (die Funktion der Begründung).

753 Im chinesischen Original 参照功能说 (die Funktion der Bezugnahme).

754 Im chinesischen Original 指导功能说 (die Funktion der Richtungsvorgabe).

755 Die Bestimmungen des Systems der anleitenden Fälle, *Legal Daily* vom 05.01.2011, online unter http://www.legaldaily.com.cn/index_article/content/2011-01/05/content_2427557.htm?node=5958. (Zugriff: 26.07.2017)

756 Im chinesischen Original 最高法院研究室.

757 *Hu Tengyun* betonte allerdings wiederholt, dass diese Meinungen nur persönlich seien und nicht die Meinungen des Forschungsstudios des Obersten Volksgerichts und des Obersten Volksgerichts wiedergeben würden.

zitiert werden, weil sie vom Komitee für Entscheidungen des Obersten Volksgerichts nach ausführlicher Diskussion ausgewählt werden und sich zur Gesetzesauslegung eignen und entscheidungsweisend sind[758]. Die rechtliche Geltung der Leitfälle ist demnach noch nicht zweifelsfrei geklärt und insbesondere im rechtsvergleichenden Kontext eine Schwachstelle des Systems der Leitfälle[759].

Ein weiteres Problem ist die Anzahl der ausgewählten Leitfällen, die auf einmal vom Obersten Volksgericht verkündet werden. Denn das Oberste Volksgericht hat in den betreffenden fünf Jahren insgesamt 16 Gruppen von Leitfällen verkündet, was durchschnittlich 3 Gruppen von Leitfällen pro Jahr entspricht[760]. Allerdings enthielt bis zum Jahr 2017 jede Gruppe nur ungefähr 4 oder 5 Leitfälle[761]. Die Gesamtmenge von 87 Leitfällen ist im Gegensatz zu den jährlich im ganzen Land von den Gerichten verhandelten Fällen, die in einer Größenordnung von 10 Million gezählt werden[762], zu vernachlässigen[763]. Darüber hinaus wird bei der Verkündung der Leitfälle nicht nach der Kategorisierung der Gesetzessystematik unterschieden, sodass es eine unterschiedliche Anzahl von Leitfällen in den verschiedenen Rechtsgebieten gibt[764]. Obwohl die Frequenz ihrer Anwendung bei verschiedenen Vorschriften oder Rechtsinstituten in der juristischen Praxis eigentlich äußerst unterschiedlich ist[765], kann eine ungerade Distribution der Menge von Leitfällen auf die verschiedenen Rechtsgebiete kein flächendeckendes Systems von Leitfällen für kleine oder unwichtige Rechtsnormen schaffen[766], insbesondere wenn sich

---

758 Siehe Legal Daily vom 05.01.2011, a.a.O.

759 Vgl. *Jia*, Chinese Common Law? Guiding Cases and Judicial Reform, Harvard Law Review, Vol. 129, No. 8, S. 2232, 2234.

760 In der Tat sind weder Anzahl noch Zeit der Verkündung festgelegt, sodass im Jahr 2014 in 4 Gruppen am meisten verkündet wurde, während im Jahr 2017 bis zum 31.08 nur eine Gruppe verkündet wurde.

761 Nur bei der vierzehnten Gruppe vom 30.09.2016 gibt es fünf Leitfälle. Dennoch nahm die Menge mit jedem Mal merklich zu, sodass in der fünfzehnten Gruppe vom 28.12.2016 acht Fälle und in der sechzehnten Gruppe vom 06.03.2017 zehn Fälle enthalten sind.

762 Nach der Statistik des Obersten Volksgerichts vom 2016 wurden im Jahr 2015 an allen chinesischen Volksgerichten insgesamt 16,713,793 Fälle verhandelt, vgl. Die Situation der Entscheidung und Vollstreckung der Volksgerichte im Jahr 2015, *People's Court Daily* vom 18.03.2016, online unter http://rmfyb.chinacourt.org/paper/html/2016-03/18/content_109860.htm?div=-1. (Zugriff: 26.07.2017)

763 Zur Kritik der geringen Menge der Leifälle vgl. auch *Zhou Cui*, Die anleitenden Zivilfälle: Eine Untersuchung nach der Qualität und Quantität, Tsinghua Law Review, 2016 No. 4, S. 63.

764 Z.B. gibt es zum Erbrecht nur den Leitfall Nr. 50 vom 15.04.2015, bei dem es um das Erbrecht von ungeborenen Kindern geht.

765 Dies entspricht auch den Zahlen der Statistik des Obersten Volksgerichts von 2016 über die Situation im Jahr 2015, vgl. Die Situation der Entscheidung und Vollstreckung der Volksgerichte im Jahr 2015, a.a.O.

766 Ein Auswahlkriterium für die Leitfälle (Art. 2 Nr. 1 Bestimmungen vom 26.11.2010) ist, dass die ausgewählten Fälle in der Öffentlichkeit breite Beachtung erfahren

dieses System nicht auf die früheren Fälle zurück berufen darf[767]. Beim als „unproblematisch" bezeichneten[768] Rechtsinstitut der Flexibilisierung der gesetzlichen Erbquoten ist dieses Problem besonders auffällig[769].

Das System der Leitfälle hat daher nach der allgemeinen Meinung in der chinesischen Literatur trotz seiner wichtigen Bedeutung in der chinesischen juristischen Praxis zurzeit sowohl bei der Lösung des konkreten Problems der uneinheitlichen Regelungen für die Rechtsanwendung, als auch für die Untersuchung konkreter Rechtsinstitute in der juristischen Praxis noch kaum Bedeutung.

3. *Die Veröffentlichung von Entscheidungsurkunden*

Unter der Veröffentlichung von Entscheidungsurkunden versteht man die Veröffentlichung der Entscheidungsurkunden aller Gerichte im ganzen Land auf der offiziellen Webseite *China Judgements Online*[770]. Darüber hinaus ist die Veröffentlichung der Entscheidungsurkunden ein wichtiger Bestandteil der Veröffentlichung der Justiz[771], die wiederum ein Teil der Intensivierung der juristischen Reform Chinas[772] darstellt. Auf Seiten der Einrichtungen zur Veröffentlichung der Justiz gehört

---

haben (im chinesischen Original 社会广泛关注的), was dazu führte, dass der Bereich und die Menge der auswählbaren Fälle sehr eingeschränkt sind und eine umfassende Ausdehnung dieses Systems auf alle Rechtsgebieten behindert. Vgl. *Zhou Cui*, a.a.O., S. 64.

767 Das System der Leitfälle beendete in der Tat endgültig den nur schwachen Einfluss der früher herangezogenen klassischen Fälle, z.B. die im *Amtsblatt vom Obersten Volksgericht* veröffentlichten Fälle, vgl. *Mou Lüye*, Von der Geltung der anleitenden Fälle, Contemporary Law Review, 2014 No. 1, S. 110, 111.

768 Siehe § 1 Einleitung I, S. 27, 28.

769 Selbst wenn die Auswahl der Leitfälle nur der Voraussetzung von Art. 2 Nr. 1 der Bestimmungen vom 26.11.2010 folgen würde, könnten kaum Fälle vom Rechtsinstitut der Flexibilisierungstendenzen bei den gesetzlichen Erbquoten aufgenommen werden.

770 Im chinesischen Original中国裁判文书网, online unter http://wenshu.court.gov.cn/. (Zugriff: 03.08.2017)

771 Siehe die sechs Bestimmungen über der Veröffentlichung der Justiz (im chinesischen Original 司法公开) vom Obersten Volksgericht vom 08.12.2009 (im chinesischen Original 《最高人民法院关于司法公开的六项规定》), einschließlich der Veröffentlichung der Verfahrenseröffnung (im chinesischen Original 立案公开), der Veröffentlichung von Gerichtsprotokollen (im chinesischen Original 庭审公开), der Veröffentlichung der Vollstreckung (im chinesischen Original 执行公开), der Veröffentlichung der Anhörung (im chinesischen Original 听证公开), der Veröffentlichung der Urkunden (im chinesischen Original 文书公开), der Veröffentlichung der Urteilsarbeiten (im chinesischen Original 审务公开), online unter http://www.china.com.cn/policy/txt/2009-12/23/content_19120679.htm. (Zugriff: 03.08.2017)

772 Vgl. Nr. 25 vom „Überblick über den dritten Fünf-Jahres-Reformplan des Volksgerichts" vom Obersten Volksgerichts vom 26.03.2009 (im chinesischen Original

die Webseite der Veröffentlichung der Entscheidungsurkunden zu den drei Plattformen der Veröffentlichung der Justiz[773].

Um die Bestimmung des Obersten Volksgericht über die Veröffentlichung der Justiz im Jahr 2009 umzusetzen, hat das Oberste Volksgericht die Bestimmung vom 11.2010[774] über die Veröffentlichung von Entscheidungsurkunden verkündet. Doch darin ist die Idee einer vollständigen Veröffentlichung der Entscheidungsurkunden nicht klar bestimmt, sondern nur, dass die rechtskräftigen Urkunden der Urteile online öffentlich bekanntgemacht werden können[775] und vom Obersten Volksgericht und den regionalen Obervolksgerichten geurteilte rechtskräftigen Entscheidungsurkunden, die Leitbildcharakter haben, online öffentlich bekanntgemacht werden sollen[776]. Das ganze System wurde durch mehrere Dokumente vom Obersten Volksgericht schrittweise eingerichtet und wird noch weiter ausgebaut, auch wenn es schon annähernd fertig ist. Nachfolgend wird die zeitliche Reihenfolge der Ausarbeitung dargestellt.

Am 01.07.2013 ging die Webseite *China Judgements Online* online. Gleichzeitig zitierte die *Volksgerichtszeitung* aus einer Mitteilung des Obersten Volksgerichts[777],

---

2009年3月26日 最高人民法院 法发 [2009]14号 《人民法院第三个五年改革纲要 (2009–2013) 》), online unter http://www.court.gov.cn/shenpan-xiangqing-323.html. (Zugriff: 04.08.2017)

773 Im chinesischen Original司法公开三大平台. Die beiden anderen sind die Webseite Informationen zu Gerichtsprozessen (im chinesischen Original 审判流程信息公开网) und Informationen zur Vollstreckung (im chinesischen Original 执行信息公开网). Vgl. Einige Ansichten vom Obersten Volksgericht über die Fortbewegung des Aufbaus der drei Plattformen der Veröffentlichung der Justiz vom 21.11.2013 (im chinesischen Original 2013年11月21日 最高人民法院 法发 [2013]13号 《最高人民法院关于推进司法公开三大平台建设的若干意见》), online unter http://www.chinacourt.org/article/detail/2013/11/id/1152225.shtml. (Zugriff: 04.08.2017)

774 Die ersten Ansichten des Obersten Volksgerichts: Bestimmungen über die Veröffentlichung der Entscheidungsurkunden der Volksgerichte auf dem Internet vom 21.11.2013 (im chinesischen Original 2013年11月21日 最高人民法院 法释 [2013]13号 《最高人民法院关于人民法院在互联网公布裁判文书的规定》), online unter http://www.law-lib.com/law/law_view.asp?id=437237 (Zugriff: 04.08.2017). Die neuen Ansichten des Obersten Volksgerichts: Bestimmungen über die Veröffentlichung der Entscheidungsurkunden der Volksgerichte auf dem Internet vom 25.07.2016 (im chinesischen Original 2016年7月25日 最高人民法院 法释 [2016]19号 《最高人民法院关于人民法院在互联网公布裁判文书的规定》), online unter http://www.court.gov.cn/fabu-xiangqing-25321.html (Zugriff: 04.08.2017). Im Folgenden werden diese Ansichten abgekürzt als Bestimmungen vom 21.11.2013 und als Bestimmungen vom 25.07.2016.

775 Siehe Art. 2 der Bestimmungen vom 21.11.2013.

776 Siehe Art. 4 der Bestimmungen vom 21.11.2013 und Art. 3 der Bestimmungen vom 25.07.2016.

777 Zusammenfassender Bericht von *China.Com* (im chinesischen Original 中国网) vom 30.08.2016, online unter http://www.china.com.cn/legal/2016-08/30/content_39200412.htm. (Zugriff: 06.08.2018)

dass die *Vorläufige Methode zur Veröffentlichung von Entscheidungsurkunden des Obersten Volksgerichts im Internet*[778] bereits angenommen wurde und in Kraft getreten ist, wodurch auch die grundsätzliche Veröffentlichung der Entscheidungsurkunden des Obersten Volksgerichts durch die Webseite *China Judgements Online* festgelegt wurde. Am 21.11.2013 hat das Oberste Volksgericht die *Bestimmungen über die Veröffentlichung der Entscheidungsurkunden von den Volksgerichten im Internet*[779] verkündet, die am 01.01.2014 in Kraft getreten sind. Darin ist ausdrücklich bestimmt, dass grundsätzlich[780] die rechtskräftigen Entscheidungsurkunden aller Volksgerichte im ganzen Land auf der vom Obersten Volksgericht eingerichtete Webseite *China Judgements Online* nach deren Vorschriften einheitlich im Internet öffentlich bekanntgemacht werden sollen[781]. Am 15.12.2015 ging die heute noch sichtbare, völlig überarbeitete Version der Webseite *China Judgements Online* unter der gleichen Domain[782] online. Nach einem Zeitungsbericht überschreitet die Zahl der Aufrufe von *China Judgements Online* ab August 2016 täglich über 20 Million. An einem Tag wurde sogar die Anzahl von 54,63 Million Klicks verzeichnet[783]. Seit 16.08.2016 sind auf *China Judgements Online* über 20 Million Entscheidungsurkunden einsehbar und die Menge der Aufrufe hat 2 Billionen überschritten[784]. Am 30.08.2016 verkündete das Oberste Volksgericht neue revidierte Vorschriften der Webseite *China Judgements Online*[785]. Die jüngere Forschung fokussiert sich auf das System der Veröffentlichung der Entscheidungsurkunden und dabei besonders darauf, dass die Menge der veröffentlichten juristischen Fälle auch das Interesse der Forschungsgemeinde bezüglich der möglichen Auswertung durch BigData hervorgerufen. Diese Auswertung der Fälle hat bereits angefangen[786].

Allgemein gesehen ist das Ziel des Systems der Veröffentlichung der Entscheidungsurkunden im Internet, der Verwirklichung von Gerechtigkeit der Justiz zu dienen. Doch wird damit auch Rechtswissenschaftlern ein objektiver Weg eröffnet die Rechtsanwendung in der juristischen Praxis zu erforschen.

4. *Zusammenfassende Bewertung*

Auf Grundlage der Ansichten des Obersten Volksgerichts hat das Oberste Volksgericht hauptsächlich drei Lösungen erarbeitet, um das Problem der unterschiedlichen

778 Im chinesischen Original 《最高人民法院裁判文书上网公布暂行办法》.

779 Vgl. auch die neuen Bestimmungen vom 25.07.2016, siehe Fn 774, S. 174.

780 Bis auf fünf Ausnahmen in Art. 4 der Bestimmungen vom 25.07.2016.

781 Siehe Art. 2 der Bestimmungen vom 25.07.2016.

782 Auch online unter www.wenshu.court.gov.cn. (Zugriff: 07.08.2017)

783 *Legal Daily* vom 30.08.2016, online unter http://www.legaldaily.com.cn/index/content/2016-08/30/content_6784118.htm?node=20908. (Zugriff: 07.08.2017)

784 Siehe *Legal Daily* vom 30.08.2016, a.a.O.

785 Siehe den zusammenfassenden Bericht der *China.Com* (中国网) vom 30.08.2016, a.a.O.

786 Z.B. *Ma Chao/Yu Xiaohong/He Haibo*, Analyse der Big Data: Ein Bericht über die Veröffentlichung der Entscheidungsurkunden der Volksgerichte auf dem Internet, China Law Review, 2016 No. 4, S. 195ff.

Entscheidungen bei gleichen Fällen bei der Rechtsanwendung der Vorschriften in der juristischen Praxis zu lösen. Einerseits ist die Lösung der Ansichten des Obersten Volksgerichts zu einem Gesetz geworden und die Bedeutung der Zusammenfassung der praktischen juristischen Erfahrungen ging verloren, wodurch ihre Geltung im Rechtssystem von der Methodenlehre der Rechtswissenschaft in Frage gestellt wurde. Andererseits basieren auf den Ansichten des Obersten Volksgerichts noch zwei andere Lösungen, deren Auswirkung trotz der Berücksichtigung der Einzelfälle der Gerichte erst in der Zukunft zu beachten sein werden. Doch deckt die zweite Lösung zu den Leitfällen die Situation der Rechtsanwendung vieler Vorschriften kaum ab, z.B. der Vorschriften vom Rechtsinstitut der Flexibilisierung der gesetzlichen Erbquoten.

II. Akademische Lösungen und Methoden

Akademische Kreise haben daher auch parallel einige Methoden aufgegriffen, die versuchen, die Lücken der offiziellen Lösungen zu füllen und den tatsächlichen Stand der Rechtsanwendung zu erforschen. Da in den Sozialwissenschaften zwischen den Methoden des Positivismus und der Perspektive des Humanismus[787] unterschieden wird, gilt eine solche Unterscheidung generell auch für die Fallforschung im chinesischen akademischen Kreis der Rechtswissenschaft[788]. Für den Positivismus liegen, basierend auf einer modernen Wissenschaft und Computertechnik, Methoden zur quantitativen Analyse der großen Datenmenge aus den umfangreichen Entscheidungssammlungen der Volksgerichte in Gestalt eines mathematischen Modells vor. Hierdurch wird die wissenschaftliche Seite der Rechtswissenschaft hervorgehoben[789]. Im Gegensatz bevorzugt die Perspektive des Humanismus Methoden, die die Erforschung der Literatur, der Vergleichung und der Einzelfälle als wichtig erachtet und hauptsächlich eine qualitative Analyse der sozialen Hintergründe vornimmt[790]. Darüber hinaus gibt es eine Gruppe von Juristen aus dem juristischen akademischen Kreis, die versuchen den Einfluss der Soziologie auf die Rechtswissenschaft auszuschließen. Sie organisierten

787 Im chinesischen Original 人文主义视角. Unter dem Begriff „Perspektive des Humanismus" versteht man die Perspektive der Rechtsforschung aus der Geistwissenschaften außer der Rechtswissenschaft. Vgl. *Hou Meng*, Die postmoderne Rechtswissenschaft in China und ihre Zukunft, Studies in Law and Business, 2001 No. 2, S. 118.

788 Zur Grundlage des Streits über die Methoden in der chinesischen Rechtswissenschaft selbst, vgl. *Xiong Bingyuan*, Vom Streit zwischen der Rechtswissenschaft von Sozialwissenschaften und von der Dogmatik, Journal of East China University of Political Science and Law, 2014 No. 6, S. 142, 143.

789 Vgl. *Bai Jianjun*, Von der positiven Analyse des Gesetzes, China Legal Science, 2000 No. 4, S. 30, 31.

790 Vgl. *Zhu Suli*, Rechtswissenschaft von Sozialwissenschaften in der Forschung der chinesischen Rechtswissenschaft, Chinese Journal of Law, 2014 No. 5, S. 62ff.

sich freiwillig in regelmäßig veranstalteten „*Rechtsprechungsstudien-Salons*“[791], in denen sie sich auf die einzelnen Rechtsprechungen oder eine Reihe von den einzelnen Rechtsprechungen fokussieren und versuchen, die wahre Gesetzeslage, die in der komplizierten Wirklichkeit widergespiegelt wird, zu entdecken. Somit wollen sie für andere Juristen eine vielseitige Auswahl von Auslegungsmethoden für die Gesetze zur Verfügung stellen[792]. In der Literatur wird dieses Vorgehen bis zu einem gewissen Grad als eine dritte Herangehensweise dargestellt[793].

1. *Die quantitative Analyse des Positivismus*

Repräsentant dieser Richtung ist Prof. *Bai Jianjun* von der Peking Universität. Einerseits hat er in großer Menge von Fällen aus den Volksgerichten gesammelt. Andererseits hat er die Distribution der Anwendung der Vorschriften in den Fällen mit Hilfe der Statistiksoftware SPSS statistisch untersucht. Damit konnte er nicht nur auf die übliche Frequenz der Anwendung einer Vorschrift schließen, sondern unter anderem auch ihren statistischen Beziehungen zur Rechtspolitik aufzeigen[794].

Durch die Methoden des Positivismus hat *Bai Jianjun* viele hilfreiche Erkenntnisse erzielt, die allein durch die Methoden der Rechtswissenschaft nur schwer hätten entdeckt werden können[795]. Allerdings wird auch offensichtlich, warum diese Methode nur begrenzt Anwendung findet. Erstens sind die großen Datenmengen der Sammlung in der rechtswissenschaftlichen Forschung kaum zu bearbeiten[796]. Zweitens stellen viele Erkenntnisse der interdisziplinären Forschung, insbesondere Erkenntnis aus dem Bereich der Soziologie, der Mathematik und der Informationstechnik, für Rechtswissenschaftler eine große Herausforderung dar[797]. Darüber hinaus wird auch die Objektivität der quantitativen Analyse angezweifelt,

---

791 Im chinesischen Original 判例研读沙龙. Das Wort „Salons“ bedeutet hier, dass die Rechtswissenschaftler in Form eines privaten Treffens die typischen Entscheidungen zusammen diskutieren, als ob sie Salons veranstalten.

792 Für eine erste Zusammenfassung dieser Methode, vgl. *Huang Hui/Zhang Jiansheng*, Die Forschung der Rechtsprechung und ihre Methode, Journal of East China University of Political Science and Law, 2014 No. 6, S. 89ff.

793 Vgl. *Wang Yaxin*, Die neue Perspektive und Methode in der Forschung der Rechtsprechung, Journal of Kunming Universityof Science and Technology (Social Science Edition), 2011 No. 1, S. 31.

794 Vgl. *Bai Jianjun*, Die Methode der positiven Forschung des Gesetzes, 2. Aufl., 2014, S. 23.

795 Ein Beispiel ist die Bedeutung der Gerechtigkeit in der Praxis, die durch die Datenanalyse festgestellt werden kann, vgl. *Bai Jianjun*, a.a.O., S. 319.

796 Üblicherweise sammelt ein Team gemeinsam mit einigen lokalen Volksgerichten die Fälle (viele damals noch nicht im Internet veröffentlicht) zusammen. Vgl. *Bai Jianjun*, Der kleine Einfluss der Big Data auf die Rechtswissenschaft, Peking University Law Journal, 2015 No. 1, S. 33.

797 Diese Arbeit braucht auch die Unterstützung anderer Fächer, z.B. der Informatik.

besonders mit Blick auf die Subjektivität bei der Auswahl der Beispiele. Daher ist diese Methode der qualitativen Analyse des Positivismus nicht für alle Forschungsvorhaben auf dem Gebiet der Rechtswissenschaft geeignet.

2. Die Perspektive des Humanismus

Dieser Methodenansatz wird von einigen Forschern vertreten, als deren Repräsentant Prof. *Zhu Suli* von der Peking Universität gesehen wird. Sie halten sich im Bereich der Rechtswissenschaften noch an die traditionelle qualitative Analyse, die auf der Erforschung der Literatur, der Vergleichung und der Einzelfälle basiert. Im Gegensatz zur quantitativen Analyse betonen sie vielmehr die soziale Grundlage und die Umstände der Gesetze, wobei versucht wird, die Geltung der Gesetze in der Gesellschaft selbst zu herauszufinden[798]. In der Beschreibung eines Einzelfalles in verschiedenen Publikationen wird der soziale Hintergrund eines Gesetzes geprüft[799]. In diesem Sinne bildet diese Methode eine nötige Ergänzung zur quantitativen Analyse[800]. Jedoch besteht weiterhin die Frage, ob die Beschreibung der Einzelfälle objektiv erfolgt und die tatsächliche Situation der Rechtsanwendung widerspiegeln kann.

3. Der Rechtsprechungsstudien-Salons

Angesichts des Streits um den Einfluss der Soziologie auf die Rechtswissenschaften besinnen sich viele Juristen, die häufig auch in Deutschland oder Japan Jura studiert haben, auf die Rechtswissenschaft selbst und die Erforschung der Fälle zurück. Durch Forschung zur Rechtsprechung versuchen sie über eine dritte Methode die tatsächliche Situation bei der Anwendung einer Vorschrift zu verstehen.

Die Bedeutung dieser Lektüre der typischen Rechtsprechung liegt darin, dass im Kontext des chinesischen Rechts die abstrakt geschriebenen Gesetze nur in Verbindung mit dem Falltatbestand Sinn ergeben[801].

§ 10. Die Auswahl der Untersuchungsmethode und der § 13 ErbG in der juristischen Praxis

I. Die in dieser Untersuchung verwendete Methode

Im Hinblick auf das Thema, die Länge der Untersuchung und die objektiven Bedingungen, insbesondere die ausufernde Anzahl der Fälle der UVG, die aufgrund der

798 Vgl. *Zhu Suli*, Rechtsstatt und seine inländischen Ressourcen, 3. Aufl., 2015, S. 3ff.
799 Vgl. *Zhu Suli*, a.a.O., S. 25ff.
800 Siehe *Xiong Bingyuan*, a.a.O., S. 145.
801 Vgl. *Huang Hui/Zhang Jiansheng*, a.a.O., S. 93.

sich täglich verändernden Datenlage nur schwer bestimmen lassen, kann die quantitative Analyse nicht als die hauptsächliche Methode herangezogen werden. Im Gegenteil wird diese Untersuchung anhand der Beschreibungen typischer Fälle, die hauptsächlich aus den auf der Webseite *China Judgements Online* veröffentlichten Entscheidungen ausgewählt wurden, erörterten, in welchen konkreten Fälle die verschiedenen Vorschriften über das Rechtsinstitut der Flexibilisierung der gesetzlichen Erbquoten, also Abs. 2 bis Abs. 5 im § 13 ErbG, jeweils in der juristischen Praxis angewendet werden. Konkret gesagt, gilt es zu bestimmen, ob die neuen Typisierungen bei den vier verschiedenen Arten von Flexibilisierung der gesetzlichen Erbquoten im chinesischen Erbrecht noch Bestand haben und wie die unscharf formulierten Vorschriften in der Praxis anzuwenden sind. Beispiele für solch unscharfe Formulierungen sind die Bedeutung von „bei der Verteilung des Nachlasses besonders berücksichtigt" in § 13 Abs. 2 ErbG, in welchem Umfang „bei der Verteilung des Nachlasses ein größerer Teil gegeben" wird in § 13 Abs. 3 ErbG, die genaue Bedeutung des Ausdrucks „bei der Verteilung des Nachlasses nichts oder weniger zugeteilt" in § 13 Abs. 4 ErbG und schlussendlich in welchen konkreten Formen durch den Willen der Erben bei der Verteilung des Nachlasses „ungleich verteilt werden" kann in § 13 Abs. 5 ErbG. In diesem Sinne gehört die Beschreibung methodisch vielmehr zur qualitativen Analyse. Allerdings kommt am Ende eine statistische Untersuchung des Verhältnisses der vier Fälle von Ausnahmen zueinander, die mit den Beispielen von *China Judgements Online* durchgeführt werden kann, zum Einsatz. Diese kann gewissermaßen als quantitative Untersuchung gelten und dient zur Stärkung der qualitativen Analyse.

II. Die Ausnahmen zu § 13 Abs. 1 ErbG in der juristischen Praxis anhand einzelner Beispiele

1. *Übersicht der Ausnahmen zu § 13 Abs. 1 ErbG in den Beispielen*

a) *Beispiele der Entscheidungen zu § 13 ErbG*

Die betrachteten Entscheidungen[802] auf der Webseite *China Judgements Online* erstreckt sich, obwohl die Webseite erstmals im Juli 2014 online ging, vom Jahr 2009 bis Ende August 2017. Die meisten Beispiele, die nachfolgend bearbeitet werden, stammen hauptsächlich aus einem Zeitraum von Juli 2014 bis Ende August 2017. Obwohl die veröffentlichten Entscheidungen auf dieser Webseite zweifellos nur ein kleiner Teil aller Entscheidungen aus der Praxis der VR China darstellen, repräsentieren diese Beispiele dennoch öffentliche und maßgebende Entscheidungen zum § 13 ErbG. Daher kann man auch annehmen, dass in diesem Sinne die Daten zu den

---

802 Normalerweise nur Entscheidungsurkunden (im chinesischen Original 判决书), manchmal aber auch wichtige Verfügungsurkunden (im chinesischen Original 裁定书), beispielsweise Verfügungen vom Obersten Volksgericht, siehe Fn 734, S. 169.

Entscheidungen auf der Webseite *China Judgements Online* auch hauptsächlich die Situation der Rechtsprechung zu § 13 ErbG vom Juli .2014 bis zur ersten Hälfte des Jahres 2017 widerspiegeln.

Die einzelnen Entscheidungen zum Stand des § 13 ErbG sind vor allem so ausgestaltet, dass mit der Suchfunktion unter dem Stichwort „§ 13 ErbG“ alle Entscheidungen aus der öffentlichen Entscheidungssammlung der Webseite *China Judgements Online* aufgefunden werden können[803]. Die Gesamtzahl der öffentlichen Entscheidungen beläuft sich auf 5758. Nach den Gerichtsinstanzen der VR China werden diese Entscheidungen wiederum in vier Kategorien unterteilt. Dabei gibt es nur eine Entscheidung vom OVG. Demgegenüber stehen 78 Entscheidungen von den Oberen Gerichten und 1852 Entscheidungen der MVG. Die übrigbleibenden 3827 Entscheidungen wurden von den UVG verschiedener Orte getroffen. Aber es ist bemerkenswert, dass wegen des oben dargelegten „Systems der vier Instanzen mit abschließender Behandlung oder endgültiger Entscheidung in zweiter Instanz“ und der allgemein niedrigen Streitwerte bei Rechtsstreitigkeiten im Bereich des Erbrechts sich die Entscheidungen der vier Kategorien häufig überschneiden. Insbesondere sind die 79 Entscheidungen vom OVG und den Oberen Gerichten ausnahmslos in der Instanz der Wideraufnahme[804] von Entscheidungen der MVG oder UVG entstanden. Indes gehören die meisten der 1851 Entscheidungen der MVG zur Überprüfungsinstanz der Entscheidungen aus der ersten Instanz der UVG. Deswegen gilt die besondere Aufmerksamkeit der Untersuchung der juristischen Praxis in den 3824 Entscheidungen von den UVG.

b) Der Stand der Ausnahmen zu § 13 Abs. 1 ErbG in den Beispielen

Die Suche nach den Stichwörtern „§ 13 Abs. 1 ErbG“, „§ 13 Abs. 2 ErbG“, „§ 13 Abs. 3 ErbG“, „§ 13 Abs. 4 ErbG“ und „§ 13 Abs. 5 ErbG“ in den 3824 Entscheidungen des UVG erzielt die folgenden Ergebnisse: In den 3824 Entscheidungen von den UVG gibt es 863 Entscheidungen, die den § 13 Abs. 1 ErbG betreffen. Bezüglich des § 13 Abs. 2 ErbG zählt man 184 Entscheidungen. Die Entscheidungen zum § 13 Abs. 3 ErbG belaufen sich auf 422. Im Hinblick auf den § 13 Abs. 4 ErbG liegen 67 Entscheidungen vor. Schließlich gibt es nur 23 Entscheidungen in denen der § 13 Abs. 5 ErbG erwähnt wird.

Anhand dieser Ergebnisse lassen sich einige Aussagen treffen. Dass die Summe aller Entscheidungen (696), die jeweils die Ausnahme des § 13 Abs. 1 ErbG betreffen, erheblich weniger ist, als die Anzahl aller Entscheidungen (3827), die unter dem Stichwort „§ 13 ErbG“ gefunden werden können, bedeutet nicht, dass es in

---

803 Wegen der täglichen Veränderungen der Datenbank, ist diese Datenzahl nur eine Momentaufnahme vom 31.08.2017, online unter http://wenshu.court.gov.cn. (Zugriff: 07.08.2017)

804 Im chinesischen Original 再审程序, siehe Fn 678, S. 162.

den Beispielen nur 696 Entscheidungen gibt, in denen die Ausnahmen des § 13 ErbG angewandt wurden. Auch in den Entscheidungen, die nur über das Stichwort „§ 13 ErbG", also ohne Absatznummer gefunden werden können, finden sich wahrscheinlich auch Entscheidungen, die die jeweiligen Absätze des § 13 ErbG betreffen. Denn in den offiziellen Texten des § 13 ErbG ist, anders als im BGB, trotz der tatsächlichen Gliederung in einzelne Absätze, keine ausdrückliche Absatznummer vorgesehen[805]. Das führt dazu, dass viele Gerichte in der Entscheidung beim Zitat der gesetzlichen Bestimmungen nur die Nummer des Paragraphs ohne weitere Absatznummer angeben. Dasselbe gilt für die nach dem Stichwort der Ausnahmen zu § 13 Abs. 1 ErbG gefundenen Entscheidungen. Deswegen haben die obigen zwei Faktoren dazu geführt, dass diese Ergebnisse das Mengenverhältnis der Ausnahmen des § 13 Abs. 1 ErbG in den Beispielen nicht gut wiedergeben.

Allerdings sind die gefundenen Ergebnisse dennoch nicht gänzlich wertlos. Zumindest kann man aus dem Vergleich zwischen der Anzahl von Entscheidungen zu den verschiedenen Ausnahmen des § 13 Abs. 1 ErbG und den konkreten Anwendungsfällen in der Praxis einige interessante Tendenzen erkennen, wenn man zur gleichen Zeit Bezug auf die Beschreibung des Einzelfalls in der jeweiligen Entscheidung nimmt. Diese Tendenzen sollen nachfolgend dargestellt werden.

2. Die Ausnahmen von § 13 Abs. 1 ErbG in der juristischen Praxis

a) Das Problem der Ausnahme in § 13 Abs. 5 ErbG

Unter den oben genannten Ausnahmen machen die Entscheidungen über eine Anwendung des § 13 Abs. 5 ErbG, nach dem der Nachlass ungleich verteilt werden kann, wenn sich die Erben sich darüber einig sind, die geringste Menge aus, denn es gibt hierzu nur 23 Entscheidungen. In den gefundenen Entscheidungen wird § 13 Abs. 5 ErbG nur in drei Fällen zitiert und angewandt, und zwar meistens im Fall eines Vertrags über die Nachlassverteilung nach dem Willen der Erben innerhalb einer Erbengemeinschaft[806], manchmal im Falle der Übertragung eigener

805 Vgl. den offiziellen Gesetzestext des ErbG auf der Webseite des Nationalen Volkskongress der VR China, online unter http://www.npc.gov.cn/wxzl/wxzl/2000-12/06/content_4457.htm. (Zugriff: 08.08.2017)

806 Vgl. z.B. folgende Fälle: （2013）杭西民初字第2415号,（2013）朝民初字第38299号,（2013）南民初字第00169号,（2014）常民一初字第943号,（2014）中一法民一初字第1802号,（2014）鱼民初（一）字第1082号,（2014）佛南法沥民一初字第711号,（2015） 鞍东民二初字第02287号,（2016）沪0114民初2798号,（2016）鄂0204民初372号,（2016）津0113民初136号,（2016）京0105民初64428号,（2017） 鄂0902民初937号. Das einheitliche Aktenzeichen einer wirksamen Entscheidungsurkunde der VR China besteht aus dem Jahr der Einreichung der Klage, der chinesischen Abkürzung der Gerichtsbezeichnung, der chinesischen Abkürzung der Kategorie der Klage und schließlich der Vorgangsnummer. Vgl. Die Mitteilung des Obersten Volksgerichts über den *Erlass der Normen zur Ausarbeitung der zivilrechtlichen Entscheidungsurkunden durch die Volksgerichte* und *Stilblatt für*

Nachlassquoten auf einen oder mehrere anderen Erben[807] und gelegentlich auch im Falle des Ausschlagens eigener Nachlassquoten[808]. Allerdings haben die Gerichte in diesen Fällen in der Entscheidung den § 13 Abs. 5 ErbG nur zitiert, um die Annahme zu bekräftigen, dass die ungleiche Verteilung des Nachlasses in diesen drei Fällen auch gesetzlich erlaubt sei. Hinsichtlich der Prüfung der materiellen Voraussetzungen des Vertrags über die Nachlassverteilung und der Übertragung oder Ausschlagung eigener Nachlassquoten werden in der Entscheidung hauptsächlich andere einschlägige Gesetze, z.B. das Vertragsgesetz oder AGZ der VR China, angewandt.

Dieser Normsatz, dessen Inhalt natürlich bereits vom Grundsatz der Privatautonomie gedeckt wird und keine besondere gesetzliche Bestimmung braucht, stellt sich dergestalt dar, dass das ErbG der VR China vor dem Hintergrund, dass der Begriff des Privatrechts unter dem Einfluss des sowjetischen Rechts stark verdrängt wurde und das Zivilrecht dem öffentlichen Recht zugeordnet wurde, stark vom öffentlichen Recht gefärbt ist[809]. Damit ist der § 13 Abs. 5 ErbG wegen seiner fehlenden praktischen Bedeutung, wie oben gesagt[810], nicht weiter ausführlich darzulegen und auch nicht in die spätere Rechtsvergleichung[811] mit einzubeziehen.

b) Überblick über die Ausnahmen in § 13 Abs. 2, Abs. 3 und Abs. 4 ErbG

Bevor die drei Ausnahmen des § 13 Abs. 2, Abs. 3, Abs. 4 ErbG in der Praxis jeweils ausführlich dargestellt werden, ist es notwendig, ihren Stand in seiner Ganzheit zu beschreiben, weil einige sprachliche, logische und systematische Beziehungen und potenzielle Konflikte zwischen den drei Ausnahmen – schon wegen der obigen beschriebenen gesetzlichen Bestimmungen – auftreten[812].

Erstens werden in der Praxis oft mehrere dieser drei Ausnahmen gleichzeitig in den Rechtstreitigkeiten von Klägern vor dem Gericht geltend gemacht oder vom Gericht selbst zitiert und angewandt. Dieser Punkt ist mit Blick auf die Überlegungen zu den Bestimmungen der Normensätze und die Realität einfach zu verstehen. Denn zuerst stehen in der Anwendung die drei Ausnahmen, besonders offensichtlich § 13 Abs. 2, und Abs. 3 ErbG, in Konkurrenz. Des Weiteren werden die drei Ausnahmen

---

offizielle Schriftstücke im Zivilprozess (im chinesischen Original 最高人民法院关于印发《人民法院民事裁判文书制作规范》《民事诉讼文书样式》的通知, 法(2016) 221号). Diese Untersuchung bezieht sich auf die chinesischen Aktenzeichen der zitierten wirksamen Entscheidungsurkunde, um nachfolgenden Forschen zu ermöglichen, die betreffenden Fälle aufzufinden.

807 Vgl.z.B.（2015）景民初字第405号,（2015）闵民一（民）初字第4536号,（2016）鲁0683民初4122号.

808 Vgl. z.B. （2016）冀0227民初2186号.

809 Siehe die Darstellung zu den politischen Faktoren im 2. Teil § 7 II, S. 73ff.

810 Siehe S. 181, 182.

811 Siehe 4. Teil § 15 II, S. 247ff.

812 Siehe 2. Teil § 6 II 1 b), S. 54ff.

häufig von einem Erben oder mehreren Erben vor Gericht wegen der Verteilung von Nachlässen mit bestimmter Menge geltend gemacht, um mehr aus dem Nachlass zu bekommen oder den anderen Erben weniger zukommen zu lassen. Schließlich können alle drei oder auch nur zwei Ausnahmen auch wirklich in Rechtsstreitigkeiten auftauchen[813].

Zweitens hat die Anwendung des § 13 Abs. 2 ErbG einerseits Vorrang vor Abs. 3 ErbG, sodass in der Praxis die Anwendung des ersteren die des letzteren verdrängt[814], wie oben bereits erwähnt[815]. Andererseits haben die Gerichte manchmal auch beide Ausnahmen zusammen zitiert, um die Zuteilung eines größeren Teils des Nachlasses an einen Erben zu begründen[816]. Letzterer Fall tritt oft ein, wenn der Erbe im Falle der Anwendung von § 13 Abs. 2 ErbG auch mit dem Erblasser zusammengelebt hat, was diese Konstellation in der Praxis in Verbindung zum Verständnis des Begriffs „mit dem Erblasser zusammengelebt haben" des § 13 Abs. 3 ErbG setzt[817].

Drittens haben die Gerichte, ausgehend von den Entscheidungen, einen großen Ermessenspielraum in Bezug auf die drei Ausnahmen, um die angemessene Verteilung des Nachlasses nach seiner Prüfung anzuordnen.

Außerdem ist angesichts des von Anfang an feststehenden Umfangs des Nachlasses das Ausmaß der Flexibilisierung bei der Verteilung des Nachlasses durch § 13 Abs. 2, Abs. 3, Abs. 4 ErbG im folgendem Berechnungsverfahren festzusetzen, , um welchen Prozentsatz die Erbquoten bei der Verteilung des Nachlasses durch die Flexibilisierung vom Gericht gesteigert oder gemindert werden.

c) Zwei wichtige Begriffe des § 13 Abs. 2 ErbG in den Entscheidungen

Als einer der zwei Ausnahmenfälle, der sich positiv auf die Verteilung des Nachlasses der Erben auswirkt, ist die Bedeutung des Wortlauts des § 13 Abs. 2 ErbG ziemlich eindeutig. Die doppelten Voraussetzungen zur Lage der Erben[818] und der Einsatz des Modalverbs „müssen" oder „muss" (bzw. „sollen" oder „soll", im chinesischen Original 应当)[819] bestimmen die Anwendung des § 13 Abs. 2 ErbG wörtlich bereits deutlich. Vielleicht kann das grundsätzlich erklären, weshalb nur

---

813 Z.B. gibt es in den Entscheidungen der Beispiele 18 Entscheidungen, in denen die drei Ausnahmen gleichzeitig angewandt wurden.

814 Vgl. z.B. （2012）丛民初字第3405号, （2014）乌勃民一初字第00204号, (2015) 栾民初字第396号.

815 Siehe 2. Teil § 6 II 1 c), S. 58, 59.

816 Vgl. z.B. （2015）鄂武昌民初字第04250号, （2015）景民一初字第128号, (2015) 公民一初字第1105号.

817 Siehe 3. Teil § 10 II 2 d), S. 188ff.

818 Vgl. den Wortlaut von § 13 Abs. 2 ErbG: Die Erben sollen „unter besonderen Schwierigkeiten leben und nicht arbeitsfähig" sein.

819 In der Entscheidung „（2014）乌勃民一初字第00204号" hat das Gericht auch durch Erklärung dieses Modalverbs betont, dass diese besondere Berücksichtigung

184 Entscheidungen über diesen Fall vorliegen. Allerdings sind in der Praxis noch zwei weitere wichtige Begriffe zu bestimmen. Die erste Aufgabe des Gerichts ist zu ermitteln, wie die doppelten Voraussetzungen der „besonderen Schwierigkeiten" und „fehlenden Arbeitsfähigkeit" der Erben im Einzelfall einzuschätzen sind. Falls beide Voraussetzungen bei dem oder den Erben vom Gericht bestätigt werden, hat das Gericht die zweite Aufgabe zu ermitteln, wie die Flexibilisierung der Nachlassverteilung in diesem Fall erfolge sollte, wie also die Formulierung der „besonderen Berücksichtigung bei der Verteilung des Nachlasses" vom § 13 Abs. 2 ErbG in der Entscheidung zu verstehen sei.

aa) Die Faktoren zur Feststellung der doppelten Voraussetzungen der Lage der Erben

Tatsächlich hat das Gericht in der Praxis unter Zuhilfenahme vieler Faktoren aus dem Leben der Erben zu prüfen, ob diese Erben unter besonderen Schwierigkeiten leben bzw. nicht arbeitsfähig sind. Allerdings hat das Gericht auch deshalb sämtliche Lebensumstände der Erben zu berücksichtigen, weil die zwei Voraussetzungen gleichzeitig bestehen müssen, während viele der Faktoren, die häufig von Erben vor Gericht geltend gemacht werden, nur eine der beiden Voraussetzungen erfüllen.

Von den Entscheidungen her betrachtet wurden vom Gericht zum Beispiel folgende Faktoren als Nachweis der Arbeitsunfähigkeit angenommen[820]: das Lebensalter, also Minderjährigkeit[821] oder Greisenalter[822], der Gesundheitszustand, einschließlich körperlicher[823] oder geistiger[824] Krankheiten oder Behinderungen,

---

im § 13 Abs. 2 ErbG bei dem Eintreten der entsprechenden gesetzlichen Umstände zwingend getroffen werden soll.

820 Das ist nicht schwer nachzuvollziehen, da einerseits hohes Alter fast immer mit bestimmten Krankheiten oder Behinderungen begleitet ist, z.B. im Fall der Entscheidung „（2015）公民一初字第1105号" über einen alten Erben (76 Jahre alt) mit schwerer Krebserkrankung, und es andererseits angeborene Krankheiten und Behinderungen gibt, z.B. in der Entscheidung „（2015）宜民一初字第22号" über zwei minderjährige Erben mit Down-Syndrom, also angeborener geistiger Behinderung.

821 Vgl. z.B.（2012）肥东民一初字第01522号,（2014）龙新民初字第446号, (2014) 青羊民初字第4530号,（2015）田民一初字第61号,（2015）穗越法少民初字第71号,（2015）宜民一初字第22号,（2017）粤1973民初3457号.

822 Vgl. z.B. （2012）肥东民一初字第01522号, （2014）乌勃民一初字第00204号,（2015）景民一初字第128号,（2015）公民一初字第1105号,（2016）云2801民初1162号,（2016）鲁0126民初506号,（2017）桂1102民初1316号, (2017) 吉0302民初1585号,（2017）粤0981民初1063号.

823 Vgl. z.B.（2011）杭江民初字第397号,（2015）宜民一初字第22号,（2015）鄂武昌民初字第04250号,（2015）公民一初字第1105号,（2016）川3435民初16号, (2017) 吉0203民初458号,（2017）辽7401民初60号,（2017）吉0302民初622号.

824 Vgl. z.B. （2012）丛民初字第3405号, （2015）宜民一初字第22号, （2017）鄂0107民初654号.

und sogar die materielle Arbeitsfähigkeit[825] der Erben. Ob die Erben unter besonderen Schwierigkeiten leben, hat das Gericht indes durch die Prüfung der Unterhaltsleistung durch andere Personen[826], des festen Einkommens[827], der staatlichen Sozialhilfe[828], der Arbeitslosigkeit[829], und manchmal sogar auf Grundlage allgemeiner Überlegungen zur wirtschaftlichen Lage der Erben[830] zu entscheiden.

Wegen der Notwendigkeit des gleichzeitigen Vorliegens dieser zwei Voraussetzungen wird indes die Prüfung der Voraussetzung der „besonderen Schwierigkeiten" tatsächlich oft zur Kernfrage der Anwendung des § 13 Abs. 2 ErbG. Dies gilt besonders dann, wenn das Gericht im Rahmen des unbestimmteren Begriffs der „besonderen Schwierigkeiten" alle etwaigen Lebensumstände der Erben zu berücksichtigen hat, während die Voraussetzung der „fehlenden Arbeitsfähigkeit" durch die oben genannten typischen Umstände der Erben vom Gericht ziemlich einfach bestimmt werden kann. Diese Situation hat in den Entscheidungen häufig dazu geführt, dass das Gericht gerade durch Prüfung der „besonderen Schwierigkeiten" der Erben die Anwendung von § 13 Abs. 2 ErbG ausschließt, obwohl es vorher festgestellt hat, dass die betroffenen Erben tatsächlich nicht arbeitsfähig sind[831]. Das wird nachfolgend durch die Beschreibung der Einzelfälle genauer erklärt. In den beiden Entscheidungen „（2014）龙新民初字第446号" und „（2014）青羊民初字第4530号" wurde für Erben, die minderjährig und sehr jung waren (der Erbe in ersterer Entscheidung war bei Eintreten des Erbfalls nur 6 Jahre alt und der Erbe in letzterer nur 7 Jahre alt), von den Gerichten festgesetzt, dass sie nicht arbeitsfähig seien. Allerdings könne man der Meinung der Gerichte nach nicht davon sprechen, dass sie unter besonderen Schwierigkeiten leben, weil beiden jeweils von ihrer Mutter, die ein für den wesentlichen Lebensstandard ausreichendes Festgehalt verdiente, dauerhaft Unterhalt geleistet wurde. In Bezug auf das Festgehalt wurde z.B. ein Antrag auf Schwierigkeit des Lebens aufgrund der Arbeitslosigkeit einer Erbin in der Entscheidung „（2016）京0115民初17822号" vom Gericht abgelehnt, weil sie durch eine andere Wohnung ein Einkommen hatte. In der Entscheidung „（2016）川3435民初16号" wurde ein ähnlicher Antrag für zwei Erben, die Brüder und beide schwer behindert waren, ebenfalls vom Gericht abgelehnt, weil sie zu der Zeit jeden Monat vom Staat einen Festbetrag in Form staatlicher Sozialhilfe

825 Vgl. （2014）青羊民初字第4530号,（2016）鲁0303民初3020号.

826 Vgl. （2014）龙新民初字第446号,（2014）青羊民初字第4530号.

827 Vgl. （2011）杭江民初字第397号, （2014）青羊民初字第4530号, （2016）京0115民初17822号,（2017）桂1102民初1316号.

828 Vgl. （2016）川3435民初16号.

829 Vgl. z.B. （2014）青羊民初字第4530号, （2016）京0115民初17822号,（2016）鲁0303民初3020号.

830 Vgl. die Entscheidung „（2015）穗越法少民初字第71号".

831 Die einzige Ausnahme ist die Arbeitslosigkeit, durch die die Erben dem Gericht ihre besondere Schwierigkeit zu beweisen versuchten, während die Gerichte dies mit Hinweis auf ihre materielle Arbeitsfähigkeit ablehnten, z.B. in den Entscheidungen „（2014）青羊民初字第4530号" und „（2016）鲁0303民初3020号".

bekamen, und damit nicht unter besonderen Schwierigkeiten leben würden. Die Entscheidung „（2015）穗越法少民初字第71号“ ist besonders interessant, da der betreffende Erbe nur 12 Jahre alt war, sein Antrag vom Gericht aber abgelehnt wurde, weil nach Meinung des Gerichts der Nachlass an sich so groß war, dass sein normaler Erbteil (zusammen mit dem Erbteil seiner Mutter hatte er einen Wert von fast 800 000 Renminbi, also ungefähr hunderttausend Euro) schon genug war, damit er nicht unter besonderen Schwierigkeiten leben müssen würde. Außerdem hat die strenge Prüfung der Voraussetzung der „besonderen Schwierigkeiten des Lebens“ dazu geführt, dass viele Erben, die unter lediglich normalen Schwierigkeiten leben, von der Anwendung des § 13 Abs. 2 ErbG ausgeschlossen wurden.

Jedoch hat das Gericht in einigen Entscheidungen auch nur aufgrund der Prüfung der Voraussetzung der „Arbeitsunfähigkeit“, ohne weitere Berücksichtigung der „besonderen Schwierigkeiten des Lebens“, direkt § 13 Abs. 2 ErbG für die Erben angewandt. Unter diese Entscheidungen fallen Fälle mit zwei oder mehreren der oben zusammengefassten Faktoren und Fälle mit extremen Faktoren. Für den ersteren Fall hat das Gericht z.B. in der Entscheidung „（2015）公民一初字第1105号“ direkt festgesetzt, dass die Erbin, die die Witwe des Erblassers war, „zum Umfang des § 13 Abs. 2 ErbG zähle“, weil sie schon alt (76 Jahre) und an Krebs erkrankt war. In einer anderen Entscheidung, „（2015）宜民一初字第22号“, wurden zwei Erben, die beide minderjährige Kinder des Erblassers waren und gleichzeitig an körperlichen und geistigen Krankheiten litten, auch direkt in den Anwendungsbereich des §13 Abs. 2 ErbG einbezogen. In der Entscheidung „（2011）杭江民初字第397号“ hat das Gericht aufgrund des Umstands, dass der Erbe seit seiner Kindheit taubstumm war und nach Erreichen der Volljährigkeit wegen Diabetes erblindete, bestätigt, dass dieser Erbe schwerbehindert sei und dann ausdrücklich geschlussfolgert, dass dieser Erbe unfähig ist, selbst für seinen Lebensunterhalt zu sorgen, und der Fall deswegen unter § 13 Abs. 2 ErbG fallen sollte. In den sogenannten extremen Entscheidungen hat das Gericht sogar nur wegen eines Faktors (oft Greisenalter) die Voraussetzung der „fehlenden Arbeitsfähigkeit“ bestätigt und direkt dafür den § 13 Abs. 2 ErbG angewandt, z.B. in der Entscheidung „（2016）云2801民初1162号“, in der der Witwer der Erblasserin bereits 85 Jahre alt war, und in der Entscheidung „（2017）粤0981民初1063号“, in der die Witwe des Erblassers 80 Jahre alt war.

Allerdings bleiben bei diesen speziellen Fällen noch zwei Probleme offen, die nicht durch eine bloße Auslegung der Texte dieser Entscheidungen beantwortet werden können. Das erste Problem ist, ob das Gericht vor Anwendung des § 13 Abs. 2 ErbG in der Tat sämtliche Lebensumstände der Erben, einschließlich der Frage, ob die Erben auch wirklich unter besonderen Schwierigkeiten leben, geprüft hat. Dies kann tatsächlich der Fall sein. Jedoch hat das Gericht – sofern man lediglich den Stil der Texte in den Entscheidungen analysiert – als hauptsächlichen Grund nur angeführt, dass gerade das Fehlen der Arbeitsfähigkeit erfasst wurde. Dieses kann z.B. bei der Entscheidung „（2011）杭江民初字第397号“ daraus entnommen werden, dass die Worte der „schweren Behinderung“ und „keiner Fähigkeit selbst den Lebensunterhalt zu schaffen“ einfach der Reihe nach in den Entscheidungstext aufgenommen wurden. Ein anderes Problem ist die Frage, ob nicht tatsächlich das Fehlen einer allgemeinen Sozialversicherung in diesen speziellen Fällen, insbesondere in den Fällen mit extremen Faktorenüber das Greisenalter vom Erben, maßgeblich war. Denn das hätte für einen Menschen im Greisenalter, der alleine lebt, unvermeidbar zu „besonderen Schwierigkeiten“ geführt. Auf Grundlage der extremen Entscheidungen, z.B. „（2016）云2801民初1162号“ und „（2017）粤0981民初1063号“, lässt sich sagen, dass das gut möglich ist, weil die betroffenen Erben ausnahmslos alleine auf dem Land leben, wo die allgemeine Sozialversicherung meistens fehlt[832].

Auf jeden Fall kann man durch die Beschreibung der Entscheidungen zu § 13 Abs. 2 ErbG zunächst mit Sicherheit feststellen, dass die quasi wechselseitige Beziehung der doppelten Voraussetzungen im § 13 Abs. 2 ErbG und ihre ziemlich eindeutigen Bedeutungen den Ermessensspielraum bei der Anwendung des § 13 Abs. 2 ErbG für die Gerichte in der Praxis erheblich einschränkt. Außerdem neigt das Gericht unter der strengen Voraussetzung der „besonderen Schwierigkeiten“ dazu, die Minimalexistenz als Maßstab anzusehen, was auch die spätere Anordnung der „besonderen Berücksichtigung bei der Verteilung des Nachlasses“ durch das Gericht beeinflusst.

bb) Die Bedeutung der „besonderen Berücksichtigung bei der Verteilung des Nachlasses“

Werden die doppelten Voraussetzungen erfüllt, steht das Gericht vor dem Problem, wie diese Erben bei der Verteilung des Nachlasses besonders berücksichtigt werden sollen. Das Ausmaß der Steigerung der Erbquoten im Vergleich zu den zustehenden Erbquoten bei gleicher Verteilung des Nachlasses ist normalerweise nicht mehr als 50 Prozent[833], meistens zwischen 10 Prozent und 30 Prozent[834] und manchmal sogar nur 5 Prozent[835]. In wenigen Fällen übersteigt das Ausmaß der Steigerung der Erbquoten 60 Prozent[836]. Es gab einen Einzelfall, bei dem der ganze Nachlass dem Erben nach dem § 13 Abs. 2 ErbG zugesprochen wurde[837], weil der Wert des Nachlasses nicht so groß war.

---

832 Siehe 2. Teil § 7 III 3 b) bb), S. 122, 123, 124.

833 Vgl. z.B. 50 Prozent in den Entscheidungen „（2012）丛民初字第3405号“ und „(2015) 宜民一初字第22号“, 48 Prozent in „（2015）景民一初字第128号“, ungefähr 42 Prozent in „（2015）公民一初字第1105号“.

834 Vgl. z.B. 10 Prozent in den Entscheidungen „（2015）田民一初字第61号“, „(2016) 云2801民初1162号“, „（2017）桂1102民初1316号“, 20 Prozent in den Entscheidungen „（2016）鲁0126民初506号“ und „（2017）鄂0107民初654号“, ungefähr 21 Prozent in den Entscheidungen „（2012）肥东民一初字第01522号“, „(2017) 吉0203民初458号“, 25 Prozent in „（2017）吉0302民初1585号“.

835 Vgl. （2017）辽7401民初60号.

836 Vgl. z.B. （2011）杭江民初字第397号, （2015）鄂武昌民初字第04250号.

837 Vgl. （2017）粤0981民初1063号, （2017）粤1973民初3457号.

Es ist offensichtlich, dass nach dem allgemeinen lokalen Lebensstandard vor allem der Umfang des ganzen Nachlasses ein sehr wichtiger Maßstab für das Gericht zur Bestimmung des Ausmaßes der Steigerung der Erbquoten darstellt. Allgemein gesprochen lässt sich sagen: Je größer der Wert des ganzen Nachlasses, umso kleiner muss das Ausmaß der Steigerung der Erbquoten sein[838]. Schließlich ist auch der Grad der „besonderen Schwierigkeiten des Lebens" des Erben ein wichtiges Kriterium für das Gericht[839].

Darüber hinaus gibt es bei normal gelagerten Fällen noch zwei weitere Gründe, in denen das Ausmaß der Steigerung der Erbquoten unter oder um die 50 Prozent beträgt. Der erste Grund ist, dass die anderen Erben auch Anrechte auf die Verteilung des Nachlasses haben und dass deswegen die Ungleichheit bei der Verteilung des Nachlasses nicht zu groß sein sollte. Der zweite Grund dafür liegt in der oben dargestellten Neigung des Gerichts, die lokale Minimalexistenz oft zum Maßstab der strengen Voraussetzungen der „besonderen Schwierigkeiten des Lebens" zu machen. Vor diesem Hintergrund ist das Ausmaß der „besonderen Berücksichtigung bei der Verteilung des Nachlasses" nicht zu umfangreich.

d) § 13 Abs. 3 ErbG in den Entscheidungen

Die Entscheidungen über den § 13 Abs. 3 ErbG machen in der Praxis mit 422 aller Entscheidungen den größten Teil der Ausnahmen des § 13 ErbG aus. Diese Tatsache deutet darauf hin, dass § 13 Abs. 3 ErbG sowohl in der Wirklichkeit als auch in der Prüfung der Gerichte wahrscheinlich am umstrittensten ist. Der Grund liegt nicht nur darin, dass wegen der mit § 13 Abs. 2 ErbG identischen Folge (die ursprünglich zustehende Erbquote eines Erben würde durch die Anwendung des § 13 Abs. 3 ErbG ebenfalls gesteigert) zunächst eine mögliche Konkurrenz zwischen dem § 13 Abs. 2 und Abs. 3 ErbG beachtet werden muss. Ein weiterer Grund ist, dass der Normensatz des § 13 Abs. 3 ErbG im Hinblick auf die Regelungsstruktur unter den Ausnahmen am kompliziertesten ausgestaltet ist.

Vor allem werden auch im § 13 Abs. 3 ErbG zwei Voraussetzungen gefordert. Diese sind jedoch anders als die doppelten Voraussetzungen in § 13 Abs. 2 ErbG mit der Konjunktion „oder" verbunden, was bedeutet, dass die Anwendung § 13 Abs. 3 ErbG auch dann erfolgen kann, wenn nur eine dieser zwei Voraussetzungen erfüllt ist. Die Ausnahme von § 13 Abs. 3 ErbG kann also weiter in zwei Unterfälle unterschieden werden. Sprachlich ist die Bedeutung der ersten Voraussetzung (die Erben haben dem Erblasser hauptsächlich Unterhalt geleistet) ziemlich

---

838 In den beiden Entscheidungen „（2017）粤0981民初1063号" und „（2017）粤1973民初3457号" haben die Gerichte begründet, dass der ganze Nachlass dem Erben nach dem § 13 Abs. 2 ErbG zugeteilt werden solle, weil der Umfang des ganzen Nachlasses nur gering sei.

839 In der Entscheidung „（2017）粤0981民初1063号" hat das Gericht weiter begründet, dass die Erbin unter extremen Schwierigkeiten lebe.

eindeutig[840], während die der zweiten Voraussetzung (die Erben haben mit dem Erblasser zusammengelebt) mehrdeutig ist. Daraus resultiert dann die Frage, in welchem Verhältnis die zwei Voraussetzungen stehen. Vom Wortlaut und der chinesischen Grammatik her gesehen, stellt anscheinend die erste Voraussetzung den Oberbegriff für die zweite Voraussetzung dar, während die zweite Voraussetzung ein vom Gesetzgeber genannter, dem Lebensalltag entnommener, allgemeiner Fall ersterer Voraussetzung ist[841]. Trifft dies zu, schließt sich die Frage an, ob die Anwendung des § 13 Abs. 3 ErbG in der Entscheidung auch dann bejaht wird, wenn die Erben zwar mit dem Erblasser zusammengelebt haben, diesem aber nicht hauptsächlich Unterhalt geleistet haben. In der Realität sind Fälle anzunehmen, in denen beispielsweise ein bei einem Unfall verstorbener Ehemann eine Ehefrau und ein minderjähriges Kind hinterlässt, oder ein volljähriges und behindertes Kind mit einem Elternteil zusammenlebt, weil es von diesem bis zu dessen Tod gepflegt wird. Natürlich könnte man auf Anhieb § 13 Abs. 2 ErbG in die Anwendung einbeziehen. Jedoch kann die strenge Voraussetzung der „besonderen Schwierigkeiten des Lebens" in § 13 Abs. 2 ErbG auch leicht dazu führen, dass seine Anwendung in diesem Fall ausgeschlossen werden muss[842]. Die Unbestimmtheit der Voraussetzung, dass die Erben mit dem Erblasser zusammengelebt haben müssen, hat dagegen zu einem großen Auslegungsspielraum geführt. Das hat wiederum zu einer Unbestimmtheit des Verhältnisses der zwei Voraussetzungen des § 13 Abs. 3 ErbG zueinander geführt. Verständlicherweise geben diese Faktoren dem Gericht bei der Anwendung des § 13 Abs. 3 ErbG zwar einen großen Ermessensspielraum, doch bringen sie im Vergleich zu den anderen Ausnahmen von § 13 Abs. 1 ErbG auch viele Schwierigkeiten mit sich.

Zudem ist die rechtliche Folge auch ein wenig anders als die in § 13 Abs. 2 ErbG. In § 13 Abs. 3 ErbG wird der Ausdruck des Modalverbs „können" oder „kann" (im chinesischen Original 可以)[843] für die Rechtsfolge verwendet. Das bedeutet, dass das Gericht u.a. die Möglichkeit hat, die Anwendung des § 13 Abs. 3 ErbG

---

840 Der Art. 30 der AOVG zum ErbG hat auch die Bedeutung der „hauptsächlichen Unterhaltspflichten" konkret so geregelt: die Erben haben dem Erblasser die hauptsächliche Unterhaltsquelle zur Verfügung gestellt oder die hauptsächliche Unterstützung mit Arbeitsleistung angeboten. Deutsche Übersetzung von *Wang Qiang*, in: *Eberl-Borger/Wang Qiang* (Hrsg.), a.a.O., S. 128, vgl. Anhang.

841 In der Tat hat der Artikel 34 der Ansichten des Obersten Volksgerichts zum ErbG die Bedeutung des „Zusammenleben" auch so mittelbar angedeutet, dass einem Erben, der die Fähigkeit und Voraussetzungen gehabt hätte, den Erblasser zu unterhalten, jedoch seine Unterhaltspflicht gegenüber dem unterhaltsbedürftigen Erblasser trotz des Zusammenlebens mit ihm nicht erfüllt, bei der Nachlassverteilung weniger oder nichts zuzuteilen ist. Deutsche Übersetzung von *Wang Qiang*, in: *Eberl-Borger/Wang Qiang* (Hrsg.), a.a.O., S. 129, vgl. Anhang.

842 Wenn z.B. die Ehefrau eigene Arbeit hat oder ein behindertes Kind einen bestimmten Betrag an Festgehalt aus Immobilien oder Aktien verfügt.

843 Siehe 2. Teil § 6 II 1 c), S. 58, 59.

abzulehnen, selbst wenn eine oder gar alle der Voraussetzungen in § 13 Abs. 3 ErbG bereits erfüllt wären. Dabei gibt § 13 Abs. 3 ErbG dem Gericht auch in der Praxis einen sehr großen Ermessensspielraum. Darüber hinaus scheint der Ausdruck der Flexibilisierung bei der Verteilung des Nachlasses, der in § 13 Abs. 3 ErbG so formuliert ist, dass „bei der Verteilung des Nachlasses ein größerer Teil gegeben werden kann", zumindest hinsichtlich seiner Ausdrucksweise auch schwächer zu sein als die Wortwahl in § 13 Abs. 2 ErbG, wo von der „besonderen Berücksichtigung bei der Verteilung des Nachlasses" die Rede ist. Daher steht das Gericht im Rahmen des Ermessens bei § 13 Abs. 3 ErbG, neben der Prüfung der zwei Voraussetzungen und der Anordnung der Flexibilisierung der Verteilung des Nachlasses wie in § 13 Abs. 2 ErbG, nun auch vor dem Problem des Verhältnisses der alternativen Voraussetzungen zueinander und der Prüfung der Zulassung des § 13 Abs. 3 ErbG, auch wenn die Voraussetzungen des § 13 Abs. 3 ErbG erfüllt sind.

aa) Die Bedeutungen der zwei Voraussetzungen des § 13 Abs. 3 ErbG

(a) *Der „hauptsächliche Unterhalt" im § 13 Abs. 3 ErbG*

Für den ersten Unterfall, die Voraussetzung der Erfüllung des „hauptsächlichen Unterhalts", in § 13 Abs. 3 ErbG haben die Ansichten des Obersten Volksgerichts zum ErbG schon als konkreteres Kriterium für seine Bestimmung aufgestellt, dass dem Erblasser eine hauptsächliche Unterhaltsquelle oder hauptsächliche Unterstützung mit Arbeitsleistung zur Verfügung gestellt wird[844]. Das hat in der Folge dazu zugeführt, dass die Bedeutung dieser Voraussetzung in der Tat enger als der Wortlaut im § 13 Abs. 3 ErbG ausgelegt wird. Die Gerichte haben in den meisten Fällen den hauptsächlichen Unterhalt sogar als ökonomischen oder materiellen Unterhalt verstanden.

Von den gefundenen Fällen ausgehend betrachtet, prägt dieses Verständnis auch die größte Anzahl der Entscheidungen zu § 13 Abs. 3 ErbG. Aber unter den Begriff des ökonomischen oder materiellen Unterhalts lassen sich in den Einzelfällen auch viele konkrete typische Leistungen fassen, z.B. regelmäßige oder häufige Unterhaltszahlungen[845], Altenpflege im Alltagsleben[846]

844 Siehe Fn 840, S. 189.

845 Vgl. z.B. （2011）杭江民初字第397号,（2013）开民三初字第259号,（2014)象民初字第823号,（2016）粤0605民初1388号,（2016）粤0604民初2359号,(2016）冀0702民初87号,（2016）甘0902民初1451号.

846 Das schießt die Haushaltsführung, unbestimmte Unterhaltszahlungen, Lebensmitteleinkauf usw. ein, vgl. z.B. （2010）湖吴埭民初字第227号,（2013）鄂樊城王民初字第00064号,（2013）江民一重字第545号,（2013）佛顺法伦民初字第623号,（2013）肇端法民初字第308号,（2014）龙民一初字第1737号,（2014）丰民初字第17395号,（2014）佛南法里民一初字第280号,（2015）佛城法槎民初字第237号,（2015）新密民一初字第2337号,（2015）北民初字第4324号,(2015)景民一初字第128号,（2016）湘1129民初298号,（2016）粤0105民初3087

oder Krankenpflege[847], Arbeitsleistung in der Landwirtschaft[848] und Beerdigungskosten[849].

Obwohl die Entscheidungen zur Pflege im Alltagsleben im Alter des Erblassers am zahlreichsten sind, haben die Gerichte nicht selten auch die Pflege während einer Krankheit und insbesondere die Übernahme der Beerdigungskosten für den Erblasser durch den Erben betont, um damit zu begründen, dass das Kriterium der Erfüllung des hauptsächlichen Unterhalts in § 13 Abs. 3 ErbG durch die Erben erfüllt sei[850]. Das haben die Gerichte in zwei Entscheidungsurkunden damit begründet, dass die Pflege während einer Krankheit und die Übernahme der Beerdigungskosten des Erblassers nach chinesischer Tradition genauso wichtig seien wie die Pflege im Alltagsleben im Alter zu Lebzeiten des Erblassers[851] und daher dieser Fall bei der Prüfung der Voraussetzung des „hauptsächlichen Unterhalts“ im § 13 Abs. 3 ErbG oft besonders zu berücksichtigen sei[852].

号，（2016）陕0202民初796号，（2016）黔2730民初138号，（2016）冀0110民初1745号，（2016）桂0305民初1372号，（2016）湘0103民初1712号，（2017）云2503民初469号.

847 Einschließlich der Kostenübernahme für medizinische Behandlung, vgl. z.B. （2011）绍嵊民初字第1129号，（2014）佛明法荷民一初字第201号，（2014）中一法沙民一初字第700号，（2014）蕉民初字第3376号，（2015）东民初字第503号，（2016）鲁0281民初3184号，（2016）鲁0303民初3020号.

848 Vgl. z.B. （2015）鄂丹江口民初字第00164号，（2015）景民一初字第128号，（2015）新密民一初字第2337号，（2015）胶民初字第5930号.

849 Vgl. z.B. （2013）开民三初字第259号，（2015）景民一初字第128号，（2015）佛城法槎民初字第237号，（2016）云2326民初247号，（2016）黔2730民初138号，（2016）湘1129民初298号，（2017）渝0112民初893号.

850 Vgl. z.B. （2013）开民三初字第259号，（2015）景民一初字第128号，（2016）云2326民初247号，（2016）黔2730民初138号，（2017）渝0112民初893号.

851 In den Entscheidungsurkunden wird nicht weiter erklärt, was diese chinesische Tradition sei. Jedoch hat das Gericht das weitverbreitete Sprichwort „生养死葬“ (Zu Lebzeiten unterhalten, nach dem Tod beerdigen) ausdrücklich erwähnt. Vgl. die Entscheidungen „（2015）佛城法槎民初字第237号“ und „(2016) 黔2730民初138号“. Unter diesem Sprichwort verstehen man üblicherweise zwei Dinge, die ein Nachkomme, gewöhnlich ein Sohn, für seine alten Eltern leisten sollte: Einerseits soll er zu ihren Lebzeiten den Eltern Unterhalt leisten, was dem Fall des Pflegens im Alltagsleben im Alter des Erblassers entspricht, wie in den Entscheidungen in Fn 846, S. 194. Andererseits soll er nach ihrem Tod die Beerdigungskosten tragen, was die Krankenpflege vor dem Tod einschließt. Die zwei Dinge werden auch als praktischer Ausdruck des chinesischen traditionellen Konzepts der „kindlichen Pietät“ (im chinesischen Original 孝) angesehen, die wiederum einen extrem wichtigen Aspekt des konfuzianischen „Li“ darstellt.

852 Eine Ausnahme ist in der Entscheidung „（2014）黄民初字第8170号“. Darin hat ein Erbe mit der Übernahme der Beerdigungskosten des Erblassers (einschließlich der Krankenpflege vor dem Tod) vor Gericht argumentiert, dass er deswegen den „hauptsächlichen Unterhalt“ des Erblassers gemäß § 13 Abs. 3 ErbG geleistet habe und ihm bei der Verteilung des Nachlasses ein größerer Teil gegeben werden

(b) *Das sogenannte „Zusammenleben" in § 13 Abs. 3 ErbG*

Wie oben bereits erwähnt ist es wegen seiner Stelle im Normensatz nur natürlich anzunehmen, dass die Voraussetzung des „Zusammenlebens" einen vom Gesetzgeber aufgezählten allgemeinen Fall aus dem wirklichen Leben im Sinne der ersten Voraussetzung des „hauptsächlichen Unterhalts" darstellt. Dieser Punkt wird auch in Art. 34 der AOVG zum ErbG, nach dem einem fähigen Erben, der mit dem Erblasser zusammenlebt, ohne aber diesem Unterhalt zu leisten, bei der Nachlassverteilung weniger oder nichts zugeteilt werden kann, mittelbar angedeutet[853]. In der Tat haben die meisten Entscheidungen über diese Voraussetzung auch gezeigt, dass die Prüfung des „Zusammenlebens" bisher immer mit der Prüfung der Erfüllung des „hauptsächlichen Unterhalts" verbunden war.

Diesbezüglich haben die Gerichte in den Entscheidungen oft anschließend an das Zusammenleben mit dem Erblasser die Erfüllung des „hauptsächlichen Unterhalts" durch den Erben während der Zeit des Zusammenlebens betont[854]. Dagegen wurden Anträge auf einen größeren Teil bei der Verteilung des Nachlasses von den Gerichten dann abgelehnt, wenn nur ein Zusammenleben bestand, ohne dass der „hauptsächliche Unterhalt" durch den Erben erfüllt wurde[855]. Dafür sind die Entscheidungen „（2013）穗荔法民一初字第416号" und „（2012）金牛民初字第5212号" besonders typisch. In der ersteren hat zwar der Erbe mit dem Erblasser in

---

solle, was vom Gericht abgelehnt wurde. Die Begründung des Gerichts argumentiert jedoch nicht, dass die Übernahme der Beerdigungskosten, einschließlich der Krankenpflege vor dem Tod des Erblassers, nicht wichtig genug sei und damit die Voraussetzung des „hauptsächlichen Unterhalts" nicht erfüllen könne. Vielmehr hat das Gericht seine Entscheidung damit begründet, dass die Übernahme der Beerdigungskosten des Erblassers vor dem Hintergrunde der traditionellen „Kindespietät" eine Selbstverständlichkeit sei, und der Erbe nicht auf dieser Grundlage mehr Nachlassquoten erwerben dürfe.

853 Siehe Fn 841, S. 189.

854 Vgl. z.B. （2010）湖吴埭民初字第227号,（2013）鄂樊城王民初字第00064号,(2013)江民一重字第545号,（2013）肇端法民初字第308号,（2013）佛顺法伦民初字第623号,（2013）开民三初字第259号,（2014）龙民一初字第1737号,（2014）南民初（一）字第1160号,（2014）中一法沙民一初字第700号,(2014)丰民初字第17395号,（2014）佛南法里民一初字第280号,（2014）蕉民初字第3376号,（2014）穗花法民一初字第4891号,（2015）景民一初字第128号,（2015）武民初字第791号,（2015）北民初字第4324号,（2015）新密民一初字第2337号,（2015）东民初字第503号,（2015）深宝法家初字第181号,（2015）台民初字第1928号,（2015）佛城法槎民初字第277号,（2015）佛城法槎民初字第237号,（2016）冀0110民初1745号,（2016）湘0103民初1712号,（2016）鲁0281民初3184号,（2016）湘1129民初298号,（2016）粤0604民初2359号,（2016）粤0105民初3087号,（2016）黔2730民初138号,（2016）桂0305民初1372号,（2016）云2326民初247号,（2017）鄂1022民初69号,(2017)渝0112民初893号.

855 Vgl. z.B.（2012）金牛民初字第5212号,（2013）穗荔法民一初字第416号,(2014)高新民初字第1408号,（2014）枞民一初字第01130号.

der gleichen Mehrzimmerwohnung gewohnt. Jedoch hat er dem Erblasser im Alltag nicht unterstützt, da der Erblasser noch alleine Lebensmittel eingekauft, Essen gekocht und den Haushalt gemacht hat. Deswegen qualifiziert das rein räumliche Zusammenwohnen ohne die Voraussetzung der Erfüllung des „hauptsächlichen Unterhalts" vor Gericht nicht als „Zusammenleben" im Sinne des § 13 Abs. 3 ErbG. In der letzteren Entscheidung hatte die Erbin, eine volljährige Tochter, mit ihren Eltern zusammengewohnt, aber ihnen keinen Unterhalt geleistet. Sie wurde sogar im Gegenteil wegen vom Gericht festgestellter „Faulheit" von ihren Eltern finanziell unterstützt. Deswegen war das Gericht der Meinung, dass sie nicht wirklich im Sinne des § 13 Abs. 3 ErbG mit den Erblassern zusammengelebt hat.

Als „hauptsächlicher Unterhalt" wird wegen des ökonomischen oder materiellen Bedeutungen des Unterhalts üblicherweise hauptsächlich die Pflege im Alltagsleben im Alter des Erblassers unter der ersten Voraussetzung des § 13 Abs. 3 ErbG verstanden, weil das Zusammenleben mit dem Erblasser nach der traditionellen chinesischen Vorstellungen der beste Weg für die Erben ist, den Erblasser im Alltagsleben im Alter zu pflegen[856]. Tatsächlich stellen gerade aufgrund dieser Bedeutung von Zusammenleben die Entscheidungen über das Zusammenleben auch die meisten Fälle des § 13 Abs. 3 ErbG dar. Dabei handelt es sich meist um Entscheidungen über den Fall der Pflege im Alltagsleben im Alter des Erblassers im Sinne der ersten Voraussetzung[857]. Jedoch werden möglicherweise auch Arbeitsleistung in der Landwirtschaft[858], Krankenpflege[859] und die Übernahme der Beerdigungskosten[860] des Erblassers bei der Prüfung des Zusammenlebens mit einbezogen.

(c) *Zwei seltene Tendenzen bei den Entscheidungen zum § 13 Abs. 3 ErbG*

Obwohl in der Praxis hauptsächlich die Voraussetzung des „hauptsächlichen Unterhalts" als eine Art des ökonomischen oder materiellen Unterhalts und die

---

856 Das Pflegen wird in Entscheidungsurkunden ausdrücklich erwähnt, vgl. z.B. (2010)湖吴埭民初字第227号，（2013）肇端法民初字第308号，（2013）佛顺法伦民初字第623号，（2013）开民三初字第259号，（2013）穗荔法民一初字第416号，(2014)佛南法里民一初字第280号，（2014）中一法沙民一初字第700号，(2014)龙民一初字第1737号，（2014）南民初（一）字第1160号，（2014）穗花法民一初字第4891号，（2015）深宝法家初字第181号，（2015）佛城法槎民初字第237号，（2016）湘1129民初298号，（2016）粤0604民初2359号，（2016）粤0105民初3087号，（2016）云2326民初247号，（2016）黔2730民初138号，（2016）冀0110民初1745号，（2017）鄂1022民初69号.

857 Siehe Fn 846, S. 190.

858 Vgl. z.B. （2015）鄂丹江口民初字第00164号，（2015）景民一初字第128号，(2016)湘1129民初298号.

859 Vgl. z.B. （2013）开民三初字第259号，（2014）中一法沙民一初字第700号，(2014)蕉民初字第3376号，（2015）东民初字第503号，（2016）鲁0281民初3184号，（2017）云2503民初469号.

860 Vgl. z.B. （2014）黄民初字第8170号，（2015）佛城法槎民初字第237号，(2016)黔2730民初138号，（2016）湘1129民初298号，（2017）渝0112民初893号.

Voraussetzung des „Zusammenlebens" als ein üblicher Fall der Voraussetzung des „hauptsächlichen Unterhalts" verstanden werden, tauchen auch einige Entscheidungen auf, die von diesem hauptsächlichen Verständnis abweichen und auf zwei neue und seltene Tendenzen der Anwendung der zwei Voraussetzungen des § 13 Abs. 3 ErbG hindeuten.

Im Hinblick auf den „hauptsächlichen Unterhalt" setzt zwar der Art. 30 der AOVG zum ErbG zwei konkrete Kriterien voraus, und zwar die Leistung der hauptsächlichen Unterhaltsquelle und die hauptsächliche Unterstützung mit Arbeitsleistung. Grammatikalisch sollten diese zwei Fälle im Chinesischen jedoch nur als eine Aufzählung von zwei üblichen Fällen verstanden werden. Daraus darf man nicht folgern, dass im „hauptsächlichen Unterhalt" nur diese zwei Fälle inbegriffen wären. Außerdem haben die Gerichte in einigen Entscheidungen auch betont, dass der Begriff „Unterhalt" zwischen Verwandten als ein umfassendes enges Familienverhältnis verstanden werden soll, also nicht nur im ökonomischen oder materiellen Sinn, sondern auch als emotionale oder geistige Kommunikation, Anteilnahme und Begleitung, oder „Pflege"[861]. Deswegen beziehen die Gerichte unter einigen Umständen bei der Prüfung des „hauptsächlichen Unterhalts" den sogenannten „emotionalen Unterhalt" mit ein. Zwar dient dieses emotionale oder geistige Verständnis des Unterhalts hauptsächlich als ein Kriterium der Prüfung des „hauptsächlichen Unterhalts" in Fällen, wo die Erben fast gleichen ökonomischen oder materiellen Unterhalt geleistet haben[862] oder die Erblasser keinen ökonomischen oder materiellen Unterhalt und kein Zusammenleben benötigen[863]. Jedoch neigen die Gerichte in der Tat dazu, bei der Prüfung dieser beiden Voraussetzungen neben den materiellen Gesichtspunkten auch sämtliche andere Umstände, einschließlich des „emotionalen oder geistigen Unterhalts" der Erben zu berücksichtigen. Diese Tendenz zeigt sich auch bei der Prüfung der Anwendung des § 13 Abs. 4 ErbG, der auch mit Unterhaltsleistungen zu tun hat, deutlich[864].

---

861 Vgl. z.B. （2011）杭江民初字第397号，（2016）粤0604民初2359号，(2016)粤0105民初3087号，（2016）云2326民初247号，（2016）陕0202民初796号，(2016)冀0110民初1745号，（2017）云2503民初469号，（2016）鲁0303民初3020号.

862 In der Entscheidung „（2016）陕0202民初796号" hat beispielsweise eine der Töchter einer Mutter im Vergleich zu ihren Schwestern mehr Zeit für emotionale oder geistige Kommunikation und Begleitung ihrer Mutter aufgewandt, auch wenn keinen Unterschied bei der Leistungen des ökonomischen oder materiellen Unterhalts zwischen den Schwestern festgestellt werden kann. Daher folgt das Gericht der Auffassung, dass diese Tochter, die mehr Emotionen „aufgewandt" hat, den „hauptsächlichen Unterhalt" geleistet habe.

863 In der Entscheidung „（2016）鲁0303民初3020号" haben die Erblasser (die Eltern) beispielsweise ausreichende Renten und brauchen weder ökonomischen noch materiellen Unterhalt bzw. Zusammenleben. Daher hat das Gericht bei der Prüfung des „hauptsächlichen Unterhalts" den Schwerpunkt auf die „geistige Pflege" gelegt.

864 Siehe 3. Teil § 10 II 2 e), S. 199ff.

Eine andere, in einigen Entscheidungen erkennbare, seltene Tendenz ist ein abweichendes Verständnis der Gerichte vom oben dargestellten hauptsächlichen Verständnis des „Zusammenlebens", nach dem das „Zusammenleben" ein üblicher Fall des „hauptsächlichen Unterhalts" im Alltagsleben sei. In diesen Entscheidungen wird das „Zusammenleben" mit dem Erblasser als ein enges familiäres Verhältnis zwischen dem Erblasser und den Erben verstanden, wobei darin auf den Unterhalt des Erblassers durch den Erben selten oder kaum Bezug genommen wird[865]. Im Gegenteil lässt sich für diese Entscheidungen sogar sagen, dass häufig der Erblasser im Rahmen des Zusammenlebens den hauptsächlichen Unterhalt der Erben geleistet hat[866]. Die Gründe für die Entstehung eines abweichenden Verständnisses des „Zusammenlebens" sind nicht schwer nachzuvollziehen. Einerseits wurden alle Familienangehörige, der Ehegatte, die Kinder und die Eltern in der ersten Ordnung sowie die Geschwister und die Großeltern in der zweiten Ordnung, gemäß § 10 ErbG der VR China einbezogen. Andererseits wird die Bestimmung der Flexibilisierung der Erbquoten durch die Erfüllung des „hauptsächlichen Unterhalts" oder des „Zusammenlebens" mit dem Erblasser von den Erben nach einem typischen Modell der Erbfolge ausgestaltet, bei dem die Vorfahren (die Erblasser) vor den Nachkommen (den Erben) versterben, wobei die Erblasser aufgrund des Fehlens einer allgemeinen sozialen Versicherung (vor dem Hintergrund der Agrargesellschaft) häufig zu Lebzeiten im Greisenalter Unterhalt von den Erben benötigen, der wiederum oft durch das Zusammenleben mit den Erblassern von den Erben geleistet wird. Diese Betrachtung hat sichtlich den Bedarf nach der Flexibilisierung der Erbquoten, wie oben schon postuliert[867], in abweichenden Fällen nicht bedacht. Beispielsweise sind Situationen denkbar, in denen ein junges Kind vor seinen Eltern verstirbt[868], oder der Erbe, z.B. ein behindertes Kind, von den Eltern zu deren Lebzeiten gepflegt wird[869], oder ein verstorbener Ehemann seine Ehefrau oder ein minderjähriges Kind oder die beide hinterlässt[870]. Wahrscheinlich

865 Vgl. z.B. （2011）杭江民初字第397号，（2014）东民初字第545号，（2014）枞民一初字第01130号，（2014）龙新民初字第446号，（2014）乌勃民一初字第00204号，（2016）陕0724民初781号.

866 In der Entscheidung „（2016）陕0724民初781号" ist der Erblasser beispielsweise ein Familienvater, der seinen Erben, der Ehefrau und seinem jungen Sohn, zu Lebzeiten den der hauptsächlichen Unterhalt geleistet hatte. In einer anderen Entscheidung, „（2011）杭江民初字第397号", ist der Erbe der behinderte Sohn des Erblassers, der zu Lebzeiten von diesem gepflegt wurde.

867 Siehe Fn 841, S. 189.

868 Z.B. die Entscheidung „（2014）枞民一初字第01130号".

869 Z.B. die Entscheidung „（2011）杭江民初字第397号".

870 Z.B. die Entscheidungen „（2014）乌勃民一初字第00204号" und „（2016）陕0724民初781号". Obwohl die Erben in diesen Fällen auch die Anwendung des § 13 Abs. 2 ErbG beantragen können, wird dieser jedoch oft wegen der strengen Voraussetzungen, vor allem der „besonderen Schwierigkeiten des Lebens" ausgeschlossen, wie schon in den Entscheidungen oben gesehen werden konnte, siehe 3. Teil § 10 II

liegt hier eine vom Gesetzgeber nicht beabsichtigte Gesetzeslücke vor. Angesichts dieses ungeregelten Bedarfs hat das Gericht im gesetzlich zugelassenen Rahmen der Gesetzesauslegung[871] ein vom hauptsächlichen Standpunkt abweichendes Verständnis geschaffen.

bb) Das Eintreten und die Bedeutung der Rechtsfolge des § 13 Abs. 3 ErbG

(a) *Das Eintreten der Folge durch das Ermessen des Gerichts*

Aus der Anwendung des Modalverbs „können" oder „kann" (im chinesischen Original 可以) im § 13 Abs. 3 ErbG kann man einfach schlussfolgern, dass das Gericht die Anwendung des § 13 Abs. 3 ErbG durch sein Ermessen selbst dann noch ausschließen darf, wenn die zwei Voraussetzungen in diesem Normensatz schon erfüllt sind. Tatsächlich haben die Gerichte auch in den Entscheidungen bewusst mit der Unterscheidung der Anwendung der unterschiedlichen Modalverben in § 13 Abs. 2 ErbG und § 13 Abs. 3 ErbG die Ausschließung der Anwendung des § 13 Abs. 3 ErbG bei der Erfüllung der Voraussetzungen begründet[872]. Von der Gesamtheit aller Entscheidungen ausgehend, haben die Gerichte im Normalfall die

---

2 c) aa), S. 184ff. In der Tat hat das Gericht auch in der Entscheidung „（2014）东民初字第545号" bei der Prüfung des Zusammenlebens mit dem Erblasser durch die Erbin, die die Tochter des Erblassers ist, aber keinen „hauptsächlichen Unterhalt" geleistet hat, ergänzend so begründet, dass die Tochter mit dem Tod des Erblassers nun auch *unter gewissen Schwierigkeiten* lebt. Hier scheint das „Zusammenleben" eine Art der Abmilderung der strengen Voraussetzungen der Anwendung des § 13 Abs. 2 ErbG durch das Gericht zu sein. In einer anderen Entscheidung, „（2011）杭江民初字第397号", ist der Erbe ein behinderter Sohn, der mit dem Erblasser, seinem Vater, zu dessen Lebzeiten zusammengelebt hat. Er hat vor dem Gericht mit den zwei Begründungen einen größeren Teil des Nachlasses beantragt, dass er behindert sei und daher unter Schwierigkeiten lebe und mit dem Erblasser zusammengelebt habe. Die erste Begründung hat das Gericht abgelehnt, weil er ein Festgehalt habe und die Voraussetzung der „besonderen Schwierigkeiten des Lebens" nicht erfülle, siehe Fn 826, S. 185. Die zweite Begründung hat das Gericht indes zugelassen, weil er mit dem Erblasser zu dessen Lebzeiten zusammengelebt habe. Tatsächlich hat dieser Erbe beim Zusammenleben mit seinem Vater anders als die Leistung des „hauptsächlichen Unterhalts" vielmehr die Pflege im Alltag durch den Vater erhalten. Hier scheint das „Zusammenleben" auch wieder eine Art der Abhilfe im Falle der Ausschließung der Anwendung des § 13 Abs. 2 ErbG vom Gericht zu sein.

871 Artikel 34 der Ansichten des Obersten Volksgerichts zum ErbG hat nur auf der Seite der passiven Auswirkung bei der Bestimmung der Bedeutung des „Zusammenlebens" zwei Kriterien gestellt, die eine andere Auslegung der Bedeutung auf der Seite der aktiven Auswirkung verhindern sollen. Siehe Fn 841, S. 189.

872 Vgl. z.B.（2012）丛民初字第3405号,（2014）龙新民初字第446号,（2014）乌勃民一初字第00204号,（2014）黄民初字第8170号.

Anordnung der Flexibilisierung der Erbquoten gemäß § 13 Abs. 3 ErbG zugelassen, wenn eine oder beide der Voraussetzungen des § 13 Abs. 3 ErbG erfüllt waren. Das Gericht hat in diesem Fall nur sehr selten die Rechtsfolge abgelehnt. Eine Ablehnung durch das Gericht geschieht meist nur, wenn die Fälle vom § 13 Abs. 2 ErbG und § 13 Abs. 3 ErbG in einer Entscheidung gleichzeitig und gleichberechtigt vorliegen und wegen der Limitation der Menge des Nachlasses in Konkurrenz stehen. Damit bringen die Gerichte zum Ausdruck, dass der Fall des § 13 Abs. 2 ErbG Vorrang vor dem Fall des § 13 Abs. 3 ErbG habe und deswegen die Anwendung des § 13 Abs. 3 ErbG inzwischen abgelehnt werden soll[873].

(b) *Die Bedeutung von „ein größerer Teil" des Nachlasses im § 13 Abs. 3 ErbG*

Wenn der Antrag der Erben auf die Flexibilisierung der Erbquoten gemäß § 13 Abs. 3 ErbG vom Gericht zugelassen wird, wird den betreffenden Erben „ein größerer Teil" des Nachlasses vom Gericht zugesprochen. Hierbei steht das Gericht vor dem gleichen Problem wie bei § 13 Abs. 2 ErbG in Bezug auf die Festlegung des Umfangs der Steigerung der Erbquoten im Vergleich zu den bestehenden Erbquoten bei gleicher Verteilung des Nachlasses.

Obwohl die Formulierung „ein größerer Teil" des Nachlasses im § 13 Abs. 3 ErbG vom Ausdruck her schwächer als die „besonderen Berücksichtigung bei der Verteilung des Nachlasses" in § 13 Abs. 2 ErbG erscheint, entspricht der Umfang der Steigerung der Erbquoten gemäß § 13 Abs. 3 ErbG im Normalfall in etwa dem Umfang gemäß § 13 Abs. 2 ErbG. Der Umfang der Steigerung der Erbquoten gemäß § 13 Abs. 3 ErbG beträgt, im Vergleich zu den zustehenden Erbquoten bei gleicher Verteilung des Nachlasses, also normalerweise nicht mehr als 50 Prozent, wenn die Gerichte nur den Gesamtwert des Nachlasses, die allgemeinen lokalen Lebensstandard und den Grad der Erfüllung des „hauptsächlichen Unterhalts" der Erben berücksichtigen[874]. Ähnlich wie bei § 13 Abs. 2 ErbG, beträgt der Umfang der

---

873 Vgl. z.B. （2012）丛民初字第3405号, （2014）乌勃民一初字第00204号.

874 Vgl. z.B. die Erhöhung um 50 Prozent in den Entscheidungen „（2014）穗花法民一初字第4891号", „（2015）深宝法家初字第181号", „（2016）云2326民初247号", „（2016）湘0103民初1712号"; 48 Prozent in der Entscheidung „（2015）景民一初字第128号"; 40 Prozent in den Entscheidungen „（2014）南民初（一）字第1160号", „（2016）湘1129民初298号", „（2017）云2503民初469号", „（2017）渝0112民初893号"; ca. 36 Prozent in der Entscheidung „（2013）开民三初字第259号"; ca. 33 Prozent in den Entscheidungen „（2013）佛顺法伦民初字第623号", „（2013）新都民初字第2774号"; ca. 20 Prozent in der Entscheidung „（2014）东民初字第545号", „（2015）佛城法槎民初字第237号", „（2016）鲁0281民初3184号", „（2017）鄂1022民初69号", 15 Prozent in der Entscheidung „（2015）佛城法槎民初字第277号"; 13 Prozent in den Entscheidungen „（2016）陕0724民初781号" und „（2015）新密民一初字第2337号"; 10 Prozent in der Entscheidung „（2015）北民初字第4324号"; ca. 8 Prozent in der Entscheidung „（2014）高新民初字第1408号"; und ca. 4 Prozent in der Entscheidung „（2013）开民三初字第259号".

Steigerung der Erbquoten gemäß § 13 Abs. 3 ErbG nur in wenigen Fällen bis zu 60 Prozent[875]. Im Einzelfall wurde sogar auch der ganze Nachlass dem Erben gemäß § 13 Abs. 3 ErbG zugesprochen, wenn der Wert des Nachlasses nicht groß war[876].

Allerdings haben die Gerichte beim § 13 Abs. 3 ErbG noch zwei zusätzliche Faktoren zu berücksichtigen, die dafür sorgen, dass der Umfang der Steigerung der Erbquoten nach § 13 Abs. 3 ErbG oftmals im Vergleich zum oben genannten Normalfall sehr groß ausfällt.

Der erste zusätzlich berücksichtigte Faktor ist der Beitrag, den die Erben zu Lebzeiten des Erblassers zu dessen Nachlass geleistet haben. Dieser Fall ist nicht selten, wenn der Erbe den „hauptsächlichen Unterhalt" geleistet oder mit dem Erblasser zusammengelebt hat, wodurch sich die wirtschaftlichen Verhältnisse der beiden verflochten haben. Hierbei gibt es zwei typische Fälle. Der erste Fall wäre, wenn der Erbe zu Wohnzwecken unter dem Namen des Erblassers zu dessen Lebzeiten die Beiträge des Erblassers für Neu-, An- und Umbauarbeiten oder den Kauf eines Hauses bzw. einer Wohnung geleistet hat. In diesem Falle beruht der Umfang der Steigerung auf dem Umfang der geleisteten Beiträge des Erben und ist häufig sehr groß. Z.B. hat ein Erbe in einer Entscheidung Beiträge geleistet, um die Wohnung des Erblassers auszubauen und zu renovieren, weshalb ihm vom Gericht eine Erbquote beim Nachlass zugesprochen wurde, die viermal so hoch wie die Erbquote im Fall der gleichen Verteilung des Nachlasses war[877]. In einer anderen Entscheidung hat ein Erbe seinem Vater, dem Erblasser, auch festgelegte Beiträge zum Wohnungskauf bereitgestellt und dadurch hat er eine Erbquote vom Nachlass bekommen, die ungefähr 70 Prozent über der originalen Erbquote war[878]. In der einzigen vom OVG wiederaufgenommen Entscheidung über die Flexibilisierung der gesetzlichen Erbquoten hat das OVG die Einhaltung der Entscheidung der zweiten Instanz angeordnet, in der einer Erbin das ganze Haus des Erblassers vom Gericht zugesprochen wurde, weil diese Erbin zu Lebzeiten ihrer Mutter unter deren Namen das Haus für sie gebaut hatte[879]. Der zweite Fall, den es zu berücksichtigen gilt, tritt ein, wenn der Erbe einen wesentlichen Beitrag zum Betrieb des Erblassers zu dessen Lebzeiten geleistet hat. Z.B. hat in einer Entscheidung ein Erblasser ein Hotel, das auch der strittige Teil des Nachlasses war, betrieben. Einer seiner Söhne hat neben der Pflege des Erblassers im Greisenalter auch den Betrieb, die Erhaltung und die Renovierung des Hotels getragen, und deshalb im Vergleich

875 Vgl. z.B. die Entscheidungen „（2010）湖吴埭民初字第227号", „（2011）杭江民初字第397号", „（2015）台民初字第1928号", „（2015）胶民初字第5930号", „(2016)桂0305民初1372号".

876 Z.B. beträgt in der Entscheidung „（2014）丰民初字第17395号" der Wert des gesamten Nachlasses noch nicht einmal 8000 Renminbi, ungefähr 1000 Euro.

877 Vgl. die Entscheidung „（2014）高新民初字第1408号".

878 Vgl. die Entscheidung „（2015）台民初字第1928号".

879 Vgl. die Verfügung „（2015）民申字第3085号" des OVG.

zu seinen sechs Geschwistern insgesamt 60 Prozent des Hotels bekommen, was knapp dem 1.8-fachen der ursprünglichen Erbquote entspricht[880].

Ein zweiter zusätzlich zu berücksichtigender, aber weniger relevanter Faktor sind die Aufwendungen der Erben, die vor dem Erbfall erfolgen und nicht als „Unterhalt“ des Erblassers eingeordnet werden können. Z.B. hat ein Erbe in einer Entscheidung die Sozialversicherungsbeiträge von Angestellten des Erblassers bezahlt, wodurch er eine 1.6-mal so hohe Erbquote wie üblich zugesprochen bekam[881].

e) Die negative Flexibilisierung in § 13 Abs. 4 ErbG

In § 13 Abs. 4 ErbG hat der Gesetzgeber den einzigen Absatz über die negative Auswirkung der Ausnahmen bei der Verteilung des Nachlasses in der gesetzlichen Erbfolge geregelt. Die Anzahl von Entscheidungen, die den § 13 Abs. 4 ErbG behandeln, ist mit 67 Fällen nur sehr gering. Dafür gibt es zwei mutmaßlichen Gründe: Einerseits sinken die Erbquoten der anderen Erben schon dann auf ein geringes Maß, wenn einer oder mehrere Erben wegen der Anwendung des § 13 Abs. 3 ErbG einen größeren Teil bei der Verteilung des Nachlasses bekommen haben, weil der Wert des Nachlasses üblicherweise begrenzt ist und es bei den Voraussetzungen von § 13 Abs. 3 und Abs. 4 ErbG um die Erfüllung der Unterhaltspflichten gegenüber dem Erblasser geht. In vielen Fällen brauchen sich die Gerichte nicht noch zusätzlich auf den § 13 Abs. 4 ErbG zu berufen, um die Erben, die dem Erblasser keinen Unterhalt geleistet haben, nachteilhafter zu behandeln. Der andere Grund liegt darin, dass relativ strenge und hohe Voraussetzungen dafür bestehen, zu bestimmen, ob ein Erbe seine Unterhaltspflichten gegenüber dem Erblasser nicht erfüllt hat. In § 13 Abs. 4 ErbG wird der Fall jener Erben geregelt, die die Fähigkeit haben, den Unterhalt gegenüber dem Erblasser zu erfüllen, aber ihrer Unterhaltspflicht nicht nachgekommen sind. Weitere Voraussetzungen hierfür wurden auch durch die AOVG zum ErbG ergänzend geregelt. Gemäß Art. 33 der AOVG zum ErbG wird zunächst der Fall von der „Nichterfüllung der Unterhaltspflichten gegenüber dem Erblasser“ dergestalt geregelt, dass die Erbquoten eines Erben in der Regel nicht dadurch berührt werden, wenn der Erbe fähig und bereit ist, dem Erblasser Unterhalt zu zahlen, dieses Angebot aber vom Erblasser nicht in Anspruch genommen wird, bspw. weil dieser eigene Einkünfte hat oder noch arbeitsfähig ist[882]. Wie oben dargestellt, wird ein von Art. 33 abweichender Fall gemäß dem Art. 34 der AOVG zum ErbG weiter als ein üblicher Fall von „Nichterfüllung der Unterhaltspflichten gegenüber dem Erblasser“ so aufgefasst, dass einem Erben, der die Fähigkeit und Voraussetzungen gehabt hätte, den Erblasser zu unterhalten, jedoch seine Unterhaltspflicht gegenüber dem unterhaltsbedürftigen Erblasser trotz des

880 Vgl. die Entscheidung „（2013）江民一重字第545号“.
881 Vgl. die Entscheidung „（2013）鄂樊城王民初字第00064号“.
882 Deutsche Übersetzung von *Wang Qiang*, in: *Eberl-Borger/Wang Qiang* (Hrsg.), a.a.O., S. 129, vgl. Anhang.

Zusammenlebens mit ihm nicht erfüllt hat, bei der Nachlassverteilung weniger oder nichts zuzuteilen ist[883]. Bei der Prüfung und beim Ermessen im Rahmen des § 13 Abs. 4 ErbG sind diese Besonderheiten auch vom Gericht zu berücksichtigen.

aa) Die Bedeutung von „Nichterfüllung der Unterhaltspflichten" in § 13 Abs. 4 ErbG

Zweifellos ist das Kernproblem des § 13 Abs. 4 ErbG, wie das Gericht bestimmen soll, ob ein Erbe seine Unterhaltspflichten nicht erfüllt hat, wie also die Bedeutung von „Nichterfüllung der Unterhaltspflichten" auszulegen sei. Die direkte Definition von „Nichterfüllung der Unterhaltspflichten" ist in der Tat nicht einfach, weshalb die Gerichte in der Praxis mit den Bestimmungen im ErbG und in den AOVG zum ErbG oft die „Nichterfüllung der Unterhaltspflichten" ex negativo über Fälle, in denen die Erben die Unterhaltspflichten schon erfüllt haben, bestimmen.

(a) *Ausgeschlossene Fälle in den Entscheidungen*

Diesbezüglich gilt es vor allem die enge Beziehung und den Unterschied zwischen der Voraussetzung „Erfüllung der Unterhaltspflichten" in § 13 Abs. 4 ErbG und der Voraussetzung des „hauptsächlichen Unterhalts" in § 13 Abs. 3 ErbG zu beachten. Unter dem Einfluss des hauptsächlichen Verständnisses von „ökonomischen oder materiellen Unterhalt" bei der Voraussetzung des „hauptsächlichen Unterhalts" und auch der Benennung von „eigenen festen Einkünfte und Arbeitsfähigkeit" im Art. 33 der AOVG zum ErbG reicht der ökonomische oder materielle Unterhalt von den Erben schon aus, um die „Erfüllung der Unterhaltspflichten" im Sinne des § 13 Abs. 4 ausreichend zu bewiesen[884]. In diesem Punkt entsprechen die konkreten typischen Leistungen für die „Erfüllung der Unterhaltspflichten" denen für die Erfüllung des „hauptsächlichen Unterhalts"[885]. Im Gegensatz zu § 13 Abs. 3 ErbG ist andererseits aber ein emotionales oder geistiges Verständnis des „Unterhalts" in § 13 Abs. 4 ErbG wichtig. Dies wird dadurch deutlich, dass es manchmal die Voraussetzung der Unterhaltsleistung dergestalt eingeschränkt wird, dass es für die „Erfüllung der Unterhaltspflichten" ausreicht, wenn Erben, die nicht in der Lage sind ihre (materiellen) Unterhaltspflichten zu erfüllen, nur einen „emotionalen Unterhalt" leisten[886].

---

883 Siehe Fn 840, S. 189.

884 Vgl. z.B. （2013）济阳民初字第759号，（2014）象民初字第823号，（2014）宜民一初字第577号，（2015）连东少民初字第00629号，（2015）佛城法槎民初字第237号，（2016）黔2730民初138号，（2016）皖0181民初字第2155号，（2016）云2326民初247号，（2017）川3425民初443号.

885 Siehe 3. Teil § 10 II 2 d) aa) (a), S. 190, 191.

886 Vgl. z.B. （2016）皖0181民初字第2155号，（2016）粤0105民初3087号，（2016）云2326民初247号，（2016）鲁0303民初3020号，（2017）川3425民初443号.

Die Einschränkung des Merkmals „Nichterfüllung der Unterhaltspflichten“ in § 13 Abs. 4 ErbG auf Erben, die die Fähigkeit und die Voraussetzungen haben, ihre Unterhaltspflichten zu erfüllen, führt auch dazu, dass bei Erben, die dazu nicht in der Lage sind, ein Zusammenleben von den Gerichten berücksichtigt wird; das ergibt sich aus einer Ergänzung durch Art. 34 der AOVG zum ErbG[887]. Damit werden auch jene Fälle bei Vorliegen des Merkmals „Nichterfüllung der Unterhaltspflichten“ ausgeschlossen, wenn die Erben tatsächlich keine Fähigkeit haben, ihre Unterhaltspflichten zu erfüllen und z.B. unter Schwierigkeiten gemäß § 13 Abs. 2 ErbG leben. Weiter werden Fälle ausgeschlossen, in denen Erben wegen objektiver Gründe einige Unterhaltspflichten nicht erfüllen können, bspw. in Situationen, in denen die Erben weit entfernt vom Erblasser wohnen, was bei verheirateten Töchtern häufig der Fall ist[888], oder bei Straftäter, die lange Haftstrafen verbüßen[889].

(b) *Fälle von „Nichterfüllung der Unterhaltspflichten“*

Aufgrund der oben genannten Ausschlusstatbestände liegen Fälle, die von dem Gericht als „Nichterfüllung der Unterhaltspflichten“ qualifiziert werden können, hauptsächlich dann vor, wenn die Erben durch eigenes Verschulden über lange Zeiträume zu Lebzeiten des Erblassers mit diesem keinen Kontakt hatten. Dabei lassen sich zwei Fälle je nach Art der Unterhaltspflichten unterschieden. Ein Fall liegt vor, wenn die Nachkommen (die Erben) mit den Vorfahren (dem Erblasser) zu Lebzeiten über einen längeren Zeitraum kaum[890] oder gar keinen Kontakt hatten, was auch am häufigsten einschlägig ist[891]. Ein anderer Fall ist, dass die Vorfahren

887 Siehe Fn 840, S. 189.

888 Vgl. z.B. die Entscheidung „（2014）象民初字第823号“.

889 Vgl. z.B. die Entscheidung „（2015）城中民一初字第841号“. Darin wurde eine Tochter des Erblassers wegen Drogenhandels zu 11 Jahren Haft verurteilt, was dazu führte, dass sie während des Verbüßens der Haftstrafe ihre Unterhaltspflichten nicht normal erfüllen konnte. Das wurde vom Gericht nicht als „Nichterfüllung der Unterhaltspflichten“ qualifiziert.

890 Hiermit ist gemeint, dass die Häufigkeit des Kontakts mit dem Erblasser über einen längeren Zeitraum so gering war, dass er vom Gericht vernachlässigt werden kann. In der Entscheidung „（2016）鲁0303民初3601号“ hat der Sohn z.B. im Zeitraum der ungefähr 25 Jahre seine Mutter nur zwei Mal besucht und ihr einige Lebensmittel mitgebracht und hatte darüber hinaus keinen weiteren Kontakt. In der Entscheidung „（2016）甘0902民初1451号“ hat der Sohn ebenfalls im Zeitraum von ungefähr 17 Jahren nach seiner Versetzung in eine andere Stadt seine Mutter nur drei Mal besucht oder mit ihr telefoniert und hatte darüber hinaus keinen weiteren Kontakt.

891 Vgl. z.B. （2013）成华民初字第251号，（2013）灵民初字第1671号，（2013）石民初字第00097号，（2014）瓮民初字第2158号，（2014）甬奉江民一初字第16号，（2014）珠斗法民一初字第434号，（2015）南民二民初字第257号，(2016)粤0605民初1388号，（2016）鲁0303民初3601号，（2016）桂0305民初1372号，（2016）甘0902民初1451号，（2017）闽0702民初1474号.

(die Erben) mit den Nachkommen (den Erblassern) zu deren Lebzeiten über einen längeren Zeitraum keinen Kontakt hatten. Normalerweise sind dies Elternteile, die den Erblasser in der Kindheit verlassen hatten, sich dann aber nach dem Erbfall des inzwischen volljährigen Erblassers wieder gemeldet haben und an der Verteilung des Nachlasses teilnehmen wollen[892]. Hinsichtlich der Länge des Zeitraums, in dem kein Kontakt bestand, haben die Gerichte in den Entscheidungen kein einheitliches Mindestmaß bestimmt, weshalb die Länge üblicherweise durch Ermessen mit Berücksichtigung sämtlicher Umstände des Einzelfalls durch das Gericht bestimmt wird. In den bisherigen Entscheidungen ging es um Zeiträume von 10 Jahren bis zu 30 Jahren, in denen kein Kontakt bestand[893].

Darüber hinaus wurde es in einigen Entscheidungen auch als „Nichterfüllung der Unterhaltspflichten“ angesehen, wenn sich für die Gerichte aufgrund von Tatsachen aus der Sphäre des Erblassers zu Lebzeiten „offensichtlich keine Erfüllung der Unterhaltspflichten der Erben“ ergibt. In diesen Fällen wird das vom Gericht häufig unter Berücksichtigung sämtlicher Umstände des Erblassers nach dem Grad einiger Ereignisse durch Ermessen im Einzelfall festgestellt. In einer Entscheidung[894] war z.B. die Erblasserin (eine Mutter) mehrfach schwer erkrankt[895], als sie für drei Jahre mit einem ihrer Söhne und dessen Familie zusammengelebt hatte. Das wurde vom Gericht als „Nichterfüllung der Unterhaltspflichten“ angesehen, da die Mutter nicht gut versorgt wurde. In einer anderen Entscheidung[896] hatten z.B. zwei der Erben dem Erblasser keinen ökonomischen oder materiellen Unterhalt geleistet, der für den Erblasser, der keine Lebensunterhaltsquelle hatte, zu Lebzeiten aber notwendig gewesen wäre. Das Gericht sah dann auch hier die „Nichterfüllung der Unterhaltspflichten“ als erfüllt an. Hinsichtlich des notwendigen Unterhalts wurde in einer Entscheidung vom Gericht auch ein Fall als „Nichterfüllung der Unterhaltspflichten“ qualifiziert, in dem eine Ehefrau ihren Ehemann nach einer Operation wegen schwerer Krankheit nicht gepflegt hatte und sich sogar im Gegenteil ihr gemeinsames Bankguthaben auszahlen hat lassen und ihre

---

892 Vgl. z.B. （2016）湘0523民初545号, （2016）内0784民初66号, （2016）川1025民初1552号.

893 10 Jahre in „（2016）川1025民初1552号“; 14 Jahre in „（2014）甬奉江民一初字第16号“ und „（2016）粤0605民初1388号“; 16 Jahre in „（2016）内0784民初66号“; 17 Jahre in „（2013）石民初字第00097号“ und „（2016）甘0902民初1451号“; 18 Jahre in „（2013）成华民初字第251号“ und „（2016）湘0523民初545号“; 20 Jahre in „（2014）瓮民初字第2158号“, „（2016）皖0181民初字第2155号“ und „(2015)南民二民初字第257号“; 23 Jahre in „（2016）桂0305民初1372号“; 25 Jahre in „（2016）鲁0303民初3601“; 29 Jahre in „（2014）珠斗法民一初字第434号“; 30 Jahre in „（2017）闽0702民初1474号“.

894 Vgl. „（2014）高新民初字第1408号“.

895 Einschließlich einer Lungenentzündung, schwerer Mangelernährung mit Dehydration, einem Oberschenkelhals-Trümmerbruch, Hypoproteinämie und leichter Anämie.

896 Vgl. „（2017）川0121民初1399号“.

Ehewohnung verlassen hatte[897]. In zwei extremen Einzelfällen[898] hatten die Erben den Erblasser (ihre Mütter) zu Lebzeiten geschlagen, was natürlich vom Gericht als „Nichterfüllung der Unterhaltspflichten" erachtet wurde. Außerdem werden einzelne Ereignisse, die vor dem Hintergrund des traditionellen chinesischen Ideals der „Kindespietät" für die chinesische Durchschnittsbevölkerung unvertretbar sind, trotz der Erfüllung der Unterhaltspflichten durch die Erben normalerweise von den Gerichten auch als „Nichterfüllung der Unterhaltspflichten" angesehen. Z.B. hatten zwei Erben für die Erblasser während diese vor ihrem Tod schwer krank waren, weder die Arzneikosten bezahlt, noch die Erblasser gepflegt, noch die Beerdigungskosten getragen[899].

Zusammenfassend geht es bei Fällen „offensichtlicher Nichterfüllung der Unterhaltspflichten der Erben" und Fällen fehlenden Kontakts mit dem Erblasser über einen längeren Zeitraum um gewisse leichte Verfehlungen gegen den Erblasser, die die Erben schuldhaft begangen haben.

bb) Das Eintreten der Rechtsfolge und ihre Bedeutung in § 13 Abs. 4 ErbG

(a) *Das Eintreten der Rechtsfolge des § 13 Abs. 4 ErbG*

Wie in § 13 Abs. 2 ErbG wird auch in §13 Abs. 4 ErbG das Modalverb „müssen" oder „muss" (bzw. „sollen" oder „soll", im chinesischen Original应当) benutzt. Diesbezüglich wäre das Eintreten der Rechtsfolge des § 13 Abs. 4 ErbG, die der des § 13 Abs. 2 ErbG entspricht, gleichfalls zwingend vom Gericht anzuwenden, wenn die Voraussetzungen erfüllt sind. Jedoch verfügt das Gericht hinsichtlich des Eintretens der Rechtsfolge über einen Ermessenspielraum, insofern ihm zwei konkrete Möglichkeiten der negativen Verurteilung verschiedenen Grads offenstehen: Es kann bei der Verteilung des Nachlasses entweder „nichts" oder „weniger" zusprechen. Diese Rechtsfolgen sind getrennt darzustellen.

(b) *Die Bedeutung von „weniger" bei der Verteilung des Nachlasses in § 13 Abs. 4 ErbG*

Die Folge von „weniger" bei der Verteilung des Nachlasses in § 13 Abs. 4 ErbG ist relativ einfach zu verstehen, weil sie vielmehr eine Umkehrung von „einen größeren Teil" bei der Verteilung des Nachlasses in § 13 Abs. 3 ErbG darstellt. Weil das Gericht, anders als in § 13 Abs. 3 ErbG, keine zusätzlichen Faktoren zu

---

897 Vgl. „（2009）聊东民一初字第1571号".

898 Vgl. die Entscheidungen „（2013）肇端法民初字第308号" und „（2015）连东少民初字第00629号".

899 Vgl. z.B. die Entscheidungen „（2014）佛明法荷民一初字第201号" und „(2016)皖0181民初字第2155号".

berücksichtigen braucht, beruht das Ausmaß der Minderung durch „weniger“ bei der Verteilung des Nachlasses in der Praxis – wie bei den normalen Fälle der Flexibilisierung bei der Verteilung des Nachlasses in § 13 Abs. 2 und Abs. 3 ErbG – einfach nur auf der Größe der Werts des gesamten Nachlasses, den allgemeinen lokalen Lebensstandards und dem Grad der „Nichterfüllung der Unterhaltspflichten“ der Erben. Daher ist das Ausmaß der Minderung durch „weniger“ bei der Verteilung des Nachlasses in den Entscheidungen auch relativ zurückhaltend.

Das Ausmaß der Minderung der Erbquoten beträgt nämlich gemäß § 13 Abs. 4 ErbG im Vergleich zu den bestehenden Erbquoten im Falle gleicher Verteilung des Nachlasses normalerweise nicht mehr als 50 Prozent[900] bzw. um 50 Prozent[901], wenn die Gerichte nur die oben genannten Faktoren berücksichtigen. In wenigen Fällen beträgt das Ausmaß der Minderung der Erbquoten, ähnlich wie bei §13 Abs. 2 oder Abs. 3 ErbG, bis zu 60 Prozent[902] und manchmal sogar mehr[903].

(c) *Das Problem von „nichts“ bei der Verteilung des Nachlasses im § 13 Abs. 4 ErbG*

Ausgehend von der reinen Anzahl der Entscheidungen macht die Flexibilisierung bei der Verteilung des Nachlasses durch das Wort „nichts“ im § 13 Abs. 4 ErbG einen nicht geringen Anteil aus. Gegenüber dem Begriff „weniger“ bei der Verteilung des Nachlasses im § 13 Abs. 4 ErbG zeigen sich jedoch in der Praxis Probleme bei der Anwendung des Begriffs „nichts“.

Konsequenzen aus der Formulierung „nichts“ bei der Verteilung des Nachlasses im § 13 Abs. 4 ErbG werden normalerweise vom Gericht gezogen, wenn es um von Erben schuldhaft begangenen Verfehlungen gegen den Erblasser oder um einen über einen längeren Zeitraum kaum bzw. gar nicht erfolgten Kontakt mit dem Erblasser geht. Allerdings gibt es auch einige Ausnahmenfälle, bei denen die Gerichte auch hierbei nur „weniger“ bei der Verteilung des Nachlasses im § 13 Abs. 4 ErbG angeordnet haben. Durch solche Ausnahmenfälle erscheint es so, als werde das

900 Vgl. z.B. 50 Prozent in den Entscheidungen „（2015）二民初字第1628号“, „(2016) 冀0302民初2335号“, „（2017）闽0702民初1474号“ und „（2013）济阳民初字第759号“. Die Entscheidung der Flexibilisierung bei der Verteilung des Nachlasses durch „weniger“ gemäß §13 Abs. 4 ErbG und die Entscheidung durch „einen größeren Teil“ gemäß §13 Abs. 3 ErbG erfolgen in der Tat häufig gleichzeitig in einem Einzelfall. Diesbezüglich stellen die zwei Flexibilisierungen bei der Verteilung des Nachlasses oft in einer selben Entscheidung die zwei Seiten einer Medaille dar.

901 Vgl. z.B. 39 Prozent in der Entscheidung „（2016）皖0181民初字第2155号“; 24 Prozent in der Entscheidung „（2014）甬奉江民一初字第16号“; 20 Prozent in der Entscheidung „（2016）甘0902民初1451号“.

902 Vgl. z.B. 60 Prozent in den Entscheidungen „（2013）肇端法民初字第308号“, „(2016) 粤0605民初1388号“ und „（2016）桂0305民初1372号“.

903 Vgl. z.B. 71 Prozent in der Entscheidung „（2009）聊东民一初字第1571号“; 83 Prozent in der Entscheidung „（2013）成华民初字第251号“.

Eintreten der Rechtfolge von „nichts" bei der Verteilung des Nachlasses im § 13 Abs. 4 ErbG nicht nach gewissen, konkreten Standards vom Gerichts getroffen, sondern komplett nach dem willkürlichen Ermessen des Gerichts im Einzelfall unregelmäßig und teilweise ungerecht getroffen.

Beispielsweise hatten die Erben (Nachkommen) in einigen Entscheidungen über 20 Jahre kaum oder gar keinen Kontakt mit den Erblassern (Vorfahren), weshalb ihnen durch das Ermessen der Gerichte „nichts" bei der Verteilung des Nachlasses zugesprochen wurde[904]. Im Hinblick auf die Verfehlungen der Erben gegenüber den Erblasser wird auch in solchen Fällen „nichts" bei der Verteilung des Nachlasses von den Gerichten angeordnet, bei denen die Erben (Nachkommen) dem Erblasser (Vorfahren) beispielsweise keinen notwendigen Unterhalt geleistet hatten[905] oder der Erbe (Nachkomme) den Erblassern (Vorfahren) zu Lebzeiten geschlagen hatte[906]. Außerdem hatten die Gerichte offenbar einheitlich streng „nichts" bei der Verteilung des Nachlassen angeordnet, wenn in solchen Fällen über einen längeren Zeitraum kein Kontakt mit dem Erblasser geschieht, bei dem ein Elternteil den Erblasser in der Kindheit verlassen hatte und nach dem Erbfall des inzwischen volljährigen Erblassers wieder aufgetaucht ist und Beteiligung bei der Verteilung des Nachlasses verlangt hat[907], auch wenn er das Kind erst zehn Jahren zuvor verlassen hatte[908].

Allerdings gibt es auch „schwerwiegendere" Fälle, bei denen die Gerichte trotzdem nur „weniger" bei der Verteilung des Nachlasses angeordnet haben. Dabei hatten beispielsweise die Erben (Nachkommen) in einigen Entscheidungen ebenfalls über einen Zeitraum von 20 Jahren kaum bzw. gar keinen Kontakt mit den Erblassern (Vorfahren) gehabt, doch die Gerichte hatten trotzdem nur „weniger" bei der Verteilung des Nachlasses angeordnet[909]. In einem Fall hatte sogar eine Tochter über einen Zeitraum von 30 Jahren keinen Kontakt zu ihrer Mutter, doch das Gericht hatte trotzdem mit 50 Prozent Minderung der Erbquoten bei der Verteilung des Nachlasses nur „weniger" gemäß § 13 Abs. 4 ErbG angeordnet[910]. Gleichfalls wurde in einigen Entscheidungen, in denen keine Erfüllung der Krankpflege zugunsten des Erblassers erfolgte oder bei denen dessen Beerdigungskosten nicht getragen wurden, was nach der traditionellen chinesischen Vorstellung

---

904 Vgl. die Entscheidungen „（2013）灵民初字第1671号", „（2014）珠斗法民一初字第434号", „（2015）南民二民初字第257号" und „（2016）鲁0303民初3601号".

905 Vgl. die Entscheidung „（2017）川0121民初1399号".

906 Vgl. die Entscheidung „（2015）连东少民初字第00629号".

907 Siehe Fn 892, S. 202.

908 In der Entscheidung „（2016）川1025民初1552号" hat die Mutter (Erbin) ihren Sohn (Erblasser) verlassen, als er 9 Jahre alt war.

909 Vgl. z.B. 23 Jahre in der Entscheidung „（2016）桂0305民初1372号", was nur 60 Prozent weniger zur Folge hatte; 20 Jahre in der Entscheidung „（2016）皖0181民初字第2155号", was nur 39 Prozent weniger zur Folge hatte.

910 Vgl. die Entscheidung „（2017）闽0702民初1474号".

der „Kindespietät" inakzeptabel ist, trotzdem nur „weniger" bei der Verteilung des Nachlasses angeordnet[911].

(d) *Potenzielle Konkurrenz zum dritten Falle der Entziehung der Erbschaft in § 7 ErbG*

Die Fälle des § 13 Abs. 4 ErbG, bei denen die Erben schuldhaft gewisse leichte Verfehlungen gegen den Erblasser begangen haben, werden nach dem Willen des chinesischen Gesetzgebers anscheinend als Ergänzungen zu den Bestimmungen über die Entziehung der Erbschaft wegen Erbunwürdigkeit angesehen, die bei gewissen schweren Verfehlungen gegen den Erblasser vorliegen, derer sich die Erben schuldig gemacht haben; diese Situation wird in § 7 ErbG der VR China geregelt und ist mit dem Erbrecht anderer Länder vergleichbar[912]. Damit werden staatliche Sanktionen durch den § 13 Abs. 4 ErbG im Sinne des Gesetzgebers im Raum der privaten Erbfolge umgesetzt, um die Erfüllung der Unterhaltspflichten zwischen den Familienmitgliedern zu fördern. Jedoch lässt sich die Anwendung der Rechtsfolge von „nichts" bei der Verteilung des Nachlasses im § 13 Abs. 4 ErbG nicht klar von der Anwendung des dritten Falls im § 7 ErbG abgrenzen, also Fällen, in denen die Erben den Erblasser verlassen oder bei schwerwiegenden Umständen grausam behandelt haben. Der Grund dafür liegt nicht nur darin, dass die Auswirkung von „nichts" bei der Verteilung des Nachlasses in § 13 Abs. 4 ErbG wirklich nicht anders ist, als die Rechtsfolge des Verlusts des Erbrechts in § 7 ErbG. Wichtiger ist, dass viele Fälle von „nichts" bei der Verteilung des Nachlasses im § 13 Abs. 4 ErbG auch tatsächlich nicht wesentlich vom dritten Falle des § 7 ErbG unterschieden werden können. Mit anderen Worten hat die unscharfe Abgrenzung zwischen „nichts" bei der Verteilung des Nachlasses in § 13 Abs. 4 ErbG und dem dritten Fall in § 7 ErbG zu einer potenziellen Konkurrenz mit dem dritten Fall der Entziehung der Erbschaft im § 7 ErbG und den Flexibilisierungen in § 13 Abs. 4 geführt.

Tatsächlich zeigt die fast einheitliche Anordnung von den Gerichten von „nichts" bei der Verteilung des Nachlasses im § 13 Abs. 4 ErbG mittelbar das Problem der potenziellen Konkurrenz auf, das beispielsweise dann auftritt, wenn ein Elternteil (Erbe) das minderjährige Kind (Erblasser) schon für einen gewissen Zeitraum verlassen hatte, auch wenn dieser Zeitraum zur kurz war[913]. Denn dass der Elternteil ein unmündiges Kind verlassen hat, erfüllt nach einer Reihe

---

911 Siehe oben Fn 899, S. 203.

912 Gemäß § 7 ErbG können vier von den Erben begangene Handlungen zur Entziehung der Erbschaft wegen Erbunwürdigkeit, also zum Verlust des Erbrechts führen: 1. Vorsätzliche Tötung des Erblassers; 2. Tötung anderer Erben, um Nachlass zu erlangen; 3. Verlassen des Erblassers; grausame Behandlung des Erblassers bei schwerwiegenden Umständen; 4. Fälschungen, eigenmächtige Änderungen oder Löschungen in Testamenten, wenn die Umstände schwerwiegend sind.

913 Siehe Fn 908, S. 205.

von Gesetzen der VR China auf jeden Fall die Handlung des „Verlassens“[914]. Der Begriff des Verlassens wird in der Literatur häufig so verstanden, dass eine Person trotz einer bestehenden gesetzlichen Unterhaltspflicht und trotz bestehender Fähigkeit den Unterhalt für den Unterhaltsberechtigten vorsätzlich nicht leistet, obwohl dieser nicht unabhängig leben kann[915]. Obwohl die Handlung des „Verlassens“ unter schwerwiegenden Umständen auch ein „Verlassen“ im Sinne des StGB der VR China[916] darstellen kann, ist die Handlung des „Verlassens“ im Sinne des dritten Falls des § 7 ErbG nach allgemeiner Meinung in der Literatur immer ein Grund für die Entziehung der Erbschaft, unabhängig davon, ob diese Handlung unter schwerwiegenden Umständen erfolgte oder sich als „Verlassen“ im Sinne des StGB der VR China darstellt[917]. Daher muss man die Handlungen des jeweiligen Elternteils in den oben Entscheidungen unbedingt zur Handlung des „Verlassens“ im Sinne des dritten Falls des § 7 ErbG zählen. Jedoch haben die Gerichte in den Entscheidungen nicht begründet, warum sie in diesen Fällen nicht den dritten Fall des § 7 ErbG, sondern „nichts“ bei der Verteilung des Nachlasses im Sinne des § 13 Abs. 4 ErbG angewandt haben.

In einigen Fällen, bei denen „offensichtliche Nichterfüllung der Unterhaltspflichten der Erben“ erfolgte, z.B. wenn Erben die „Mutter schlagen“ oder ein Fall von „Nichterfüllung des notwendigen Unterhalts“ vorliegt, sollten die Gerichte zumindest versuchen zu prüfen, ob dies eine grausame Behandlung des Erblassers bei schwerwiegenden Umständen darstellt. Dennoch haben die Gerichte nicht den dritten Fall des § 7 ErbG in Erwägung gezogen, sondern direkt „nichts“ bei der Verteilung des Nachlasses im Sinne des § 13 Abs. 4 ErbG angewandt, ohne den Ausschluss der Anwendung des § 7 ErbG zu begründen.

In einer Entscheidung hat eine Ehefrau zu Lebzeiten ihres Ehemanns, des Erblassers, Ehebruch begangen und das gemeinsame eheliche Vermögen an sich selbst übertragen und anschließend die Familie verlassen, was zum Selbstmord des Ehemanns geführt hat, woraufhin die anderen Erben nach § 13 Abs. 4 ErbG vor Gericht auf die Anordnung von „nichts“ bei der Verteilung des Nachlasses an diese Ehefrau geklagt haben[918]. Das Gericht hat daraufhin ein einziges Mal § 7 ErbG erwähnt, als es ohne weitere Begründungen zu den Schluss kam, dass die Verfehlungen der Ehefrau weder zur „Nichterfüllung der Unterhaltspflichten“ des § 13 Abs. 4 ErbG

---

914 Vor allem in § 7 Nr. 3 ErbG, aber auch in § 47 des Gesetzes über den Schutz der Unmündigen und § 52 Abs. 4 des Gesetzes über die Gewährleistung der Rechte und Interessen alter Menschen.

915 Vgl. *He Shan/Xiao Bing*, Grundriss des Erbgesetzes, 1985, S. 58, *Song Yinqing*, Auslegung und Anwendung Paragraph für Paragraph zum ErbG, 1987, S. 40, *Qin Wei*, Erbrecht, 2001, S. 88.

916 Vgl. § 183 StGB der VR China.

917 Vgl. z.B. *Chen Wei* (Hrsg.), Das Recht zur Ehe, Familie und Erbfolge, 2. Aufl., 2014, S. 262.

918 Vgl. die Entscheidung „（2015）黔盘民初字第3012号“.

noch zu irgendeinem Fall des § 7 ErbG zählen und ihr deswegen bei der Verteilung des Nachlasses auch weder „nichts", noch „weniger" zugeteilt werden solle[919].

In der Tat wird der § 7 ErbG nicht nur in den Entscheidungsurkunden selten erwähnt. Es kann hierzu auch keine Entscheidung in den Daten der Webseite *China Judgements Online* ausfindig gemacht werden[920]. Daher kann die genaue Meinung der Gerichte über den § 7 ErbG und das Problem der Konkurrenz mit dem dritten Fall der Entziehung der Erbschaft im § 7 ErbG bezüglich der Anwendung von „nichts" bei der Verteilung des Nachlasses im § 13 Abs. 4 ErbG in der Praxis auch nicht in Erfahrung gebracht werden. Allerdings hat die Bestimmung der Rechtsfolge von „nichts" bei der Verteilung des Nachlasses im § 13 Abs. 4 ErbG wegen der unscharfen Ermessensstandards der Gerichte und der Überlagerung der Auswirkung der Rechtsfolge und des Sachverhalts mit dem dritten Falle der Entziehung der Erbschaft im § 7 ErbG objektiv zur potenziellen Konkurrenz mit diesem geführt.

III. Die Einschränkung der Ergebnisse der obigen Analysen

Zu Ende der Analyse der Anwendung der Flexibilisierung der gesetzlichen Erbquoten im § 13 ErbG muss noch auf die Einschränkung dieser Ergebnisse hingewiesen werden. Diese Ergebnisse sind nämlich auf keinen Fall absolut gesichert und genau. Vielmehr zeigen sie lediglich einige wahrscheinliche Tendenzen der rechtlichen Anwendung auf. Der wesentliche Grund dafür liegt vor allem in den oben dargestellten Besonderheiten der chinesischen Judikatur. Darüber hinaus hat die unvermeidliche Unvollständigkeit der Entscheidungen, die in den Daten der Webseite *China Judgements Online* gefunden werden können, auch objektiv zu dieser Ungenauigkeit beigetragen. Allerdings sind diese Ergebnisse, – bzw. die von den Ergebnissen reflektierten wahrscheinlichen Tendenzen in der Praxis – trotzdem sinnvoll für eine ganzheitliche Beschreibung der Besonderheiten und des Modells der Flexibilisierung der gesetzlichen Erbquoten im § 13 ErbG.

§ 11. Zusammenfassung der juristischen Praxis

Anhand der online verfügbaren Entscheidungen kann man die Besonderheiten und das Modell der Flexibilisierung der gesetzlichen Erbquoten im § 13 ErbG ganzheitlich darlegen. Vor allem zwischen den drei Absätzen der Ausnahmen des § 13 ErbG bestehen umfassende und enge Beziehungen. Hiermit ist zunächst gemeint,

919 In einer anderen Entscheidung hatte die Ehefrau nach einer Operation wegen schwerer Krankheit ihres Ehemanns diesen nicht gepflegt und sich im Gegenteil ihr gemeinsames Bankguthaben auszahlen lassen und ihre Ehewohnung verlassen. Das Gericht hatte dafür nur ihre Erbquoten nach § 13 Abs. 4 ErbG um 60 Prozent gemindert. Siehe Fn 897, S. 203.

920 Zum Zeitpunkt des Besuchs dieser Webseite am 31.08.2017.

dass ein offensichtlicher Zusammenhang bei der Gestaltung der gesetzlichen Bestimmungen, den Voraussetzungen und den rechtlichen Folgen der drei Absätze besteht. Die Voraussetzungen von § 13 Abs. 3 und Abs. 4 ErbG bezüglich der Erfüllung der Unterhaltspflichten der Erben sind annähernd gleich, ebenso wie die in § 13 Abs. 2 und Abs. 3 ErbG geregelten Rechtsfolgen. Daher verflechten sich die Auswirkungen der Anwendung der drei Absätze der Ausnahmen des § 13 ErbG miteinander. Dieses Zusammenspiel der Auswirkungen der Anwendung der drei Absätze der Ausnahmen des § 13 ErbG zeigt sich nicht nur darin, dass sie in einzelnen Entscheidungen entweder in Konkurrenz stehen oder gemeinsam wirken. Dies zeigt sich auch darin, dass die Steigerung oder Minderung oder komplette Entziehung von Erbquoten eines Erben innerhalbe der Gemeinschaft der Erben wegen der Begrenzung des Werts des Nachlasses direkt die Erbquoten der anderen Erben beeinflusst.

Der berechtigte Personenkreis der Flexibilisierung bei der Verteilung des Nachlasses in § 13 ErbG ist genau gleich wie der Kreis der Erben der gesetzlichen Erbfolge. Zweifellos wird die Flexibilisierung der gesetzlichen Erbquoten gemäß § 13 ErbG durch Klagen der Erben von den Gerichten nach deren Ermessen angeordnet.

Hinsichtlich der Voraussetzungen hat der Gesetzgeber zwei Arten von Schwierigkeiten des Lebens der Erben und von der Erfüllung der Unterhaltspflichten der Erben geregelt. Weil es sich bei den zwei Voraussetzungen um konkrete Umstände handelt, die außerdem durch einige zusätzliche Bestimmungen der Ansichten des Obersten Volksgerichts zum ErbG begrenzt werden, hat das Gericht bei der Prüfung der Voraussetzungen des § 13 ErbG keinen sehr großen Ermessenspielraum. In der Tat liegt in den online verfügbaren Entscheidungen ein relativ einheitliches Verständnis der Voraussetzungen vor. Dieses Verständnis beruht wiederum auf den Vorstellungen des Gesetzgebers, dessen Modell der Erbfolge in China auf einer Agrargesellschaft beruht. In diesem Modell versterben die oftmals auf dem Land lebenden Vorfahren (Erblasser) vor den Nachkommen (Erben), wobei die Erblasser wegen des Fehlens einer allgemeinen Sozialversicherung häufig zu Lebzeiten im Greisenalter auf den Unterhalt ihrer Erben angewiesen sind, der wiederum oftmals durch das Zusammenleben von Erblasser und Erben geleistet wird. Dahinter steht als gesetzgeberischer Zweck vor allem die Erhaltung der chinesischen konfuzianischen Tradition der „Kindespietät“ und die Bereitstellung eines Ersatzes für die fehlende allgemeine Sozialversicherung. Der Gesetzgeber versucht, mit einem staatlichen, zwingenden Eingriff beide Zwecksetzungen zu verwirklichen. Diesbezüglich stellen sich die drei Faktoren, die die Gesetzgebung der Flexibilisierung der gesetzlichen Erbquoten im § 13 ErbG erheblich beeinflusst haben, in der Praxis auch als ausreichend umfangreich dar. Angesichts der vielfältigen Umstände des Erbfalls in einer modernen Gesellschaft tauchen an den Gerichten allerdings auch einige, vom hauptsächlichen Verständnis abweichende, Tendenzen der Auslegung zu den Voraussetzungen auf.

Im Hinblick auf die Rechtsfolgen werden einerseits die positive Auswirkung (die mehr oder „einen größeren Teil“ bei der Verteilung des Nachlasses gewährt) und die negative Auswirkung (die „weniger“ oder „nichts“ bei der Verteilung des

Nachlasses gewährt) unterschieden. Bezüglich des Ausmaßes der Auswirkung werden andererseits die Steigerung bzw. Minderung und die komplette Entziehung der Erbquoten unterschieden. In der Tat wird die Steigerung oder Minderung der Erbquoten von den Gerichten normalerweise auf Grundlage relativ einheitlicher Faktoren nur zurückhaltend vorgenommen, wohingegen die komplette Entziehung der Erbquoten in der Praxis nur sehr willkürlich angeordnet wird und teilweise sogar zu ungerechten Urteilen führt. Hinzu kommt das Problem der potenziellen Konkurrenz zwischen der Entziehung der Erbquoten im § 13 und dem dritten Falle der Entziehung der Erbschaft im § 7 ErbG, weil die Auswirkungen beider rechtlichen Folgen fast gleich sind und die zu regelnden Handlungen der Erben sich in vielen Fällen auch überlagern.

4. Teil: Evaluation der Flexibilisierung der Nachlassteilung nach § 13 Abs. 2, 3, 4 ErbG – Ein Vergleich mit dem englischen und österreichischen Erbrecht

§ 12. Übersicht zur Flexibilisierung der Nachlassteilung im englischen und österreichischen Erbrecht

I. Die zwei Rechtsinstitute im englischen und österreichischen Erbrecht

Unter den oben bereits erwähnten[921] Flexibilisierungen der Nachlassteilung im englischen und österreichischen Erbrecht, die in dieser Untersuchung die Gegenstände der Rechtsvergleichung mit der Flexibilisierung der gesetzlichen Erbquoten im chinesischen Erbrecht bilden, werden hiermit jeweils das Rechtsinstitut *family provision* (Familienvorsorge) im englischen Erbrecht und das Rechtsinstitut der „Minderung des Pflichtteils bestimmter Familienangehöriger um die Hälfte" im österreichischen Erbrecht verstanden.

Das Institut der *family provision*, das als ein Rechtsinstitut im englischen Erbrecht (geltend in England und Wales) besteht, hat zum Ziel, dass die nahen Angehörigen des Erblassers im Rahmen der gesetzlichen oder gewillkürten Erbfolge im Einzelfall – unter Erfüllung bestimmter Voraussetzungen – eine angemessene Versorgung in Form von Geldleistungen aus dem Nachlass durch das Gericht zugesprochen bekommen können[922]. Die nachfolgend dargestellten Regelungen des Rechtsinstituts *family provision* sind auf Grundlage des *Inheritance (Provision for Family and Dependants) Act 1975*[923] zusammen mit einer Reihe der ergänzenden Änderungen bestimmt[924].

Andererseits ist es im österreichischen Erbrecht einem Erblasser unter bestimmten Bedingungen erlaubt, den Pflichtteil der Familienangehörigen um die Hälfte zu mindern. Genauer gesagt, könnte ein Erblasser nach den einschlägigen gesetzlichen Bestimmungen des ABGB den Pflichtteil auf die Hälfte mindern, wenn der

921 Siehe § 1 Einleitung II 1, S. 31.

922 Vgl. *Dutta*, Warum Erbrecht, S. 262f., 439, *Kerridge*, Succession, in *Burrows* (Hrsg.), English Private Law, 3rd edition, 2013, Rn. 7.219 f., S. 470.

923 In Folgendem abgekürzt als *Act 1975*.

924 Vgl. *Kerridge*, The Law of Succession, 13th edition, 2016, Rn. 8–02 ff., S. 184, 185.

Erblasser und der Pflichtteilsberechtigte „zu keiner Zeit oder zumindest über einen längeren Zeitraum vor dem Tod des Verfügenden nicht in einem Naheverhältnis standen, wie es in der Familie zwischen solchen Familienangehörigen gewöhnlich besteht“[925]. Dieses Rechtsinstitut wurde vor dem Erbrechtsänderungsgesetz im Jahr 2015[926] in § 773a aF öster. ABGB geregelt, wodurch es hinsichtlich des Umfangs der Pflichtteilsminderung nur auf die Vorfahren oder die Kinder des Erblassers beschränkt wurde[927]. Seit Inkrafttreten des ErbRÄG 2015 wird das Rechtsinstitut in § 776 ABGB geregelt und wurde hinsichtlich des Umfangs der Pflichtteilsminderung auch auf Ehegatten und Eingetragene Partner erweitert[928], und erstreckt sich damit also auf Nachkommen, Ehegatten und Eingetragene Partner[929]. Außerdem bestehen keine Zweifel daran, dass es beim um die Hälfte geminderten Quotenpflichtteil wie auch bei den Pflichtteilsquoten selbst um eine Geldleistung geht.

II. Die Besonderheiten dieser zwei Rechtsinstitute und die Grundlage der rechtsvergleichenden Evaluation

1. *Die in der deutschen juristischen Literatur beschriebenen Besonderheiten*

Unzweifelhaft verfügen diese beiden Rechtsinstitute über eigene Besonderheiten, die anderen Rechtsordnungen, wie z.B. dem deutschen Erbrecht, nicht bekannt sind. Diese herausragenden Unterschiede, insbesondere im Vergleich zu den funktional ähnlichen Rechtsinstituten der deutschen Rechtsordnung, werden in der deutschen juristischen Literatur auch häufig als ihre größten Besonderheiten beschrieben.

Das Rechtsinstitut *family provision* ist beispielsweise eine Besonderheit unter den europäischen Rechtsordnungen und unterscheidet sich auf der Ebene des Systems des Erbrechts wesentlich vom Pflichtteilsrecht und auch dem Noterbrecht, das in kontinentaleuropäischen Erbrechten besteht[930]. Das Rechtsinstitut wurde zuerst durch den *Inheritance (Family Provision) Act 1938* nur für die gewillkürte Erbfolge bestimmt[931] und wurde später durch *The Intestates' Estates Act 1952* auch

---

925 § 776 Abs. 1 öster. ABGB. Vgl. auch *Dutta*, a.a.O., S. 441, *Eccher*, Bürgerliches Recht Band VI: Erbrecht, 6. Aufl., 2016, Rn. 11/22f., S. 158f.

926 ErbRÄG 2015, siehe BGBl I 2015/87, ausgegeben am 30. 7. 2015, Inkrafttreten am 1. 1. 2017.

927 Vgl. *Apathy* in KBB[4], § 773a, Rz. 1.

928 Vgl. *Eccher*, a.a.O., Rn. 11/22, S. 158.

929 § 757 öster. ABGB.

930 Vgl. *Henrich*, Testierfreiheit vs. Pflichtteilsrecht, 2000, S. 9, *Odersky*, Großbritannien: England und Wales, Rn. 51, in *Süß* (Hrsg.), Erbrecht in Europa, 3. Aufl., 2015, S. 603.

931 Vgl. den Begriff „the testator“ im 1.Satz von *Inheritance (Family Provision) Act 1938*, siehe *Albery*, The Inheritance (Family Provision) Act 1938, 1950, Appendix A, S. 43.

auf die gesetzliche Erbfolge ausgedehnt[932]. Gerade wegen seiner engen Beziehung mit dem anfänglichen Zweck der Einschränkung der Testierfreiheit[933] und – aus kollisionsrechtlicher Sicht nach Praxis des IPR[934] – wahrscheinlich auch aus der Perspektive der eigenen Rechtsordnung, also des Pflichtteilsrechts, wird das Rechtsinstitut *family provision* in der deutschen juristischen Literatur vor allem mit dem funktional ähnlichen Pflichtteilsrecht verglichen, so dass seine Geltung bei der gesetzlichen Erbfolge als eine große Besonderheit erachtet wird[935].

Gleiches gilt auch für das Rechtsinstitut der Pflichtteilsminderung durch den Erblasser im österreichischen Erbrecht. Obwohl das Rechtsinstitut des Pflichtteils im Großen und Ganzen dem deutschen Erbrecht entspricht (der Pflichtteilsberechtige erwirbt nur eine Geldforderung gegen den Nachlass)[936], besteht im Gegensatz zum deutschen Erbrecht die Möglichkeit der Pflichtteilsminderung um die Hälfte durch den Erblasser. Deswegen wird dieser große Unterschied, der im deutschen Erbrecht unbekannt ist, auch als eine auffällige Besonderheit angesehen[937].

2. Die zwei Rechtsinstitute als zwei Ansätze zur Flexibilisierung der Nachlassteilung

Die in der deutschen juristischen Literatur dargestellten Besonderheiten sind zweifellos richtig. Doch da ihre Überlegungen nur auf der eigenen Rechtsordnung basieren und andere Besonderheiten, die aus rechtsvergleichender Sicht für das chinesische Recht potentiell von großer Bedeutung sind, ist noch nicht ihre Darstellung bei weitem nicht ausreichend. Auf Grundlage der funktionalen Betrachtung von *Dutta*[938], sowie konkreter Umsetzungswege, kann man dennoch auf weitere Besonderheiten und Zusammenhänge schließen.

Nach Meinung von *Dutta* ist der Ausgangspunkt, dass der Erbrechtsgesetzgeber in Deutschland ebenfalls mit der Intestaterbfolge oder zwingenden Erbfolge eine Solidarität innerhalb der Familie durch das Erbrecht[939] einräumen könnte, um die Nähebeziehungen in der Gesellschaft zu verstärken[940]. Angesichts der Schwächen des klassischen Quotenpflichtteils als Mittel zur Verwirklichung der zwingenden Solidarität, durch dessen Erstarrung das Erreichen der Solidaritätsziele gestört

932 Hierin wurde der Begriff „the testator" zum Begriff „the deceased" revidiert, siehe *Tyler*, Family Provision, 1971, Appendix A, S. 113.
933 Siehe § 13 I 1 a), S. 216, 217.
934 Vgl. *Süß*, Länderübersicht Großbritannien: England und Wales, in *Meyer/Süß* u.a., Handbuch Pflichtteilsrecht, 3. Aufl., 2013, § 19 Rn. 148ff., S. 1056ff.
935 Vgl. *Odersky*, a.a.O., *Süß*, a.a.O., Rn. 164, S. 1061.
936 § 761 Abs. 1 S. 1 ABGB. Vgl. *Süß*, Länderübersicht Österreich, a.a.O., Rn. 325, S. 1104.
937 Vgl. *Haunschmidt*, Österreich, Rn. 64, in *Süß* (Hrsg.), a.a.O., S. 971.
938 Vgl. *Dutta*, a.a.O., S. 6.
939 Vgl. *Dutta*, a.a.O., S. 389.
940 Vgl. *Dutta*, a.a.O., S. 392ff., 475.

wird[941], kann der Gesetzgeber auch durch Differenzierung, Flexibilisierung, Horizontalisierung und Öffnung die zwingende erbrechtliche Erbfolge adjustieren[942], wie man an der Entwicklung des europäischen Erbrechts der letzten Jahrzehnte erkennen kann[943].

Zur Flexibilisierung des Quotenpflichtteils als eine Form der zwingenden erbrechtlichen Solidarität, deren wichtigster Anhaltspunkt die Typisierung der Verhältnisse zwischen Erblasser und den Pflichtteilsberechtigten ist[944], differenziert *Dutta* drei Ansätze: „Durch die Gerichte"[945], „durch den Erblasser einseitig"[946] und „durch die Beteiligten einvernehmlich"[947]. Dabei liegt ein Paradebeispiel jeweils für jeden Ansatz vor. Dem Ansatz „durch die Gerichte" und dem Ansatz „durch den Erblasser einseitig" entsprechen jeweils das Rechtsinstitut *family provision* im englischen Erbrecht und das Rechtsinstitut der Pflichtteilsminderung im österreichischen Erbrecht[948]. Sowohl im Rechtsinstitut der *family provision* als auch im Rechtsinstitut der Pflichtteilsminderung geht es bei der Anwendung dieser zwei Ansätze – mit besonderer Rücksichtnahme auf die Solidaritätsfunktion – immer um Überlegungen über die Verhältnisse zwischen Erblasser und den Pflichtteilsberechtigten, wodurch die Flexibilisierung verwirklicht wird.

Im Rechtsinstitut *family provision* sollen die Gerichte nicht nur bei der ersten Prüfungsstufe die Erfüllung der Voraussetzung der angemessenen finanziellen Versorgung (*reasonable financial provision*) des Antragstellers in der gesetzlichen oder gewillkürten Erbfolge[949], berücksichtigen, wodurch die Flexibilisierung entsteht[950]. Auf einer zweiten Prüfungsstufe sollen die Gerichte außerdem bei der Auswahl der Rechtsfolgen alle Lebensumstände des Antragstellers im Einzelfall berücksichtigen, z.B. Bedürftigkeit (*financial needs*) und Leistungsfähigkeit (*financial resources*) der Beteiligten Familienmitglieder[951]. Auch das führt zur Flexibilisierung.

Im Rechtsinstitut Pflichtteilsminderung wird die Flexibilisierung indes umgekehrt dadurch verwirklicht, dass der Erblasser die Minderung des Pflichtteils

---

941 Vgl. *Dutta*, a.a.O., S. 427ff.

942 Siehe *Dutta*, a.a.O., S. 433.

943 Vgl. *Dutta*, Entwicklungen des Pflichtteilsrecht in Europa, FamRZ 2011, S. 1829ff.

944 Vgl. *Dutta*, Warum Erbrecht, S. 438.

945 Vgl. *Dutta*, a.a.O., S. 439, 440.

946 Vgl. *Dutta*, a.a.O., S. 440f.

947 Vgl. *Dutta*, a.a.O., S. 442ff.

948 An dieser Stelle erläutert *Dutta* die Möglichkeit der Flexibilisierung des Quotenpflichtteils durch die Entscheidung der Beteiligten im deutschen Erbrecht, die wegen geringem Bezug zum Hauptthema dieser Untersuchung hier nicht in Betracht gezogen wird, eingehend vgl. *Dutta*, a.a.O., S. 443ff.

949 Siehe S. 1 *Inheritance (Provision for Family and Dependants) Act 1975*, vgl. *Odersky*, a.a.O., in *Süß*, a.a.O., Rn. 54, S. 604.

950 Nach der Formulierung von *Dutta* „durch unbestimmte Rechtsbegriffe", siehe *Dutta*, a.a.O., S. 439.

951 Vgl. *Dutta*, a.a.O., S. 439, *Kerridge*, a.a.O., Rn. 8–24ff., S. 194ff.

festsetzen kann, wenn die Pflichtteilsberechtigten in den Familienbeziehungen Verfehlungen („zumindest über einen längeren Zeitraum kein Naheverhältnis") begangen haben, worunter normalerweise eine Störung der Familiensolidarität verstanden wird[952].

3. Die Grundlage einer rechtsvergleichenden Evaluation

Wenn man den Gedanken von *Dutta* weiterführt, kommt man zu der Feststellung, dass ein Modell zur Flexibilisierung der Nachlassteilung bei der gesetzlichen Erbfolge auch durch Kombination der zwei betrachteten Ansätze der Flexibilisierungen entstehen kann. Die beiden fiktiv zusammengesetzten Flexibilisierungen sind in drei Punkten mit den innovativen Charakteristiken der Flexibilisierung der gesetzlichen Erbquoten im chinesischen Erbrecht vergleichbar, was die Grundlage der rechtsvergleichenden Evaluation zur Flexibilisierung der gesetzlichen Erbquoten im chinesischen Erbrecht darstellt.

Der erste Punkt ist, dass das hauptsächliche Ziel bei den beiden europäischen Flexibilisierungen und bei der Flexibilisierung der gesetzlichen Erbquoten im chinesischen Erbrecht genauso die Stärkung von Solidarität durch Erbrecht ist. Zweitens knüpfen die zwei Flexibilisierungen immer streng an die konkreten Umstände im Verhältnis zwischen den Beteiligten mit Blick auf die Familiensolidarität an, z.B. an die Bedürftigkeit, die Beiträge der Beteiligten gegenüber dem Erblasser usw., was ebenfalls den drei Fällen (§ 13 Abs. 2, 3, 4 ErbG) der Flexibilisierung der gesetzlichen Erbquoten im chinesischen Erbrecht sehr ähnelt. Drittens stellen die zwei Flexibilisierungen als Modell jeweils auch hinsichtlich der Rechtfolgen eine Antithese dar, nämlich eine positive Flexibilisierung der Nachlassteilung durch die *family provision* und eine negative Flexibilisierung der Nachlassteilung durch die Pflichtteilsminderung. Diese Antithese steht aus Sicht der Rechtswirkung ebenfalls parallel zur oben dargestellten Kategorisierung der positive (§ 13 Abs. 2 und Abs. 3 ErbG) und negative (§ 13 Abs. 4 ErbG) Rechtsfolge[953]. Schließlich wird durch die Anwendung der *family provision* bei der gesetzlichen Erbfolge und die Anwendung des Elements der gesetzlichen Erbfolge bei der Pflichtteilsminderung[954] auch eine Gleichheit in der Rechtsvergleichung begründet, vor allem auf struktureller Ebene des Erbrechts mit der Flexibilisierung der gesetzlichen Erbquoten im chinesischen Erbrecht.

---

952 Vgl. *Dutta*, a.a.O., S. 441.

953 Siehe 2. Teil § 6 II 1 c), S. 58, 59.

954 Hiermit ist gemeint, dass der Kreis des persönlichen Anwendungsbereichs in der Pflichtteilsminderung vom österreichischen Erbrecht früher gleich dem Kreis der gesetzlichen Erben war und nach der Erbrechtsreform von 2015 trotz des Verlusts des Pflichtteilsrecht von Eltern, Großeltern und Urgroßeltern der geltende persönliche Kreis noch weiterhin von dem der gesetzlichen Erben abgeleitet wird. Vgl. *Kolmasch*, in *Schwimann/Kodek*, ABGB[4], VIII, S. 179, 180.

Allerdings kann auf Basis der Rechtsvergleichung eine konkrete Evaluation zur Flexibilisierung der gesetzlichen Erbquoten im chinesischen Erbrecht nicht erfolgen[955], ohne dass für die Rechtsinstitute der *family provision*[956] und der Pflichtteilsminderung[957] jeweils Entwicklung, detaillierte Voraussetzungen, sowie Rechtsfolgen und juristische Praxis – insbesondere mit einem Fokus auf der Stärkung der Solidarität in den beiden Flexibilisierungen – erläutert werden.

§ 13. Das Rechtsinstitut *family provision* im englischen Erbrecht

Obwohl bereits beschrieben wurde[958], dass dieses Rechtsinstitut zunächst in engem Zusammenhang mit der Einschränkung der damals bestehenden, vollständigen Testierfreiheit entstand und sich erst später auf die gesetzliche Erbfolge ausdehnte, orientiert es sich, wenn man von der Flexibilisierung ausgeht, hinsichtlich der Gesetzgebung und weiteren Entwicklungen tatsächlich immer an den konkreten Umständen des Verhältnisses zwischen den Beteiligten und der Solidarität innerhalb einer Familie. Deswegen ist dieses Rechtsinstitut um seine Hauptlinie unter zwei Aspekten zu skizzieren: Die Geschichte und Entwicklung einerseits, sowie die hauptsächlichen konkreten Gestaltungen im geltenden Recht andererseits. Dabei sind jeweils die Unterschiede zwischen den alten und neuen Vorschriften dieses Rechtsinstituts und deren Sinn zu berücksichtigen.

I. Die Geschichte und Entwicklung von *family provision*

1. *Die Entstehungsgeschichte von* family provision

a) *Die Anreize zur Bestimmung von family provision*

Ein unmittelbares Motiv für die Schaffung von *family provision* war es, die damals in England und Wales bestehende unbegrenzte Testierfreiheit[959] zu beschränken[960].

---

955 Siehe unten § 15, S. 247ff.

956 Siehe § 13, S. 216ff.

957 Siehe uten § 14, S. 238ff.

958 Siehe Fn 26, S. 31.

959 Schottland hat eine besondere Rechtsordnung, die sich von den anderen Gebieten Großbritanniens unterscheidet, und ist deshalb nicht darin inbegriffen. In dieser Rechtsordnung besteht schon ein eigenes Rechtsinstitut des Pflichtteils, das testamentarisch enterbten Frau und Kindern des Erblassers ein fixes Drittel der ursprünglichen Erbquoten des beweglichen Vermögens gewährleistet (*legal rights*). Vgl. *Odersky*, Großbritannien: Schottland, in *Süß*, a.a.O., Rn. 1, S. 629 und Rn. 25ff., S. 635ff.

960 Vgl. *Margrave-Jones*, Mellows: The Law of Succession, 5th revised edition, 1993, *para.* 14.6–14.7, S. 204, *Tyler*, a.a.O., S. 5, auch *Albery*, a.a.O., S. 2.

Indes war dieses Motiv getrieben von weiteren Anreizen außerhalb und innerhalb des Bereichs der Jurisdiktion in England und Wales. Einerseits wurden Rechtsinstitute zum Zwecke der Sicherung der Familienangehörigen des Testators seit dem Ende des 19. Jahrhunderts durch Gesetzgebungsakte in einer Reihe von anderen Rechtsordnungen des *common law* durchgesetzt, was die Jurisdiktion in England und Wales zu einem gewissen Grad unter Druck setzte[961]. Auf der anderen Seite stand der innere Bedarf für die Einschränkung der Testierfreiheit, der ungleich wichtiger war. Tatsächlich bestand die unbegrenzte Testierfreiheit vor Einführung der *family provision* in England und Wales nur kurz. Mit dem *Mortmain and Charitable Uses Act 1891* wurde das letzte Hindernis auf dem Weg zu willkürlichen, gemeinnützigen Spenden und schließlich auch die letzte Grenze zur vollständigen Testierfreiheit schon ausgeräumt[962]. Jedoch tauchten während der folgenden Jahrzehnte vermehrt Nachteile durch Missbrauch der Testierfreiheit auf, durch die zumeist weibliche Verwandte, z.B. überlebende Ehefrauen, und minderjährige Kinder des Testators erheblich benachteiligt wurden[963].

b) Der Vorgang der Gesetzgebung von family provision

Von Anfang an gingen während des Zeitraums der Gesetzgebung der *family provision* die Meinungen über die Art der Gewährleistung der Familienvorsorge der Familienangehörigen des Testators auseinander. Einer Meinung nach garantiere die Bestimmung der Quoten der Familienvorsorge im Einzelfall durch die Ermessensfreiheit der Gerichte ihre Flexibilisierung (*discretionary system*) und vermeide eine Erstarrung, wobei es dabei nicht unbedingt um eine negative oder positive Einschränkung der Testierfreiheit ging[964]. Dieser Ansatz wurde später von der Gesetzgebung des *family provision* übernommen. Eine Gegenmeinung, nach der die Quoten der Familienvorsorge zuvor vom Gesetz vorgesehen werden sollten

---

961 Vgl. *Dutta*, a.a.O., S. 262ff. Das früheste so geartete Rechtsinstitut gab es mit dem *Family Protection Act 1908* in Neuseeland, worauf ähnliche Rechtsinstitute in Teilen Australiens und Kanadas folgten, die durch die Gesetzgebung die *family provision* gewährleisteten. Vgl. *Margrave-Jones*, a.a.O., *para.* 14.8, S. 205, *Tyler*, a.a.O., in Preface S. V und S. 8.

962 Vgl. *Kerridge*, The Law of Succession, 13th edition, 2016, Rn. 8–01, S. 183, *Albery*, a.a.O., S. 2.

963 Für einen geschichtlichen Rückblick auf die Testierfreiheit in England und die Darstellung ihre Probleme in den letzten Jahren vor der Gründung des Rechtsinstituts *family provision* als „geschichtlicher Unfall“, vgl. *Dainow*, Limitations on Testamentary Freedom in England, 25 Cornell L.Q., 1940, S. 338, 339ff. Daher bezog sich der ursprüngliche Anwendungsbereich von *family provision* auch nur auf Kinder und Ehegatten, vgl. *Rendell*, Law of Succession, 1997, S. 242.

964 Vgl. *Tyler*, a.a.O., S. 6, 7.

(*system of fixed rights*), war vom Pflichtteilsrecht in Schottland, welches dem kontinentaleuropäischen Pflichtteilsrecht ähnelt[965], beeinflusst worden[966].

Zwischenzeitlich war auch erstmals im Jahr 1928 eine Gesetzesvorlage von *Viscount Astor* (*First Astor Bill*) zur Einschränkung der Testierfreiheit geschaffen worden, die jedoch vom Parlament nicht zugelassen wurde[967]. Danach wurde im Zeitraum von 1930 bis 1931 auf Grundlage der Unterhaltspflicht zwischen Familienangehörigen dem Parlament eine weitere private Gesetzesvorlage vorgelegt, nach welcher die Verantwortung des Testators nicht mit dem Tod beendet würde, wenn es sich beim Antragsteller um Ehegatten oder minderjährige Kinder handelt[968]. Diese Gesetzesvorlage wurde im Stadium zweiter Lesung (*second reading*) verabschiedet und dann zur Erwägung vom Ausschuss des Gesamten Parlaments (*Joint Select Committee*) vorgelegt. Obwohl hierbei der Ausschuss des Gesamten Parlaments die unbegrenzte Testierfreiheit in Bezug auf Ehefrauen oder minderjährigen Kinder für ungeeignet hielt, war er dennoch gegen eine Beschränkung der Testierfreiheit der festgesetzten Quoten des Nachlasses[969]. Anschließend wurden zwar in den Jahren 1934, 1936, 1937 jeweils ähnliche Gesetzesvorlagen erstellt, doch dauerte es bis zum Jahr 1938 bis mit dem *Inheritance (Family Provision) Act* – einer Kombination der Gesetzesvorlagen von 1937 und vieler Abänderungen durch den Ausschuss – endlich offiziell ein Ergebnis verabschiedet wurde[970].

Daraus kann man folgern, dass das Rechtsinstitut *family provision*, obwohl es gesetzgeberisch eine Einschränkung der Testierfreiheit vorsah, sich von Anfang an auf den Gedanken stütze, dass der Lebensbedarf bestimmter Familienangehöriger nach dem Tod des Testators weiterbestehe. Dieser Gesichtspunkt ist dem kontinentaleuropäischen Pflichtteilsrecht entgegengesetzt, das gesetzlich nahezu zwingend den nicht in die Erbfolge eintretenden, gesetzlichen Erben eine bestimmte Quote vom Nachlass erteilt, obwohl das unmittelbare Ziel beider Formen hinsichtlich der Einschränkung der Testierfreiheit sehr ähnlich ist.

c) Der wesentliche Charakter von family provision

Obwohl das Institut der *family provision* bezogen auf die Einschränkung der persönlichen Testierfreiheit des Testators in seiner anfänglichen Entstehung aus Rechtsfolgensicht dem Pflichtteilsrecht formal ähnelte, reflektierte das Institut der *family provision* von Anfang an, basierend auf der Solidarität in der Familie,

---

965 Siehe Fn 959, S. 216.

966 Vgl. *Dainow*, a.a.O., S. 347, 348. Nach der Verkündung der *family provision* im Jahr 1938 wurde das diskretionäre (*discretionary*) noch kritisiert, weil das für den Schutz einiger Hinterbliebener des Testators nicht ausreichend sei, vgl. *Tyler*, a.a.O., S. 112, 113.

967 Vgl. *Dainow*, a.a.O., S. 346. Auch vgl. *Tyler*, a.a.O., S. 5, Fn 12.

968 *Wills and Intestacies (Family Maintenance) Bill* oder *First Rathbone Bill*, vgl. *Dainow*, a.a.O., S. 347ff.

969 Vgl. *Dainow*, a.a.O., S. 349ff. Auch *Tyler*, a.a.O., S. 5.

970 Vgl. *Dainow*, a.a.O., S. 352ff. Auch *Tyler*, a.a.O., S. 5.

die Berücksichtigung des Bedarfs der ganzen Familie nach dem Tod des Testators. Diese Erwägung bestimmt von Anfang an den wesentlichen Charakter von *family provision*. Hierdurch wird nicht nur die Auswahl des Flexibilisierungsansatzes bei der Gesetzgebung bestimmt, sondern auch seine weitere Entwicklung. Daraus entwickelte sich im Vergleich zum kontinentaleuropäischen Pflichtteilsrecht ein ganz eigener Weg.

2. Die Entwicklung von family provision

a) Der Erlass des Inheritance (Family Provision) Act 1938

Der *Inheritance (Family Provision) Act 1938*[971] hatte ursprünglich für die Anordnung von *family provision* folgendes[972] vorgesehen: Zuallererst sollte der Umfang der Antragsberechtigten von *family provision* auf bestimmte, vom Testator nach seinem Tod hinterlassene, Personen begrenzt werden, nämlich (a) Ehefrau oder Ehemann; (b) unverheiratete Töchter oder Töchter, die wegen körperlicher oder geistiger Behinderung nicht fähig sind, ihren Lebensunterhalt selbst zu bestreiten; (c) minderjährige Söhne oder; (d) Söhne, die wegen körperlicher oder geistiger Behinderung nicht fähig sind, ihren Lebensunterhalt selbst zu bestreiten. Bei diesen Personen handelt es sich mit anderen Worten um die Hinterbliebenen des Testators (*dependant* oder *dependants*)[973].

Als sachliche Voraussetzung für einen Antrag wird gefordert, dass im Testament keine angemessene Versorgung für die Hinterbliebenen arrangiert wurde[974]. Eine solche angemessene Versorgung sollte gemäß Antrag der Hinterbliebenen dann vom Gericht nach Gerichtsermessen für sie angeordnet werden. Diesbezüglich wurde den Gerichten innerhalb gesetzlicher Grenzen ein ziemlich großer Ermessensspielraum bei der Anordnung einer angemessenen Versorgung verliehen. Die gesetzlichen Grenzen bezogen sich auf drei Punkte. Erstens wurde die Anordnung durch das Gericht für den Fall auf zwei Drittel des Nettoeinkommens vom Nachlass begrenzt, dass Ehegatte und Kinder den Testator überlebten. Für den Fall, dass entweder Ehegatte oder Kinder überlebten, wurde die Anordnung auf die Hälfte des Nettoeinkommens begrenzt[975]. Zweitens hatte die Vorschrift auch bestimmt, dass in einigen Fällen das Gericht von Anfang an den Antrag auf Anordnung der angemessenen Versorgung ablehnen und schon angeordnete angemessene Versorgung

971 In Folgendem abgekürzt als *Act 1938*.

972 Da es kaum Bezug zum Thema dieser Untersuchung hat, werden die Voraussetzung des Domizils (*domicile*) in England sowie nach Auslegung des *Wales and Berwick Act 1746* auch in Wales und die Voraussetzung der Geltungszeit, sprich dem Tod des Testators nach dem Stichtag des Inkrafttretens am 13.07.1939 hier nicht eingehend dargelegt, siehe *Act 1938 section1(1)*, vgl. *Albery*, a.a.O., S. 2,4.

973 *Act 1938 section 1(1)*. Vgl. *Albery*, a.a.O., S. 3.

974 *Act 1938 section 1(1)*.

975 *Act 1938 section 1 (3)*.

abbrechen könne. Es können vor allem in jenen Fällen Antragsteller durch gerichtliche Ablehnung des Antrags auf Anordnung einer angemessenen Versorgung als unberechtigt angesehen werden, in denen der Testator seinem überlebenden Ehegatten mindestens zwei Drittel des Nettoeinkommens vom Nachlass zugesprochen hat und die anderen Hinterbliebenen (die Antragssteller) die Kinder dieses überlebenden Ehegatten sind[976]. Drittens kann das Gericht auch nachträglich die angemessene Versorgung entziehen, wenn die genannten Voraussetzungen nicht mehr erfüllt werden. Das tritt ein, wenn die Ehefrau oder der Ehemann wieder heiraten; unverheiratete Töchter heiraten oder körperlich oder geistige behinderte Töchter geheilt sind; minderjährige Söhne das 21. Lebensjahr vollenden und damit volljährig werden[977] oder körperlich oder geistig behinderte Söhne geheilt sind[978].

Neben den obigen Einschränkungen wurde nur der generelle Begriff der „angemessenen Versorgung", die für den in *section 1 (1)* bestimmte Lebensunterhalt (*maintenance*) der Hinterbliebenen ausreichend sei, als eine Anleitung für die Anordnung durch das Gericht genannt[979]. Deswegen lag einerseits das zentrale Problem des Rechtsinstituts der *family provision* darin, wie eine für den Lebensunterhalt der Hinterbliebenen ausreichende und angemessene Versorgung bestimmt werden solle[980]. Andererseits erhielten die Gerichte wegen der begrifflichen Unbestimmtheit, insbesondere der Merkmale der „angemessene Versorgung" und des „Lebensunterhalts" (*maintenance*), auch einen großen Ermessenspielraum. Hinweise für die Umsetzung lieferte aber schon der *Act 1938* selbst durch *section 1 (6)* und *(7)*. *Section 1 (6)* stellte zwei objektiv relevante Konstellationen[981] auf, die das Gericht bei der Bestimmung der angemessenen Versorgung bedenken musste. Diese Konstellationen sind einerseits jedes vergangene, gegenwärtige oder zukünftige Kapital oder Einkommen aus jedweder Quelle von den Hinterbliebenen des Testators[982] und andererseits die Handlungsweise von den Hinterbliebenen im Zusammenhang damit[983]. *Section 1 (7)* regelte eine andere, subjektive Konstellation, die das Gericht bedenken musste[984]. Diese zweite Konstellation kann zusammengefasst werden als die Gründe des Testators (*the testator´ reasons*)[985], die das Fehlen einer testamentarischen angemessenen Versorgung beeinflussten. Doch die

---

976 *Act 1938 section 1 (1).*

977 Das Alter der Volljährigkeit im englischen Recht vor dem *Family Law Reform Act 1969.*

978 *Act 1938 section 1 (2).*

979 Diese Formulierung wurde 1975 bei der erneuten Gesetzgebung des Rechtsinstituts *family provision* erheblich geändert, siehe unten Abschnitt b.

980 Siehe *Albery*, a.a.O., S. 20.

981 Siehe *Albery*, a.a.O., S. 22.

982 *Act 1938 section 1 (6).*

983 *Act 1938 section 1 (6).*

984 Vgl. *Albery*, a.a.O., S. 22.

985 *Act 1938 section 1 (7).* Zur Behandlung des Konflikts der objektiven oder subjektiven Prüfung des Gerichts in der Literatur, vgl. *Tyler*, a.a.O., S. 39ff.

zwei relevanten Bedingungen, die das Gericht zu bedenken hatte, waren ebenfalls zu knapp formuliert, sodass sich jeweils durch die Rechtsprechung in der Praxis zunehmend konkretere Kriterien sowohl für die objektiv relevanten[986] als auch die subjektiv relevanten Bedingungen[987] entwickelt wurden. Schließlich ergab sich in der Praxis aus diesen konkreten Materien der Maßstab, dass die Gerichte zur Feststellung einer angemessenen und ausreichenden Versorgung für den Lebensunterhalt der Hinterbliebenen die der gesellschaftlichen Stellung des Antragsstellers entsprechenden Lebensstandards im Einzelfall mit einbeziehen sollten[988].

b) Vom Act 1938 zum Act 1975

Nach Erlass des *Act 1938* wurde eine Reihe von Ergänzungsanträgen und anderer gesetzlicher Änderungen hinzugefügt, die die Besonderheiten vom *Act 1938* erheblich veränderten. Die erste und auch größte Modifikation kam aus dem *Intestates' Estates Act 1952.* Hiernach sollte der Anwendungsbereich des Rechtsinstituts von der testamentarischen Erbfolge auch auf die Fälle der Erbfolge ohne Testament, also der gesetzlichen Erbfolge, erweitert werden. Diese Änderung stellt sich am offensichtlichsten darin dar, dass beim Wortlaut des Gesetzes das Wort „Testator" (*the testator*) durch das Wort „Verstorbener" (*the deceased*) ersetzt wurde[989]. Damit ist das Rechtsinstitut *family provision* nicht nur auf die gewillkürte Erbfolge begrenzt, sondern schließt auch die gesetzliche Erbfolge ein. Deshalb ragte die Besonderheit der Flexibilisierung der Anordnung einer angemessenen Versorgung mehr heraus und es bewies sich, dass der Schwerpunkt der Gesetzgebung des Rechtsinstituts nicht einfach in der Einschränkung der persönlichen Testierfreiheit lag, sondern vielmehr in der Verstärkung der Familiensolidarität durch die Berücksichtigung des Bedarfs bestimmter Erben[990].

Durch den *Matrimonial Causes (Property and Maintenance) Act 1958* wurden nicht wieder verheiratete ehemalige Ehegatten als berechtigte Antragsteller für die Anordnung einer angemessenen Versorgung angesehen und damit in den Kreis der Berechtigten des Rechtsinstituts der *family provision* einbezogen, der ursprünglich nur vier Kategorien von Antragsstellern kannte[991].

---

986 Vgl. *Albery*, a.a.O., S. 20ff.
987 Vgl. *Albery*, a.a.O., S. 22ff.
988 Siehe *Albery*, a.a.O., S. 31.
989 Siehe Fn 932, S. 213.
990 Hieran kann man auch deutlich den wesentlichen Unterschied zwischen *family provision* und den Pflichtteil sehen, obwohl beide die Einschränkung der Testierfreiheit gemein haben.
991 Obwohl der *Matrimonial Causes (Property and Maintenance) Act 1958* später vom *Matrimonial Causes Act 1965* außerkraftgesetzt wurde, blieb diese Abänderung in *section 25* und *26* des letzteren bestehen. Vgl. *Tyler*, a.a.O., S. 9 und Appendix A, S. 119ff.

Im *Family Provision Act 1966* wurde der Ermessensspielraum durch die Verleihung neuer Befugnisse und die Aufhebung einiger gesetzlichen Einschränkungen weiter vergrößert. Im Hinblick auf die Aufhebung einiger gesetzlicher Einschränkungen wurde einerseits die Einschränkung in *section 1 (1)* aufgehoben, nach der das Gericht den Antrag auf die Anordnung einer angemessenen Versorgung von Antragstellern ablehnen solle, wenn der Testator seinen überlebenden Ehegatten zu mindestens zwei Drittel des Nettoeinkommens vom Nachlass eingesetzt hat und die anderen Hinterbliebenen (die Antragsteller) die Kinder dieses überlebenden Ehegatten sind; andererseits wurde die Einschränkung in *section 1 (3)* bezüglich des Betrags für eine angemessene Versorgung, den das Gericht im Rahmen des begrenzten, gesetzlich bestimmten Umfangs anordnen solle, auch aufgehoben[992]. In Bezug auf das neu eingeräumte Ermessen hatten die Gerichte zum ersten Mal die Befugnis, auf eine Einmalzahlung eines Betrags (*lump sum payments*) für eine angemessene Versorgung zu entscheiden[993].

Schließlich wurden die Begriffe von „Sohn" und „Tochter" (*„son" and „daughter"*) im *Act 1938*, worin nach Auslegung von *section* 5 (1) des *Act 1938* schon Adoptivkinder und ungeborenen Kinder (*en ventre sa mère*) enthalten waren, durch den *Family Law Reform Act 1969* mittelbar auch auf nichteheliche Kinder erstreckt[994], wodurch die Gleichberechtigung von ehelichen und nichtehelichen Kindern im Erbrecht verwirklicht wurde[995].

Angesichts der schwerwiegender Änderungen im gesamten Gesetzestext und der geänderten sozialen Grundlage des *Act 1938* infolge tiefgreifenden sozialen Wandels und vielfältiger Gesetzesänderungen wurde das Rechtsinstitut *family provision* durch die Aufnahme der obigen Veränderungen, der sozialen Vorstellungen und der Gesetze durch den *Inheritance (Provision for Family and Dependants) Act 1975* gesetzlich komplett neu geregelt[996]. Der *Act 1975* stellt zusammen mit einigen weiteren Ergänzungsanträgen die geltenden Vorschriften des Instituts der *family provision* dar, die mitsamt ihrer Entwicklung im folgenden Teil II eingehend aufgezeigt werden.

3. *Zusammenfassung*

Obwohl das Rechtsinstitut bei der erstmaligen Gesetzgebung von einer Einschränkung der Testierfreiheit ausging[997], ist der Ansatz der Flexibilisierung bei

---

992 Vgl. *Tyler*, a.a.O., S. 8.

993 Vgl. *Tyler*, a.a.O., S. 72.

994 Vgl. *Tyler*, a.a.O., S. 16, 17.

995 Siehe *Family Law Reform Act 1969, section 18(1).*

996 Dies wurde vom der *Law Commission* vorgeschlagen. In deren Bericht über den Vorschlag einer erneuten Gesetzgebung wurden noch eine das *discretionary system* und das *system of fixed rights* verglichen. Zum hauptsächlichen Inhalt des Berichts der *Law Commission*, vgl. *Wright*, Succession: Cases and Materials, 1986, S. 241, 242.

997 In diesem Sinne ist das Rechtsinstituts sicher auch ein wichtiges Mittel der Einschränkung der Testierfreiheit, weshalb es in Schriften des englischen Erbrechts

der Anordnung einer angemessenen Versorgung durch das Gericht nicht nur eine gesetzgeberische Technik zur Einschränkung der Testierfreiheit. Damit wird darüber hinaus auch ein tiefergreifendes Ziel verwirklicht, nämlich die Gewährleistung des Lebensbedarfs bestimmter Hinterbliebener und die Stärkung der Familiensolidarität. Beweise für den Ansatz der Flexibilisierung lassen sich von Anfang an in Form der originalen gesetzlichen Bestimmungen des Rechtsinstituts der *family provision* und auch in Form seiner historischen Wurzeln sowie seiner späteren Entwicklung erbringen, insbesondere der Erstreckung in die gesetzliche Erbfolge. Damit ist der Ansatz der Flexibilisierung bei der Anordnung einer angemessenen Versorgung durch das Gericht auf jeden Fall als eine materielle Besonderheit und eine wesentliche Eigenschaft dieses Rechtsinstituts zu betrachten. Als Kehrseite hat eben diese Besonderheit des Rechtsinstituts der *family provision* dazu geführt, dass im Laufe der späteren Entwicklung die Einschränkung der Anwendung auf die gewillkürte Erbfolge und die gerichtliche Ermessensausübung aufgehoben wurde. Dadurch wurde eine Umsetzung ins allgemeine Erbrecht mit einer wirklichkeitsgetreuen Berücksichtigung des Bedarfs der Familien beim Erbfall und einer flexibleren Anordnung durch das Gericht vollendet, die dem sozialen Wandel der Zeit Rechnung trug.

II. Die konkrete Gestaltung im geltenden Recht

1. Übersicht

Im geltenden Recht des Rechtsinstituts *family provision* stellt zuerst der *Inheritance (Provision for Family and Dependants) Act 1975*, der am 12.11.1975 verkündet und am 01.04.1976 in Kraft getreten ist, eine grundlegende gesetzliche Bestimmung dar. Einen wichtigen Teil des geltenden Rechts bilden weiter die späteren Ergänzungsanträge, die häufig bestimmte Modifikationen einzelner Voraussetzungen des *Act 1975* bewirken. Darüber hinaus werden auch einige unbestimmte Begriffe und Voraussetzungen durch die ständige Rechtsprechung weiter konkretisiert, wodurch die ungeschriebene Regelung dieses Rechtsinstituts entsteht.

Als neue gesetzliche Bestimmung von *family provision* auf der Grundlage des *Act 1938* und dessen Entwicklung hat der *Act 1975* grundsätzliche Gedanken vom *Act 1938* übernommen, wie die auf die Stärkung der Solidarität in der Familie abzielende Erfüllung des Bedarfs der Hinterbliebenen des Erblassers durch die Anordnung einer angemessenen Versorgung durch das Gericht flexibel zu treffen. Mehrere Ergänzungsanträge und die durch Rechtsprechung entstandene

---

unter dem Titel Einschränkung der Testierfreiheit (*Restrictions on testamentary freedom*) dargelegt wird, vgl. *Margrave-Jones*, a.a.O., *Chapter 14 Restrictions on testamentary freedom*, S. 203ff.

ungeschriebene Regelung nach dem Inkrafttreten des *Act 1975* folgen ebenfalls diesem Gedanken.

Darüber hinaus hat der *Act 1975* im Gegensatz zum *Act 1938* sowohl die formellen Voraussetzungen als auch die materiellen Voraussetzungen bezüglich des gerichtlichen Ermessens konkreter geregelt, um dadurch eine Stärkung der Solidarität in der Familie zu bezwecken. Trotzdem wurde durch die Verwendung unbestimmter Begriffe den Gerichten immer noch ein großer Ermessensspielraum gewährt.

Deswegen konzentriert sich die nachfolgende Darstellung der konkreten Ausgestaltung des Rechtsinstituts *family provision* im geltenden englischen Recht unter Berücksichtigung des oben genannten grundsätzlichen Gedankens und der Veränderungen darauf, wie der *Act 1975* einen zweistufigen Prozess (*two-stage process*) als formelle Voraussetzung durchführt, um zwei zentrale Fragen zu beantworten[998]: Unter welchen Voraussetzungen kann das Gericht den Antrag auf Anordnung einer angemessenen Versorgung zulassen und wie soll diese Anordnung getroffen werden? Dieser Ansatz führt dazu, dass die vorliegende Darstellung keine umfassende Beschreibung des Rechtsinstituts *family provision* sein kann. Vielmehr werden nur die zentralen Voraussetzungen vom *Act 1975* bezüglich des oben genannten Ziels dargestellt[999].

2. *Die formellen Bestimmungen des Prozesses der Prüfung*

Die beiden zentralen Fragen nach der Zulassung des Antrags (*the threshold question*) und dem Umfang der Anordnung (*quantum*)[1000], sind bei der Prüfung des gerichtlichen Ermessens immer vom Antrag einer angemessenen Versorgung zu trennen. Der Prozess der Prüfung in der Rechtsprechung muss daher selbstverständlich in zwei Schritte unterteilt werden. Die Bejahung der Frage im ersten Schritt ist Voraussetzung für die Prüfung des zweiten Schritts[1001]. Diese formellen Unterschiede bei den zwei Verfahrensschritten der formellen Voraussetzung (und zugleich ihre enge Verbindung in der Reihenfolge) bringen mittelbar den oben genannten Gedanken zum Ausdruck. Das gleiche gilt für die nachfolgend dargestellten materiellen Voraussetzungen, da nicht nur die formellen Voraussetzungen

---

998 Vor dem *Act 1975* wurde dieser zweistufige Prozess bereits durch die Rechtsprechung bestimmt, vgl. *Tyler*, a.a.O., S. 37, 38.

999 Ebenso wie oben werden einige verfahrenstechnische Voraussetzungen, die ebenfalls für die Untersuchung nicht von Belang sind, hierbei nicht dargelegt. Dazu zählen Domizil (*domicile*), Jurisdiktion (*jurisdiction*), die zeitliche Begrenzung für den Antrag (*time limit for application*) und der Schutz für die persönlichen Stellvertreter (*protection for personal representatives*). Zu jüngeren Darlegungen dafür vgl. *Kerridge*, a.a.O., Rn. 8–05ff., S. 186ff.

1000 Vgl. *Kerridge*, die Titel von Rn. 8–20, 8–21, S. 193.

1001 Siehe *Act 1975 section 2(1)* und *3(1), Re Coventry* [1980] Ch. 461,469. Auch vgl. *Kerridge*, a.a.O., Fn 81, S. 192, *Re Sivyer* [1967], 1486–1487.

dem Gericht einen Prüfungsrahmen vorgeben. Vielmehr sind auch die zwei materiellen Fragen, die der Zulassung und die der Beträge, Ergebnis dieses Gedankens.

a) Der erste Schritt

Im Rahmen der Frage nach der Zulassung gilt es im ersten Schritt vom Gericht prüfen zu lassen, ob die Voraussetzungen für den Antrag einer angemessenen Versorgung vom Antragsteller gemäß dem *Act 1975 s.1* erfüllt werden. In diesem Stadium sind die zwei Kernprobleme dieses Rechtsinstituts als zentrale Voraussetzungen vom Gericht zu prüfen: Kurz gesagt geht es dabei darum, welche Personen[1002] unter welchen Umständen[1003] vor Gericht den Antrag auf Anordnung einer angemessenen Versorgung erfolgreich stellen können. Bemerkenswert ist auch, dass dieser Schritt im Wesentlichen ein „Werturteil (*value judgment*) oder eine qualitative Entscheidung (*qulitative decison*)“ betrifft[1004]. Deswegen spielt das Ermessen des Gerichts in diesem Schritt eine größere Rolle.

b) Der zweite Schritt

Im zweiten Schritt soll das Gericht, falls die Voraussetzungen des ersten Stadiums gemäß dem *Act 1975 sections 2* erfüllt sind, entscheiden, welcher Gerichtsbescheid (*order*) zu erwirken sei. Obwohl in diesem Gerichtsbescheid die Festlegung der Beträge der Anordnung einer angemessenen Versorgung im Mittelpunkt liegt, gehören viele für den Antragsteller relevante Sachverhalte zum Ermessensumfang des Gerichts, einschließlich der Fälligkeit, Dauer der Beträge, der Leistung der angemessene Versorgung[1005]und der Übertragung eines Teilnachlasses auf den Antragstellers[1006]. Sogar Änderungen des Ehevertrags vom Erblasser zu dessen Lebzeiten[1007] zählen dazu. Auf jeden Fall soll das Gericht auf Grundlage des Lebensstandards des überlebenden Ehegatten und des Standards des Lebensunterhalts unter Berücksichtigung aller Umstände des Einzelfalls sachgemäß entscheiden, also das Ermessen angemessenes (*appropriate*) anwenden[1008].

c) Die vom Gericht zu berücksichtigenden Bewandtnisse

Darüber hinaus hat der *Act 1975* in *Section 3* für das gerichtliche Ermessen in beiden Schritten[1009] auch eine Reihe von Leitlinien bzw. zu berücksichtigenden

---

1002 Siehe unten 4. Teil § 13 II 3, S. 226ff.
1003 Siehe unten 4. Teil § 13 II 4, S. 232ff.
1004 Vgl. *Kerridge*, a.a.O., Rn. 8–20 und Fn 82, S. 193, also *Re Coventry* [1980] at 469 und 486–487; *Re Fullard* [1982] Fam. 42.
1005 *Act 1975 sections 2 (1) (a), (b).*
1006 *Act 1975 sections 2 (1) (c).*
1007 *Act 1975 sections 2 (1) (f).*
1008 Vgl. *Re Besterman* [1984] Ch 458, Oliver LJ, in *Wright*, a.a.O., S. 252, 253, *Kerridge*, a.a.O., Rn. 8–21, Fn 88, S. 193.
1009 Vgl. *Kerridge*, a.a.O., Rn. 8–24, S. 193, *Wright*, a.a.O., S. 254.

Bewandtnissen (*guidelines* bzw. *matters*) geregelt, durch die der ganze Prozess der gerichtlichen Prüfung systematisch geleitet werden kann.

3. Voraussetzung der Berechtigung

Bei der Prüfung der angemessenen Versorgung des Antragstellers ist vor allem zu prüfen, wer berechtigt ist, die Anordnung der angemessenen Versorgung zu beantragen. Obwohl die ursprünglichen Vorschriften des *Act 1975* hierzu schon eine Zusammenfassung der Entwicklung der Rechtslage und der Praxis seit Erlass des *Act 1938* sind, haben sich die zurzeit geltenden Vorschriften im Vergleich zu den ursprünglichen schon stark verändert.

a) Die ursprünglichen Vorschriften des Act 1975

Ursprünglich wurden nach Abschnitt 1 (1) des *Act 1975* die Personen, die keine angemessene finanzielle Versorgung (*reasonable financial provision*) im Zuge der testamentarischen Erbfolge oder der gesetzlichen Erbfolge erhalten und die bei Gericht die Anordnung zu einer angemessenen Leistung aus dem Nachlass beantragen dürfen, folgendermaßen bestimmt: (a) die Ehefrau oder der Ehemann des Erblassers; (b) die nicht wieder verheiratete ehemalige Ehefrau oder der nicht wieder verheiratete ehemalige Ehemann des Erblassers; (c) die Kinder des Erblassers; (d) Personen, die keine Kinder des Erblassers sind, aber aufgrund einer Ehe des Erblassers von diesem wie eigene Kinder behandelt werden; (e) Personen, die nicht zu den vorstehend genannten Personen zählen, die jedoch unmittelbar vor dem Tod des Verstorbenen (*immediately before the death of the deceased*) ganz oder teilweise von ihm bei der Lebensführung unterstützt wurden.

Zwei Veränderungen im *Act 1975* sind im Gegensatz zu den Vorschriften des *Act 1938* wegen des Wandels der Vorschriften bemerkenswert. Die eine Veränderung ist die Auslöschung der Einschränkungen bezüglich der Berechtigung von Kindern des Erblassers. Ursprünglich wurde die Einschränkung nach dem persönlichen Stand der Kinder, z.B. dem Lebensalter, der körperlichen und geistigen Gesundheit und dem ehelichen Stand gesetzlich bestimmt. Damit sollten formelle Kriterien für einen vorzeitigen Ausschluss der Anordnung der angemessenen Versorgung vor einer gerichtlichen Entscheidung geschaffen werden. Im *Act 1975* berechtigt dagegen schon die bloße verwandtschaftliche Beziehung zwischen den Kindern und dem Erblasser zur Beantragung der Anordnung einer angemessenen Versorgung. Ob die Anordnung der angemessenen Versorgung erfolgen kann, hängt ganz davon ab, ob eine angemessene finanzielle Versorgung der Kinder beim Erbfall vom Erblasser angeordnet wurde. Hierfür ist einerseits die oben dargestellte materielle Besonderheit bezeichnend geworden und andererseits kann das Gericht sein Ermessen flexibler ausüben. Hinsichtlich der Bedeutung des Wortes „Kind" verändert sich im Vergleich zum *Act 1938*[1010] nichts.

1010 Dieser Begriff umfasst eheliche Kinder (*legitimated child*), Adoptivkinder (*adopted child*), nichteheliche Kinder (*illegitimate child*) und ungeborene Kinder (*en ventre sa mère*), siehe *Act 1975 section 25(1)*, vgl. *Margrave-Jones*, a.a.O., *para.* 14.23, S. 209.

Die zweite Veränderung ist die Einführung zweier neuer Kategorien von Berechtigten. Unter (d) werden Personen genannt, die im verwandtschaftlichen Sinn keine Kinder des Erblassers sind und dennoch während der Dauer einer Ehe desselben als solches betrachtet wurden. Diese Kategorie dient nach dem ursprünglichen gesetzgeberischen Zweck denjenigen jungen Kindern, die in einer Patchwork-Familie als Stiefkinder des Erblassers von diesem großgezogen werden[1011]. Allerdings ist diese Kategorie in der Praxis nicht nur auf minderjährige oder abhängige Stiefkinder begrenzt. Ausschlaggebend ist vielmehr, ob das jeweilige Stiefkind vom Erblasser zu Lebzeiten als ein Kind dieser Patchwork-Familie betrachtet wurde. Das ist aus dessen Verhalten gegenüber dieser Person zu entscheiden. Somit kann also auch ein volljähriges Kind in dieser Kategorie inbegriffen sein[1012].

Hinsichtlich der in (e) geregelten neuen Kategorie von Berechtigten, also der anderen Hinterbliebenen des Erblassers, erfolgt zuerst im *Act 1975* an anderer Stelle[1013] eine Einschränkung dergestalt, dass der Erblasser für den angemessenen Bedarf solcher Personen einen substantiellen Beitrag in Form von Geld oder Geldwerten[1014] gegeben hatte. Dieser Beitrag darf aber keine komplett gleichwertige Gegenleistung kommerzieller Natur darstellen[1015]. Diese Vorschrift gibt Personen, die nicht zu den obigen vier Kategorien gehören – die also in keiner gesetzlich bestimmten, tatsächlichen oder fiktiven Verwandtschaftsbeziehung stehen – und dennoch eine materielle Unterhaltsbeziehung mit dem Erblasser haben, auch die Möglichkeit, beim Gericht die Anordnung der angemessenen Versorgung zu beantragen. Obwohl gerade wegen des weiten Umfangs dieser Kategorie das Gesetz – sowohl in der Vorschrift dieser Kategorie als auch in der auslegenden Vorschrift – detaillierte Voraussetzungen und Einschränkungen für diese materielle Unterhaltsbeziehung bestimmt, müssen nach wie vor einige Voraussetzungen in diesen Bestimmungen noch durch das Ermessen des Gerichts ausgelegt werden[1016].

1011 Vgl. *Wright*, a.a.O., S. 246, *Margrave-Jones*, a.a.O., *para.* 14.24, S. 209.

1012 Vgl. *Re Callaghan* [1985] Fam.1, *Wright*, a.a.O., S. 246, 247, für eine kritische Bewertung vgl. *Kerridge*, a.a.O., Rn 8-67, 8-68, S. 215. Die Anwendung wird nach dem *Civil Partnership Act 2004* auf gleichgeschlechtliche Paare erweitert und nach dem *Inheritance and Trustees' Powers Act 2014* auch auf nichteheliche Lebensgemeinschaften (*cohabitant*), siehe unten bb) und cc), S. 238, 239.

1013 *Act1975 section 1 (3)*.

1014 Im englischen Original *„a substantial contribution in money or money's worth towards the reasonable needs of that person"*.

1015 Im englischen Original *„full valuable consideration pursuant to an arrangement of a commercial nature"*.

1016 Eingehend vgl. *Margrave-Jones*, a.a.O., *paras* 14.25ff., S. 209ff.

b) Die Modifikationen der Voraussetzung der Berechtigung seit 1975

Zur Voraussetzung der Berechtigung gab es nach 1975 drei wichtige Modifikationen, die alle die praktische Expansion der Begriffe Ehe und Familie angesichts des sozialen Wandels betrafen[1017].

aa) Berücksichtigung der nichtehelichen Lebensgemeinschaft

In der ersten Modifikation wurde durch den *Law Reform (Succession) Act 1995* der Fall der nichtehelichen Lebensgemeinschaft berücksichtigt. In der modernen Gesellschaft haben immer mehr Paare aufgrund einer Vielzahl von Faktoren anstatt einer Eheschließung beschlossen, eine eheähnliche Lebensgemeinschaft zu bilden[1018]. Dieses Phänomen verbreitet sich zunehmend[1019] und dadurch entsteht trotz des Fehlens einer gesetzlichen Absicherung oft eine sehr vertraute Beziehung zwischen den Partnern der nichtehelichen Lebensgemeinschaft. Manchmal ist diese Beziehung sogar enger als Beziehungen in einer durch Ehe gebildeten Familie[1020]. Da es sich dabei aber gerade nicht um eine durch Ehe entstehenden Familienbeziehung handelt, steht den Partnern der nichtehelichen Lebensgemeinschaft rechtlich nur der Weg über die Kategorie der Berechtigung unter (e) als „andere Hinterbliebene" zur Verfügung, wenn für einen Partner nach dem Tod des anderen Partners Bedarf für die Anordnung einer angemessenen Versorgung besteht. Das Problem lag nun darin, dass die oben dargelegten Voraussetzungen der Kategorie der Berechtigung unter (e) für die Partner der nichtehelichen Lebensgemeinschaft zu streng formuliert waren. So war ein Partner der nichtehelichen

---

1017 Vgl. *Kerridge*, a.a.O., Rn. 8–04, S. 185.

1018 Es gibt in der modernen englischen Gesellschaft mehrere Gründe für die Wahl eines solchen Verhältnisses, sodass dieses Verhältnis einer Meinung nach in vier Kategorien unterschieden werden kann, die sich auf die Motivation der Paare beziehen: Ideologen (*Ideologues*, wegen ideologischer Verweigerung der Ehe), Romantiker (*Romantics*, eheähnliche Lebensgemeinschaft als Vorbereitung auf die Ehe), Pragmatiker (*Pragmatists*, wegen rechtlicher oder finanzieller Gründe) und uneinige Paare (*Uneven Couples*, in denen eine Partei die Ehe nicht will), vgl. *Herring*, Family Law: A Very Short Introduction, 2014, S. 19, 20.

1019 Dieses zunehmend übliche gesellschaftliche Phänomen betrifft einer Statistik nach sowohl in Deutschland als auch in anderen europäischen Ländern fast jedes zehnte Paar. Für eine allgemeine Darstellung, vgl. *Wellenhofer*, Familienrecht, 4. Aufl., 2017, § 27 Rn. 1, S. 230, 231.

1020 Deswegen wird oft versucht, sie rechtlich wie die Ehe und Familie im Sinne von Art. 6 I GG schützen zu können. Trotz fehlender Gleichstellung mit Ehegatten können einzelne Regelungen verkündet werden, um Partner in eheähnlichen Lebensgemeinschaften zu schützen, vgl. *Coester-Waltjen*, Jura 2008, 108ff. Trotzdem soll die nichteheliche Lebensgemeinschaft aus der Sicht des Systems des Familienrechts einer Meinung nach als Ehe minderen Grades abgelehnt werden, vgl. *Bydlinski*, System und Prinzipien des Privatrechts, 1996, S. 388.

Lebensgemeinschaft nach dem Tod des anderen Partners nur dann berechtigt, die Anordnung einer angemessenen Versorgung zu beantragen, wenn eine Abhängigkeits- oder Pflegebeziehung zwischen den Partnern bestand[1021]. Deshalb war es notwendig, eine neue Kategorie einzufügen, um nichteheliche Lebensgemeinschaften zu berücksichtigen, weil zwischen der Intimität der Beziehung der Partner einer nichtehelichen Lebensgemeinschaft und der Beziehung der – in der Kategorie der Berechtigung in (e) geregelten – „anderen Hinterbliebenen" des Erblassers ein wesentlicher Unterschied besteht und sich gleichzeitig die gesetzliche Stellung der Partner einer eheähnlichen Lebensgemeinschaft auch von der von Ehegatten unterscheidet[1022].

Daher brauchen die Partner der nichtehelichen Lebensgemeinschaft seit der Modifikation des *Law Reform (Succession) Act 1995*, durch die sie einer eigenen Kategorie der Anordnungsberechtigung zugeschrieben wurden, den Antrag nicht mehr gemäß den Voraussetzungen der Kategorie der Berechtigung in (e) – speziell gemäß den Voraussetzungen des *Act 1975 s.1 (3)* – zu stellen und dabei gleichzeitig noch auf die zusätzliche Voraussetzung der Notwendigkeit des Lebensunterhalts zu achten[1023]. Die Veränderungen des Wortlauts des *Act 1975* zeigt sich in der Ergänzung der zwei Paragrafen (ba) und (1A) zu *Act 1975 s.1*. Nach dem *Act 1975 s.1(1) (ba)* sind Personen, die nicht zu *Act 1975 s.1(1)(a)* oder *(1)(b)*, aber zu *Act 1975 s.1 (1A)* gehören, nun auch berechtigt, einen Antrag auf die Anordnung einer angemessenen Versorgung zu stellen. Nach dem *Act 1975 s.1 (1A)* gelten die Vorschriften dieses Abschnitts auch für Personen, die mindestens während der letzten beiden Jahre vor dem Tod des Erblassers[1024] (a) im gleichen Haushalt wie der Erblasser und (b) in eheähnlicher Lebensgemeinschaft mit dem Erblasser lebten, wenn der Erblasser am oder nach dem 01.01.1996 verstorben ist[1025].

1021 Hiermit ist die Voraussetzung des teilweisen oder völligen Unterhalts (*being maintained, either wholly or partly*) durch den Erblasser im *Act 1975 section 1(1)(e)* gemeint.

1022 In der Praxis treten oft Situation ein, in denen das Fehlen der Berechtigung dieser Leute für *family provision* festgestellt wird, was vom Gericht als unvereinbar mit der Kategorie (e) angesehen wird, vgl. *Kerridge*, a.a.O., Rn. 8–52, S. 208.

1023 Das heißt, es wird nur noch der Standard des Lebensunterhalts (*the maintenance standard*) in *Act 1975 section 1(2)(b)* geprüft, siehe unten 4, S. 233ff.

1024 Im englischen Original „ *during the whole of the period of two years ending immediately before the date when the deceased died*" in *Act 1975 section 1(1A)*.

1025 Natürlich werden die zwei Voraussetzungen auch in der Praxis vom Gericht weiter ausgelegt. Im Fall *Re Watson [1999]* ist z.B. das Leben in eheähnlicher Lebensgemeinschaft mit dem Erblasser gemäß der Natur ehelicher Beziehungen unter allen Umständen auszulegen, auch vgl. *Kerridge*, a.a.O., Rn. 8–25, Fn 209, S. 208; Im Fall *Churchill v. Roach [2002]* ist z.B. die gemeinsame Haushaltsführung nach einer einheitlichen oder engen wirtschaftlichen Beziehung zu erklären.

bb) Berücksichtigung gleichgeschlechtlicher Paare

Die zweite Modifikation wurde durch den *Civil Partnership Act 2004* geschaffen. Hierbei wurden auch gleichgeschlechtliche Paare in die Kategorie der Berechtigung der *family provision* einbezogen. Die gesellschaftliche Strömung, die die Gleichbehandlung der Rechte gleichgeschlechtlicher Lebensgemeinschaften mit verschiedengeschlechtlichen ehelichen Gemeinschaften im Bereich des Ehe-, Familien- und Erbrechts fordert, wurde in den letzten Jahrzehnten in der Rechtswissenschaft zunehmend mit großem Interesse verfolgt. Einerseits wurden die Rechte von gleichgeschlechtlichen Lebensgemeinschaften schon früher durch die Grundrechte der Europäischen Menschenrechtskonvention[1026] und auch durch die gerichtliche Durchsetzung vom Europäischen Gerichtshof für Menschenrechte (EGMR)[1027] gestärkt. Andererseits haben sich die betreffenden Rechtslagen in den europäischen Staaten auch erheblich verändert[1028].

In diesem Zusammenhang wird durch den in England und Wales geltenden *Civil Partnership Act 2004* das Rechtsinstitut der eingetragenen gleichgeschlechtlichen Lebensgemeinschaft (*Civil Partnership*) festgesetzt und verkündet, um gleichgeschlechtliche Beziehungen zu regeln und den Paaren in gleichgeschlechtlichen Lebensgemeinschaften eine Rechtsstellung zu verleihen[1029]. Darin werden auch die erbrechtlichen Rechte der gleichgeschlechtlichen Partner geregelt, was zu einer erneuten Änderung des *Act 1975* zugeführt hat[1030]. Weil die Verhältnisse

---

1026 Hiermit ist das Diskriminierungsverbot des Art. 14 EMRK gemeint, vgl. *Wellenhofer*, a.a.O., § 2 Rn. 18, S. 230, 231.

1027 Im Urt. v. 07.11.2013 – 29381/09 und 32684/09 vom *EGMR* (Große Kammer), also dem Fall Vallianatos u.a. v. Griechenland solle z.B. die eingetragene Partnerschaft auch für die gleichgeschlechtliche Paare zulässig sein, für eine deutsche Übersetzung vgl. *EGMR* FamRZ 2014, S. 189.

1028 In Deutschland wurde das Gesetz über die eingetragene Lebenspartnerschaft (LPartG) schon im Jahr 2001 verkündet, um eine rechtliche Stellung der gleichgeschlechtlichen Lebensgemeinschaft zu schaffen. Die Situation dieses Rechtsinstituts nach diesem Gesetz vgl. *Wellenhofer*, a.a.O., § 26 Rn. 1, S. 222.

1029 In der letzten Zeit hat nicht nur die gleichgeschlechtliche Lebensgemeinschaft eine allgemeine rechtliche Stellung erhalten, auch die gleichgeschlechtliche Ehe wird als eine Form der Ehe zunehmend von den europäischen Staaten übernommen. Im Jahr 2014 wurde die gleichgeschlechtliche Ehe durch den *Marriage (Same Sex Couples) Act 2014* in England als eine Form der Ehe rechtlich anerkannt, was die englische rechtliche Definition der Ehe erheblich verändert hat, vgl. *Herring*, Family Law, 8th edition, 2017, S. 76. In Deutschland wurde die gleichgeschlechtliche Ehe („Ehe für alle") am 30.06.2017 vom Bundestag beschlossen, sodass Deutschland der vierzehnte europäische Staat wurde, der die gleichgeschlechtliche Ehe rechtlich anerkennt, obwohl ihre verfassungsrechtliche Stellung nicht zweifelsfrei geklärt ist, vgl. *Christopher Schmidt*, NJW 2017, S. 2225ff.

1030 Zur Leitlinie für die Zulässigkeit der Gesetzesänderung über die gleichen erbrechtlichen Rechte der gleichgeschlechtlichen Lebensgemeinschaft durch dieses Gesetz siehe *Art. 249* in *section 131* im *Civil Partnership Act 2004.*

der gleichgeschlechtlichen Lebensgemeinschaft auf die gesetzliche Regelung der Verhältnisse der verschiedengeschlechtlichen ehelichen Gemeinschaft Bezug nehmen und deren Rechte und Pflichten auch sehr ähnlich geregelt werden[1031], liegt der Berechtigung der gleichgeschlechtlichen Partner die Berechtigung der Ehegatten von *Act 1975 s.1(1)(a)* zu Grunde. Daher wurden im Wortlaut des *Act 1975* die Begriffe „gleichgeschlechtlicher Partner des Erblassers" und „gleichgeschlechtliche Lebensgemeinschaft" dem Begriff „Ehegatten" bzw. „Ehe" gleichgestellt und entsprechend an verschiedenen Stellen eingefügt. Darüber hinaus wurde ähnlich wie bei der eheähnlichen Lebensgemeinschaft auch der Paragraph (1B) festgesetzt, um nicht eingetragene, gleichgeschlechtliche Lebensgemeinschaften zu berücksichtigen.

cc) Die Modifikation durch den *Inheritance and Trustees' Powers Act 2014*

Vor dem *Inheritance and Trustees' Powers Act 2014*[1032] konnte nur ein eheliches Kind oder ein eingetragener gleichgeschlechtlicher Partner unter die Kategorie von *Act 1975 section1(1)(d)* fallen. Durch den *Interitance und Trustees' Powers Act 2014* wurde *Act 1975 section1(1)(d)* geringfügig so verändert, dass die Familie aus dem *Act 1975 section1(1)(d)* auch Familien umfasste, in denen der Erblasser neben dem Antragsteller das einzige Familienmitglied war[1033]. Auch Kinder des Partners des Erblassers in nichtehelicher Lebensgemeinschaft (*cohabitant*) fallen nach dieser Änderung auch unter *Act 1975 section1(1)(d)*[1034].

c) Die aktualisierten Vorschriften über die Voraussetzungen der Berechtigung

Zusammenfassend können die Personen, die, wenn ihnen keine angemessene finanzielle Versorgung beim Erbfall zukommt, nach dem *Act 1975* bei Gericht die Anordnung einer angemessenen Leistung aus dem Nachlass des Erblassers beantragen dürfen, in die folgenden Kategorien unterschieden werden: (a) der Ehegatte oder eingetragene gleichgeschlechtliche Partner (*civil partner*) des Erblassers; (b) der nicht wieder verheiratete ehemalige Ehegatte oder der nicht wieder eingetragene ehemalige gleichgeschlechtliche Partner des Erblassers; (ba) Personen, die nicht zum oben genannten *Act 1975 s.1(1)(a)* oder *(1)(b)* gehören, die aber zum *Act 1975 s.1 (1A)* oder *(1B)* gehören; (c) die Kinder des Erblassers; (d) Personen, die keine Kinder des Erblassers sind, aber aufgrund einer Ehe oder eingetragenen gleichgeschlechtlichen Lebensgemeinschaft des Erblassers während der Dauer derselben, oder in einer Familie, in der der Erblasser immer die Rolle eines Elternteils

---

1031 *Herring*, a.a.O., S. 113.
1032 In Folgendem immer abgekürzt als *Act 2014.*
1033 Siehe *Act 2014 section Sch. 2 para. 2(2).*
1034 Vgl. *Kerridge*, a.a.O., Rn. 8–64, S. 214.

übernahm, vom Erblasser wie eigene Kinder behandelt wurden; (e) Personen, die nicht unter die eben genannten Kategorien fallen, die jedoch unmittelbar vor dem Tod des Verstorbenen (*immediately before the death of the deceased*) entweder ganz oder teilweise von ihm bei der Lebensführung unterstützt wurden. Mittlerweile wurden (1A) und (1B) als Auslegungsregeln des Paragraphen (ba) geschaffen. Nach dem *Act 1975 s.1 (1A)* gelten die Vorschriften dieses Abschnittes auch für Personen, die während der letzten zwei Jahre vor dem Tod des Erblassers, (a) mit dem Erblasser im gleichen Haushalt lebten und das (b) in eheähnlicher Lebensgemeinschaft mit dem Erblasser taten, sofern der Erblasser am oder nach dem 01.01.1996 verstorben ist. Im *Act 1975 s.1 (1B)* wird weiterhin geregelt, dass die Vorschriften dieses Abschnitts auch für die Personen anzuwenden sind, die während der letzten zwei Jahre vor dem Tod des Erblassers (a) mit dem Erblasser im gleichen Haushalt (b) wie der eingetragene gleichgeschlechtliche Partner des Erblassers lebten.

4. *Differenzierung der Standards der angemessenen finanziellen Versorgung*

Der *Act 1975* hat, wie schon zuvor der *1938 Act*, die Voraussetzung, dass den Berechtigten beim Erbfall kraft Testaments oder gesetzlich keine angemessene finanzielle Versorgung zukommt, ebenso wie die Standards als zentrale Themen des Rechtsinstituts *family provision* geregelt. Anders als im *1938 Act* vorgesehen, unterscheidet der *Act 1975* aber vor allem gesetzlich nach den Kategorien der Berechtigung, also den verschiedenen Beziehungen zwischen den Berechtigten und dem Erblasser. Nach den Vorschriften von *Act 1975 s.1(2)* werden zwei verschiedene Standards einer angemessenen, finanziellen Versorgung unterschieden, der Standard des überlebenden Ehegatten (*the surviving spouse standard*) von *Act 1975 s.1(2)(a)* und der Standard des Lebensunterhalts (*the maintenance standard*) von *Act 1975 s.1(2)(b)*. Außerdem durch den *Civil Partnership Act 2004* auch die Vorschriften über den Standard des eingetragenen gleichgeschlechtlichen Partners vom *Act 1975 s.1(2)(aa)* bestimmt, der mit dem Standard des überlebenden Ehegatten von *Act 1975 s.1(2)(a)* gleichgestellt ist, was im Folgenden nicht mehr besonders darzustellen ist. Darüber hinaus sollte die Prüfung der angemessenen finanziellen Versorgung, abgesehen von den oben dargestellten unterschiedlichen Standards, objektiv erfolgen. Dies wird nicht aus der Sicht des Erblassers beurteilt, sondern nach objektiven Kriterien nach Ermessen des Gerichts[1035]. Dieses objektive Ermessen der Gerichte würde auch davon nicht beeinflusst, dass der Erblasser zu Lebzeiten von wichtigen Umständen (*circumstances*) nichts erfahren hätte, die seine Anordnung der angemessenen finanziellen Versorgung erheblich beeinflusst hätten[1036]. Durch die folgende Darstellung der Änderungen und detaillierten Vorschriften kann zuerst

1035 Vgl. *Re Coventry* [1980] Ch. 461, in *Wright*, a.a.O., S. 253–254, auch *Kerridge*, a.a.O., Rn. 8–18, S. 192.

1036 Vgl. *Margrave-Jones*, a.a.O., *para.* 14.44, S. 216.

insgesamt gefolgert werden, dass die vom Gericht festgelegten Standards einer angemessenen finanziellen Versorgung aus dem *Act 1975* einerseits – zum Zwecke einer weiteren Stärkung der Solidarität der Familie – differenzierter und strenger geregelt werden (was auch das Ermessen der Gerichte beeinflusst hat) und doch andererseits in der Rechtssprechungspraxis aufgrund des gerichtlichen Ermessens weiterhin flexibel bleiben.

a) Der Standard im Hinblick auf den überlebenden Ehegatten

Nach dem *Act 1975 s.1(2)(a)* wird der Standard des überlebenden Ehegatten angewandt, wenn die Ehe von Antragsteller und Erblasser vom Gericht nicht als getrennt betrachtet würde und wenn dieser Zustand beim Erbfall noch so aufrechtzuerhalten wäre. Bezüglich des konkreten Inhalts beim Standard des überlebenden Ehegatten ist in diesem Fall anhand des Antrags des Ehemanns oder der Ehefrau des Erblassers zu prüfen, ob die finanzielle Versorgung unter allen Umständen (*all the circumstances*) angemessen ist. Dabei ist es völlig gleichgültig, ob diese Versorgung für den Lebensunterhalt (*maintenance*) ausreichend ist.

Im Gegensatz zum Standard bei der Prüfung der angemessenen Versorgung des *1938 Act*[1037], der sich einfach nur auf den Lebensunterhalt berief und nicht weiter differenzierte, begrenzt der Standard des überlebenden Ehegatten des *Act 1975* sich nicht mehr nur auf den Lebensunterhalt. Tatsächlich beruht diese konkretere Ausdifferenzierung des *Act 1975* auf dem Konflikt zwischen der allgemeinen Vorschrift des *1938 Act* und der späteren Bestimmung anderen Gesetzes bei der Rechtsanwendung in der Praxis, wie das beispielsweise im Scheidungsfall *Wachtel v. Wachtel*[1038] im Jahr 1973 öffentlich geschah. In diesem Fall hatte das Gericht nach dem *Matrimonial Property and Proceedings Act 1970*[1039] entschieden, dass die Anordnung des Vermögens bei der Scheidung nicht nur den Bedarf des Lebensunterhalts eines Ehegatten nach der Scheidung berücksichtigen sollte, sondern auch die konkreten Beiträge beider Ehegatten zum Vermögen der Familie während der Dauer der Ehe[1040]. Diese Entscheidung hat mittelbar dazu zugeführt, dass sich überlebende Ehegatten (wegen der vom *1938 Act* bestimmten Einschränkung auf den Lebensunterhalt) bei der Beantragung der Anordnung einer angemessenen Versorgung in einer ungünstigeren Lage befände, als geschiedene Ehegatten[1041]. Die *Law Commission* hat bereits im Jahr 1973 in einem ersten Bericht über ein Rechtsinstitut nachgedacht, nach dem überlebende Ehegatten ohne angemessene Versorgung beim Erbfall eine feste Quote aus dem Nachlass zugesprochen bekommen sollten

1037 Siehe *Act 1938 section1 (1)*.
1038 *Wachtel v. Wachtel* [1973] Fam. 72.
1039 Später von *The Matrimonial Causes Act 1973* novelliert.
1040 Vgl. *The Law Commission* (*Law Com. No. 52*), *Family Law: First Report on Family Property: A New Approach*, 1973, *para.* 16, S. 5, 6.
1041 Vgl. *The Law Commission* (Law Com. No. 52), a.a.O., *paras* 17, 18, S. 6.

(anstatt der Anordnung durch das Ermessen des Gerichts)[1042]. Die Kommission hat befürwortet, dass überlebende Ehegatten sich unter allen Umständen in einer ebenso günstigen Lage wie geschiedene Ehegatten befinden sollen. Es wurde dann festgelegt, dass die Art und Weise der Ermessensausübung des Gerichts im Scheidungsprozess auch auf den Prozess der Beantragung durch überlebende Ehegatten anwendbar sein müsse[1043]. Im darauffolgenden Jahr hat die *Law Commission* in einem weiteren Bericht[1044] über die Versorgung der Familie im Erbfall (*Family provision on Death*) – ausgehend vom Gedanken des letztes Berichtes – eine Lösung geschaffen, die die Gleichstellung der geschiedenen und überlebenden Ehegatten hinsichtlich der finanziellen Versorgung schafft[1045] und endlich die Änderung des Standards des überlebenden Ehegatten vom *Act 1975* aufgreift[1046].

Das gerichtliche Ermessen bei der Prüfung des Standards der überlebenden Ehegatten erfolgt hauptsächlich nach den Umständen im Einzelfall (abgesehen von einer gesetzlich bestimmten Ausnahme für überlebenden Ehegatten außerhalb der obigen Voraussetzung des Ehestandes der Antragsteller[1047]). Das ähnelt soweit den Rechtsprechungen aus der Zeit des *1938 Act*[1048]. Es ergibt sich der konkrete Maßstab, dass die angeordnete, angemessene Versorgung dem eigenen, früheren Lebensstandard entsprechen soll, z.B. den Vermögensverhältnissen und der gesellschaftlichen Stellung des Antragstellers[1049].

b) Die Sicherung des Lebensunterhalts als Standard

Der Standard des Lebensunterhalts ist im Falle des Antrags von Hinterbliebenen außer dem überlebenden Ehegatten und dem eingetragenen gleichgeschlechtlichen Partner anzuwenden. Nach diesem Standard soll die Anordnung einer angemessenen Versorgung vom Antragsteller durch das Ermessen des Gerichts unter allen Umständen (*all the circumstances*) auf dem Bedarf des Lebensunterhalts (*for his maintenance*) beruhen[1050].

1042 Vgl. *The Law Commission* (Law Com. No. 52), a.a.O., *paras* 31ff., S. 10ff.

1043 Vgl. *The Law Commission* (Law Com. No. 52), a.a.O., *para.* 40, S. 40.

1044 *The Law Commission* (*Law Com. No. 52*), *Family Law: Second Report on Family Property* von *the Law Commission* im Jahr 1974.

1045 Vgl. *The Law Commission (Law Com. No. 52)*, a.a.O., *para.* 14, S. 5, auch in *Wright*, a.a.O., S. 251.

1046 Vgl. *The Law Commission* (*Law Com. No. 52*), a.a.O., *para.* 18, S. 6, auch *Kerridge*, a.a.O., Rn. 8–14, S. 189, 190.

1047 Diese Ausnahmen treten im Fall der Scheidung, Trennung oder Ungültigkeit der Ehe in einem bestimmten Zeitraum vor dem Tod des Erblassers ein, siehe *Act 1975 s.3(2)* und *Act 1975 s. 14*, vgl. *Kerridge*, a.a.O., Rn. 8–15, S. 190.

1048 Siehe oben 4. Teil § 13 I 2 a), S. 219, 220, 221.

1049 Vgl. z.B. *Re Besterman* [1984], Ch. 458, siehe *Margrave-Jones*, a.a.O., *para.* 14.37, S. 213, *Re Bunning* [1984] Ch. 480, siehe *Margrave-Jones*, a.a.O., *para.* 14.36, S. 213.

1050 Siehe *The Act 1975 s. 1 (2) (b).*

Dieser Standard war Teil der allgemeinen Standards bei der Prüfung der angemessenen Versorgung vom *1938 Act.* Deswegen wird vor allem in einer wichtigen Rechtsprechung nach dem *Act 1975* auch betont, dass es bei der Prüfung des Standards der Erhaltung des Lebens zu überlegen gilt, welcher Lebensstandard für den Antragsteller angemessen (*appropriate*) ist. Es sollten keine Extrempositionen übernommen werden[1051].

In der Rechtsprechung *Re Coventry* [1980] wurde das Problem der sogenannten moralischen Verpflichtung (*moral obligation*) des Erblassers gegenüber dem Antragsteller bei der Anordnung einer angemessenen Versorgung als ein zu bedenkender, besonderer Umstand klar betont[1052]. Die Prüfung dieses Problems sollte auch objektiv unter Einbeziehung aller Umstände (*all the circumstances*) erfolgen[1053]. Seit dieser Rechtsprechung gab es noch eine Reihe anderer Entscheidungen, in denen im Rahmen der Prüfung des Standards des Lebensunterhalts drei Fälle moralischer Verpflichtung oder besonderer Umständen des Einzelfalls durch gerichtliches Ermessen entwickelt wurden[1054]: Erstens, wenn der Antragsteller im eigenen Interesse Beiträge zum Nachlass geleistet hat. Zweitens, wenn die Vermögensquelle des Verstorbenen (*source of deceased's estate*) im Vermögen eines Dritten liegt, der geglaubt hatte, dass dieses Vermögen wegen des Erblassers eigentlich dem Antragssteller gehört. Drittens, gibt es auch den Fall der „lahmen Enten" (*lame ducks*), bei dem es um solche Antragssteller geht, die, obwohl sie mündig sind, nicht selbst fähig sind für ihren Lebensunterhalt aufzukommen.

5. Die Leitlinien des Ermessens des Gerichts bei der Prüfung

Ein anderer Wesenszug des *Act 1975* ist, dass das Gericht in beiden Schritten der Prüfung – stets unter Berücksichtigung der in den Leitlinien (*guidelines*) von *Act 1975 section 3* geregelten Bewandtnisse – die Anordnung einer angemessenen Versorgung durch Ermessen bestimmen soll, weshalb sie als „Leitlinien" (*guidelines*) des Ermessens des Gerichts bezeichnet werden. Deswegen wird im Gegensatz zu der Prüfung der Voraussetzungen im ersten Schritt das Ermessen des Gerichtes im zweiten Schritt stärker von den gesetzlichen Vorschriften eingeschränkt. Die Leitlinien können wiederum in die Kategorien der allgemeinen Leitlinien (*general guidelines*) und der speziellen Leitlinien (*particular guidelines*) unterteilt werden.

1051 Vgl. *Re Coventry* [1980] Ch. 461, 485. Zwei Extrempositionen sind einerseits der nur für die Erhaltung des Existenzminimums (*subsistence level*) des Antragstellers notwendige wesentliche Lebensbedarf und andererseits alles, was für seine umfassenden Interessen oder Vermögens als für angemessen wünschenswert angesehen werden kann (*anything which may be regarded as reasonably desirable for his general benefit or welfare*). Vgl. auch *Wright*, a.a.O., S. 253–254.

1052 Vgl. *Kerridge*, a.a.O., Rn. 8–58, S. 210, Fn 235, *Re Coventry* [1980] Ch. 461, 187–489, 494–495.

1053 Vgl. *Wright*, a.a.O., S. 254.

1054 Vgl. *Kerridge*, a.a.O., Rn. 8–59ff., S. 211ff.

In die erste Kategorie fallen alle Antragssteller, die allgemein berechtigt sind[1055] und unter die zweite Kategorie alle, die aufgrund spezieller Umstände berechtigt sind[1056]. Daraus kann man folgern, dass das Ermessen vom Gericht im *Act 1975* im Vergleich zum *Act 1938* vom Gesetz umfassender geregelt wird.

a) Die allgemeinen Leitlinien

Insgesamt werden fünf Kategorien von Bewandtnissen in den allgemeinen Leitlinien geregelt[1057]. Die erste Kategorie betrifft die finanziellen Mittel und den finanziellen Bedarf (*financial resources and financial needs*) des Antragstellers. Gemäß dem *Act 1975 s.3 (1)(a)* sind zuerst die finanziellen Mittel und der finanzielle Bedarf des Antragstellers – sowohl aktuell als auch in Zukunft absehbar – zu berücksichtigen. Gleichzeitig sind gemäß *Act 1975 s.3 (1)(b)* die finanziellen Mittel und der – aktuelle und in Zukunft absehbare- finanzielle Bedarf der anderen Antragssteller zu berücksichtigen, die gemäß *Act 1975 s.2* ebenfalls Anträge gestellt haben. Außerdem sollte das Gericht auch gemäß *Act 1975 s.3 (1)(c)* die finanziellen Mittel und den – aktuellen und in Zukunft absehbaren – finanziellen Bedarf der Anspruchsberechtigten (*beneficiary*) des Nachlasses berücksichtigen. Ergänzend hat *Act 1975 s.3(6)* noch geregelt, dass das Gericht gemäß *Act 1975 s.3* bei der Berücksichtigung der finanziellen Mittel der jeder Person auch deren Fähigkeit für den eigenen Lebensunterhalt zu sorgen mit einbeziehen muss und bei der Berücksichtigung des finanziellen Bedarf der jeder Person auch deren Pflichten und Verantwortungen bezogen auf das Vermögen einbeziehen sollte.

Die zweite Kategorie umfasst die Verpflichtungen und Verantwortungen des Verstorbenen (*obligations and responsibilities of the deceased*) gegenüber den Antragstellern und den Anspruchsberechtigten gemäß *Act 1975 s.3(1)(d)*. Der Erblasser sollte zu Lebzeiten bei der Anordnung einer angemessenen finanziellen Versorgung des Antragstellers mehr Sorgfalt walten lassen, wenn er den Antragsstellern gegenüber eine besondere Verantwortung trägt.

Drittens ordnet *Act 1975 s.3(1)(e)* den Umfang und die Natur des Nettonachlasses (*the size and nature of the net estate*) den allgemeinen Leitlinien als Angelegenheit zu. Der Begriff „Nettonachlass" in *Act 1975 s.25* bezeichnet den Nachlass, über den der Erblasser mit dem Testament zu verfügen berechtigt ist. Allerdings müssen davon Beerdigungskosten, Kosten der Nachlassverwaltung und Kosten zur Durchführung des Testaments, Kosten zur Erfüllung aller Schulden und Pflichten sowie Steuern für die Übertragung des Nachlasses abgezogen werden.

Viertens wird auch eine Behinderung der Antragsteller oder der Anspruchsberechtigten (*disability of any applicant or beneficiary*) von *Act 1975 s.3(1)(f)* als Angelegenheit geregelt, weil eine Behinderung der Antragsteller gewöhnlich

1055 Siehe *Act 1975 s.3 (1)*. Vgl. *Rendell*, a.a.O., S. 252ff.
1056 Vgl. *Rendell*, a.a.O., S. 254ff.
1057 Auch vgl. *Rendell*, a.a.O., S. 252ff.

deren Fähigkeit zur Erbringung des eigenen Lebensunterhalts schwächt und den finanziellen Bedarf vergrößert und zeitgleich die Pflichten und Verantwortung des Erblassers vermehrt.

Fünftens hat *Act 1975 s.3(1)(g)* das Benehmen und andere Bewandtnisse (*conduct and any other matter*) als sonstige Bestimmungen geregelt, vor allem das Benehmen der Antragsteller und der mit diesen verbundenen Personen. Dabei müsse nach Meinung des Gerichts auf die Einzelfälle und die betreffenden Personen Bezug genommen werden, also auf Antragsteller, Anspruchsberechtigte, Erblasser und weitere Personen.

b) Die speziellen Leitlinien

Die hier besprochenen Leitlinien regeln jene besondere Bewandtnisse, die das Gericht gemäß *Act 1975 s.3(2)* ff. beim Ermessen der Anordnung der angemessenen Versorgung neben den allgemeinen Bewandtnissen aufgrund der verschiedenen Kategorien von Antragstellern auf jeden Fall noch berücksichtigen sollten. Die Antragsteller werden dabei nach unterschiedlichen Verhältnissen zum Erblasser unterschieden.

Zuerst hat *Act 1975 s.3(2)* für die Kategorie der Ehegatten und eingetragenen gleichgeschlechtlichen Partner oder die Kategorie der ehemaligen Ehegatten bzw. eingetragenen gleichgeschlechtlichen Partner geregelt, dass das Gericht im Rahmen des Ermessens für die Anordnung einer angemessenen Versorgung neben den allgemeinen Bewandtnissen noch zusätzlich zwei besondere Bewandtnisse berücksichtigen sollte: (a) das Lebensalter des Antragstellers und die Dauer der Ehe bzw. eingetragenen gleichgeschlechtlichen Lebensgemeinschaft und (b) die Beiträge des Antragstellers zum Familienwohl des Erblassers, einschließlich jedes Beitrags zur Haushaltsversorgung und zur Pflege von Familienmitgliedern. Tatsächlich können Faktoren aus dem Scheidungsverfahren auch in der Praxis vom Gericht berücksichtigt werden. Das heißt, das Gericht kann sich auch auf die Kriterien der Vermögensaufteilung bei der Scheidung beziehen, da, wie oben dargestellt, die Lage des überlebenden Ehegatten nicht schlimmer sein darf, als die des geschiedenen Ehegatten[1058]. Daher hat häufig in der Rechtsprechung die Vermögensaufteilung bei der Scheidung auch die Anordnung einer angemessenen Versorgung beeinflusst[1059]. Außerdem wird die Dauer der eheähnlichen Lebensgemeinschaft vor der Eheschließung manchmal auch in die Dauer der Ehe mit eingerechnet[1060].

1058 Vgl. Die Darstellung oben über die zwei Berichte der *Law Commission* im Abschnitt § 13 II 4 a), S. 233, 234.

1059 Zum Verweis auf die Anwendung des Grundsatzes der Eigenverantwortlichkeit (der sogenannte *clean break*) bei der Anordnung der angemessenen Versorgung, siehe z.B. *White v. White* [2001] 1 A.C. 596, vgl. *Kerridge*, a.a.O., Rn. 8–40, S. 203, 204.

1060 Dies ist in der Praxis nicht zwingend notwendig, vgl. *Kerridge*, a.a.O., Rn. 8–36, Fn 156, S. 201.

Zweitens sieht *Act 1975 s.3(2A)* – auf die Vorschriften über Ehegatten und eingetragenen gleichgeschlechtlichen Partner oder ehemaligen Ehegatten bzw. eingetragenen gleichgeschlechtlichen Partner in *Act 1975 s.3(2)* bezugnehmend – die gleichen Vorschriften auch für Partner nichtehelicher Lebensgemeinschaften vor. Diese sollen hier nicht wiederholt dargestellt werden.

Für leibliche, Stief- oder Adoptivkinder des Erblassers im Sinne von *Act 1975 s.1(1)(d)* hat *Act 1975 s.3(3)* insbesondere geregelt, dass das Gericht die bisherige Schulbildung und Art der Erziehung oder alternativ eine zumutbare Schulbildung und Art der Erziehung zusätzlich berücksichtigen sollte. Für die Stief und Adoptivkinder des Erblassers im Sinne von *Act 1975 s.1(1)(d)* hat das Gericht gemäß *Act 1975 s.3(3)* darüberhinausgehend noch zu berücksichtigen, (a) ob der Erblasser die Unterhaltsverantwortung des Antragstellers in der Vergangenheit getragen (*assumed*) hat, und wenn dies bejaht wird, welche Grundlage und welchen Umfang die getragene Unterhaltsverantwortung hat und wie lange der Erblasser sie erfüllt hat; (b) ob der Erblasser sowohl bei der Übernahme, als auch bei der Erfüllung der Unterhaltsverantwortung eindeutig gewusst hat, dass diese Antragsteller nicht seine biologischen Kinder sind; (c) die Unterhaltsverantwortung gegenüber den anderen Antragstellern.

Ähnlich wie für die Stief- und Adoptivkinder des Erblassers in *Act 1975 s.1(1)(d)* hat das Gericht für die anderen Hinterbliebenen des Erblassers in *Act 1975 s.1(1)(e)* gemäß *Act 1975 s.3(4)* auch zusätzlich die Grundlage und den Umfang der Unterhaltsverantwortung, die der Erblasser für sie in der Vergangenheit getragen hat, sowie die Dauer der Erfüllung der Unterhaltsverantwortung zu berücksichtigen[1061].

§ 14. Das Rechtsinstitut Pflichtteilsminderung im österreichischen Erbrecht

I. Einführung

Im Vergleich zum Rechtsinstitut *family provision* im englischen Erbrecht, das in allen Bereichen des Erbrechts bereits seit langer Zeit in England und Wales gilt, handelt es sich bei der Pflichtteilsminderung bzw. der Herabsetzung des Pflichtteils im österreichischen Erbrecht nur um ein Rechtsinstitut mit kurzer Geschichte, weil es erst im Jahr 1989 als ein Unterbereich des Rechtsinstituts des Pflichtteils in das österreichische Erbrecht eingeführt wurde[1062]. Die aktuellen Gesetzestexte zur Pflichtteilsminderung sind als § 776 ABGB sprachlich erneut geschaffen worden[1063].

1061 Vgl. *Rendell*, a.a.O., S. 256.

1062 Das Erbrechtsänderungsgesetz der Erbrechtsreform 1989 – ErbRÄG 1989 (BGBl 1989/656).

1063 (1) Der Verfügende kann den Pflichtteil letztwillig auf die Hälfte mindern, wenn er und der Pflichtteilsberechtigte zu keiner Zeit oder zumindest über einen längeren Zeitraum vor dem Tod des Verfügenden nicht in einem Naheverhältnis standen, wie

Wegen seiner besonderen Charakteristiken spielt es aber in dieser Untersuchung eine wichtige Rolle. Vor allem hängt die Pflichtteilsminderung trotz der Zusammensetzung des Rechtsinstituts des Pflichtteilsrechts eng mit dem gesetzlichen Erbteil zusammen, weil nicht nur der Pflichtteil selbst, der durch die Pflichtteilsminderung auf die Hälfte reduziert werden kann[1064], nach dem gesetzlichen Erbteil der Erben bestimmt werden kann, sondern auch, weil die Art der Pflichtteilsminderung, als eine gesetzliche bestimmte und durch die letztwillige Verfügung des Erblassers (also „durch den Erblasser einseitig") durchgeführte Einschränkung des Pflichtteilsrechts der Erben, offensichtlich beim gesetzlichen Erbteil gilt. Dieses Element der gesetzlichen Erbfolge stellt eine wesentliche rechtsvergleichende Grundlage für die Flexibilisierung der gesetzlichen Erbquoten im chinesischen Erbrecht dar[1065]. Außerdem stellt die Pflichtteilsminderung als eine Art beider fiktiv zusammengesetzten Flexibilisierungen[1066] hinsichtlich ihrer Rechtswirkung eine negative Flexibilisierung der Nachlassteilung dar, womit sie mit der negativen Flexibilisierung der Nachlassteilung von § 13 Abs. 4 ErbG vergleichbar ist. Schließlich setzen sowohl die Pflichtteilsminderung[1067] als auch die Flexibilisierung der Nachlassteilung vom § 13 Abs. 4 ErbG[1068] eine Verletzung der Solidarität in der Familie der Erben voraus.

Deswegen sind im Folgenden – angesichts der jüngeren Gesetzesänderung der Pflichtteilsminderung – zuerst deren Entstehung und Entwicklung darzulegen[1069]. Danach sind die konkreten Voraussetzungen und die konkrete Durchführung der Pflichtteilsminderung nach den obigen Charakteristiken gemäß den aktuellen Vorschriften knapp zu beschreiben[1070].

---

es zwischen solchen Familienangehörigen gewöhnlich besteht. (2) Das Recht auf Pflichtteilsminderung steht nicht zu, wenn der Verstorbene den Kontakt grundlos gemieden oder berechtigten Anlass für den fehlenden Kontakt gegeben hat. (3) Die §§ 773 und 774 gelten sinngemäß für die Pflichtteilsminderung; die Pflichtteilsminderung kann auch stillschweigend durch Übergehung in der letztwilligen Verfügung angeordnet worden sein. Zum Regelungstext vgl. *Kolmasch*, in *Schwimann/ Kodek*, ABGB^4, VIII, S. 184.

1064 Siehe § 776 Abs. 1, Halbsatz 1 ABGB.

1065 Siehe 1. Teil § 4 II, S. 45f.

1066 Siehe 4. Teil § 12 II 3, S. 215, 216.

1067 § 776 Abs. 1, Halbsatz 1 ABGB betrifft das Fehlen eines Naheverhältnisses, siehe unten § 14 III 2 b), S. 245f.

1068 § 13 Abs. 4 ErbG betrifft das Fehlen der Erfüllung der Unterpflichten von Erben zum Erblasser.

1069 Siehe 4. Teil § 14 II, S. 240ff.

1070 Siehe 4. Teil § 14 III, S. 243ff.

II. Die Geschichte der Pflichtteilsminderung im österreichischen Erbrecht

1. *Der unmittelbare Zweck und das tiefe Ziel der Pflichtteilsminderung*

Die Pflichtteilsminderung wurde erst im Jahr 1989 als ein komplett neues Rechtsinstitut geschaffen und später als § 737a ins ABGB eingefügt, das am 01.01.1991 in Kraft trat. Im ursprünglichen Entwurf dieses Rechtsinstituts[1071] war es dessen unmittelbarer praktischer Zweck, dass der Erblasser (normalerweise der Vater) bei der letztwilligen Verfügung die Möglichkeit haben sollte, die strenge Anwendung des Pflichtteils zu Gunsten eines unehelichen Kindes zu mildern, wenn zwischen ihm und diesem niemals ein in der Familie übliches „Naheverhältnis" bestand und der Erblasser auch keine Schuld für diesen Umstand trug, bzw. im Extremfall sogar nicht wusste, dass dieses Kind existiert[1072]. Anderenfalls wäre der Erblasser einer großen Ungerechtigkeit ausgesetzt.

Allerdings folgt aus der Funktion des Pflichtteilsrechts und dem Wortlaut der Vorschriften, dass das tiefere Ziel dieses neuen Rechtsinstituts die Erhaltung und Verstärkung der Solidarität in der Familie durch das Mittel der Flexibilisierung der Nachlassteilung sei. Eine Funktion des Pflichtteilsrechts dient dem Erhalt der Solidarität in der Familie[1073], die sich häufig als Naheverhältnis zwischen Familienmitgliedern darstellt[1074]. Würde der Pflichtteil in den oben beschriebenen Fällen der formellen Verwandtschaft auf die gleiche Weise angewandt wie in anderen Fällen, würde seine Funktion, die Solidarität in der Familie zu erhalten, scheitern. Tatsächlich hat der Wortlaut der ursprünglichen Vorschriften bereits geregelt, dass einerseits die Pflichtteilsminderung zwischen einem Elternteil und seinem Kind erfolgen kann und die Bedeutung des Begriffs „Kind" nicht auf das uneheliche Kind begrenzt sei[1075]. Diesbezüglich ist dieses Rechtsinstitut zwar unmittelbar auf die

---

1071 § 773a. a.F. bis 30.06.2001 (1) Standen ein Elternteil und sein Kind zu keiner Zeit in einem Naheverhältnis, wie es in der Familie zwischen Eltern und Kindern gewöhnlich besteht, so mindert sich der Pflichtteil dieses Elternteils oder seiner Vorfahren dem Kind und seinen Nachkommen gegenüber und der des Kindes und seiner Nachkommen dem Elternteil und seinen Vorfahren gegenüber, wenn es der Erblasser anordnet, auf die Hälfte. (2) Die §§ 771 und 772 gelten sinngemäß für die Pflichtteilsminderung.

1072 In der Praxis gilt dies auch für „Wahlkinder", sprich Adoptivkinder, vgl. *Apathy* in KBB[4], § 773a, Rz. 1.

1073 Siehe 4. Teil § 12 II 2, S. 213f.

1074 Einer Meinung nach dient die Nähebeziehung zwischen Personen, insbesondere Familienmitgliedern, immer als Existenzgrundlage einer Gesellschaft, vgl. *Dutta*, a.a.O., S. 390–391.

1075 Vgl. *Umlauft*, Pflichtteilsminderung nach § 773a ABGB, NZ 1990, S. 144.

Lösung des oben genannten praktischen Falls ausgerichtet. Das tiefere Ziel liegt jedoch in der allgemeinen Erhaltung der Solidarität der Familie. Darüber hinaus kann man auch aus der späteren Entwicklung in Form von zwei Erbrechtsänderungen folgern, dass durch dieses tiefe Ziel im Laufe der Zeit die Anwendung dieses Rechtsinstituts verallgemeinert wurde und weit über den anfangs beabsichtigen unmittelbaren Zweck hinausgeht, , obwohl der Fall des unehelichen Kindes bisher noch den hauptsächlichen Anwendungsfall dieses Rechtsinstituts darstellt[1076].

2. *Die drei Rechtsänderungen der Pflichtteilsminderung*

Bisher wurde das Rechtsinstitut der Pflichtteilsminderung durch drei Änderungsgesetze verändert. Neben jeweils besonderen Veränderungen liegt der Schwerpunkt aller drei Änderungen auf dem Bereich der Berechtigung, und zwar auf der Vergrößerung des persönlichen Anwendungsbereichs.

a) Die Rechtsänderung der Pflichtteilsminderung von 2001

Die erste Veränderung trat im Jahr 2001[1077] durch das Kindschaftsrechts-Änderungsgesetz[1078] ein. Demzufolge konnte das Recht der Pflichtteilsminderung dem Erblasser verweigert werden, wenn er die Ausübung des Rechts der Pflichtteilsbereichtigten auf persönlichen Kontakt grundlos abgelehnt hat[1079]. Hiermit wurde eine Einschränkung der Pflichtteilsminderung eingeführt, da der Pflichtteilsberechtigte nicht die Schuld für das Ausbleiben eines Näheverhältnisses im Sinne des § 773a Abs. 1 a.F. ABGB tragen würde.

b) Der § 773a Abs. 1 ABGB nach FamErbRÄG 2004

Der Begriff „Pflichtteilsberechtigte“, wie er im durch die Änderungen von 2001 neu eingeführten Absatz 3 verwendet wurde, stand allerdings im Widerspruch zu seiner Verwendung in § 773a Abs. 1 a.F. ABGB, der sprachlich das Naheverhältnis zwischen Elternteil und Kind geregelt hat[1080].

1076 Vgl. *Wesler*, in *Rummel*³, § 773a, Rz. 1, *Eccher*, a.a.O., Rn. 11/24, S. 159.

1077 § 773a. a.F. ab 01.07.2001 bis 30.12.2016: (1) Standen der Erblasser und der Pflichtteilsberechtigte zu keiner Zeit in einem Naheverhältnis, wie es in der Familie zwischen solchen Verwandten gewöhnlich besteht, so kann der Erblasser den Pflichtteil auf die Hälfte mindern. (2) Die §§ 771 und 772 gelten sinngemäß für die Pflichtteilsminderung. (3) Das Recht auf Pflichtteilsminderung steht nicht zu, wenn der Erblasser die Ausübung des Rechts auf persönlichen Verkehr mit dem Pflichtteilsberechtigten grundlos abgelehnt hat.

1078 Kindschaftsrechts-Änderungsgesetz 2001 – KindRÄG 2001 (BGBl. I Nr. 135/2000).

1079 § 773a (3) ab 01.07.2001 bis 30.12.2016.

1080 Vgl. *Ferrari/Likar-Peer* (Hrsg.), Erbrecht, 2007, *Likar-Peer*, S. 370.

Deswegen wurde eine erneute Änderung des § 773a Abs. 1 a.F. ABGB durch das Familien- und Erbrechts-Änderungsgesetz[1081] vorgenommen, und zwar dergestalt, dass hinsichtlich des persönlichen Anwendungsbereichs der Pflichtteilsminderung das Verhältnis zwischen dem „Elternteil" und „seinem Kind" abgelöst wurde durch die begriffliche Formulierung des Verhältnisses zwischen dem „Erblasser" und dem „Pflichtteilsberechtigten"[1082]. Vor der Erbrechtsreform 2015 zählten zwar Kinder, also Nachkommen, zu den Pflichtteilsberechtigten und, wenn es solche nicht gab, Eltern (Großeltern) und Ehegatte des Erblassers[1083]. Trotz dieser begrifflichen Veränderung war allerdings der persönliche Anwendungsbereich wegen des Erfordernisses eines Verwandtschaftsverhältnisses[1084] im Wesentlichen noch auf das Verhältnis zwischen den Eltern und den Kindern, also Vorfahren und Nachkommen, begrenzt und das Verhältnis zwischen den Ehegatten ausgeschlossen. Diese begriffliche Veränderung zeigte in diesem Zusammenhang aber zumindest eine Tendenz, das Rechtsinstitut zu öffnen und sich beim Anwendungsbereich vom ursprünglich einzigen unmittelbaren praktischen Zweck zu entfernen, der nur bestimmte Verhältnisse zwischen dem Elternteil und vor allem dem unehelichen Kind regelte. Das Rechtsinstitut sollte nunmehr allgemein für verschiedene Verhältnisse zwischen den Eltern und den Kindern gelten. Damit rückte das tiefere Ziel der Pflichtteilsminderung, der allgemeine Erhalt und die Verstärkung der Solidarität der Familie durch diese Flexibilisierung, zunehmend in den Fokus und blieb nicht nur als eine tiefgreifende Grundlage hinter der Lösung eines praktischen Problems versteckt.

c) Die Rechtsänderung der Pflichtteilsminderung durch die Erbrechtsreform von 2015

Die Erbrechtsreform von 2015 ist eine umfassende Reform des österreichischen Erbrechts, die verschiedenartigste Rechtsinstitute des Erbrechts betrifft. Die Motive für diese Erbrechtsreform sind vielfältig. Einerseits übte die Europäische Erbrechtsverordnung aus dem Jahr 2012[1085] einen äußeren Einfluss aus[1086]. Andererseits bestand dringender Bedarf für eine Modernisierung des österreichischen Erbrechts, da dessen wesentlicher Teil noch aus dem Jahr 1797 stammte[1087]. Dieses

---

1081 Familien- und Erbrechts-Änderungsgesetz 2004 – FamErbRÄG 2004 (BGBl. I 2004/58).

1082 ABGB § 773a (1) Standen der Erblasser und der Pflichtteilsberechtigte zu keiner Zeit in einem Naheverhältnis, wie es in der Familie zwischen solchen Verwandten gewöhnlich besteht, so kann der Erblasser den Pflichtteil auf die Hälfte mindern.

1083 Vgl. ABGB § 762 a.F.

1084 Vgl. BGB § 773a (1) lautet die Worte „zwischen solchen Verwandten".

1085 Die Verordnung EU Nr. 650/2012, EU-ErbVO.

1086 Vgl. *Kolmasch*, in *Schwimann/Kodek*, ABGB[4], VIII, S. 23.

1087 Das ABGB wurde auf der Grundlage des Westgalizischen Gesetzbuchs vom 1797 (Entwurf Martini) mit den Modifikationen aus 4 Jahren vom 01.06.1811

Alter zeigte sich auch bei der Terminologie in den Bestimmungen und dem offensichtlichen Einklang mit der damaligen gesellschaftlichen Entwicklung[1088].

Deswegen stellt sich die Veränderung der Pflichtteilsminderung des § 776 ABGB n.F. vor diesem Hintergrund so dar, dass die oben dargelegte Tendenz der allgemeinen Geltung (mit Berücksichtigung der Solidarität der Familie) in allen Familienverhältnissen der Pflichtteilsberechtigung verwirklicht ist[1089]. Zwar gilt die Pflichtteilsminderung im Hinblick auf den persönlichen Anwendungsbereich für Nachkommen des Erblassers (der Verfügende oder Verstorbene gemäß § 776 ABGB n.F.) und daneben auch für die Verhältnissen zwischen Ehegatten oder eingetragenen Partnern[1090]. Bezüglich des dauerhaften Fehlens eines „Naheverhältnisses" zwischen solchen Familienangehörigen wurde darüber hinaus als weitergehende, notwendige Voraussetzung neben dem Merkmal „zu keiner Zeit" auch die Formulierung „über einen längeren Zeitraum vor dem Tod" des Erblassers eingeführt. Außerdem stellt ein vom Erblasser gegebener berechtigter Anlass für den fehlenden Kontakt in § 776 Abs. 2 ABGB n.F., neben der grundlosen Vermeidung des Kontakts durch den Erblasser, auch einen Grund für die Verweigerung der Pflichtteilsminderung dar. Im Gegensatz zur Vorgehensweise bei der Pflichtteilsminderung durch die ausdrückliche letztwillige Verfügung des Erblassers im Sinne von § 773a ABGB[1091], kann die Pflichtteilsminderung schließlich neben der ausdrücklichen Bestimmung der letztwilligen Verfügung des Erblassers in § 776 Abs. 3 ABGB n.F., im zweiten Halbsatz von § 776 Abs. 3 ABGB n.F. auch stillschweigend vom Erblasser angeordnet werden.

III. Voraussetzungen und Durchführung der Pflichtteilsminderung

1. *Übersicht der geltenden Gesetzestexte*

Die geltenden Vorschriften der Pflichtteilsminderung werden in § 776 ABGB n.F. geregelt, welcher in drei Absätze gegliedert wird. § 776 Abs. 1 ABGB n.F. ist der Kernabsatz der Pflichtteilsminderung, der fast alle Voraussetzungen der Anwendung der Pflichtteilsminderung geregelt hat, einschließlich des persönlichen Anwendungsbereichs, der zwei Sachverhaltsfälle der Anwendung, sowie der

---

bekanntgemacht und ist am 01.01.1812 in Kraft getreten, vgl. *Mayer-Maly*, Einführung in die allgemeinen Lehren des österreichischen Privatrechts, 1984, S. 16.

1088 Vgl. *Kolmasch*, in *Schwimann/Kodek*, ABGB^4, VIII, S. 24.

1089 In § 776 Abs. 1 ABGB n.F. steht der neue Begriff „Familienangehörige" anstatt dem Begriff „Verwandte" in § 773a Abs. 1 ABGB.

1090 Denn Eltern und weitere Vorfahren sind nach §757 ABGB n.F. keine Pflichtteilsberechtigten mehr, sodass die Pflichtteilsminderung auf Ebene der Eltern oder Großeltern ebenfalls unmöglich ist.

1091 Vgl. *Apathy* in KBB^4, § 773a, Rz. 4.

Art der Durchführung der Pflichtteilsminderung. In § 776 Abs. 2 ABGB n.F. sind zwei Ausnahmetatbestände bestimmt, bei denen die Anwendung der Pflichtteilsminderung ausgeschlossen wird. § 776 Abs. 3 ABGB n.F. sieht ergänzend eine entsprechende Anwendung anderer Paragrafen vor, einerseits über den Widerruf der Enterbung und Verzeihung des Pflichtteils (§ 773 ABGB n.F.) und andererseits über die Beweislast bei der Enterbung des Pflichtteils (§ 774 ABGB n.F.). Wegen Unerheblichkeit ist dieses Thema in der Untersuchung aber nicht darzustellen. Im Folgenden wird die Pflichtteilsminderung daher jeweils nach dem persönlichen Anwendungsbereich, den Sachverhaltsfällen der Anwendung, der Rechtswirkung der Pflichtteilsminderung, ihrer Durchführung und der Ausschließung ihrer Anwendung dargestellt.

2. Die konkreten Voraussetzungen der Pflichtteilsminderung

a) Der Kreis des persönlichen Anwendungsbereichs

Gemäß § 776 Abs. 1 ABGB n.F. betrifft die etwaige Pflichtteilsminderung den Pflichtteil der Pflichtteilsberechtigten als „Familienangehörige", was bedeutet, dass dieser Kreis des persönlichen Anwendungsbereichs (wie schon zuvor) auf dem Umfang der Pflichtteilsberechtigung beruht. Deswegen sind im Kreis des persönlichen Anwendungsbereichs Nachkommen und Ehegatten bzw. eingetragene Partner des Erblassers inbegriffen, da gemäß § 757 ABGB n.F. über die Pflichtteilsberechtigung Nachkommen und Ehegatte bzw. eingetragener Partner des Erblassers (Verstorbenen) zu den Pflichtteilsberechtigten zählen.

Obwohl vor dem ErbRÄG 2015 die Pflichtteilsberechtigten Kinder, Eltern (einschließlich der Großeltern und Urgroßeltern)[1092], und der Ehegatte des Erblassers (§ 762 ABGB a.F.) waren, galt die Pflichtteilsminderung allerdings wegen der Begrenzung auf das Verwandtschaftsverhältnis (in der Formulierung „zwischen solchen Verwandten") tatsächlich nur im Verhältnis zwischen Vorfahren und Nachkommen (§ 773a Abs. 1 ABGB a.F.). Daher wurde der Kreis des persönlichen Anwendungsbereichs durch die Änderung der Formulierung „zwischen solchen Verwandten" in „zwischen solchen Familienangehörigen" stark erweitert. Konkret handelt es sich um den Wegfall der Voraussetzung eines Verwandtschaftsverhältnisses sowie der Aufnahme des eingetragenen Partners in die Pflichtteilsberechtigung[1093].

1092 Vgl. *Eccher*, a.a.O., Rn. 11/2, S. 152. Auch vgl. *Nemeth*, in *Schwimann/Kodek*, ABGB⁴, III, § 773a, Rz. 3.

1093 Vgl. *Kolmasch*, in *Schwimann/Kodek*, ABGB⁴, VIII, S. 29, *Eccher*, a.a.O., Rn. 11/22, S. 158.

b) Die Sachverhaltsfälle der Anwendung der Pflichtteilsminderung

Die Voraussetzungen des Sachverhalts der Pflichtteilsminderung kann man in zwei Aspekte unterscheiden: Einerseits in die erforderlichen, oben genannten Personenkonstellationen und andererseits in die entsprechende Dauer dieses Sachverhalts. Im Hinblick auf den Sachverhalt regelt § 776 Abs. 1 ABGB die Voraussetzung, dass der Erblasser (Verfügende) und der Pflichtteilsberechtigte nicht in einem gewöhnlichen Naheverhältnis standen. Auf der Seite des Erfordernisses der Dauer ist neben der früheren Formulierung „zu keiner Zeit" jetzt auch die Formulierung „zumindest über einen längeren Zeitraum vor dem Tod des Verfügenden" im § 776 Abs. 1 ABGB geregelt.

Der Schwerpunkt der Voraussetzungen des Sachverhalts einer Pflichtteilsminderung liegt folglich im sachlichen und zeitlichen Verständnis des Begriffs des Naheverhältnisses. Das Näheverhältnis wird in der Rechtsprechung durch eine Reihe von Kriterien bestimmt. Wegen des hauptsächlichen Anwendungsfalls bei der Beziehung zwischen einem Vater und seinem unehelichen Kind wird schon früh sachlich bestimmt, dass das Naheverhältnis vor allem „eine besonders enge geistig-emotionale" Beziehung zwischen dem Vater und dem Kind darstellen muss, nicht jedoch eine Konstellation, bei der der Elternteil nur die Rolle eines „Zahlvaters" spielt. Auch wird hinsichtlich der Dauer gefordert, dass der Elternteil zumindest eine Zeit lang „an der Entwicklung und dem Wohlergehen" des Kindes Anteil genommen hat[1094]. Ein gemeinsames Zusammenleben ist allerdings nicht notwendig[1095]. Außerdem wäre eine Pflichtteilsminderung nach der Rechtsprechung unmöglich, wenn das gemeinsame Familienleben vom Elternteil und Kind über drei Jahre angedauert hätte, sogar dann, wenn dieses schon im Kleinkindalter beendet worden wäre[1096]. Im Umkehrschluss kann einer weiteren Meinung entnommen werden[1097], dass ein fehlendes Näheverhältnis mit einer Entfremdung, die objektiv vorliegt und durch den fehlenden Kontakt entsteht, umschrieben werden kann; nicht ausreichend ist allerdings das bloße „Gefühl der Entfremdung"[1098].

Bezüglich des Erfordernisses einer gewissen Dauer wurde ein anfänglich schon bestehender Fall bezüglich der Formulierung „zu keiner Zeit" sehr streng behandelt, während nach dem ErbRÄG 2015 für einen anderen Fall bezüglich der Formulierung „zumindest über einen längeren Zeitraum vor dem Tod des Verfügenden" die Rechtsprechung aufgelockert wurde und dafür mindestens 20 Jahre angenommen wurden[1099].

1094 Vgl. *Apathy* in KBB^4, § 773a, Rz. 2.
1095 Vgl. *Apathy* in KBB^4, § 773a, Rz. 2.
1096 Vgl. *Apathy* in KBB^4, § 773a, Rz. 2.
1097 Vgl. *Eccher*, a.a.O., Rn. 11/24, S. 159.
1098 Vgl. EBzRV 688, 31.
1099 Vgl. EBzRV 688, 30, auch *Eccher*, a.a.O., Rn. 11/23, S. 158, *Kolmasch*, in *Schwimann/Kodek*, ABGB^4, VIII, S. 29.

c) Die Rechtswirkung der Pflichtteilsminderung

Wenn die obigen Voraussetzungen erfüllt werden, kann der Erblasser nach §776 Abs. 1 ABGB den Pflichtteil gegenüber dem Pflichtteilsberechtigten um die Hälfte mindern, während zur gleichen Zeit die Pflichtteile der anderen nicht erhöht werden[1100]. Das heißt, dass der Erblasser nach seinem Willen den Pflichtteil höchstens um die Hälfte mindern kann, was allerdings nicht ausschließt, dass der Erblasser den Pflichtteil willkürlich auch um weniger als die Hälfte oder sogar gar nicht mindern kann. Mit anderen Worten hat der Erblasser im gesetzlichen Rahmen das Recht, den Umfang der Pflichtteilsminderung auszuwählen.

d) Die Durchführung der Pflichtteilsminderung

Die Vorgehensweise bei der Durchführung der Pflichtteilsminderung in §776 ABGB wird in verschiedenen Stellen bestimmt. Die grundlegende Art und Weise der Durchführung in Form einer letztwilligen Verfügung des Erblassers wird im §776 Abs. 1 ABGB geregelt, was aus den Begriffen „der Verfügende" und „letztwillig" offensichtlich folgt. Die im §776 Abs. 3 ABGB ergänzend geregelte Durchführungsart geschieht in Form einer stillschweigenden Anordnung durch Übergehung in der letztwilligen Verfügung. Tatsächlich war diese ergänzende Durchführungsart früher im Schrifttum sehr umstritten[1101]. Sie wurde aber später in der Rechtsprechung durch die Auslegung des letzten Willens bejaht[1102] und schlussendlich durch das ErbRÄG 2015 in der neuen Fassung der Vorschriften gesetzlich bestimmt.

e) Zwei Fälle der Ausschließung der Anwendung der Pflichtteilsminderung

Im Gegensatz zu § 773a Abs. 3 a.F. ABGB hat §776 Abs. 2 ABGB durch eine präzisere Neuformulierung den bereits seit der ersten Änderung der Pflichtteilsminderung bestehenden Fall geregelt, bei dem ein Ausschluss der Anwendung erfolgen muss, wenn der Erblasser (Verstorbene) „den Kontakt grundlos gemieden" hat[1103]. Darüber hinaus wurde ein neuer Fall geregelt, bei dem der Erblasser „berechtigten Anlass für den fehlenden Kontakt gegeben" hat. Letzteren Fall kann man auch auf die Rechtsprechung zurückführen[1104].

1100 Vgl. *Apathy* in KBB^4, § 773a, Rz. 1.

1101 Vgl. *Apathy* in KBB^4, § 773a, Rz. 4.

1102 Vgl. *Apathy* in KBB^4, § 773a, Rz. 4.

1103 Die frühere Formulierung lautet sehr beschwerlich, dass Erblasser die Ausübung des Rechts auf persönlichen Verkehr mit dem Pflichtteilsberechtigten grundlos abgelehnt haben, vgl. § 773a Abs. 3 ABGB.

1104 Vgl. *Kolmasch*, in *Schwimann/Kodek*, ABGB^4, VIII, S. 29.

§ 15. Eine Evaluation aus rechtsvergleichender Sicht

I. Zusammenfassung der Besonderheiten der beiden Flexibilisierungen

Obwohl die beiden Flexibilisierungen der Nachlassteilung jeweils im englischen und österreichischen Erbrecht in dieser Untersuchung fiktiv zusammengesetzt werden, um einen günstigen Vergleich mit den Flexibilisierungen der Nachlassteilung im § 13 ErbG zu ermöglichen, ergeben sich dennoch bei beiden Modellen gemeinsame Besonderheiten. Zunächst ist die eigentliche Funktion dieses Modells einheitlich die Erhaltung der Solidarität innerhalb der Familie. Trotz des unterschiedlichen ursprünglichen Zwecks der beiden Rechtsinstitute zur Lösung desselben Problems sind beide im Laufe der Zeit hinsichtlich dieser eigentlichen Funktion dynamisch entwickelt worden und wurden in Richtung der allgemeinen Anwendung beide ergänzt. Darüber hinaus ist das Mittel zur Verwirklichung dieser Funktion eine wie auch immer geartete Flexibilisierung der Nachlassteilung. Auf der Grundlage dieser zwei Punkte weisen die zwei Seiten des Modells bei ihrer Durchführung verschiedene Besonderheiten auf, die in Folgendem jeweils dargestellt werden sollen.

II. Der Vergleich zwischen den beiden Flexibilisierungen und den Flexibilisierungen der Nachlassteilung im § 13 ErbG

1. Der Vergleich der Funktionen und Form der rechtlichen Folge

Obwohl es sich bei den Rechtsinstituten um eine Flexibilisierung der Nachlassteilung handelt, bestehen trotzdem – vor allem bei einer Gesamtbetrachtung – große Unterschiede jeweils hinsichtlich der Funktion und der Form der rechtlichen Folge des Rechtsinstituts.

Die Funktion der Rechtsinstitute im englischen und österreichischen Erbrecht liegt primär in der reinen Verstärkung der Familiensolidarität. Diese Funktion war bei Neuschaffung der Rechtsinstitute wegen des unmittelbaren, gesetzgeberischen Zwecks, der in der Lösung von konkreten Problemen bestand, noch nicht eindeutig erkennbar. Alle späteren Veränderungen und Entwicklungen betreffen aber immer die Verallgemeinerung der Anwendung der Rechtsinstitute und ihrer Funktionen. Die Situation von Flexibilisierung der gesetzlichen Erbquoten im chinesischen Erbrecht stellt sich hingegen komplizierter dar. Ignoriert man die propagandistische Sprache der Erläuterung zum Entwurf des ErbG der VR China, so wird der gesetzgeberische Willen offensichtlich, der dem Rechtsinstitut vielfältige Funktionen verleihen will. Anhand der oben dargestellten Faktoren, die Gesetzgebung des ErbG beeinflusst haben, lassen sich drei bestimmte Punkte folgern: In ideologischer oder politischer Hinsicht beinhaltet das Rechtsinstitut den vom sowjetischen Recht übernommenen Gedanken der Sozialisierung, also einen staatlichen, zwingenden Eingriff im Bereich des Privatrechts, um politische Ziele zu verwirklichen; den sozialen Aspekt betreffend, ist ein Grund dieses Rechtsinstituts auf die Situation des Fehlens einer allgemeinen sozialen Sicherung zur Zeit der Verkündung des ErbG (und bis zu einem gewissen Grad noch heute) besonders im ländlichen China zurückzuführen; ausgehend von seinen historischen Wurzeln stellt sich dieses Rechtsinstitut im heutigen chinesischen Erbrecht als eine überdauernde Art und Weise des Generationenwechsels des Vermögens nach Vorbild der traditionell herrschenden „Familienteilung" dar, die unter konfuzianischem Einfluss im alten China entstanden war. Diese drei Faktoren kann man nicht nur in den Bestimmungen des Rechtsinstituts im ErbG, sondern auch in den Entscheidungen in der Praxis finden.

Betreffend die Art der Rechtsfolge des Rechtsinstituts erfolgt die Anordnung der Flexibilisierung der Nachlassteilung im österreichischen Erbrecht immer in Form von Geldleistungen und im englischen Erbrecht flexibel in vielfältigen Formen[1105]. Dagegen kann Flexibilisierung der gesetzlichen Erbquoten im chinesischen Erbrecht auf verschiedene Weisen durchgeführt werden, die je nach Form des zu verteilenden Nachlasses zu bestimmen sind. Dies geschieht aus dem einfachen Grund, dass die Flexibilisierung der gesetzlichen Erbquoten im chinesischen Erbrecht in der Tat direkt im Rahmen der Verteilung des Nachlasses erfolgt, deren Formen immer im Einklang mit den vom ErbG gesetzlich bestimmten Arten des Nachlasses stehen[1106], und da sie natürlich nicht nur auf die Geldleistung begrenzt sind.

2. *Der Vergleich zwischen § 13 Abs. 2 und Abs. 3 ErbG und dem Rechtsinstitut der* family provision

Zuerst muss klargestellt werden, dass die Prüfung der *family provision* im englischen Erbrecht vom Zeitpunkt der Antragsstellung durch den Berechtigten bis hin zur Anordnung einer angemessenen Versorgung vom Gericht immer in einem zweistufigen Prozess erfolgt. Dabei wird nach den zwei Fragen unterschieden, welche Antragssteller zugelassen werden können und wie die angemessene Versorgung angeordnet werden soll. Das Ermessen des Gerichts in § 13 Abs. 2 und Abs. 3 ErbG ist dagegen immer nach verschiedenen konkreten Voraussetzungen

---

1105 Geldleistungen gemäß *Act 1975 sections 2 (1) (a) (b)*, bestimmte Gegenstände oder Vorteile aus dem Vermögen, gemäß *Act 1975 sections 2 (1) (c) (d) (e) (f) (h) (g)*.

1106 Im § 3 ErbG ist geregelt, dass der Nachlass das legale Vermögen von Einzelpersonen ist, das Bürger bei ihrem Tode hinterlassen. Er umfasst die folgenden Vermögensarten: 1. das Einkommen der Bürger; 2. Häuser, Ersparnisse und Gegenstände des täglichen Bedarfs der Bürger; 3. Wald, Vieh und Geflügel der Bürger; 4. Kulturgüter, Druckwerke und Schriften der Bürger; 5. Produktionsgüter, deren Eigentum Bürger gesetzlich gestattet ist; 6. Vermögensrechte bei den Urheber- und Patentrechten der Bürger; 7. anderes legales Vermögen der Bürger.

darzulegen, obwohl die Prüfung von § 13 Abs. 2 und Abs. 3 gleich durch die Antragsstellung durch die Kläger ausgelöst wird.

a) Der Vergleich beim persönlichen Anwendungsbereich

Die Berechtigten der *family provision* entsprechen nicht den gesetzlichen Erben im englischen Erbrecht, sondern sie sind nach den in der Familie bestehenden Verhältnissen zum Erblasser besonders geregelt. Der Kreis der Berechtigten entstand auf Grundlage der Verhältnisse in der Kernfamilie (also Ehegatten und Kinder) in Verbindung mit dem Wandel der gesellschaftlichen Vorstellungen von Ehe und Familie. Dabei werden auch zunehmend neue Familienverhältnisse berücksichtigt, z.B. eheähnliche Lebensgemeinschaften, gleichgeschlechtliche Partnerschaften und Patchwork-Familien. Auch die vom Erblasser zu dessen Lebzeiten versorgten Personen werden berücksichtigt. Einige generelle Begriffe, z.B. „andere Hinterbliebene“, räumen dem Gericht einen großen Ermessensspielraum ein, um einige extreme Einzelfälle in der Praxis bewältigen zu können.

Im Gegensatz dazu sind die Berechtigten nach § 13 Abs. 2 und Abs. 3 ErbG identisch mit dem Kreis der gesetzlichen Erben, da diese selbst als Ausnahmen zur gleichen Verteilung des Nachlasses bei der gesetzlichen Erbfolge geregelt werden. So haben Ehegatten, Kinder und Eltern in der ersten Ordnung und Geschwister sowie Großeltern väter- und mütterlicherseits in der zweiten Ordnung gemäß § 10 Abs. 1 ErbG die Möglichkeit, berechtigt im Sinne des § 13 Abs. 2 und Abs. 3 ErbG zu sein. Obwohl der Begriff der Personen im Abs. 1 nach den Ergänzungen von § 10 Abs. 3, 4 und 5 ErbG theoretisch auch so erweitert werden könnte, dass darunter bspw. uneheliche Verhältnisse, Adoptionsverhältnisse oder bestimmte Formen der Patchwork-Familie fallen[1107], besteht kein Raum für eine solch weite Auslegung des persönlichen Umfangs. Das liegt einerseits darin, dass die gesetzlichen Begriffe und ihre gesetzlichen Ergänzungen sehr eng und genau bestimmt sind. Andererseits wurde der Wandel der gesellschaftlichen Vorstellungen von Ehe und Familie aufgrund des Fehlens jeglicher Veränderungen am ErbG nach dessen Verkündung für lange Zeit vom Gesetzgeber und den Gerichten in keiner Weise berücksichtigt, sodass eine solche Anpassung der Vorschriften nicht erfolgen kann.

1107 Gemäß § 10 Abs. 3 ErbG sind Kinder im Sinne dieses Gesetzes eheliche Kinder, uneheliche Kinder, Adoptivkinder und diejenigen Stiefkinder, zu denen eine Unterhaltsbeziehung besteht. Gemäß § 10 Abs. 4 ErbG sind Eltern im Sinne dieses Gesetzes leibliche Eltern, Adoptiveltern und diejenigen Stiefeltern, zu denen eine Unterhaltsbeziehung besteht. Gemäß § 10 Abs. 5 ErbG sind Geschwister im Sinne dieses Gesetzes Geschwister mit gleichen Eltern, Halbgeschwister mit gleichem Vater oder gleicher Mutter, Adoptivgeschwister und diejenigen Stiefgeschwister, zu denen eine Unterhaltsbeziehung besteht.

b) Der Vergleich der Voraussetzungen

Im Rechtsinstitut *family provision* ist der Ausgangspunkt sehr einfach: Die Anordnung einer angemessenen Versorgung des Antragstellers wird nur unter dem Umstand zugeteilt, dass für dem Antragsteller bei der gesetzlichen oder gewillkürten Erbfolge keine angemessene finanzielle Versorgung (*reasonable financial provision*) vorgesehen ist. Deswegen soll das Gericht in diesem Schritt nach der Voraussetzung „keiner angemessenen finanziellen Versorgung bei der Erbfolge" angemessen und objektiv prüfen, ob der Antrag zulässig ist. Bezüglich der konkreten Ausgestaltung werden vom Gesetz zwei Standards geschaffen: Der Standard des überlebenden Ehegatten und der Standard des Lebensunterhalts für die anderen Hinterbliebenen. Allerdings hat das Gericht wegen der sehr generell gehaltenen Begriffe nach wie vor einen großen Ermessensspielraum. Für den Standard des überlebenden Ehegatten kann das Gericht direkt unter allen Umständen (*all the circumstances*), sowohl Umständen aus der Sphäre des Antragstellers als auch der Sphäre des Erblassers prüfen, ob dem Ehegatten eine angemessene finanzielle Versorgung bei der Erbfolge angeordnet wurde. Für den Standard des Lebensunterhalts hat das Gericht unter allen Umständen vor allem den Bedarf für den Lebensunterhalt der anderen Hinterbliebenen zu prüfen. Durch die Formulierung „alle Umstände" kann das Gericht in jedem Einzelfall alle Verhältnisse prüfen, einschließlich der Lebensunterhaltsquelle, Lebensfähigkeit, früheren Lebensstandards des Antragstellers und sogar der moralischen Verpflichtung des Erblassers zu dessen Lebzeiten.

Im § 13 ErbG werden für die positive Rechtsfolge jeweils in Abs. 2 und Abs. 3 zwei Fälle geregelt: Einerseits in Abs. 2 der Fall der im Leben besonders bedürftigen und arbeitsunfähigen Erben, andererseits in Abs. 3 der Fall jener Erben, die dem Erblasser den hauptsächlichen Unterhalt geleistet oder mit dem Erblasser zusammengelebt haben. Die Voraussetzungen werden sowohl in § 13 Abs. 2 ErbG als auch in § 13 Abs. 3 ErbG vor allem mit konkreten Tatsachen kombiniert, die sprachlich relativ eindeutig geregelt sind und im Gegensatz zu den oben dargestellten generellen Begriffen der *family provision* stehen. Eine weitere konkrete Abgrenzung der Auslegung erfolgte durch ergänzende Vorschriften und Ansichten des Obersten Volksgerichts zum ErbG. Deshalb hat das Gericht keinen großen Ermessensspielraum und weicht bei der Prüfung dieser Voraussetzungen nur selten von deren sprachlicher Bedeutung ab.

Von den Voraussetzungen ausgehend, ähnelt tatsächlich nur der Fall des § 13 Abs. 2 ErbG dem Rechtsinstitut *family provision*. Beide Fälle hängen davon ab, ob bestimmte Personen bei der Erbfolge angemessen berücksichtigt werden. Die Voraussetzung von § 13 Abs. 3 hängt von der Leistung der hauptsächlichen Unterhaltspflicht der Erben ab, da das Zusammenleben meist nur als ein üblicher Fall der Leistung der hauptsächlichen Unterhaltspflicht angesehen wird. Allerdings gibt es bei der Prüfung der Anordnung einer angemessenen Versorgung im zweiten Schritt der *family provision* noch Umstände, die jenen in § 13 Abs. 3 ErbG ähneln, von den Leitlinien (*guidelines*) geregelt werden und vom Gericht zu beachten sind. Diese sollen im Folgenden dargestellt werden.

c) Der Vergleich zwischen Auswirkungen der Rechtsfolgen

Beim Rechtsinstitut *family provision* geht die Prüfung nahezu automatisch zum zweiten Schritt des zweistufigen Prozesses ein, wenn die Voraussetzungen des ersten Schritts zulässig sind. Die Auswirkung, also die Anordnung vom Gericht, folgt ebenfalls den dargestellten generellen Begriffen der Prüfung der Voraussetzungen und besteht in einer angemessenen und objektiven Prüfung unter Berücksichtigung aller Umstände (*all the circumstances*).

In § 13 Abs. 2 und Abs. 3 ErbG gibt es dagegen keinen einheitlichen Prüfungsprozess, sondern dem Gericht wird ein abgestufter Grad des Ermessens zwischen Abs. 2 und Abs. 3 durch die Benutzung unterschiedlicher Modalverben in den Normensätzen eingeräumt, wie oben bereits dargelegt wurde. In § 13 Abs. 2 ErbG wird das Modalverb „sollen" oder „soll" (im chinesischen Original 应当) verwendet. Das Gericht hat also die Anordnung der Rechtsfolge („besondere Berücksichtigung bei der Verteilung des Nachlasses") vorzunehmen, wenn die Voraussetzungen in diesem Absatz, also die „besonderen Schwierigkeiten des Lebens" und „fehlende Arbeitsfähigkeit" der Erben, erfüllt sind. In diesem Falle darf das Gericht nicht aufgrund eigenen Ermessens anders entscheiden. Dahingegen wird in § 13 Abs. 3 ErbG das Modalverb „können" oder „kann" (im chinesischen Original 可以) benutzt, was bedeutet, dass das Gericht hierbei einen größeren Spielraum hat. Das Gericht kann die Anordnung der Rechtsfolge („einen größeren Teil bei der Verteilung des Nachlasses") nach seinem Ermessen auch ablehnen, sogar dann, wenn die Voraussetzungen, also „die Leistung des hauptsächlichen Unterhalts" oder „Zusammenleben mit dem Erblasser" der Erben, erfüllt sind. Der Fall der Ablehnung von § 13 Abs. 3 ErbG tritt meistens ein, wenn es eine Anwendungskonkurrenz zwischen § 13 Abs. 2 und Abs. 3 ErbG gibt. Der Gesetzgeber hat durch diesen Unterschied die unterschiedliche Wichtigkeit von § 13 Abs. 2 und Abs. 3 ErbG klargestellt. So hat § 13 Abs. 2 ErbG im Falle der Konkurrenz immer Vorrang. Dieser Unterschied beim Eintreten der Rechtsfolgen zwischen § 13 Abs. 2 und Abs. 3 ErbG und der Anwendungsvorrang des § 13 Abs. 2 ErbG ergeben sich auch aus den untersuchten Entscheidungen[1108]. Die gerichtliche Anordnung der Rechtsfolge (also die konkrete Auswirkung des § 13 Abs. 2 und Abs. 3 ErbG) ist dagegen aufgrund unklarer Formulierungen nicht eindeutig geregelt. Das soll im Folgenden eingehend beschrieben werden.

d) Der Vergleich des Ermessens des Gerichts in der ganzen Prüfung

Zur Frage, wie eine angemessene Versorgung durch das Gericht in beiden Schritten angeordnet wird, sind beim Rechtsinstitut *family provision* vom Gesetz verschiedene ausführliche und systematische Leitlinien (*guidelines*) aufgestellt worden. Diese bestimmen bezüglich des Ermessens des Gerichts, welche Bewandtnisse das Gericht bei der Prüfung zu beachten hat. Diese stellen eine Besonderheit dar und

---

1108 Siehe 3. Teil § 10 II 2 c), S. 183ff. und 3. Teil § 10 II 2 d) bb) (a), S. 196, 197.

sind eine wichtige Reaktion auf den großen Ermessensspielraum des Gerichts im Rechtsinstitut *family provision*.

Die Leitlinien können in zwei Arten unterschieden werden, nämlich allgemeine Leitlinien (*general guidelines*), die für die Anordnung aller Kategorien von Berechtigten gelten, und spezielle Leitlinien (*particular guidelines*), die nur für die Anordnung einer bestimmten Kategorie von Berechtigten gelten. In den allgemeinen Leitlinien gibt es fünf Kategorien von Bewandtnissen, die das Gericht im zweiten Schritt zu beachten hat, nämlich: die finanzielle Mittel und den finanziellen Bedarf (*financial resources and financial needs*) des Antragstellers; die Verpflichtungen und Verantwortungen des Verstorbenen (*obligations and responsibilities of the deceased*); den Umfang und die Natur des Nettonachlasses (*the size and nature of the net estate*); eine Behinderung des Antragstellers oder Anspruchsberechtigten (*disability of any applicant or beneficiary*); das Verhalten und andere Bewandtnisse (*conduct and any other matter*)[1109]. Für die speziellen Leitlinien der Kategorien der Ehegatten und eingetragenen gleichgeschlechtlichen Partner, der ehemaligen Ehegatten und eingetragenen gleichgeschlechtlichen Partner sowie der Partner in nichtehelichen Lebensgemeinschaft werden zwei besondere Bewandtnisse geregelt, nämlich das Lebensalter des Antragstellers und die Dauer der Ehe oder eingetragenen gleichgeschlechtlichen Lebensgemeinschaft, sowie die Beiträge des Antragstellers zum Familienwohl des Erblassers. Für die speziellen Leitlinien in der Kategorien der leiblichen, Stief- oder Adoptivkinder des Erblassers und der anderen Hinterbliebenen wird der Umfang der Unterhaltsverantwortung, die der Erblasser zu deren Lebzeiten getragen hat, zur relevanten Richtlinie[1110].

Für § 13 Abs. 2 und Abs. 3 ErbG wurden vom Gericht keine bestimmten systematischen Leitlinien für die Prüfung und Anordnung der Flexibilisierung der Verteilung des Nachlasses aufgestellt. Neben dem oben dargestellten praktischen Verständnis der Voraussetzungen gibt es für die Rechtsfolgen nur extrem ungenaue Hinweise in Gestalt der Formulierungen „besondere Berücksichtigung" und „einen größeren Teil bei der Verteilung des Nachlasses". Das gilt für § 13 Abs. 2 und Abs. 3 ErbG. Allerdings kann man in den Entscheidungen viele Konstellationen finden, die dem Rechtsinstitut der *family provision* ähneln, z.B. allgemein das Lebensalter, den Gesundheitszustand, die materielle Arbeitsfähigkeit, die Lebensunterhaltsquelle, die wirtschaftliche Lage der Erben und das Ausmaß und die Natur des Nachlasses, sowie im § 13 Abs. 3 ErbG zusätzlich die Beiträge der Erben zum Nachlass und die Leistung der hauptsächlichen Unterhaltspflicht. Dadurch besteht offensichtlich ein extrem großer Ermessensspielraum für das Gericht. Jedoch sind, anders als im Rechtsinstitut der *family provision*, die in § 13 Abs. 2 und Abs. 3 vom Gericht zu berücksichtigenden Bewandtnisse nicht einheitlich und systematisch dargestellt. So fehlt hierbei bspw. die Berücksichtigung der Bewandtnisse in der

---

1109 Siehe 4. Teil § 13 II 5 a), S. 236f.
1110 Siehe 4. Teil § 13 II 5 b), S. 237, 238.

Sphäre des Erblassers, z.B. die Verantwortung und Pflichten des Erblassers. Darüber hinaus wird das Ausmaß der Flexibilisierungen in § 13 Abs. 2 und Abs. 3 ErbG trotz des entscheidenden sprachlichen Unterschiedes normalerweise wegen der Begrenzung des Umfangs des Nachlasses vom Gericht ähnlich zurückhaltend angeordnet und übersteigt selten 50 Prozent. Eine Anordnung in erheblichen Umfang erfolgt nur dann im Rahmen des § 13 Abs. 3 ErbG, wenn die Erben erhebliche Beiträge zum Nachlass geleistet haben.

3. *Der Vergleich zwischen § 13 Abs. 4 ErbG und dem Rechtsinstitut des Pflichtteilsminderung*

Zuallererst muss festgehalten werden, dass das Eintreten der Flexibilisierung der Pflichtteilsminderung im österreichischen Erbrecht durch eine letztwillige Verfügung des Erblassers selbst erfolgt. Die vom Erblasser stillschweigend angeordnete Pflichtteilsminderung ist vielmehr ein Weg zur Auslegung der letztwilligen Verfügung des Erblassers. Das Eintreten der Rechtsfolge in § 13 Abs. 4 ErbG wird dagegen, genau gleich wie bei § 13 Abs. 2 und Abs. 3 ErbG, zwingend vom Gericht getroffen, wenn die Voraussetzungen des § 13 Abs. 4 ErbG erfüllt werden. Deswegen ist der Vergleich zwischen § 13 Abs. 4 ErbG und dem Rechtsinstitut der Pflichtteilsminderung hinsichtlich der Auswirkung der Rechtsfolge irrelevant und eine weitere Untersuchung muss nicht angestellt werden. Nachfolgend wird deshalb ein Vergleich zwischen § 13 Abs. 4 ErbG und dem Rechtsinstitut der Pflichtteilsminderung hinsichtlich der Voraussetzungen und der Rechtsfolge dargestellt.

a) Der Vergleich des persönlichen Anwendungsbereichs

Im geltenden österreichischen Erbrecht gilt die Pflichtteilsminderung für die berechtigten Personen des Pflichtteils, nach der Erbrechtsreform vom 2015 also für Nachkommen und Ehegatten bzw. Eingetragene Partner des Erblassers. Der Kreis der Personen in § 13 Abs. 4 ErbG und in § 13 Abs. 2 und Abs. 3 ErbG ist ebenfalls der Kreis der gesetzlichen Erben, also gemäß § 10 Abs. 1 ErbG Ehegatten, Kinder und Eltern in der ersten Ordnung und Geschwister sowie Großeltern väter- und mütterlicherseits in der zweiten Ordnung. Diesbezüglich ist der Kreis der Personen in § 13 Abs. 4 ErbG viel größer als der in der Pflichtteilsminderung. Allerdings wurde- wie bereits oben beim Vergleich von § 13 Abs. 2 und Abs. 3 ErbG mit dem Rechtsinstitut der *family provision* dargestellt – der Kreis der Personen in § 13 Abs. 4 ErbG nicht im Zuge des gesellschaftlichen Wandels verändert.

b) Der Vergleich der Voraussetzungen

Bei der Pflichtteilsminderung im österreichischen Erbrecht werden die Voraussetzungen so geregelt, dass die Erben zu keiner Zeit oder zumindest über einen längeren Zeitraum vor dem Tod des Erblassers mit diesem nicht in einem Naheverhältnis gestanden haben dürfen. Jeder Teil dieser Voraussetzungen wird auch in der Praxis weiter typisiert. Unter „nicht in einem Naheverhältnis standen" wird vor allem eine „geistig-emotionale" Nähebeziehung wie in einer Familie verstanden, die nicht nur ein finanzielles Verhältnis darstellt, wie z.B. die Bezahlung der Lebensunterhaltsquelle. Eine fehlende Nähebeziehung kann aber auch durch einen fehlenden gewöhnlichen Kontakt erreicht werden. Unter „über einen längeren Zeitraum" wird mindestens 20 Jahre verstanden. Bei der Pflichtteilsminderung soll also die objektive Solidarität der Familie geschützt werden.

Im Normsatz des § 13 Abs. 4 ErbG wird nur geregelt, dass „keine Erfüllung der Unterhaltspflichten" vorliegen muss. Ausgehend von den Entscheidungen kann man zwar als hauptsächlichen Fall von „keiner Erfüllung der Unterhaltspflichten" auch Situationen ansehen, bei denen über einen längeren Zeitraum vor dem Tod des Erblassers kein Kontakt stattfand. Jedoch fallen unter „keine Erfüllung der Unterhaltspflichten" tatsächlich alle Verfehlungen der Erben gegenüber dem Erblasser, die normalerweise leichter zu gewichten sind, als diejenigen, die zur gänzlichen Entziehung der Erbschaft in § 7 ErbG führen. Darunter fallen könnte also die Situation, dass kein materieller Unterhalt geleistet wurde oder dass leichte Misshandlungen oder ein Verlassen des Erblassers erfolgten. In § 13 Abs. 4 ErbG wird eher das Interesse des Erblassers als die objektive Familiensolidarität geschützt. Außerdem gibt es in der Praxis für „keinen Kontakt über einen längeren Zeitraum vor dem Tod des Erblassers" keine Mindestanzahl von Jahren.

Darüber hinaus hat Art. 33 der AOVG zum ErbG auch den Fall geregelt, dass die Erbquoten der Erben nicht berührt werden, wenn der Erblasser angesichts seiner Umstände (etwa fester Einkünfte und Arbeitsfähigkeit) eindeutig auf den Unterhaltsanspruch gegenüber den Erben verzichtet hat. Darin ist ein Fall dargestellt, bei dem das Merkmal von „keiner Erfüllung der Unterhaltspflichten" ausgeschlossen ist, wobei der Grund in der Sphäre des Erblassers liegt. Dieser Fall ähnelt zwar den zwei Fällen, in denen die Pflichtteilsminderung nach § 776 Abs. 2 ABGB ausgeschlossen ist: Erstens, wenn der Erblasser (Verstorbene) „den Kontakt grundlos gemieden" hat, und zweitens, wenn der Erblasser „berechtigten Anlass für den fehlenden Kontakt gegeben" hat. Jedoch wird seine praktische Anwendung in den untersuchten Entscheidungen nicht offensichtlich.

c) Der Vergleich der Rechtsfolge

Die Rechtsfolge der Pflichtteilsminderung ist ganz einfach, dass der Erblasser den Quotenpflichtteil bestimmter Personen maximal um Hälfte mindern kann, wenn die Voraussetzungen erfüllt werden. In § 13 Abs. 4 ErbG werden die Rechtsfolgen vor allem in zwei Arten unterschieden, also in „weniger" oder in „nichts" bei der Zuteilung für betroffene Erben bei der Verteilung des Nachlasses. Das Gericht kann die Art der Rechtsfolge durch Ermessen wählen. „Weniger" bei der Verteilung des Nachlasses ist trotz der Unbestimmtheit des Begriffs im Vergleich zu den zustehenden Erbquoten bei gleicher Verteilung des Nachlasses normalerweise nicht mehr als ca. 50 Prozent, was in etwa der Pflichtteilsminderung sowie den Rechtsfolgen in § 13 Abs. 2 und Abs. 3 ErbG entspricht. „Nichts" bei der Verteilung des Nachlasses ist eine Besonderheit des § 13 Abs. 4 ErbG. Dieser Fall setzt extreme Umstände voraus, z.B. fehlenden Kontakt mit dem Erblasser über mindestens 20 Jahre, eine Misshandlung oder ein Verlassen des Erblassers. Es besteht für die Anordnung dieser Rechtsfolge aber kein einheitlicher Standard, sodass durch die Gerichte keine einheitliche oder gar gerechte Entscheidung erfolgen kann. Darüber hinaus kann manchmal in der Praxis der Fall von „nichts" bei der Verteilung des Nachlasses nicht abgegrenzt werden vom dritten Fall des § 7 ErbG (also dem Verlassen oder der schwerwiegenden Misshandlung des Erblassers), der die komplette Entziehung der Erbschaft vorsieht. Zwischen diesen beiden schwer abgrenzbaren Fällen besteht wahrscheinlich eine Anwendungskonkurrenz.

III. Evaluation zu den Flexibilisierungen der Nachlassteilung im § 13 ErbG

1. Allgemeine Evaluation

Im Allgemeinen ist die innovative Flexibilisierung der gesetzlichen Erbquoten im § 13 ErbG der VR China zuzustimmen. Denn einige Bedürfnisse oder das Verhalten der Erben bei der gesetzlichen Erbfolge, z.B. die Schwierigkeiten im Leben und positive oder negative Verhaltensweisen der Erben, können trotz des Prinzips der gleichen Verteilung des Nachlasses nicht unberücksichtigt bleiben. Diese Vorstellung steht auch in Einklang mit dem von *Franz Bydlinski* geschaffenen und seiner Meinung nach empfehlenswertem *Prinzip der Korrektur von Erb- und Pflichtteilsquoten auf Grund der konkreten Versorgungsbedürfnisse*[1111]. Die geltenden Vorschriften, in denen die Innovation erfolgt, also die Bestimmungen von § 13 Abs. 2, Abs. 3 und Abs. 4 ErbG sind sogar so unproblematisch, dass sie fast ohne Änderungen in das künftige ZGB der VR China übernommen werden könnten, wie die oben dargelegte in der chinesischen Literatur vertretene allgemeine Meinung verdeutlicht[1112]. Durch die Untersuchung ihrer Anwendung in der Praxis und insbesondere den Vergleich mit dem Rechtsinstitut *family provision* im englischen Erbrecht und der Pflichtteilsminderung im österreichischen Erbrecht lassen sich aber die in den folgenden Abschnitten besprochenen Probleme in den Vorschriften der§ 13 Abs. 2, Abs. 3 und Abs. 4 ErbG finden.

2. Evaluation des persönlichen Anwendungsbereichs

Hinsichtlich des persönlichen Anwendungsbereichs kann man vor allem feststellen, dass dieser sowohl in § 13 Abs. 2 und Abs. 3 ErbG als auch in § 13 Abs. 4 ErbG identisch mit dem Kreis der gesetzlichen Erben ist. Er ist im Vergleich zum

1111 Siehe *Bydlinski*, a.a.O., 1996, S. 412.
1112 Siehe § 1 Einleitung I, S. 27, 28.

Kreis der Berechtigten im *family provision* enger. Im Vergleich mit den beiden Seiten der fiktiv zusammengesetzten Flexibilisierungen hält er außerdem nicht mit dem gesellschaftlichen Wandel Schritt. Diese zwei Umstände sind aber leicht nachzuvollziehen. Die Flexibilisierung der gesetzlichen Erbquoten ist Ausnahmen des Grundsatzes der gleichen Verteilung der gesetzlichen Erbquoten vom § 13 ErbG. Deshalb kann man zunächst den Umstand des engen persönlichen Kreises auf den sehr begrenzten Kreis von gesetzlichen Erben im chinesischen Erbrecht selbst zurückführen, der ebenfalls häufig in der chinesischen Literatur kritisiert wird[1113]. Außerdem gibt es außerhalb dieses Rechtsinstituts einige Vorschriften, die die Eigenschaften der Flexibilisierungstendenzen bei den gesetzlichen Erbquoten im ErbG teilen und das Bedürfnis der Teilnahme an der Verteilung des Nachlass von Personen außerhalb des Kreises der gesetzlichen Erben berücksichtigen[1114], was ähnlich funktioniert wie für die „anderen Hinterbliebenen" bei der *family provision*. Dass der gesellschaftliche Wandel unberücksichtigt bleibt, ist darauf zurückzuführen, dass nach Inkrafttreten des ErbG vor über 30 Jahren keine Gesetzesänderungen mehr erfolgten. Anders ausgedrückt können diese Nachteile beim persönlichen Anwendungsbereich durch die Gesetzgebung des Erbrechts im künftigen ZGB der VR China oder mithilfe anderer, ähnlicher Vorschriften behoben werden.

3. *Evaluation der Voraussetzungen*

In § 13 Abs. 2 und Abs. 3 ErbG werden die Voraussetzungen – nämlich die unter besonderen Schwierigkeiten lebenden Erben ohne Arbeitsfähigkeit in Abs. 2 und die Leistung des hauptsächlichen Unterhalts oder das Zusammenleben mit dem Erblasser durch die Erben in Abs. 3 – immer an einzelne Tatsachen oder Ereignisse in der Wirklichkeit geknüpft. Außerdem wurde deren Bedeutung durch ergänzende Bestimmungen aus Ansichten des Obersten Volksgerichts zum ErbG begrenzt. Im Vergleich zu den Voraussetzungen beim Rechtsinstitut der *family provision* fehlt also ein genereller Oberbegriff, der dem Gericht noch einen Ermessensspielraum lässt, um in der praktischen Anwendung eine flexible Auslegung zu ermöglichen, und auch eine Typisierung durch die Fälle in der Praxis. In den Entscheidungen stellt sich das so dar, dass die Voraussetzungen des § 13 Abs. 2 ErbG für manche

1113 Für ein aktuelles Beispiel vgl. z.B. *Yang Lixin*, Hindernisse und Erwartungen zum ErbG VR China als ein Buch des künftigen Zivilgesetzbuchs VR Chinas, Journal of Henan University of Economics and Law, 2016 No. 5, S. 3.

1114 Hiermit ist gemeint, dass in § 12 ErbG die Schwiegerkinder des Erblassers im Falle der Erfüllung der hauptsächlichen Unterhaltspflichten auch an der Zuteilung des Nachlasses teilnehmen können und in § 14 ErbG Nichterben, die bei fehlender Arbeitsfähigkeit keine Lebensunterhaltsquelle haben und sich auf vom Erblasser geleisteten Unterhalt gestützt hatten, sowie Nichterben, die den Erblasser in größerem Umfang unterhalten haben, angemessene Erbschaften zugeteilt werden können. Siehe 2. Teil § 6 II 2 a) aa), S. 60.

Fälle, in denen Versorgungsbedürftigkeit besteht, zu streng formuliert sind, als dass sie angewandt werden könnten. Die Bedeutung der Voraussetzungen im § 13 Abs. 3 ErbG wird dagegen hauptsächlich auf die materiellen Unterhaltspflichten begrenzt, wodurch eine weite Auslegung und Anwendung eingeschränkt wird.

Andererseits ist die Voraussetzung in § 13 Abs. 4 ErbG – also bei Nichterfüllung der Unterhaltspflichten von Erben trotz der Fähigkeit und der Voraussetzung zum Unterhalt – im Vergleich zu den Voraussetzungen der Pflichtteilsminderung so weit gefasst, dass fast alle Verfehlungen von schuldigen Erben gegenüber dem Erblasser darunter fallen. Aus diesem Grund kann das Gericht bei den alternativen rechtlichen Folgen in § 13 Abs. 4 ErbG nicht recht deren Begrenzung bestimmen. Das wird im Rahmen einer später durchgeführten Evaluation zu den Rechtsfolgen noch eingehend dargestellt.

Für die Voraussetzungen in allen drei Fällen wurde auch kein System von Leitlinien geschaffen, das das Ermessen des Gerichts regelt, wie es das bspw. das Rechtsinstitut *family provision* durch die „*guidelines*" tut. Wie oben schon aufgezeigt[1115], liegt das tiefere Problem der Voraussetzungen der Flexibilisierung der gesetzlichen Erbquoten in § 13 ErbG vor allem darin, dass die Voraussetzungen von § 13 Abs. 2 und Abs. 3 ErbG sowie auch vom § 13 Abs. 4 ErbG, nach einem typischen Modell der Erbfolge aus Sicht der gesetzgeberischen Vorstellung ausgestaltet sind. Bei diesem typischen Fall der Erbfolge steht im Hintergrund immer eine ländliche Agrargesellschaft, in der die allgemeine soziale Sicherung noch fehlt und die Vorfahren (Erblasser) vor den Nachkommen (Erben) versterben, weshalb die Erben häufig zu deren Lebzeiten im Greisenalter des Erblassers den Unterhalt durch das Zusammenleben mit diesem zu leisten haben. Jedoch befriedigt dieses Modell nicht mehr die im geltenden § 10 ErbG geregelten vielfältigen Verhältnisse der Erbfolge, die wesentlich ein Ergebnis der Aufnahme des modernen Erbrechts in das chinesische Recht ist. Daraus kann gefolgert werden, dass die Voraussetzungen von § 13 Abs. 2 und Abs. 3 ErbG zu eng gefasst sind. Hierbei liegt, wie oben bereits erwähnt, eine möglicherweise unbewusste Gesetzeslücke vor[1116].

Die staatliche, zwingende Gewalt hat durch ideologische Faktoren im chinesischen Erbrecht (auf Grundlage der aus dem sowjetischen Recht übernommenen Vorstellung vom Zivilrecht, einschließlich des Erbrechts, das dem öffentliche Recht zugeordnet wurde) in die Gestaltung der Voraussetzung in § 13 Abs. 4 ErbG eingegriffen. Das hat dazu geführt, dass die Voraussetzungen von § 13 Abs. 4 ErbG zu weit gefasst wurden. Weiterhin hat die Bestimmung des Art. 33 der AOVG, in der der Ausschlusstatbestand für den Fall der „Nichterfüllung der Unterhaltspflichten" geschaffen wurde, in der Praxis – von den Entscheidungen ausgehend betrachtet – anscheinend auch kaum funktioniert.

1115 Siehe 3. Teil § 10 II 2 d) aa) (c), S. 193ff.

1116 Siehe 3. Teil § 10 II 2 d) aa) (c), S. 193ff.

4. Evaluation der rechtlichen Folgen

Obwohl das Gericht durch die Benutzung unterschiedlicher Modalverben in § 13 Abs. 2, Abs. 3 und Abs. 4 ErbG manchmal die Auswirkungen der Rechtsfolgen auswählen kann, helfen die unscharfen Beschreibungen der Folgen selbst in den Normensätzen – also „besondere Berücksichtigung", „ein größerer Teil", „weniger bei der Verteilung des Nachlasses" – bei der Anordnung der Flexibilisierung des § 13 ErbG durch gerichtliches Ermessen kaum weiter. Abgesehen von einer – aufgrund der Begrenzung des Nachlasses gebildeten – unsicheren, zurückhaltenden Einstellung der Gerichte kann man sogar sagen, dass das Ermessen des Gerichts bei der Anordnung der Flexibilisierung des § 13 ErbG fast uneingeschränkt ist. Dieses Problem zeigt sich insbesondere beim Vergleich mit dem ausführlichen System der Leitlinien (*guidelines*) für das Ermessen des Gerichts im Rechtsinstitut *family provision*. In der Praxis zeigt sich das Problem auch in uneinheitlichen und teilweise sogar ungerechten Entscheidungen der Gerichte.

Weiterführend werden alternative Rechtsfolgen in § 13 Abs. 4 ErbG für das Gericht geregelt. Die zweite Flexibilisierung des § 13 Abs. 4 ErbG, die vorsieht, dass „nichts" bei der Verteilung des Nachlasses zugeteilt wird, ist im Vergleich zu der Rechtsfolge der Minderung des Quotenpflichtteils um die Hälfte beim Rechtsinstitut der Pflichtteilsminderung im österreichischen Erbrecht wahrscheinlich zu extrem geregelt. Diese Alternative hat in der Praxis neben uneinheitlichen und manchmal ungerechten Entscheidungen auch zur Konkurrenz mit dem dritten Falle des § 7 ErbG geführt, also der gänzliche Entziehung der Erbschaft im Falle des Verlassens oder einer schwerwiegenden Misshandlung des Erblassers. Das macht es für das Gericht schwer, zwischen den beiden Konstellationen zu unterscheiden. Ausgehend vom Aspekt der Rechtsfolgen und dem Aspekt des Ermessens bei der Prüfung der Voraussetzungen der Flexibilisierung des § 13 ErbG, kann man sogar folgern, dass diese Flexibilisierung nur eine Reihe von unklaren Tendenzen bei der Flexibilisierung der gesetzlichen Erbquoten im chinesischen Erbrecht darstellt. Wie diese Untersuchung gezeigt hat, ist eine systematische Flexibilisierung der gesetzlichen Erbquoten noch bei weitem nicht erreicht.

5. Evaluation der vorgestellten Funktionen

Die oben dargestellten Probleme einzelner Vorschriften der Flexibilisierung des § 13 ErbG hängen mit den vorgestellten vielfältigen Funktionen des Gesetzes sowie drei Aspekten der Hintergründe, die die Gesetzgebung des ErbG beeinflusst haben, zusammen. Der historische Faktor der traditionellen „Familienteilung" war Leitmotiv und Grundlage für dieses Rechtsinstitut. Ideologische Faktoren, die aus dem sowjetischen Recht übernommen wurden, haben seiner Rechtsnatur einen Einschlag des zwingenden öffentlichen Rechts verpasst. Der soziale Faktor, der mit dem System der allgemeinen sozialen Sicherung zusammenhängt, hat die Umstände des Zeitalters der Reform- und Öffnungspolitik der 1980er Jahre in der VR China mit eingebracht.

Obwohl diese Funktionen und Faktoren aus der Entwicklung der chinesischen Gesellschaft stammen und man ihren Einfluss auf das Erbrecht nicht ganz überwinden kann, haben sie gewiss Unvereinbarkeiten innerhalb des Rechtsinstituts bewirkt. Daraus folgt auch, dass die Bestimmungen sowie die Anordnung der Flexibilisierung der gesetzlichen Erbquoten im § 13 ErbG VR China häufig übermäßig auf die Sphäre des Erblassers abstellen und nicht, wie die fiktiv zusammengesetzten Flexibilisierungen und insbesondere das Rechtsinstitut der *family provision* im englischen Erbrecht, auf der Grundlage eines wechselseitigen Verhältnisses beruhen.

Deshalb bleibt es eine Aufgabe für den Gesetzgeber bei der künftigen Kodifikation des ZGB der VR China vor allem im Bereich des Buchs des Erbrechts zu prüfen, wie die drei unterschiedlichen Funktionen und Faktoren durch eine einzige Funktion im System der Flexibilisierung der gesetzlichen Erbquoten vereint werden können. Diese Funktion muss auf einer generellen Vorstellung von wechselseitigen Familienverhältnissen in einer modernen Gesellschaft basieren, wie dies beispielsweise beim Rechtsinstitut der *family provision* oder der Pflichtteilsminderung der Fall ist.

§ 16. Schlussfolgerungen

I. Ergebnisse in Thesen

1. Trotz der Innovation und Besonderheit der Flexibilisierung der gesetzlichen Erbquoten im chinesischen Erbrecht ist eine rechtsvergleichende Evaluation aufgrund der funktionalen Betrachtung des Rechtsinstituts gerechtfertigt[1117].
2. Im Umfang der traditionellen Auslegung der Gesetze weisen die Vorschriften der Flexibilisierung der gesetzlichen Erbquoten im chinesischen Erbrecht auch eine innere vollständige Struktur und Logik auf[1118].
3. Darüber hinaus steht dieses Rechtsinstitut im ErbG der VR China nicht alleine da, sondern bildet ein wichtiges Glied einer Gruppe von Flexibilisierung der Erbquoten[1119].
4. Außerhalb der Auslegung der Gesetze kann man, vor allem durch die vertikale Rechtsvergleichung, sprich die Untersuchung der chinesischen Rechtsgeschichte, verschiedene Ergebnisse festhalten. Einerseits ist dieses Rechtsinstitut im geltenden ErbG der VR China nicht nur subjektiv ein Ergebnis des gesetzgeberischen Willens, sondern auch objektiv ein Ergebnis vom Zusammenspiel dreier Faktoren[1120].
5. Andererseits haben verschiedene Faktoren jeweils unterschiedlich stark zur Entstehung dieses Rechtsinstituts im ErbG der VR China beigetragen. Der ideologische Faktor hat mittelbar eine politische Funktion dieses Rechtsinstituts geprägt[1121]. Der soziale Faktor, der eine soziale Funktion dieses Rechtsinstituts als eine Ergänzung des Systems der sozialen Sicherung prägte, hat zunehmend einen geschwächten Einfluss, weil das einheitliche System der allgemeinen sozialen Sicherung in China nunmehr weiter gestärkt und ausgebaut wird[1122]. Der Faktor der historischen Wurzeln schließlich spielte bei der Entstehung dieses Rechtsinstituts eine maßgebliche Rolle und hatte auch die zwei anderen Faktoren beeinflusst. Dieses Rechtsinstitut ist von seinen historischen Wurzeln her nämlich im Ergebnis ein Kompromiss zwischen der traditionellen „Familienteilung“ (als nach wie vor bestehende Art des Generationenwechsels des Vermögens) und dem allgemeinen Grundsatz der gleichmäßigen Verteilung des Nachlasses nach der geltenden, gesetzlichen Erbfolge. Die traditionelle Familienteilung besteht dabei trotz der Abschaffung des kompletten traditionellen

1117 1. Teil § 4, S. 44ff.
1118 2. Teil § 6 II 1, S. 54ff.
1119 2. Teil § 6 II 2, S. 59ff.
1120 2. Teil § 7 I, S. 73.
1121 2. Teil § 7 II, S. 73ff.
1122 2. Teil § 7 III, S. 104ff.

chinesischen Rechtssystems noch als Volksgewohnheit in der Gesellschaft fort und steht in einem ständigen Spannungsverhältnis zur modernen Form der Nachlassteilung, die durch Rechtsrezeption als Gesetz vorgesehen wurde[1123].

6. Am häufigsten angewendet wird § 13 Abs. 3 ErbG (422 Fälle), danach folgt § 13 Abs. 2 ErbG (184) und zum Schluss kommt § 13 Abs. 4 ErbG (67)[1124]. Trotz des Ziels, dass bedürftige und arbeitsunfähige Erben durch § 13 Abs. 2 ErbG versorgt werden sollen, ist dessen Anwendung wegen der strengen doppelten Voraussetzungen nur im Extremfall möglich[1125]. Im § 13 Abs. 3 ErbG wird die Voraussetzung der Leistung des hauptsächlichen Unterhalts oder des Zusammenlebens mit dem Erblasser in der Praxis hauptsächlich nach einem aus der chinesischen Tradition abgeleiteten Bild der Erbfolge verstanden. Das bestätigt den erheblichen Einfluss des Faktors der historischen Wurzeln auf dieses Rechtsinstitut[1126] auch aus Sicht der juristischen Praxis[1127]. In § 13 Abs. 4 ErbG wird die Voraussetzung der „Nichterfüllung der Unterhaltspflichten“ von Erben hauptsächlich als eine Form der geringfügigen Verfehlungen der Erben gegenüber dem Erblasser verstanden[1128]. Grundsätzlich ist der Umfang der Steigerung oder Minderung von gesetzlichen Erbquoten in allen drei Fällen fast identisch und beträgt normalerweise nicht mehr als 50 Prozent. Das gilt trotz der uneindeutigen und unterschiedlichen sprachlichen Formulierungen (mit Ausnahme des Elements der Beiträge der Erben in § 13 Abs. 3 ErbG)[1129]. Allerdings ist die Anordnung von „nichts“ bei der Verteilung des Nachlasses als zweite mögliche Rechtsfolge des § 13 Abs. 4 ErbG problematisch, und zwar zunächst wegen der Gefahr einer uneinheitlichen, ungerechten Anwendung[1130] und darüber hinaus wegen der potenziellen Konkurrenz mit dem dritten Falle der Entziehung der Erbschaft im § 7 ErbG[1131].
7. Durch einen Rechtsvergleich[1132] mit der *family provision* im englischen Erbrecht[1133] und der Pflichtteilsminderung im österreichischen Erbrecht[1134] soll zunächst im Rahmen einer allgemeinen Evaluation der Gedankengang hinter der Flexibilisierung der gesetzlichen Erbquoten im § 13 ErbG der VR China bestätigt werden[1135]. Für einzelne Regelungen ergeben sich dabei viele Probleme.

1123 2. Teil § 7 IV, S. 125ff.
1124 3. Teil § 10 II 1 b), S. 180, 181.
1125 3. Teil § 10 II 2 c) aa), S. 184ff.
1126 Siehe 2. Teil §7 IV, S. 125ff.
1127 3. Teil § 10 II 2 d) aa), S. 190ff.
1128 3. Teil § 10 II 2 e) aa), S. 200ff.
1129 3. Teil § 10 II 2 c) bb), S. 187, 188, 3. Teil § 10 II 2 d) bb) (b), S. 197ff. und 3. Teil § 10 II 2 e) bb) (b), S. 203, 204.
1130 3. Teil § 10 II 2 e) bb) (c), S. 204ff.
1131 3. Teil § 10 II 2 e) bb) (d), S. 206ff.
1132 4. Teil § 15 II, S. 247ff.
1133 4. Teil § 13, S. 216ff.
1134 4. Teil § 14, S. 238ff.
1135 4. Teil § 15 III 1, S. 255.

Die Voraussetzungen der Ausnahmenfälle von § 13 Abs. 2 und Abs. 3 ErbG werden vor allem an viel zu konkrete Tatsachen der Wirklichkeit geknüpft, ohne dass es einen generellen Oberbegriff für sie gibt. Dadurch wird in der Praxis der Auslegungsspielraum erheblich eingeschränkt. Die Voraussetzungen des § 13 Abs. 4 ErbG werden hingegen so weitläufig geregelt, dass eine richtige Anwendung in der Praxis nicht recht erfolgen kann. Wichtig ist auch zu sagen, dass es bei den Voraussetzungen aller drei Fälle aufgrund verschiedener Einflüsse der drei Faktoren oder der drei vom Gesetzgeber verliehenen Funktionen innerhalb des Rechtsinstituts selbst eine Gesetzeslücke gibt, die in der Unvereinbarkeit mit anderen Regelungen besteht[1136]. Hinsichtlich der Rechtsfolgen der Flexibilisierung der gesetzlichen Erbquoten in § 13 ErbG wurde für das gerichtliche Ermessen trotz der unscharfen Begrifflichkeiten kein System von Leitlinien (*guidelines*) geschaffen, wie es sie bspw. im Rechtsinstitut family *provision* gibt. Deshalb lässt sich im § 13 ErbG nur eine Reihe von unklaren Tendenzen bei der Flexibilisierung der gesetzlichen Erbquoten im chinesischen Erbrecht erkennen[1137]. Schließlich besteht auch das Problem, dass die vielfältigen Funktionen und die drei Faktoren, die die Gesetzgebung des ErbG bei diesem Rechtsinstitut beeinflusst haben, als untragbare Last erscheinen. Der Gesetzgeber sollte deshalb im Rahmen einer erneuten Gesetzgebung des ErbG der VR China an Ersatzvorschriften denken, die eine eindeutige Funktion haben[1138].

II. Ausblick in zwei Richtungen

1. *Vorschläge de lege ferenda*

Zusammenfassend gesagt ist die sogenannte Innovation des Rechtsinstituts der Flexibilisierung der gesetzlichen Erbquoten im chinesischen Erbrecht in der Tat nur der zentrale Ausdruck für das teilweise Fortbestehen traditioneller chinesischer Vorschriften betreffend die Nachfolge des Vermögens, gepaart mit anderen Faktoren im geltenden ErbG der VR China, die im Großen und Ganzen ein Ergebnis der Rechtsrezeption sind. Allerdings ist die Situation wegen bestehender Konflikte zwischen beiden Modellen nicht unproblematisch.

Hierbei soll nicht die gänzliche Aufhebung der traditionellen Vorschriften empfohlen werden, da die darin enthaltenen Funktionen in gewisser Weise historisch unvermeidbar sind. Vielmehr muss der Gesetzgeber sich bewusst sein, dass die Entstehung dieses Rechtsinstituts einer eigenständigen historischen Logik folgt, über die er sich bei der Gesetzgebung nicht hinwegsetzen sollte. *De lege ferenda* sollte der Gesetzgeber die geltenden Vorschriften nicht nur ändern, indem er die verwendeten Begriffe und die Gesetzgebungstechnik verbessert. Vielmehr sollte er

---

1136 4. Teil § 15 III 3, S. 256f.
1137 4. Teil § 15 III 4, S. 258.
1138 4. Teil § 15 III 5, S. 258f.

auch deren Funktion eindeutig festlegen und klarstellen, damit die Vorschriften für eine Übernahme ins chinesische Erbrecht geeignet sind. Man sollte dieses Rechtsinstitut mithilfe der Rechtsvergleichung überprüfen und reformieren, bevor es bei der Revision des chinesischen Erbgesetzes oder der Neufassung des chinesischen Zivilgesetzbuchs in der nahen Zukunft in die Neufassung des chinesischen Erbrechts eingehen wird.

Ein in diesem Zusammenhang auftauchendes, anderes und nach wie vor unbeantwortetes Problem ist die Frage, ob die Überbleibsel der traditionellen chinesischen Art der Nachfolge des Vermögens auch die gesamte Struktur und andere Vorschriften des chinesischen Erbrechts wesentlich beeinflusst hat. Dieser Frage sollte sich der Gesetzgeber bei der Revision des chinesischen Erbrechts ebenfalls annehmen. Insofern wird die vorliegende Untersuchung wahrscheinlich nur der Ausgangspunkt für weitere Forschungen sein.

2. *Überlegungen zur Erforschung des chinesischen Erbrechts und des Zivilrechts*

Die heutige Forschung zum chinesischen Zivilrecht ist anerkanntermaßen auf die Methode der Rechtsvergleichung angewiesen, weil das gegenwärtige chinesische Rechtssystem im Großen und Ganzen ein Erzeugnis von Rechtsrezeption ist. Die Forschung durch Rechtsvergleichung fokussiert sich meist auf den Aufbau der Rechtsdogmatik, zumal die deutsche Rechtsdogmatik des Zivilrechts oftmals als ausgezeichnetes Vorbild herangezogen werden kann.

Übersehen wird dabei aber einerseits die Erforschung der horizontalen Rechtsvergleichung hinsichtlich möglicherweise übereinstimmender Funktionen in anderen Vorschriften. Andererseits wird auch die vertikale Rechtsvergleichung der eigenen chinesischen Rechtstradition nicht berücksichtigt, also das traditionelle Rechtssystem des alten China und die heutige Realität in einem China, das sich noch immer in einer Phase äußerst schneller Veränderungen befindet. Obwohl die alte Rechtstradition bereits abgeschafft wurde und nicht mehr als geltendes Rechtssystem fortbesteht, ist der Einfluss des alten Systems noch auch in der modernen chinesischen Gesellschaft weiterhin tief verwurzelt[1139]. Daran haben auch die rasanten Veränderungen der chinesischen Gesellschaft sich in den letzten

1139 *Li Guilian* argumentiert, dass die rechtliche Tradition bereits durchbrochen wäre, die Gesellschaft aber weiter in gewohnter Weise vorgehe, siehe *Li Guilian*, „Li“ und „Fa“: Der Bruch der Tradition und die gebrochene Tradition, China Studies (Japan), No. 11 1998, S. 26.

200 Jahren nichts geändert. Der Einfluss der Rechtstradition und die schnellen Veränderungen der chinesischen Gesellschaft haben auch im Zivilrecht, vor allem in Familien- und Erbrecht, starke Spuren hinterlassen[1140]. Es kann also gefordert werden, dass die Perspektive sich in Zukunft nicht nur auf die reine Disziplin der Rechtswissenschaft begrenzt, sondern sich auch auf eine interdisziplinäre Untersuchung richtet.

1140 Ein chinesischer Rechtswissenschaftler hat sich wegen der schnellen Veränderungen in der chinesischen Gesellschaft an das geschichtliche „Phänomen der anfallenden Lagerungen“ (Im chinesischen Original 层累现象) erinnert gefühlt und argumentiert, dass die historischen Faktoren in der Forschung des chinesischen Zivilrecht berücksichtigt werden sollen. Vgl. *Liu Ying*, Zum „Phänomen der anfallenden Lagerungen“ im chinesischen Zivilrecht, Oriental Law, 2015 No. 2, S. 48ff.

Anhang

Einschlägige Normen des ErbG und seiner AOVG

1. Aus dem ErbG (deutsche Übersetzung von *Frank Münzel*, abrufbar unter: http://www.chinas-recht.de/1985.zip.)

§ 3 Nachlaß ist das legale Vermögen einzelner, das Bürger bei ihrem Tode hinterlassen; er umfaßt

1. das Einkommen der Bürger;
2. Häuser, Ersparnisse und Gegenstände des täglichen Bedarfs der Bürger;
3. Wald, Vieh und Geflügel der Bürger;
4. Kulturgüter, Druckwerke und Schriften der Bürger;
5. Produktionsgüter, an denen das Gesetz dem Bürger Eigentum zu haben gestattet;
6. Vermögensrechte bei den Urheber- und Patentrechten der Bürger;
7. anderes legales Vermögen der Bürger.

§ 7 Wenn der Erbe eine der folgenden Handlungen begeht, verliert er das Erbrecht:

1. Vorsätzliche Tötung des Erblassers;
2. Tötung anderer Erben, um Nachlaß zu erlangen;
3. Verlassen des Erblassers; grausame Behandlung des Erblassers bei schwerwiegenden Umständen;
4. Fälschungen, eigenmächtige Änderungen oder Löschungen in Testamenten, wenn die Umstände schwerwiegend sind.

§ 10 Nachlaß wird in der folgenden Reihenfolge vererbt:

1. Ordnung: Ehegatte, Kinder, Eltern.
2. Ordnung: Geschwister, Großeltern väter- und mütterlicherseits.

Nach Eintritt des Erbfalls erben die Erben 1. Ordnung, die Erben 2. Ordnung erben nicht. Gibt es keine erbenden Erben 1. Ordnung, so erben die Erben 2. Ordnung.

Kinder im Sinne dieses Gesetzes sind eheliche Kinder, uneheliche Kinder, Adoptivkinder und diejenigen Stiefkinder, zu denen eine Unterhaltsbeziehung besteht.

Eltern im Sinne dieses Gesetzes sind leibliche Eltern, Adoptiveltern und diejenigen Stiefeltern, zu denen eine Unterhaltsbeziehung besteht.

Geschwister im Sinne dieses Gesetzes sind Geschwister mit gleichen Eltern, Geschwister mit gleichem Vater und anderer Mutter oder anderer Mutter und gleichem Vater, Adoptivgeschwister und diejenigen Stiefgeschwister, zu denen eine Unterhaltsbeziehung besteht.

§ 11 Sind Kinder des Erblassers vor dem Erblasser gestorben, so treten für sie die Blutsverwandten der nächsten Generation in gerader Linie in die Erbfolge ein. Ein eintretender Erbe kann in der Regel nur den Teil des Nachlasses erben, den zu erben sein Vater oder seine Mutter berechtigt war.

§ 12 Haben Schwiegertochter oder Schwiegersohn, deren Ehegatte verstorben ist, Unterhaltspflichten gegenüber ihren Schwiegereltern erfüllt, so gehören sie zu den Erben 1. Ordnung.

§ 13 Unter Erben gleicher Ordnung muß der geerbte Nachlaß in der Regel in gleiche Teile geteilt werden.

Erben, die unter besonderen Schwierigkeiten leben und nicht arbeitsfähig sind, müssen bei der Verteilung des Nachlasses besonders berücksichtigt werden.

Erben, die dem Erblasser hauptsächlich Unterhalt geleistet oder mit dem Erblasser zusammengelebt haben, kann bei der Verteilung des Nachlasses ein größerer Teil gegeben werden.

Erben, die die Fähigkeit und die Voraussetzungen gehabt hätten, [den Erblasser] zu unterhalten, ihre Unterhaltspflichten aber nicht erfüllt haben, muß bei der Verteilung des Nachlasses nichts oder weniger zugeteilt werden.

Einigen sich die Erben [darüber], so kann auch ungleich [verteilt werden].

§ 14 Nichterben, die bei fehlender Arbeitsfähigkeit keine Lebens[unterhalts]quelle haben und sich auf vom Erblasser geleisteten Unterhalt gestützt hatten, sowie Nichterben, die den Erblasser in größerem Umfang unterhalten haben, kann angemessen Nachlaß zugeteilt werden.

§ 16 Bürger können nach den Bestimmungen dieses Gesetzes Testamente errichten, um über Vermögen des Einzelnen zu verfügen, sie können auch Testamentsvollstrecker bestimmen.

Bürger können Testamente errichten und darin einen oder mehrere der gesetzlichen Erben als Erben von Vermögen des Einzelnen bestimmen.

Bürger können Testamente errichten und darin Vermögen des Einzelnen dem Staat, Kollektiven oder anderen Personen als den gesetzlichen Erben vermachen.

§ 19 Das Testament muß Erben, die bei fehlender Arbeitsfähigkeit keine Lebens[unterhalts]quelle haben, den notwendigen Teil des Nachlasses vorbehalten.

§ 22 Von Geschäftsunfähigen oder in der Geschäftsfähigkeit Beschränkten errichtete Testamente sind unwirksam.

Das Testament hat den tatsächlichen Willen des Testators auszudrücken; unter Druck oder Täuschung errichtete Testamente sind unwirksam.

Gefälschte Testamente sind unwirksam.

Ist ein Testament verfälscht worden, so ist der verfälschte Inhalt unwirksam.

2. Aus den AOVG des ErbG (deutsche Übersetzung von *Wang Qiang*, in: *Eberl-Borges/Wang Qiang* (Hrsg.), Erbrecht in der VR China.-Die aktuelle Entwicklung im Rahmen des Aufbaus der Privatrechtsordnung, Verlag Peter Lang, 2015, S. 128, 129, 130.)

Art. 27 Eintretenden Erben, die bei fehlender Arbeitsfähigkeit über keine Lebenshaltungsquelle verfügen, oder überwiegende Unterhaltspflichten gegenüber dem Erblasser erfüllt haben, kann bei der Nachlassverteilung ein größerer Anteil zugeteilt werden.

Art. 29 Sind die Schwiegertöchter oder -söhne, deren Ehegatten verstorben sind, in Anlehnung an § 12 Erbgesetz gegenüber ihren Schwiegereltern die Erben der ersten Ordnung geworden, werden ihre Kinder nicht gehindert, an ihrer Stelle in die Erbfolge einzutreten, ungeachtet dessen, ob sie wieder heiraten oder nicht.

Art. 30 Die Zurverfügungstellung der hauptsächlichen Unterhaltsquelle oder das Angebot der hauptsächlichen Unterstützung mit Arbeitsleistung an den Erblasser ist als Erfüllung der hauptsächlichen Unterhaltspflichten [gegenüber ihm] anzuerkennen.

Art. 33 Wenn ein Erbe mit der Fähigkeit und den Voraussetzungen, [den Erblasser] zu unterhalten, zur Erfüllung seiner Unterhaltspflichten bereit ist, jedoch der Erblasser angesichts seiner [eigenen] festen Einkünfte und Arbeitsfähigkeit ausdrücklich auf seinen Unterhaltsanspruch gegen ihn verzichtet hat, soll bei der Nachlassverteilung sein Erbanteil in der Regel nicht dadurch berührt werden.

Art. 34 Einem Erben, der die Fähigkeit und Voraussetzungen gehabt hätte, [den Erblasser] zu unterhalten, jedoch seine Unterhaltspflicht gegenüber dem unterhaltsbedürftigen Erblasser trotz des Zusammenlebens mit ihm nicht erfüllt, ist bei der Nachlassverteilung weniger oder nichts zuzuteilen.

Art. 37 Hat der Testator den Erben, die bei fehlender Arbeitsfähigkeit keine Lebenshaltungsquelle haben, keinen Anteil am Nachlass Vorbehalten, so ist bei der Nachlassregelung diesen Erben [vorher ein] notwendiger Nachlass [-Anteil] vorzubehalten. Erst mit dem Rest kann nach den testamentarisch angeordneten Verteilungsprinzipien verfahren werden.

Art. 38 Wenn ein Testator eine testamentarische Verfügung über das Vermögen im Eigentum des Staats, eines Kollektivs oder anderer Personen getroffen hat, dann muss dieser Teil des Testamtens [mit einer solchen Verfügung] als unwirksam gelten.

Literaturverzeichnis

Ahl, Björn, Neue Maßnahmen zur Vereinheitlichung der Rechtsprechung in China, ZChinR 2012, S. 1–16.

Albery, Michael, The Inheritance (Family Provision) Act 1938, Sweet & Maxwell Press, 1950.

Alexy, Robert, Theorie der juristischen Argumentation, 2. Auflage, 1991.

Antimonow, B.C. /Grawe, K.A., Das sowjetische Erbrecht, chinesische Übersetzung von *Li Guangmo/Jia Baolian/Pan Tonglong*, 1957. (B•C•安吉莫诺夫，K•A•格拉维，《苏维埃继承法》，李光谟，贾宝廉，潘同龙译，法律出版社， 1957年版。)

Bai Bin, Zur Rechtsdogmatik: Herkunft, Charaktere und ihre Funktion, Global Law Review, 2010 No. 3, S. 5–17. (白斌，《论法教义学：源流、特征及其功能》，《环球法律评论》，2010年第3期，第5–17页。)

Bai Jianjun, Von der positiven Analyse des Gesetzes, China Legal Science, 2000 No. 4, S. 30–40. (白建军，《论法律实证分析》，《中国法学》，2000年第4期，第30–40页。)

- Die Methode der positiven Forschung des Gesetzes, 2. Auflage, 2014. (白建军，《法律实证研究方法》，北京大学出版社，2014年第二版。)

- Der kleine Einfluss der Big Data auf die Rechtswissenschaft, Peking University Law Journal, 2015 No. 1, S. 29–35. (白建军，《大数据对法学研究的些许影响》，《中外法学》，2015年第1期，第29–35页。)

Beschluss des Zentralkomitees der KP Chinas über einige wichtige Fragen zur Strukturierung einer harmonischen sozialistischen Gesellschaft vom11.10.2016 im Jahr 2020 erreicht werden, vgl diesen Beschluss des Zentralkomitees der KP China vom11.10.2006 im Bericht von der Webseite Xinhua vom 18.10.2006, http://news.xinhuanet.com/politics/2006-10/18/content_5218639.htm. (中共中央关于构建社会主义和谐社会若干重大问题的决定（2006年10月11日中国共产党第十六届中央委员会第六次全体会议通过），访问网址： http://news.xinhuanet.com/politics/2006-10/18/content_5218639.htm)

Bodde, Derk/Morris, Clarence, Law in Imperial China, Harvard University Press, 1967.

Bork, Reinhard, AT BGB, Verlag Mohr Siebeck, 4. Auflage, 2016.

Bratus, S.N. (Hrsg), Sowjetisches Zivilrecht, Bd. 1, chinesische Übersetzung von der Abteilung für Lehre und Forschung über das Zivilrecht der Renmin Universität, 1954. (C.H. 布拉都西，《苏维埃民法（上）》，中国人民大学民法教研室译，中国人民大学出版设，1954年版。)

- Die wichtige Phase der Entwicklung der Gesetzgebung des sowjetischen Zivilrechts, Der sowjetische Staat und das Recht, 1962 No. 2, chinesische

Übersetzung von *Jiang Ke*, Korrektur der Übersetzung von *Ke Cong*, in Eine Auswahl des Schrifttums vom ausländischen Zivilrecht, 1983. (C.H.布拉都西，《苏维埃民事立法发展的重要阶段》，原载《苏维埃国家与法》，1962年第2期，蒋克译，柯聪校，收录于法学教材编辑部民法原理资料组编，《外国民法资料选编》，法律出版社，1983年版。)

Braunder, Wilhelm, Europäische Privatrechtsgeschichte, Verlag UTB GmbH, 2013.

Brox, Hans/Walker, Wolf-Dietrich, BGB AT, Verlag Vahlen, 40. Auflage, 2016.

- Erbrecht, Verlag Vahlen, 27. Auflage, 2016.

Bu Yuanshi, Einführung in das Recht Chinas, Verlag C.H. Beck, 1. Auflage, 2009.

Burrows, Andrew (Hrsg.), English Private Law, Oxford University Press, 3rd edition, Oxford University Press, 2013.

Buxbaum, David C., Civil Law in the Qing Dynasty: A Unique Contribution of Professor Dai Ian-Huai, in *Huang Yuansheng* (Hrsg.), Die Nachfolge der Rechtsgeschichte: Methode und Tendenz, 2004, S. 461–466. (收录于黄源盛主编，《法史学的传承·方法与趋向》，台北中国法制史学会，2004年版，第461–466页。)

Bydlinski, Franz, Hauptpositionen zum Richterrecht, JZ 1985, S. 149–155.

- Juristische Methodenlehre und Rechtsbegriff, Verlag Springer, 2. Auflage, 1991.

- System und Prinzipien des Privatrechts, Verlag Springer, 1996.

Cai Dingjian, Der Einfluss der Sowjetunion zum Aufbau des Rechtssystems der VR China, Law Science, 1999 No. 2, S. 3–7. (蔡定剑，《关于前苏联法对中国法制建设的影响》，《法学》，1999年第2期，第3–7页。)

- Die Geschichte und die Reform: Der Verlauf vom Aufbau des Rechtssystems der VR China, 1999. (蔡定剑，《历史与变革：新中国法制建设的历程》,中国政法大学出版社，1999年版。)

Cao Shibing, Die rechtliche Stellungen der Ansichten und der Entscheidungen des Obersten Volksgerichts, China Legal Science, 2006 No. 3, S. 175–182. (曹士兵，《最高人民法院裁判、司法解释的法律地位》，《中国法学》，2006年第3期，第175–182页。)

Cao Shuji (Hrsg.), Die Verträge von Shicang, 2011. (曹树基编，《石仓契约》，浙江大学出版社，2011年版。)

Chang Hao, Intellectual change and the reform movement, 1890–8, in *Fairbank/Liu Kwang-Ching* (Hrsg.), The Cambridge History of China, Vol. 11: Late Ch'ing 1800–1911, Part 2, Cambridge University Press, 1980, S. 274–338.

Chen Chaobi, Die Forschung zu den Charakteristiken des chinesischen Rechtskreises, Chinese Journal of Law, 1980 No. 1, S. 48–53. (陈朝璧，《中华法系特点初探》，《法学研究》，1980 年第 1 期，第48–53页。)

Chen Chunlong, Die Stellung und die Funktion der Ansichten des Obersten Volksgerichts, China Legal Science, 2003 No. 1, S. 23–31. (陈春龙，《中国司法解释的地位与功能》，《中国法学》，2003年第1期，第23–31页。)

Chen Cuiyin, Die grundsätzlichen Charakteristiken des Erbgesetzes der VR China, Political Science and Law, 1985 No. 4, S. 14–17. (陈翠银，《我国继承法的基本特点》，《政治与法律》，1985年第4期，第14–17页。)

Chen Fa, Reflexion und Rekonstruktion der Regelungen der gemeinsamen Schuld der Ehegatten, Studies in Law and Business, 2017 No. 1, S. 126–133. (陈法，《我国夫妻共同债务认定规则之检讨与重构》，《法商研究》，2017第1期，第126–133页。)

Chen Guangzhong/Zeng Xinhua, Die Anmerkungen über die Reform des alten juristischen Systems im Anfang nach der Gründung VR Chinas, The Jurist, 2009 No. 6, S. 1–8. (陈光中，曾新华，《建国初期司法改革运动述评》，《法学家》，2009年第6期，第1–8页。)

Chen Guyuan, Die Grundrisse der chinesischen Rechtsgeschichte, 1977. (陈顾远，《中国法制史概要》，台北三民书局，1977年版。)

Chen Linlin/Xu Yangyong, Die Tendenzen auf die Gesetzgebung der Ansichten des Obersten Volksgerichts, Zhejiang Social Sciences, 2010 No. 6, S. 33–38. (陈林林，许阳勇，《司法解释立法化问题三论》，《浙江社会科学》，2010年第6期，第33–38页。)

Chen Shouyi, Der Rückblick auf die 30 Jahre der Rechtswissenschaft VR Chinas, Chinese Journal of Law, 1980 No. 1, S. 1–10. (陈守一，《新中国法学三十年一回顾》，《法学研究》，1980 第1期，第1–10页。)

Chen Su, Die Idee der Gestaltung der Ansichten des Obersten Volksgerichts, Chinese Journal of Law, 2012 No. 2, S. 3–19. (陈甦，《司法解释的建构理念分析：以商事司法解释为例》，《法学研究》，2012年第2期，第3–19页。)

Chen Wei/Ran Qiyu, Die Betrachtung über die Verbesserung der Gesetzgebung von dem Umfang und der Ordnung der gesetzliche Erben VR Chinas, Legal Forum, 2013 No. 2, S. 52–57. (陈苇，冉启玉，《完善我国法定继承人范围和顺序立法的思考》，《法学论坛》，2013 第2期，第52–57页。)

Chen Wei (Hrsg.), Das Recht zur Ehe, Familie und Erbfolge, 2. Auflage, 2014. (陈苇 主编，《婚姻家庭继承法学（第二版）》，中国政法大学出版社，2014年。)

- Die Forschung zum Problem vom Schwerpunkt und Brennpunkt beim Modifizierung des ErbG Chinas, 2013. (陈苇主编，《中国继承法修改热点难点问题研究》，群众出版社，2013年版。)

Chen Wei/Du Jiangyong, Das gesetzgebende Konzept zum Rechtsinstitut der gesetzlichen Erbfolge Chinas, Modern Law Science, 2002 Vol.24 No. 3, S. 96–103. (陈苇，杜江涌，《我国法定继承制度的立法构想》，《现代法学》，2002年第24卷第3期，第96–103页。)

Chen Xiaofeng (Hrsg.), Neue chinesische Rechtsgeschichte, 2. Auflage, 2011. (陈晓枫主编，《中国法制史新编》，武汉大学出版社，2011年第二版。)

Chen Xingliang, Von Leistungen und Nachteile der juristischen Ansichten, Law Science, 2003 No. 8, S. 51–54. (陈兴良，《司法解释功过之议》，《法学》，2003年第8期，第51–54页。)

Chen Xinyong/Wang Yunfu, Die Auswahl zur Herstellung des Systems Krankenversicherung auf dem Land der VR China-Eine Perspektive vom Bedarf der Evolution, Zhejiang Social Sciences, No. 1, Jan., 2004, S. 146–149. (陈信勇，王运福，《建立农村医疗保障体系的路径选择—一个需求演化的视角》，《浙江社会科学》，2004年1月第1期，第146–149页。)

Chen Yimin, Von der Einheitlichkeit der gesetzlichen und testamentarischen Erbfolge, Tribune of Political Science and Law, 1986 No. 5, S. 76–78. (陈益民，《谈法定继承与遗嘱继承的统一》，《政法论坛》，1986年第5期，第76–78页。)

Chen Youzun, Von den Prinzien der Teilung vom Nachlass der VR China, Chinese Journal of Law, 1984 No. 5, S. 79–83. (陈又遵，《论我国的遗产分配原则》，《法学研究》，1984年第5期，第79–83页。)

Cheng Haijun, Die historische Untersuchung des Systems der sozialen Wohlfahrt der VR China der Planwirtschaftszeit, Contemporary China History Studies, 2008 No. 5, S. 48–55. (成海军，《计划经济时期中国社会福利制度的历史考察》，《当代中国史研究》，2008年第5期，第48–55页。)

Cheng Weirong, Die Geschichte des Systems der chinesischen Erbfolge, 2006. (程维荣，《中国继承制度史》，东方出版中心，2006年版。)

Christ, Sebastian, Vertragsfreiheit in China: Ein Vergleich zwischen chinesischem und deutschem Vertragsrecht, Hamburg, Verlag Diplomica, 2011.

Coester-Waltjen, Dagmar, Art. 6 I GG und der Schutz der Ehe, Jura 2008, S. 108–112.

Collingwood, R. G., The Idea of History, Oxford University Press, 1966.

Dai Dunlong (Hrsg.), Das Lexikon für das Zivilrecht, der Artikel „Das Sowjetische Erbrecht", 1987. (戴镦隆主编，《民事法律词典》，群众出版社，1987年版。)

Dainow, Joseph, Limitations on Testamentary Freedom in England, 25 Cornell L.Q., 1940, P. 337–359.

Das sowjetische russische ZGB von 1922, chinesische Übersetzung von *Zheng Hua*, 1956. (《苏俄民法典》，郑华译，法律出版社，1956 年版。)

Das Studienbuch für das juristische Staatsexamen der VR China, Bd. 1, 2013. (《国家司法考试辅导用书（卷一）》，法律出版社，2013年版。)

Deng Changchun, Die historische Entwicklung der traditionellen Erbfolge im alten China, Confucian Academy, 2016 No. 4, S. 34–41. (邓长春，《传统继承制度的历史变迁》，《孔学堂》，2016年第4期，第34–41页。)

Deng Xiuming, Die Rekonstruktion der Art der Ansichten des Obersten Volksgerichts, Social Science Research, 2007 No. 1, S. 87. (邓修明，《论我国司法解释模式的重塑》，《社会科学研究》，2007年第1期，第87页。)

Der Bericht vom *China.Com* vom 30.08.2016, Besuche zur Webseite http://www.china.com.cn/legal/2016-08/30/content_39200412.htm. (《中国网》2016年8月30日报道《中国裁判文书网已经成为全球最大裁判文书公开平台》，访问网址：http://www.china.com.cn/legal/2016-08/30/content_39200412.htm)

Der Bericht von *Legal Daily* vom 30.08.2016, Besuche zur Webseite http://www.legaldaily.com.cn/index/content/2016-08/30/content_6784118.htm?node = 20908. (《法制日报》2016年8月30日报《中国裁判文书网每日访问量均超过2000万次》，访问网址：http://www.legaldaily.com.cn/index/content/2016-08/30/content_6784118.htm?node = 20908)

Der erste Bericht vom Staatlichen Statistikamt der VR China über 30 Jahre der Politik der Reform und Öffnung: Große Reform, Große Öffnung, Große Entwicklung, Beusche zur Webseite http://www.stats.gov.cn/ztjc/ztfx/jnggkf30n/200810/t20081027_65687.html. (国家统计局改革开放30年报告之一：《大改革 大开放 大发展》，访问网址：http://www.stats.gov.cn/ztjc/ztfx/jnggkf30n/200810/t20081027_65687.html)

Der Leitartikel vom Xinhua Nachrichtenagentur vom 15.03.2017, Der wichtige Meilenstein der Herstellung des Rechtsstaat Chinas, Besuche zur Webseite http://news.xinhuanet.com/politics/2017lh/2017-03/15/c_1120634903.htm. (新华社评论员，《法治中国建设的重要里程碑》，2017年3月15日，访问网址：http://news.xinhuanet.com/politics/2017lh/2017-03/15/c_1120634903.htm)

Die Bestimmungen des Systems der anleitenden Fälle, der Bericht von *Legal Daily* vom 05.01.2011, Besuche zur Webseite http://www.legaldaily.com.cn/index_article/content/2011-01/05/content_2427557.htm?node = 5958. (《案例指导制度规定：一个具有划时代意义的标志》，《法制日报》，2011年1月5日版，访问网址：http://www.legaldaily.com.cn/index_article/content/2011-01/05/content_2427557.htm?node = 5958)

Die chinesische Übersetzung von „Vom Geist der Gesetze“ von *Yan Fu* (2 Bände), Nachdruck, 1981. (严复译，《孟德斯鸠法意（上下册）》，商务印书馆，1981年重印版。)

Die Geschichte des Rechtssystems im alten China, vom Justizministerium der VR China herausgegeben, 1998. (司法部法学教材编辑部编审，《中国法制史》，中国政法大学出版，1998年版。)

Die Geschichte des Rechtssystems im alten China, von Redaktion der juristischen Lehrbücher herausgegeben, die vorläufige Auflage, 1982. (法学教材编辑部《中国法制史》编写组，《中国法制史》，群众出版社，1982 年版。)

Die Redaktion von der sowjetischen Zeitschrift „Sowjetischer Staat und Sowjetisches Recht“, Die Zusammenfassung der Diskussion über den Regelungsgegenstands des sowjetischen Zivilrechts, chinesische Übersetzung von *Wang Mingyi*,

Journal of Translation from politics and Law, 1956, the inaugural issue. (《苏维埃国家和法》杂志编辑部，《关于苏维埃民法对象的讨论总结》，王明毅译，《政法译丛》，创刊号，1956年。)

Sammlung des Schrifttums des Zivilrechts der VR China, herausgegeben von der Abteilung für Lehre und Forschung über das Zivilrecht der zentralen Schule für politische und juristische Kader, 1956. (中央政法干部学校民法教研室编，《中华人民共和国民法资料汇编》，1956年版。)

Die Situation der Entscheidung und Vollstreckung der Volksgerichte im Jahr 2015, der Bericht von der Zeitung *People's Court Daily* vom 18.03.2016, Besuche zur Webseite http://rmfyb.chinacourt.org/paper/html/2016-03/18/content_109860.htm?div =-1. (最高人民法院研究室，《2015年全国法院审判执行情况》，《人民法院报》2016年3月18日报道，访问网址：http://rmfyb.chinacourt.org/paper/html/2016-03/18/content_109860.htm?div=-1)

Dong Hao, Über Entscheidung hinaus bis zur Rechtsprechung: Die Forschung zur Veröffentlichung der Entscheidungen im „Amtsblatt des Obersten Volksgerichts", People' s Judicature, 2002 No. 6, S. 18–20. (董皞，《超越案例，走向判例:<最高人民法院公报>发布案例之研究》，《人民司法》，2002年第6期，第18–20页。)

- Die 60 Jahre der Ansichten des Obersten Volksgerichts, Lingnan Journal, 2009 No. 5, S. 48–53. (董皞，《新中国司法解释六十年》，《岭南学刊》，2009第5期，第48–53页。)

- Die Entwicklung und Rekonstruktion der Auslegung der Rechtsprechung, 2015. (董皞，《判例解释之变迁与重构-中国判例解释发展与构建之路》，中国政法大学出版社，2015版。)

Dong Yanbin, Auch über den Kontext der Außerkraftsetzung vom „Kompendium der sechs fundamentalen Gesetze", Chinese Social Sciences Today, 21.05.2009. (董彦斌，《也谈六法全书废除的前后》，《中国社会科学报》，2009年5月21日版。)

Du Jianming, Die Anwendung und der Einfluss der Methode der Klassenanalyse in der rechtswissenschaftlichen Forschung der Sowjetunion, in *Zhang Wenxia/Du Yanlin* (Hrsg.) Jurisprudence Review, Vol. 6, S. 156–176. (杜建明，《论苏联法学研究中的阶级分析方法的运用及影响》，张文显，杜宴林主编《法理学论丛》，第六卷，2012年，第156–176页。)

Duan Qinglin, Die Abwechslung des Systems der sozialen Sicherung auf dem Land der VR China (1949–1999), Social Sciences in Ningxia, No.1, Jan.2001, Gen. No. 104, S. 22–30. (段庆林，《中国农村社会保障制度的变迁（1949–1999）》，《宁夏社会科学》，2001年1月第1期（总第104期），第22–30页。)

Dutta, Anatol, Entwicklungen des Pflichtteilsrecht in Europa, FamRZ 2011, S. 1829–1840.

- Warum Erbrecht? „Das Vermögensrecht des Generationenwechsels in funktionaler Betrachtung", Habilitation, Verlag Mohr Siebeck, 2014.

Eberl-Borges/Wang Qiang (Hrsg.), Erbrecht in der VR China.-Die aktuelle Entwicklung im Rahmen des Aufbaus der Privatrechtsordnung, Verlag Peter Lang, 2015.

Eccher, Bernhard, Bürgerliches Recht Band VI: Erbrecht, Verlag Springer, 6. Auflage, 2016.

EGMR FamRZ 2014, S. 189.

Eichenhofer, Eberhard, Sozialrecht, Verlag Mohr Siebeck, 10. Auflage, 2017.

Einem kurzen Brief von *Lenin* zum Direktor der Volkskommission des Privatrechts, chinesischen Übersetzungen der gesammelten Werke von *Lenin*, Band 36, 1959, S. 587. (列宁，《给德•伊•库尔斯基的便条》，《列宁全集》第36卷，人民出版社，1959年版，第587页。)

Epping, Volker, Grundrechte, Verlag Springer, 6. Auflage, 2015.

Fan Yu, Die Theorie und die Praxis der Ansichten des Obersten Volksgerichts, Jin Ling Law Review, 2003 No. 2, S. 21–34. (范愉，《法律解释的理论与实践》，《金陵法律评论》，2003年第2期，第21–34页。)

Fan Zhongxin, Die Beziehung von Lü (律) und Ling (令), Beziehung von Li (礼) und Xing (刑) und die Entwicklung des Rechtssystems von Lü (律) und Ling (令), Science of Law(Journal of Northwest University of Political Science and Law), 2014 No. 4, S. 31–39. (范忠信，《律令关系、礼刑关系与律令制法律体系演进》，《法律科学(西北政法大学学报)》，2014年第4期，第31–39页。)

Fang Liufang, Die Beobachtung der juristischen Bildung Chinas, Comparative Law Research, 1996 No. 2, S. 116–145. (方流芳，《中国法学教育观察》，《比较法研究》，1996年第2期，第116–145页。)

Fei Xiaotong, From the Soil: The Foundations of Chinese Society, English Translation, University of California Press, 1992.

Fenby, Jonathan, Modern China: The Fall and Rise of a Great Power, 1850 to the Present, Penguin Press, 2008.

Feng Lin, Die Rechtsreform am Ende Der Qing-Dynastie-Der erste Schritt der Modernisierung des chinesischen Rechts, 2005, S. 156–157. (冯琳，《清末修律——中国法律现代化的第一步》，收录于《中国社会科学院近代史研究所青年学术论坛2005年卷》，中国社会科学院近代史研究所编，社会科学文献出版社，2005第154–166页。)

Ferrari, Susanne/Likar-Peer, Gundula M (Hrsg.), Erbrecht: Ein Handbuch für die Praxis, Verlag MANZ, 2007.

Fikentscher, Wolfgang, Eine Theorie der Fallnorm als Grundlage von Kodex- und Fallrecht (code law and case law), ZfRV 1980, S. 161–174.

- Methoden des Rechts IV, Verlag Mohr Siebeck, 1977.

Furth, Charlotte, Intellectual change: from the Reform movement to the May Fourth, in *Fairbank* (Hrsg.), The Cambridge History of China, Vol. 12: Republican China, 1912–1949, Part 1, 1983, S. 322–405.

Gao Jianguo/Huang Zhixiong, Von Charaktere des Fünf-Garantien-Systems auf dem Land der VR China-auch vom Verhältnis zwischen dem Staat und der Gemeinde, Journal of Social Sciences, 2007 No. 6, S. 64–71. (高鉴国，黄智雄，《中国农村五保救助制度的特征——兼论国家与社区的关系》，《社会科学》，2007年第6期，第64–71页。)

Gao Yongping, Die kulturelle Logik hinter der chinesisch traditionellen Erbfolge des Vermögens, Journal of Sociology Study, 2006 No. 3, S. 167–188. (高永平，《中国传统财产继承背后的文化逻辑——家系主义》，《社会学研究》，2006年第3期，第167–188页。)

Genkin/Bratus (Hrsg.), Sowjetisches Zivilrecht, Bd. 1, chinesische Übersetzung von *Li Guangmo, Kang Baotian* und *Wu Zhixiong*, 1956. (坚金，布拉图斯，《苏维埃民法(第一册)》，李光谟、康宝田、邬志雄译，法律出版社，1956年版。)

Goldman, Merle, The Party and the intellectuals, in *MacFarquhar/Fairbank* (Hrsg.) The Cambridge History of China, Vol. 14: The People's Republic, Part 1: The Emergence of Revolutionary China, 1949–1965, 1987, S. 218–258.

Gribanov, V.L./Korneev, S.M., Das Zivilrecht der Sowjetunion, Bd. 2, chinesische Übersetzung, 1986. (В.Л.格里巴诺夫，С.М.科尔涅耶夫主编，《苏联民法（下）》，中国社会科学院法学研究所民法经济法研究室译，法律出版社，1986年版。)

Gu Angran, Die Zusammenfassung der Gesetzgebung des neuen Chinas, 1997. (顾昂然，《新中国立法概述》，法律出版社，1997年版。)

Guo Chengwei, Die Geschichte des Rechtssystems im alten China, 2007. (郭成伟主编，《中国法制史》，中国法制出版社，2007年版。)

Guo Jian, Das Vermögensrecht im alten China, in *Guo Jian* (Hrsg.), Geschichte des Rechtssystems im alten China, 2010. (郭建，《中国法制史财产法专题》，收录于郭建，金敏，周东平，马建红，张仁善著，《中国法制史》，浙江大学出版社，2010年版。)

Guo Mingrui, Drei Fragen über die Vollkommenheit des gesetzlichen Erbensystems, The Jurist, 2013 No. 4, S. 109–117. (郭明瑞，《完善法定继承制度三题》，《法学家》，2013年第4期，第109–117页。)

Guo Mingrui/Fang Shaokun, Erbrecht, 2. Auflag, 2004. (郭明瑞，房绍坤，《继承法》，法律出版社，2004年第二版。)

Guo Mingrui/Fang Shaokun/Guan Tao, Forschung zum Erbrecht, 2003. (郭明瑞，房绍坤，关涛，《继承法研究》，中国人民大学出版社，2003年版。)

Guo Sheng, Die Diskussion zu zwei Problemen von dem Kreis und der Ordnung der gesetzlichen Erben, Law Science, 1957 No. 1, S. 47–49. (郭生，《对法定继承人范围和顺序中两个问题的商榷》，《法学》，1957年第1期，第47–49页。)

Hähnchen, Susanne, Rechtsgeschichte, Verlag C.F. Müller, 4. Auflage, 2012.

Halfina, R.O., Das Erbrecht der Sowjetunion, chinesische Übersetzung von *Zhong Wu/Qing Bo*, 1956. (P•O•赫鲁菲娜，《苏联的继承法》，中午，清波译，法律出版社，1956年版。)

Harding, Harry, The Chinese state in crisis, in *MacFarquhar/Fairbank* (Hrsg.), The Cambridge History of China, Vol. 15: The People's Republic, Part 2: Revolutions within the Chinese Revolution 1966–1982, 1991, S. 107–217.

Hartmut, Maurer, Staatsrecht I, Verlag C.H. Beck, 6. Auflage, 2010.

He Jiahong, Von der Rechtsfortbildung des Richters, The Jurist, 2003 No.5, S. 134–143. (何家弘，《论法官造法》，《法学家》，2003年第5期，第134–143 页。)

He Jian, Der wesentliche Gedankengang der Rückkehr des Eherechts zum Zivilrecht – Unter besonderer Berücksichtigung des gesetzlichen Güterrechts, Peking University Law Journal, 2014 Vol.26 No. 6, S. 1500–1521. (贺剑，《论婚姻法回归民法的基本思路——以法定夫妻财产制为重点》，《中外法学》，2014年第26卷第6期，第1500–1521页。)

He Qinhua/Li Xiuqing/Chen Yi (Hrsg.), Überblick über die Entwürfe des ZGB der VR China, Bd. 1, 2003. (何勤华，李秀清，陈颐编，《新中国民法典草案总览》，上卷，2003年版。)

-Überblick über die Entwürfe des ZGB der VR China, Bd. 2, 2003. (何勤华，李秀清，陈颐编，《新中国民法典草案总览》，中卷，2003年版。)

He Qinhua/Yin Xiaohu (Hrsg.), Die Geschichte des Zivilrechts der VR China, 1999. (何勤华，殷啸虎主编，《中华人民共和国民法史》，复旦大学出版社，1999年版。)

He Shan/Xiao Bing, Grundriss des Erbgesetzes, 1985. (河山，肖冰，《继承法概要》，群众出版社，1985年版。)

He Weifang, Die Kommunikation der Bedeutung des Rechts zwischen Osten und Westen, der Vorwort vom Buch „Die Kommunikation der Bedeutung des Rechts der zwei Welten" von *Wang Jian*, 2001. (贺卫方，《东西方法律意义的沟通》，王健，《沟通两个世界的法律意义》序言，中国政法大学出版社，2001年版。)

Henrich, Dieter, Testierfreiheit vs. Pflichtteilsrecht, Verlag C.H. Beck, 2000.

Herring, Jonathan, Family Law: A Very Short Introduction, Oxford University Press, 2014.

-Family Law, Pearson Press, 8th edition, 2017.

Honsell, Heinrich/ Mayer-Maly, Theo, Rechtswissenschaft, Verlag Springer, 6. Auflage, 2015.

Hou Guoyue, Die Gestaltung des System der Prinzipien des chinesischen Erbrechts, Journal of Guizhou Normal University (Social Science), 2004 No. 5, S. 10–16. (侯国跃，《继承法原则体系的构建》，《贵州师范大学学报》，2004年第5期，第10–16页。)

Hou Meng, Die postmoderne Rechtswissenschaft in China und ihre Zukunft, Studies in Law and Business, 2001 No. 2, S. 113–119. (侯猛，《中国的后现代法学研究及其前景》，《法商研究》，2001年第2期，第113–119页。)

Hou Songtao, die Reform des alten juristischen Systems im Anfang nach der Gründung VR Chinas: Der Rückblick und Das Nachdenken, Studies on the Socialism with Chinese Characteristics, 2008 No. 1, S. 93–99. (侯松涛，《建国初期的司法改革运动：回顾与思考》，《中国特色社会主义研究》，2008年第1期，第93–99页。)

Hou Xinyi, Die wissenschaftliche Positionierung und Methode der Forschung der Rechtsgeschichte, Nanjing University Law Review, 1997 No. 2, S. 202–206. (侯欣一， 《法制史研究要有科学的定位和方法》，《南京大学法律评论》，1997年第2期，第202–206页。)

Hsü, Immanuel Chung-yueh, The Rise of Modern China, Oxford University Press, 6th edition, 2000.

Hu Yan, Die Geschichte und die Zukunft der Ansichten des Obersten Volksgerichts, Tribune of Political Science and Law, 2015 No. 3, S. 38–51. (胡岩，《解释的前生后世》，《政法论坛》，2015年第3期，第38–51页。)

Hu Yongheng, Das Überdenken über die Außerkraftsetzung vom „Kompendium der sechs Kodizes“ und andere, Die Zeitung von Tuanjiebao vom 24.06.2010. (胡永恒，《关于废除<六法全书>的反思及其他》，《团结报》，2010年6月24日版。)

Hu Zhimin, Vom Einfluss der sowjetischen Rechtstheorien zur Zivilrechtslehre VR Chinas, Journal of Shanghai Normal University (Philosophy and Social Sciences Edition) Dec., 2015 Vol. 44, No. 6, S. 53–64. (胡志民：《论苏联法学理论对新中国民法学的影响》，《上海师范大学学报》（哲学社会科学版），2015年12月 第44卷第6期，第53–64页。)

Huang Hui, Zur h.M. der Rechtswissenschaft, Peking University Law Review, Vol. 12, 2011 No. 2, S. 334–382. (黄卉，《论法学通说》，《北大法律评论》，2011年第12卷第2辑，第334–382页。)

Huang Hui/Zhang Jiansheng, Die Forschung der Rechtsprechung und ihre Methode, Journal of East China University of Political Science and Law, 2014 No. 6, S. 89–95. (黄卉，章剑生，《判例研究及其方法》，《华东政法大学学报》，2011年第3期，第89–95页。)

Huang Qingfeng/Shi Jing/Cai Xia, Die Analyse zur Route der Abwechslung des Systems der sozialen Sicherung in den 60 Jahren nach der Gründung der VR China: Aus der Perspektive der NIÖ, Social Security Studies, 2010 No. 3, S. 60–68. (黄清峰，石静，蔡霞，《建国60年中国社会保障制度变迁路径分析——基于新制度经济学视角》，《社会保障研究》，2010年第3期，第60–68页。)

Huang Songyou, Die theoretische Logik und die systematische Struktur der Ansichten des Obersten Volksgerichts, China Legal Science, 2005 No. 2, S. 3–14. (黄松有，《司法解释权：理论逻辑与制度建构》，《中国法学》，2005年第2期，第3–14页。)

Huang Xiaozheng, Das Gesetz und der Grund über Rückgabe der Brautgabe im Gerichtsurteil, Journal of Xiangtan University (Philosophy and Social Sciences), 2015 No. 3, S. 62–65. (黄小筝，《彩礼返还纠纷司法裁判的“法”与“理”》，《湘潭大学学报(哲学社会科学版)》，2015第3期，第62–65页。)

Huang Yuansheng, Die Rechtsrezepzion und das chinesische Recht in der Neuzeit, 1996. (黄源盛，《法律继受与近代中国法》，智胜文化事业有限公司，1996年。)

Huang Zongzhi, Gesetz, Gesellschaft und Kultur der Qing-Dynastie, 2001. (黄宗智，《清代的法律、社会与文化：民法的表达与实践》，上海书店出版社，2001年版。)

Institut für die praktische Rechtswissenschaft vom Obersten Volksgericht (Hrsg.), Vorwort von den ausgewählten Fälle der Volksgerichten, No. 1, 1992 (最高人民法院中国应用法学研究所编《人民法院案例选》，第1辑，人民法院出版社，1992年版。)

Ji Changlong, A Study on the Status of Normative Judicial Interpretation in Source of Law, Dissertation von Chinesischen Renmin Universität, 2008. (季长龙，《规范性司法解释的法源地位研究》，中国人民大学2008年博士论文。)

Ji Cheng, Discussion on the Judicial Interpretation of the Supreme Court in China, Dissertation von Chinesischen Universität für Politikwissenschaft und Recht, 2006. (纪诚，《最高人民法院司法解释研究》，中国政法大学2006年博士论文。)

Ji Hailong, Rechtsdogmatik: Kraft und Schwäche, SJTU Law Review, 2015 No. 2, S. 90–104. (纪海龙，《法教义学：力量与弱点》，《交大法学》，2015年第2期， 第90–104页。)

Ji Pomin, Der Kontext der Außerkraftsetzung vom „Kompendium der sechs Kodizes“, Southern Weekly vom 20.03.2003. (纪坡民，《<六法全书>废除前后》，《南方周末》，2003年3月20日版。)

Jia, Mark, Chinese Common Law? Guiding Cases and Judicial Reform (June 10, 2016). Harvard Law Review, Vol. 129, No. 8, S. 2213–2234.

Jiang Tingfu, Die Geschichte der chinesischen Neuzeit, 2016. (蒋廷黻，《中国近代史》，法制出版社，2016版。)

Jiang Wei/Fu Yulin (Hrsg.), Zivilprozessrechtswissenschaft, 3. Auflage, 2015. (江伟，傅郁林编，《民事诉讼法学》，北京大学出版社，2015年第三版。)

Jiang Yue, Die Einschränkungen zur Testierfreiheit, in *Chen Wei* (Hrsg.), Die Forschung zum Problem vom Schwerpunkt und Brennpunkt beim Modifizierung des ErbG VR Chinas, 2013, S. 57–79. (蒋月，《论遗嘱自由之限制》，收录于陈苇主编，《中国继承法修改热点难点问题研究》，群众出版社，2013年版，第57–79页。)

Jiang Yue/He Lixin, Eherecht, Familienrecht und Erbrecht, 4. Auflage, 2013. (蒋月，何丽新，《婚姻家庭与继承法》，厦门大学出版社，2013年第四版。)

Jin Mei, Die Notwendigkeit der Feldforschung zu den Völkerkunden bei den Änderungen des geltenden ErbG, Nanjing Journal of Social Sciences, 2013 No. 10, S. 82–85. (金眉，《论习惯调查在<继承法>修订中的必要性》，《南京社会科学》，2013年第10期，第82–85页。)

Jin Min, Allgemeiner Teil der Geschichte des Rechtssystems im alten China, in *Guo Jian* (Hrsg.), Geschichte des Rechtssystems im alten China, 2011. (金敏，《中国法制史总论》，收录于郭建，金敏，周东平，马建红，张仁善著，《中国法制史》，浙江大学出版社，2011年版。)

-Ist der nächste Tag gut oder noch bestehend? Anmerkung zum Fall vom Fonds des Klans Deng von *High Court Hong Kong*, Peking University Law Journal, 2013, Vol. 25, No. 3, S. 571–582. (金敏，《明天是"好否"还是"有无"？香港高等法院"邓光裕堂案"述评》，《中外法学》，2013年第25卷第3期，第571–582页。)

Jin Zhenbao, Die Macht der abstrakten juristischen Auslegung des Obersten Volksgerichts, Journal of Comparative Law, 2010 No. 2, S. 55–66. (金振豹，《论最高人民法院的抽象司法解释权》，《比较法研究》，2010年第2期，第55–66页。)

Jordan, Stefan, Theorien und Methoden der Geschichtswissenschaft, Verlag UTB GmbH, 3. Auflage 2016.

Kareva, Maria Pavlovna, Die Staats- und Rechtstheorie, Bd. 1, chinesische Übersetzung, 1956. (玛•巴•卡列娃等，《国家和法的理论（上册）》，中国人民大学出版社，1956年版。)

Kerridge, Roger, The Law of Succession, Sweet & Maxwell Press, 13th edition, 2016.

Kieschel, Uwe, Rechtsvergleichung, Verlag C.H. Beck, 2015.

Kipp, Theodor/Coing, Helmut, Erbrecht, Verlag Mohr Siebeck, 14. Auflage, 1990.

Klingelhöffer, Hans, Pflichtteilsrecht, Verlag C.H. Beck, 4. Auflage, 2014.

Koziol, Helmut/Bydlinski, Peter/Bollenberger, Raimund (Hrsg.), ABGB Kurzkommentar, Verlag Springer, 4. Auflage, 2014.

Kuo Ting-Yee, Self-strengthening: the pursuit of Western technology, in *Fairbank* (Hrsg.), The Cambridge History of China, Vol. 10: Late Ch'ing 1800–1911, Part 1, Cambridge University Press, 1978, S. 491–542.

Lange, Knut Werner, Erbrecht, Verlag C.H. Beck, 2. Auflage, 2017.

Larenz, Karl, Methodenlehre der Rechtswissenschaft, Verlag Springer, 6. Auflage, 1991.

Lei Lei, Die Verbreitung der Juristischen Methodenlehre auf dem Festland Chinas, in *Yuanshi Bu* (Hrsg.), Juristische Methodenlehre in China und Ostasien, Verlag Mohr Siebeck, 2016, S. 17–44.

Levin/Halfine/Strokoviche, Die Einführung des Staats und Rechts, chinesische Übersetzung von *Yang Xu*, 1950. (列文,哈尔芬纳,斯特罗郭维契，《国家与法律概论》，杨旭译，人民出版社，1950年版。)

Li Chuanguang, Die Regelung der Familienteilung, die Teilung des Familienvermögens auf dem chinesischen Land und das staatliche Recht, Privatrecht, 2005 No. 1, S. 125–148. (李传广，《中国农村的分家规范、家产分割与国家法——从一份分书看农村分家问题》，《私法》第5辑第1卷，北京大学出版社，2005年，第125–148页。)

Li Guilian, „Li" und „Fa": Der Bruch der Tradition und die gebrochene Tradition, China Studies (Japan), No. 11 1998, S. 20–26. (李贵连，《礼与法：传统的断裂与断裂后的传统》，《中国研究》（日本），1998年第11期，第20–26页。)

- Shen Jiaben – Biographie, 2000. (李贵连，《沈家本传》，法律出版社，2000年版。)

Li Hancai, Die geschichtliche Evolution und die Charaktere der Entwickung des Systems der sozialen Sicherung auf dem Land der VR China, Journal of Hebei University (Philosophy and Social Science), May 2014, Vol. 39, No. 3, S. 116–119. (李汉才，《中国农村养老保障制度的历史沿革及发展特征》，《河北大学学报（哲学社会科学版）》，2014年5月第39卷第3期，第116–119页。)

Li Haopei, Die rudimentäre Kritik zu Code Napoléon, Chinese Journal of Law, 1955 No. 2, S. 39–43. (李浩培，《拿破仑法典初步批判》，《政法研究》，1955年第2期，第39–43页。)

Li Honglan, Untersuchung zur Lösung der Zusammenfügung der Systeme der „alten" und „neuen" Rentenversicherung auf dem Land der VR China, China Social Security, 2012 No. 11, S. 48–49. (李红岚，《新老农保制度并轨办法探讨》，《中国社会保障》，2012年第11期，第48–49页。)

Li Hongling, Über zwei Fragen nach dem Umfang der gesetzlichen Erben, Law Science, 2002 No. 4, S. 59–61. (李红玲，《继承人范围两题》，《法学》，2002年第4期，第59–61页。)

Li Ling, Die 60 Jahre des Systems der sozialen Sicherung der VR China und die Forschung zu ihrer Gerechtigkeit, Fujian Tribune (The Humanities & Social Sciences Bimonthly), 2009 No. 11, S. 155–160. (李玲，《中国社会保障制度的60年及其公平性研究》，《福建论坛•人文社科版》，2009年第11期，第155–160页。)

Li Long/Liu Liantai, Der Rückblick und das Überdenken über die Außerkraftsetzung vom „Kompendium der sechs Kodizes", Journal of Henan Administrative Institute of Politics and Law, 2003 No. 5, S. 39–50. (李龙，刘连泰，《废除"六法全书"的回顾与反思》，《河南省政法管理干部学院学报》，2003年第5期，第39–50页。)

Li Xiuqing, Die Untersuchung zur Struktur der Rezeption des sowjetischen Rechts vom China, Social Sciences in China, 2002 No. 5, S. 125–141. (李秀清，《中国移植苏联民法模式考》，《中国社会科学》，2002年第5期，第125–141页。)

Li Xuanhong, Die Gründe zur Abwechslung des Systems der Rentenversicherung auf dem Land der VR China, Shangdong Social Sciences, 2011 No. 3, General No. 187, S. 118–123. (李轩红，《中国农村养老保险制度变迁的原因分析》，《山东社会科学》，2011年第3期，总第187期，第118–123页。)

Li Yusheng, Einige Probleme über den Unterschied Lü (律) und Ling (令) in der Dynastie Wei-Jin, Chinese Journal of Law, 2003 No. 5, S. 148–160. (李玉生，《魏晋律令分野的几个问题》，《法学研究》，2003年第5期，第148–160页。)

Liang Huixing, Zum Grundsatz des Plans und der Freiheit im System des Vertragsrechts der VR China, Chinese Journal of Law, 1982, No. 4, S. 44–49. (梁慧星，《论我国合同法律制度的计划原则与合同自由原则》，《法学研究》，1982年第4期，第44–49页。)

- Der geschichtliche Rückblick und die Aussicht von der chinesischen Zivilrechtslehre, Besuche zur Webseite, http://www.iolaw.org.cn/showArticle.aspx?id=2131. (梁慧星，《中国民法学的历史回顾与展望》，2007年5月15日在院学术报告厅为庆祝中国社会科学院成立30周年的学术讲演稿，访问网址： http://www.iolaw.org.cn/showArticle.aspx?id=2131)

Liang Zhiping, Das Volksgewohnheitsrecht in der Qing-Dynastie, 1996. (梁治平，《清代习惯法》，中国政法大学出版社，1996年版。)

Liao Yongan, Belüftung zum Prinzip „auf der Grundlage der Tatsachen" im Zivilprozess, Hebei Law Science, 1999 No. 5, S. 23–26. (廖永安，《对民事审判中"以事实为根据"原则之检讨》，《河北法学》，1999第5期，第23–26页。)

Liao Yongchun, Die tiefen Gründe des negativen Einflusses der Rechtswissenschaft der Sowjetunion auf die VR Chinas, Chinese Journal of Law, 2002 No. 2, S. 148–160. (廖永春，《苏联法学对中国法学消极影响的深层原因》，《法学研究》，2002年第2期，第148–160页。)

Lin Ji, Die Gewohnheit der Erbfolge des Vermögens in der chinesischen Neuzeit und die Klansgesellschaft in Norden und Süden, Agricultural History of China, 2003 No. 3, S. 76–83. (林济，《近代乡村财产继承习俗与南北方宗族社会》，《中国农史》，2003年第3期，第76–83页。)

Lin Jia, Der gegenwärtige Stand, das Problem und die Entwicklung des des Systems der sozialen Sicherung der VR China, Journal of Henan Administrative Institute of Politics and Law, 2005 No. 5, S. 1–19. (林嘉，《中国社会保障制度的现状、问题与发展》，《河南省政法管理干部学院学报》，2005年第5期，第1–19页。)

Liu Chunmao/Chen Yuejun, Einige Vorschlägen zu Verbesserung des ErbG VR Chinas, Academic Journal of Nankai University(Philosophy and Social Sciences Edition), 1993 No. 4, S. 15–21. (刘春茂，陈跃军，《完善我国继承法的几点建议》，《南开大学学报（哲学社会科学版）》，1993年第4期，第 15–21页。)

Liu Chunmao/Liu Wen, Einführung in das Erbrecht, 1985. (刘春茂，刘文，《继承法通论》，四川人民出版社，1985年版。)

Liu Guangan, Die erneute Erkenntnis zur Lebenskraft des chinesischen Rechtskreises, Tribune of Political Science and Law, 2011 No. 2, S. 100–104. (刘广安，《中华法系生命力的重新认识》，《政法论坛》，2011年第2期，第100–104页。)

Liu Jing, Die Analyse zu den wesentlichen Charakteren der Entwickelung der Wertanschauung im Lauf Transformationsprozess Chinas, People Forum, 2012 No. 12, S. 132–133. (刘景，《中国社会转型期价值观演进基本特点分析》，《人民论坛》，2012年第11期，第132–133页。)

Liu Junwen, Kommentar zum Lü-Gesetzbuch von Tang-Dynastie, 1996. (劉俊文，《唐律疏議箋解》，中华书局，1996年版。)

Liu Shan, Die Rekonstruktion des Systems der Ansichten des Obersten Volksgerichts, Political Science and Law, 2012 No. 7, S. 72–79. (刘珊，《论我国司法解释体制的重塑：兼论司法解释判例化趋向》，《政治与法律》，2012年第7期，第72–79页。)

Liu Suping, Erbrecht, 1988. (刘素萍，《继承法》，中国人民大学出版社，1988年版。)

Liu Tingmei/Sun Ruofeng, Zhou Qiang: Vertiefung der Publikation der Urteile und Förderung der juristischen Gerechtigkeit, China Trial, 2016 No. 17, S. 3. (刘庭梅，孙若丰，《周强：深化裁判文书公开工作 促进司法为民公正司法》，《中国审判》，2016第17期，第3页。)

Liu Wen, Forschung zur Rechtsvergleichung zum Erbrechts, 2004. (刘文编著，《继承法比较研究》，中国人民公安大学出版社，2004年版。)

Liu Xing, Die Bedeutung des alten Zeichens „Lü“, 2015. (刘星，《古律寻义》，中国法制出版社，2015版。)

Liu Yi, Steine von anderen Bergen: Die Forschung zu den juristischen Übersetzungen von der chinesischen Neuzeit und modernen Zeit, 2012. (刘毅，《他山的石头：中国近现代法学译著研究》，中国法制出版社，2012版。)

Liu Ying, Sowjetisches Recht in China 1949–1958, 2011. (刘颖，《法概念的跨语际实践：苏联法在中国 1949–1958》，法律出版社，2011年版。)

Liu Ying, Zum „Phänomen der anfallenden Lagerungen“ im chinesischen Zivilrecht, Oriental Law, 2015 No. 2, S. 37–51. (刘颖，《中国民法中的“层累现象”初论》，《东方法学》，2015年第2期，第37–51页。)

Lu Jingyi, Familienteilung oder Erbfolge der Erbschaft, in Privatrecht, 2010 No. 2, S. 201–242. (卢静仪，《“分家析产”或“遗产继承”：以大理院民事判决为中心的考察(1912–1928)》，收录于易继明主编《私法》第8辑·第2卷(总第16卷)，华中科技大学出版社，2010年，第201–242页。)

- Die Entwicklung des Systems des Familienvermögens vom Ende der Qing-Dynastie und Anfang der Republik China-von der Familienteilung bis zur

Erbfolge der Erbschaft, 2012. (卢静仪，《清末民初家产制度的演变——从分家析产到遗产继承》，元照出版公司，2012年版。)

Ma Chao/Yu Xiaohong/He Haibo, Analyse der Big Data: Ein Bericht über die Veröffentlichung der Entscheidungsurkunden der Volksgerichten auf dem Internet, China Law Review, 2016 No. 4, S. 195–246. (马超，于晓虹，何海波，《大数据分析:中国司法裁判文书上网公开报告》，《中国法律评论》，2016年第4期， 第195–246页。)

Ma Jianhong, Das kräftige Wachstum der Feldforschung zu den Völkerkunden und die Abmagerung der Volksnormen in der späten der Qing-Dynastie und in der frühen Republik China, Journal of Political Science and Law, 2015 No. 2, S. 94–102. (马建红，《清末民初民事习惯调查的勃兴与民间规范的式微》,《政法论丛》，2015年第2期，第94–102页。)

Ma Jie/Zheng Bingwen, Die neue Bewertung des Systems der sozialen Sicherung der VR China der Planwirtschaftszeit, Studies on Marxism, 2005 No. 1, S. 38–48. (马杰，郑秉文，《计划经济条件下新中国社会保障制度的再评价》，《马克思主义研究》，2005 年1 期，第38–48页。)

Ma Xiaohong, Li und Fa, 2004. (马小红，《礼与法》，北京大学出版社，2004年版。)

-Die Untersuchung der Beziehung zwischen Li (礼) und Lü (律) im System des chinesisch traditionellen Rechts, Chinese Journal of Law, 2014 No.1, S. 102–120. (马小红，《中华法系中“礼”“律”关系之辨正》，《法学研究》，2014年第1期，第102–120页。)

Ma Yinan, Familienrecht und Erbrecht, 3. Auflage, 2014. (马忆南，《婚姻家庭继承法》，北京大学出版社，2014年第三版。)

MacFarquhar, Roderick, The succession to Mao and the end of Maoism, in *MacFarquhar/Fairbank* (Hrsg.), The Cambridge History of China, Vol. 15: The People's Republic, Part 2: Revolutions within the Chinese Revolution 1966–1982, 1991, S. 305–401.

Mäding, Klaus, Chinesisches traditionelles Erbrecht, Verlag De Gruyter, 1966.

Margrave-Jones, Mellows: The Law of Succession, Butterworths Law Press, 5th revised edition, 1993.

Mayer-Maly, Theo, Einführung in die allgemeinen Lehren des österreichischen Privatrechts, Verlag Leykam, 1984.

Mei Zhuoluo, Die grundsätzlichen Prinzipien des Erbgesetzes der VR China, Journal of Sun Yatsen University (Social Science Edition), 1986 No. 2, S. 12–15. (梅卓荦，《我国继承法的基本原则》，《中山大学学报（社会科学版）》，1986年第2期，第12–15页。)

Meyer, Jörg/Süß, Rembert/Tanck, Manuel/Bittler, Jan/Wälzholz, Eckhard, Handbuch Pflichtteilsrecht, Verlag Zerb, 3. Auflage, 2013.

Miao Yan/Ye Lizhou, Das Überdenken zur gesetzgeberischen Politik des Ständigen Ausschusses des Nationalen Volkskongresses, Law and Social Development, 2012 No. 6, S. 76–84. (苗炎，叶立周，《全国人大常委会立法政策反思 以立法修改背景下的司法解释为例的分析》，《法制与社会发展》，2012年第6期，第76–84页。)

Mou Lüye, Von der Geltung der anleitenden Fälle, Contemporary Law Review, 2014 No. 1, S. 110–119. (牟绿叶，《论指导性案例的效力》，《当代法学》，2014年第1期，第110–119页。)

Mu Guangzong/Miao Jingrui, Der Rückblick und die Aussicht vom System der sozialen Sicherung der VR China, Population Journal, 2002 No. 1, S. 30–38. (穆光宗， 苗景锐，《中国社会保障制度的回顾与展望》，《人口学刊》，2002年第1期，第30–38页。)

Muscheler, Karlheinz, Erbrecht, Band I, Verlag Mohr Siebeck, 2010.

Niu Mingshi (Hrsg.), Chinesische dörfliche Regelungen aller Zeiten, 2014 (牛铭实主编，《中国历代乡规民约》，中国社会出版社，2014年版。)

Noll, Peter, Gesetzgebungslehre, Verlag VS, 1973.

Otte, Gerhard, Staudinger Kommentar, Band V, § 2303, Verlag De Gruyter, 2015.

Pan Jingtang, Die Innovation und Bedeutung des Gesestzes der Sozialversicherung der VR China, Journal of Social Sciences, 2011 No. 11, S. 81–83. (潘锦棠，《<中华人民共和国社会保险法>的创新与重要意义》，《社会科学》，2011年第11期，第81–83页。)

Pawlowski, Hans-Martin, Methodenlehre für Juristen, Verlaag C.F. Müller, 3. Auflage, 1999.

-Einführung in die juristische Methodenlehre, 2. Auflage, 2000

Pepper, Suzanne, New directions in education, in *MacFarquhar/Fairbank* (Hrsg.) The Cambridge History of China, Vol. 14: The People's Republic, Part 1: The Emergence of Revolutionary China, 1949–1965, 1987, S. 398–431.

Pißler, Knut Benjamin, Die deutsche Übersetzung der Bestimmungen des Obersten Volksgerichts zur Arbeit der Anleitung mit Fällen vom 26.11.2010, ZChinR 2012, S. 33–34.

- Die deutsche Übersetzung des Volksgerichtsorganisationsgesetzes der VR China, ZChinR 2012, S. 52–60.

Pound, Roscoe, Law in books and Law in action, American Law Review 44 (1910), S. 12–36.

Pu Jian (Hrsg.), Neuer Kurs zur Geschichte des chinesischen Rechtssystems, 2. Auflage, 2009. (蒲坚主编，《新编中国法制史教程》，高等教育出版社，2009年第二版。)

Qiao Wei, Die wesentlichen Charakteristiken des chinesischen Rechtskreises, Journal of Chinese Humanities, 1986 No. 2, S. 44–54. (乔伟，《中华法系的基本特点》，《文史哲》，1986年第2期，第44–54页。)

Qin Wei, Erbrecht, 2001. (秦伟，《继承法》，上海人民出版社，2001年版。)

Qu Tao, Die vergleichende Forschung zur Theorie und zum System des Zivilrechts, 2004. (渠涛，《民法理论与制度比较研究》，中国政法大学出版社，2004年版。)

Raiser, Thomas, Aufgabe der Rechtssoziologie als Zweig der Rechtswissenschaft, ZfRSoz, 1994, Volume 15, Issue 1, S. 1–11.

Rankin, Mary B., Introduction: perspectives on modern China's history, in *Fairbank/Feuerwerker*, The Cambridge History of China, Vol. 13: Republican China 1912–1949, Part 2, 1986, S. 1–73.

Rawert, Peter, Rezensionen, Frankfurter Allgemeine Zeitung. [FAZ] vom 10. 9. 2014, S. 10 (Feuilleton).

Ren Chao, Die Rezeption der deutsch juristischen Methodenlehre in China, Gansu Social Sciences, 2016 No. 5, S. 177182. (任超，《德国法学方法论在中国的继受——兼论我国民事立法的科学化和体系化》，《甘肃社会科学》，2016第5期，第177–182页。)

Rendell, Catherine, Law of Succession, Palgrave MacMilla Press, 1997.

Rheinstein, Max, Einführung in die Rechtsvergleichung, Verlag C.H. Beck, 2. Auflage, 1987.

Rolf, Wank, Die Auslegung von Gesetzen, Verlag Vahlen, 5. Auflage, 2011.

Romashkin, P. S., Die Staats- und Rechtstheorie, chinesische Übersetzung, 1963. (彼•斯•罗马什金等，《国家和法的理论》，中国科学院法学研究所编译，法律出版社，1963版。)

Rückert, Joachim/Seinecke, Ralf (Hrsg.), Methodik des Zivilrechts-von Savigny bis Teubner, Verlag Nomos, 2. Auflage, 2012, *Rückert, Joachim*, Einführung, S. 9–22.

Rummel, Peter (Hrsg.), Kommentar zum ABGB, 1. Band, Verlag MANZ, 3. Auflage, 2000.

Rüthers, Bernd/Fischer, Christian/Birk, Axel, Rechtstheorie mit Juristischer Methodenlehre, Verlag C.H. Beck, 8. Auflage, 2015.

Sacco, Rodolfo, Einführung in die Rechtsvergleichung, Aus dem Italienischen übersetzt von von *Jacob Joussen*, Verlag Nomos, 2. Auflage, 2001.

Sandrock, Otto, Über Sinn und Methode zivilistischer Rechtsvergleichung, Verlag Metzner, 1966.

Schickel, Joachim (Hrsg.), Konfuzius-Materialien zu einer Jahrhundert-Debatte, Verlag Insel, 1974.

Schlüter, Wilfried/Röthel, Anne, Erbrecht, Verlag C.H. Beck, 17. Auflage, 2015.

Schmidt, Christopher, „Ehe für alle" – Ende der Diskriminierung oder Verfassungsbruch? NJW 2017, S. 2225–2228.

Schmoeckel, Mathias, Erbrecht, Verlag Nomos, 3. Auflage, 2013.

Schwartz, Benjamin I., In Search of Wealth and Power: Yen Fu and the West, Belknap Press, 1964.

- Themes in intellectual history: May Fourth and after, in *Fairbank* (Hrsg.), The Cambridge History of China, Vol. 12: Republican China, 1912–1949, Part 1, 1983, S. 406–451.

Schwimann, Michael/Kodek, Georg, ABGB Praxiskommentar Band 3, Verlag LexisNexis, 4. Aulage, 2013.

- ABGB Praxiskommentar Band 8, Verlag LexisNexis, 4. Auflage, 2017.

Shen Shimei, Das Rechtssystem der Erbfolge der Identität in der Han-Dynastie, Lantai World, 2016 No. 15, S. 126–128. (沈世梅，《汉朝的身份继承法律制度》，《兰台世界》，2016年第15期，第126–128页。)

Shen Taixia, Die Forschung zum Problem der Rationalität der Gesetzgebung, Journal of Jinan University(Philosophy & Social Science Edition), 2012 No.12, Sum No. 167, S. 43–50. (沈太霞，《立法合理性问题研究》，《暨南学报（哲学社会科学版）》，2012年 第12期，总第167期，第43–50页。)

Shen Yang, Weiter die Kriterien gleichzusetzen und verschieden Entscheidungen unter dem gleichen Falle zu vermeiden, China Trial, 2017 No. 18, S. 66–67. (沈洋，《进一步统一裁判尺度 避免类案不同判》，《中国审判》，2017年第18期，第66–67页。)

Shen Zongling (Hrsg.), Rechtstheorie, 2. Auflage, 2009. (沈宗灵主编，《法理学》，高等教育出版社，2009年第二版。)

-Einführung in Rechtsvergleichung, 1987. (沈宗灵，《比较法总论》，北京大学出版社，1987年版。)

Shiga Shuzo, Die Lehre des Rechts der Familien im alten China, chinesische Übersetzung von *Zhang Jianguo/Li Li*, 2003. (滋贺秀三，《中国家族法原理》，张建国，李力译，法律出版社，2003年版。)

Shuhan Zhang, Das Testament in China: Geschichte, Gesetz und Gewohnheit, ZChinR 2013, S. 75–88.

Song Xiao, Die Entstehung der Rechtsprechung und das System der chinesischen anleitenden Fälle, Chinese Journal of Law, 2011 No. 4, S. 58–73. (宋晓，《判例生成与中国案例指导制度》，《法学研究》，2011年第4期，第58–73页。)

Song Yinqing, Auslegung und Anwendung Paragraph für Paragraph zum ErbG, 1987. (宋寅庆，《继承法的逐条解释与适用》，长征出版社，1987年版。)

Su Chi, Die Funktion und Bedeutung des Systems der anleitenden Fälle, vom 01.07.2017 *Legal Daily*, Besuche zur Webseite http://www.legaldaily.com.cn/zfzz/content/2017-07/03/content_7229490.htm?node=81123. (宿迟，《案例指导制度的作用和意义》，《法制日报》，2017年7月1日版，访问网址：http://www.legaldaily.com.cn/zfzz/content/2017-07/03/content_7229490.htm?node=81123.)

Su Yigong, Vom Komplex des Tang-Gesetzbuch bis zum Komplex der Kodifikation, Social Sciences in China, 2005 No. 1, S. 123–134. (苏亦工，《得形忘意：从唐律情结到民法典情结》，《中国社会科学》，2005年第1期，第123–134页。)

Zhu Suli, Die Ordnung Lesen, 1999. (苏力，《阅读秩序》，山东教育出版社，1999年版。)

- Rechtswissenschaft von Sozialwissenschaften in der Forschung der chinesischen Rechtswissenschaft, Chinese Journal of Law, 2014 No. 5, S. 58–66. (苏力，《中国法学研究格局中的社科法学：中国法学研究格局的流变》，《法商研究》，2014年第5期，第58–66页。)

- Rechtsstatt und seine inländische Ressourcen, 3. Auflage, 2015. (苏力，《法治及其本土资源》， 北京大学出版社，2015年第三版。)

Sun Guangyan/Yu Yisheng, Der Rückblick über den Einfluss zur Entwicklung vom Aufbau des Rechtssystems Chinas, Chinese Journal of Law, 2003 No.1, S. 139–151. (孙光妍，于逸生，《苏联法影响中国法制发展进程之回顾》，《法学研究》，2003年第1期，第139–151页。)

Sun Ruojun, Erbrecht, 2. Auflage, 2008. (孙若军，《继承法》，中国人民大学出版社，2008年第二版。)

Sun Shuyun, Die Verbesserung des neuen Systems der genossenschaftlichen medizinischen Betreuung unter der Idee der sozialen Sicherung, Journal of Shanxi University(Philosophy and Social Science Edition), 2012 No. 2, S. 65–70. (孙淑云，《社会保险理念下新型农村合作医疗制度的完善》，《山西大学学报（哲学社会科学版）》，2012年第2期，第65–70页。)

Surikov/Beckov, Vorlesung der Frage des sowjetischen Staats und Rechts, chinesische Übersetzung, 1954. (苏达里可夫，贝科夫，《国家与法律问题讲座》，中央人民政府法制委员会编译，1954年版。)

Süß, Rembert (Hrsg.), Erbrecht in Europa, Verlag Zerb, 3. Auflage, 2015.

Tang Degang, Von der Transformation der chinesischen Kultur und Gesellschaft, Die letzten 70 Jahren von Qing-Dynastie, Bd. 1, 1998. (唐德剛，《晚清七十年（第一卷）：中國社會文化轉型綜論》，遠流出版社，1998年版。)

Tang Nengsong/Zhang Yunhua/Wang Qingyun (Hrsg.), Die Ablaufverfolgung der Forschung: Die Geschichte der juristischen Bildung Chinas, 1995. (汤能松,张蕴华,王清云编著，《探索的轨迹：中国法学教育发展史略》，法律出版社，1995年版。)

Tang Shichun, Die ganzheitliche Untersuchung zu den sowjetischen Rechtswissenschaftler von den 1950er in China, Global Law Review, 2010 No. 5, S. 133–151. (唐仕春，《建国初期来华苏联法学专家的群体考察》，《环球法律评论》，2010年第5期，第133–151页。)

Tang Xuchao, Norm und Rekonstruktion: Eine positive Forschung zur Festsetzung Richterkollegium für das Zivilreht in den chinesischen unteren Volksgerichten, Journal of Law Application, 2017 No. 5, S. 96–102. (唐旭超，《规范与重构:

基层法院民事审判庭设置的实证研究》，《法律适用》，2017第5期，第96–102页。)

Tao An (Arnd Helmut Hafner), Zwischen der Kodifikation und dem Gesetz: Der Einfluss der Rechtswissenschaft der Neuzeit auf die chinesische Rechtsgeschichte, in *Huang Yuansheng* (Hrsg.), Die Nachfolge der Rechtsgeschichte: Methode und Tendenz, 2004, S. 473–496. (陶安 (*Arnd Helmut Hafner*)，《法典与法律之间——近代法学给中国法律史带来的影响》，收录于黄源盛主编，《法史学的传承·方法与趋向》，台北中国法制史学会，2004年版，第473–496页。)

Tao Jikun, Die Vergleichung zwischen den Programmen der „alten" und „neuen" Rentenversicherung auf dem Land der VR China, Lanzhou Academic Journal, 2010 No. 6, S. 90–94. (陶纪坤，《"旧农保"与"新农保"方案对比》，《兰州学刊》，2010年第6期，第90–94页。)

Teiwes, Frederick C., Establishment and consolidation of the new regime, in *MacFarquhar/Fairbank* (Hrsg.) The Cambridge History of China, Vol. 14: The People's Republic, Part 1: The Emergence of Revolutionary China, 1949–1965, 1987, S. 51–143.

The Law Commission (Law Com. No. 52), Family Law: First Report on Family Property: A New Approach, 1973.

The Law Commission (Law Com. No. 52), Family Law: Second Report on Family Property von the Law Commission im Jahr 1974.

Tian Biyao, Das Interesse der Verfassung und die soziale Gerechtigkeit—die Untersuchung der Geschichte des Systems der Krankenversicherung auf dem Land der VR China, People's Congress Studying, 2004 No. 8 (Gen. No. 152), S. 4–6. (田必耀，《宪法关怀与社会公正——审视中国农村医疗保障体制的变迁》，《人大研究》，2004年第8期（总第152期），第4–6页。)

Tian Fang, Die Übereinstimmung der Auslegung der Gesetze, Science of Law, 2007 No. 6, S. 3–11. (田芳，《法律解释如何统一 关于司法解释权的法律统一解释功能的思考》，《法律科学》，2007年第6期，第3–11页。)

Tian Tao (Hrsg.), Die Dokumente des Rechtsstreits in Huangyan sowie ihr Untersuchungsbericht, 2 Bände, 2004. (田涛主编，《黄岩诉讼档案及调查报告(上、下卷）》，法律出版社，2004年版。)

Tyler, E.L.G., Family Provision, Butterworths Law Press, 1971.

Umlauft, Manfred, Pflichtteilsminderung nach §773a ABGB, NZ 1990, S. 143–149.

Venediktov, Der Schutz zum sozialistischen Vermögen im sowjetischen Zivilrecht, chinesische Übersetzung von *Xie Huaishi* und *Li Wei*, 1957. (维涅吉克托夫，《苏联民法对社会主义财产的保护》，谢怀栻，李为译，法律出版社，1957年版。)

Vesting, Thomas, Rechtstheorie, Verlag C.H. Beck, 2. Auflage, 2015.

Von der Abteilung für Lehre und Forschung über das Zivilrecht der zentralen Schule für politische und juristische Kader herausgegeben, Die Grundprobleme über Zivilrecht der VR China, 1958. (中央政法干部学校民法教研室编，《中华人民共和国民法基本问题》,法律出版社,1958 年版。)

Von der Pfordte, Dietmar, Rechtsphilosophie: Eine Einführung, Verlag C.H. Beck, 1. Auflage, 2013.

Wang Bin, Die schwierige Lage der Geltung der anleitenden Fälle und die Lösung, Journal of Henan University(Social Science), 2017 No. 4, S. 66–73. (王彬，《指导性案例的效力困境及其解决》，《河南大学学报(社会科学版)》，2017第4期，第66–73页。)

Wang Geya (Hrsg.), Das Recht zur Ehe, Familie und Erbfolge, 2. Auflage, 2013. (王歌雅主编，《婚姻家庭继承法学（第二版）》，中国人民大学出版社，2013年第二版。)

Wang Guojun, Die Geschichte des Systems der sozialen Sicherung auf dem Land der VR China, Zhejiang Social Sciences, No. 1, Jan. 2004, S. 141–145. (王国军，《中国农村社会保障制度的变迁》，《浙江社会科学》，2004年1月第1期，第141–145页。)

Wang Hanbin, Die Erläuterungen zum Entwurf des Erbgesetzes der VR China, in: Das Amtsblatt des Staatsrats der VR China, 10.5.1985, Nr. 464 (1985 Nr. 12), S. 344–349. (王汉斌，《关于中华人民共和国继承法(草案)的说明》，《中华人民共和国国务院公报》，1985年第12期，第344–349页。)

Wang Jian, Die Geschichte und der Zustand des Systems der chinesischen anleitenden Fälle, Rule By Law and The Society, 2017 No. 8, S. 44–46. (王健，《我国案例指导制度的前世今生》，《法治与社会》，2017第8期，第44–46页。)

Wang Jiazhen, Ein der Staatslage entsprechendes ErbG der VR China, Science of Law, 1985 No. 3, S. 31–36. (王家桢，《一部符合中国国情的继承法》，《西北政法学院学报》，1985年第3期，第31–36页。)

Wang Kezhong, Die Einführung des Erbrechts, 1985. (王克衷，《继承法概说》，福建人民出版社，1985年版。)

Wang Liming, Forschung zu einige Probleme des Systems der chinesischen anleitenden Fälle, Law Science, 2012 No. 1, S. 71–80. (王利明，《我国案例指导制度若干问题研究》，《法学》，2012年第1期，第71–80页。)

- Von der Gewohnheit als die Rechtsquelle des Zivilrechts, Law Science Magazine, 2016 No. 11, S. 1–12. (王利明，《论习惯作为民法渊源》，《法学杂志》，2016年11期，第1–12页。)

Wang Quansheng, Die Schwierigkeit der Richtigkeit der juristischen Ansichten und der Ausweg, Journal of National Prosecutors College, 2009 No. 3, S. 90–95. (汪全胜，《司法解释正当性的困境及出路》，《国家检察官学院学报》，2009第3期，第90–95页。)

Wang Suyuan, Umgestaltung des gesetzlichen Erbensystems, Law Science, 2003 No. 11, S. 80–85. (王肃元，《法定继承制度的重塑》，《法学》，2003年第11期，第80–85页。)

Wang Tay-sheng, Legal Reform in Taiwan under Japanese Colonial Rule, 1895–1945: The Reception of Western Law, University of Washington Press, 2000.

Wang Weiguo, Das sozialistischen Zivilrecht ist kein Privatrecht, Quarterly of Law Science (heutzutage Modern Law Science), 1983 No. 2, S. 43–46. (王卫国，《社会主义民法不是私法》，《法学季刊》，1983第2期，第43–46页。)

Wang Yaxin (Hrsg.), Der Zivilprozess und die Volksverträge von Ming- und Qing-Dynastie, 1998. (王亚新编，《明清时期的民事审判与民间契约》，法律出版社，1998年版。)

- Die neue Perspektive und Methode in der Forschung der Rechtsprechung, Journal of KunmingUniversityof Science and Technology (Social Science Edition), 2011 No. 1, S. 28–33. (王亚新，《判例研究中新的视角及方法探求》，《昆明理工大学学报(社会科学版)》，2011年第1期，第28–33页。)

-Die Wiederaufnahme im Zivilprozess: Ihre Entwicklung und Anwendung, Northern Legal Science, 2016 No. 5, S. 117–130. (王亚新，《民事再审:程序的发展及其解释适用》，《北方法学》，2016第5期，第117–130页。)

Wang Yuesheng, Die Forschung zu Familienteilung in Süden Hebei Provinz von 1930er und 1940er, Modern Chinese History Studies, 2002 No. 4, S. 157–197. (王跃生，《20 世纪三四十年代冀南农村分家行为研究》，《近代史研究》，2002年第4期，第157–197页。)

Wang Zuotang, Der Kurs des Zivilrechts, 1983. (王作堂等，《民法教程》，北京大学出版社，1983年版。)

Wange Wujing, Die Betrachtungen zur Verbesserung vom Umfang der Erben bei der gesetzlichen Erbfolge im ErbG VR Chinas, China Notary, 2012 No. 2, S. 37–38. (王吴静，《关于完善继承法中法定继承人范围的几点思考》，《中国公证》，2012年第2期，第37–38页。)

Wei Daoming, Zweifel am Bestand des Systems des Testaments im alten China, Historical Research, 2000 No. 6, S. 156–166. (魏道明，《中国古代遗嘱继承制度质疑》，《历史研究》，2000年第6期，第156–166页。)

Wei Leijie, Die rechtliche Rezeption und die Kodifikation des ZGB im Post- Zeitalter der Sowjetunion, Journal of Comparative Law, 2008 No. 5, S. 40–56. (魏磊杰，《后苏联时代的法律移植和民法典编纂》，《比较法研究》，2008年第5期，第40–65页。)

Wei Shengqiang, Die Dislokation und die Umkehrung der Ansichten des Obersten Volksgerichts, Science of Law, 2010 No. 3, S. 56–65. (魏胜强，《司法解释的错位与回归：以法律解释权的配置为切入点》，《法律科学》，2010年第3期，第56–65页。)

Weixing Shen, Rezeption der deutschen juristischen Methodenlhere in China und deren Einfluss auf die chinesische Zivilrechtswissenschaft, in *Yuanshi Bu*

(Hrsg.), Juristische Methodenlehre in China und Ostasien, Verlag Mohr Siebeck, 2016, S. 105–130.

Wellenhofer, Marina, Familienrecht, C.H. Beck, 4. Auflage, 2017.

Wen Yaoli, Die Geschichte und Zukunft des Systems der sozialen Sicherung mit chinesischen Charakteristiken – Eine Untersuchung aufgrund des Systems, der Interessen und Idee, Journal of Guangxi University of Finance and Economics, Jun. 2009, Vol. 22 No. 3, S. 36–40. (文姚丽，《中国特色社会保障制度的历史与未来——基于制度、利益、理念的分析》，《广西财经学院学报》，2009年6月，第22卷第3期，第36–40页。)

Whiting, Allen S., The Sino-Soviet split, in *MacFarquhar/Fairbank* (Hrsg.) The Cambridge History of China, Vol. 14: The People's Republic, Part 1: The Emergence of Revolutionary China, 1949–1965, 1987. S. 478–539.

Wieacker, Franz, Die Privatrechtsgeschichte der Neuzeit, Verlag Vandenhoeck & Ruprecht, 2. Auflage, 1967.

Wright, Cherry E., Succession: Cases and Materials, Butterworths Law Press, 1986.

Wu Jiandou/Chen Degui/Li Wencai, Die Forschung über den Kreis und die Ordnung der gesetzlichen Erben des Erbrechts der VR China, Law Science, 1956 No. 1, S. 23–31. (吴建斗，陈德贵，李文彩，《关于我国继承问题中法定继承人范围和顺序的研究》，《法学》，1956 年第1 期，第23–31页。)

Wu Jianping, Von den Charakteristiken des Erbgesetzes der VR China, Qinghai Social Sciences, 1985 No. 4, S. 98–102. (吴剑平，《试论我国继承法的特点》，《青海社会科学》，1985年第4期，第98–102页。)

Wu Shuchen, Die Geistesgeschichte des chinesischen Rechts, 2004. (武树臣，《中国法律思想史》，法律出版社，2004年版。)

Wu Zhaoxiang, Der Verständnis und die Anwendung zu den Vorschriften über die Ansichten vom Obersten Volksgericht, People' s Judicature, 2007 No. 5A, S. 29–31. (吴兆祥，《<关于司法解释工作的规定>的理解与适用》，《人民司法》，2007第05A期，第29–31页。)

Wyschinski, Andrei Januarjewitsch, Die Fragen der Staats- und Rechtstheorie, chinesische Übersetzung, 1955. (安•扬•维辛斯基，《国家和法的理论问题》，法律出版社，1955年版。)

- Einige Frage in der sowjetischen Rechtswissenschaft, chinesische Übersetzung, 1954 (安•扬•维辛斯基等，《苏维埃法学中的几个问题》，石健等译，人民出版社，1954年版。)

Xia Yinlan, Eherecht, Familienrecht und Eherecht, 2012. (夏吟兰，《婚姻家庭继承法》，中国政法大学出版社，2012年第一版。)

Xia Zhengfang/Zhang Ya, Betrachtungen über die Modifikation des ErbG VR Chinas, in *Chen Wei* (Hrsg.), Die Forschung zum Problem vom Schwerpunkt und Brennpunkt beim Modifizierung des ErbG VR Chinas, 2013, S. 41–56. (夏

正芳，张娅，《关于继承法修改的几点思考》，收录于陈苇主编，《中国继承法修改热点难点问题研究》，群众出版社，2013年版，第41–56页。)

Xie Huaishi, Das Vertragssystem und -Recht der VR China, Chinese Journal of Law, 1988 No. 4, S. 58–66. (谢怀栻，《新中国的合同制度和合同法》，《法学研究》，1988年第4期，第58–66页。)

Xie Libin, Die verfassungsrechtliche Durchführung des deutschen Gesetzes und die Inspiration für VR China, Zhejiang Social Sciences, 2010 No. 1, S. 39–44. (谢立斌，《德国法律的宪法化及其对我国的启示》，《浙江社会科学》，2010年第1期，第39–44。)

Xie Zhenmin (Hrsg.), *Zhang Zhiben*(Revisor), Die Geschichte der Gesetzgebung Republik Chinas, Bd. 2, 2000. (谢振民编著，张知本校订，《中华民国立法史》，下卷，中国政法大学出版社，2000年版。)

Xing Tie, Die Geschichte der Erbfolge des Familienvermögens, 2. Auflage, 2012. (邢铁，《家产继承史论(修订本)》，云南大学出版社，2012年第二版)

Xiong Bingyuan, Vom Streit zwischen der Rechtswissenschaft von Sozialwissenschaften und von der Dogmatik, Journal of East China University of Political Science and Law, 2014 No. 6, S. 141–145. (熊秉元，《论社科法学与教义法学之争》，《华东政法大学学报》，2014年第6期，第141–145页。)

Xiong Xianjue, Der Grund und der Einfluss der Außerkraftsetzung vom „Kompendium der sechs Kodizes“, Journal of Yanhuang Chunqiu, 2007 No. 3, S. 10–13. (熊先觉，《废除六法全书的缘由及影响》，《炎黄春秋》，2007年第3期，第10–13页。)

Xu Bing, Die Art der Publikation der Urteile reformiert werden solle, Global Law Review, 2013 No. 2, S. 26–28. (徐炳，《裁判文书公开方式应改革》，《环球法律评论》，2013第2期，第26–28页。)

Xu Defeng, Zur Rechtsdogmatik und Werturteil, Peking University Law Journal, 2008 No. 2, S. 165–190. (许德风，《论法教义学与价值判断》，《中外法学》，2008年第2期，第165–190页。)

Xu Fuji/Wu Mengda/Li Jinzhang (Hrsg. und Übersetzt), Die Geschichte der Entwicklung des Erbrechts der Sowjetunion, 1951. (徐福基，武孟达，李锦章编译，《苏联继承法发展史》，大东书局，1951年版。)

Xu Guodong, Die im AGZ der VR China geregelten Rechtsquellen des Zivilrechts, Chinese Journal of Law, 1991 No. 1, S. 76–78. (徐国栋，《民法通则规定的民法渊源》，《法学研究》，1991年第1期，第76–78页。)

Xu Yongkang, Die konfuzianische Rechtskultur und die Modernisierung des Rechtssystems, 2003, S. 563–578. (徐永康，《儒家法文化与法制现代化》，收录于《2003法学新问题探论》，华东法政学院法律学院编，上海社会科学院出版社，2003年版，第563–578页。)

Xue Jun, Die Kodifikation des Zivilgesetzbuchs und die Rechtsfortbildung des Richters, Law Science Magazine, 2015 No. 6, S. 23–32. (薛军，《民法典编纂

与法官“造法”:罗马法的经验与启示》，《法学杂志》，2015年第6期，第23–32页。)

Yan Lin, Die Rechtsvergleichungsforschung zum Kreis und zur Portion der gesetzlichen Erben, Journal of Shanxi Normal University(Social Science Edition), 2009, Vol. 24, No. 3, S. 24–28. (颜林，《中外法定继承之继承人范围及其份额的比较法研究》，《山西师大学报（社会科学版）》，2009年第36卷第6期，第24–28页。)

Yan Yimei, Die neuen Veränderungen der Erbrechtsnormen im ZGB des Russland, Journal of Comparative Law, 2004 No. 2, S. 130–139. (鄢一美，《俄罗斯民法典中继承法律规范的新变化》，《比较法研究》，2004年第2期，第130–139页。)

Yang Cuiying, Der Unterschied zwischen Stadt und Land und die koordinierte Reform im System der sozialen Sicherung der VR China, Journal of Zhejiang University(Humanities and Social Sciences), Vol. 34, No. 3, May 2004, S. 12–20. (杨翠迎，《中国社会保障制度的城乡差异及统筹改革思路》，《浙江大学学报（人文社会科学版）》，2004年5月，第34卷3期，第12–20页。)

Yang Dawen, Familienrecht und Erbrecht, 2013. (杨大文，《亲属法与继承法》，法律出版社，2013年版。)

Yang Liqiong, Die Notwendigkeit der Ausführung der „neuen" Rentenversicherung aus der Perspektive der Mängel der „alten" Rentenversicherung auf dem Land der VR China, Truth Seeking, 2011 No. 5, S. 87–89. (杨礼琼，《从老农保的制度缺陷看新农保实施的必要性》，《求实》，2011年第5期，第87–89页。)

Yang Lixin, Die Stellungnahme zu zehn Fragen nach der Modifikation des ErbG der VR China, Journal of Law Application, 2012 No. 8, S. 25–34. (杨立新，《对修正<继承法>十个问题的意见》，《法律适用》，2012年第8期，第25–34页。)

-Die Kritik und der Ausblick zur Gesetzgebung des Rechtsobjekts im Zivilrecht der VR China, Studies in Law and Business, 2015 No. 4, S. 23–28. (杨立新，《我国民事权利客体立法的检讨与展望》，《法商研究》2015 年第4 期，第23–28页。)

- Hindernisse und Erwartungen zum ErbG der VR China als ein Buch des künftigen Zivilgesetzbuchs VR Chinas, Journal of Henan University of Economics and Law, 2016 No. 5, S. 1–10. (杨立新，《继承法修订入典的障碍与期待》，《河南财经政法大学学报》，2016年第5期，第1–10页。)

- Der Einfluss des sowjetischen Zivilrechts soll bei der Verfassung der ZGB der VR China liquidiert weden, Law and Social Development, 2016 No. 2, S. 137–146. (杨立新，《编纂民法典必须肃清前苏联民法的影响》，《法制与社会发展》，2016年第2期，第137–146页。)

Yang Lixin/He Lijun, Die Reform zur unfestgelegten Ordnung im gesetzlichen Erben der Ehegatten der VR China, Academic Journal of Zhongzhou, 2013 No.

1, S. 47–54. (杨立新，和丽军，《我国配偶法定继承的零顺序改革》，《中州学刊》，2013年第1期，第47–54页。)

Yang Lixin/Zhu Chengyi, Monografie Erbrecht 2006. (杨立新，朱呈义，《继承法专论》，高等教育出版社，2006年版。)

Yang Shanzhun, Übersteigen die fünf Phasen, Journal of Yanhuang Chunqiu, 2015 No. 10, S. 41–42. (杨善准，《超越"五阶段论"》，《炎黄春秋》，2015年第10期，第40–42页。)

Yang Yifan, Ein großer Irrtum in der Forschung zum chinesischen Rechtskreis— Zweifel an„Integrierung aller Rechtsnormen, kein Unterschied zwischen Strafrecht und Zivilrecht", Social Sciences in China, 2002 No. 6, S. 78–94. (杨一凡，《中华法系研究中的一个重大误区——"诸法合体、民刑不分"说质疑》，《中国社会科学》，2002年第6期，第78–94页。)

Yang Zhenhong, Von Entstehung und die Voraussetzungen der Entwicklung des chinesischen Rechtskreises, Chinese Journal of Law, 1997 No. 4, S. 145–149. (杨振洪，《论中华法系的形成和发展条件》，《法学研究》，1997年第4期，第145–149页。)

Yang Zhenshan, Die Bedingungen der Entstehung des ErbG der VR Chinas und dessen Charaktere, Tribune of Political Science and Law, 1985 No. 3, S. 21. (杨振山，《我国继承法诞生的条件及其特点》，《政法论坛》1985年，第3期，第21页。)

Ye Xiaoxin (Hrsg.), Chinesische Rechtsgeschichte, 2. Auflage, 2008. (叶孝信，《中国法制史》，复旦大学出版社，2008年第二版。)

Yen Chueh-An, Die Beziehung zwischen chinesische Rechtsgeschichte und anderen juristischen Fächern-eine Untersuchung des Objekts der chinesischen Rechtsgeschichte mit dem Beispiel der Rechtstheorie, in Schrift des Diskussionsforums über das Lehren des Faches der chinesischen Rechtsgeschichte von National Cheng Chi University, Taiwan, 1993, S. 69–82. (颜厥安，《中国法制史与其他法学课程的关系——以法理学为例检讨中国法制史的研究对象》，《中国法制史课程教学研讨会论文集》，台湾政治大学法律学系，1993年版， 后收录于颜厥安著《法与实践理性》，中国政法大学出版社，2003年版，第69–82页。)

Yoshiyuki Noda, Introduction to Japanese Law, translated and edited by *Anthony H. Angelo*, University of Tokyo Press, 1976.

You Sheng, Die Bedeutung des Erbrechts vom Zivilrecht in der Übergangszeit VR Chinas, Chinese Journal of Law, 1955, No. 5, S. 21–23. (悠生，《民法继承法在我国过渡时期的意义》，《政法研究》，1955年第5期，第21–23页。)

Yu Jiang, Zwischen Gedanken und System- Aussicht über die Forschung der Rechtsgeschichte auf dem Festland China, Journal for Legal History Studies (Taipei), 2000 No. 1, S. 369–378. (俞江，《思想与制度之间——大陆法史学研究之展望》，《法制史研究》（台北），2000年第1期，第369–378页。)

- Die Entstehung des Konflikts im Bereich des Erbrechts-Die Gewohnheit der Familienteilung der chinesischen Neuzeit und die Rezeption des Erbrechts, Social Sciences in China, 2005 No. 5, S. 119–130. (俞江，《继承领域内冲突格局的形成——近代中国的分家习惯与继承法移植》，《中国社会科学》，2005年第5期，第119–130页。)
- Die Gewohnheit der Familienteilung und die Einheitlichkeit der Familie, Tribune of Political Science and Law, 2006 No. 1, S. 32–61. (俞江，《论分家习惯与家的整体性》，《政法论坛》，2006年第1期，第32–61页。)

Yu Tongzhi, Zur Heranziehung der anleitenden Fälle, People' s Judicature, 2013 No. 7, S. 62–66. (于同志，《论指导性案例的参照适用》，《人民司法》，2013第7期，第62–66页。)

Zhang Guohua, Neue Geistesgeschichte des chinesischen Rechts, 1991. (张国华，《中国法律思想史新编》，北京大学出版社，1991年版。)

Zhang Huagui, Die gesetzgebende Vorstellung zur Einführung des Pflichtteilsrechts in das Erbrecht VR Chinas, Modern Law Science, 2004 No. 4, S. 151–156. (张华贵，《关于设立"特留份"制度的立法构想》，《现代法学》，2004年第4期，第151–156页。)

Zhang Jian (Hrsg.), Almanach der chinesischen Bildung 1949–1981, 1984. (张健主编，《中国教育年鉴 1949–1981》，中国大百科全书出版社，1984年版。)

Zhang Jianwei, Regionalismus Übersteigen und De-administration der Entscheidung, Law Science Magazine, 2014 No. 3, S. 34–41. (张建伟，《超越地方主义和去行政化：司法体制改革的两大目标和实现途径》，《法学杂志》，2014第3期，第34–41页。)

Zhang Jinfan (Hrsg.), Chinesische Rechtsgeschichte, 2. Auflage, 2007. (张晋藩主编，《中国法制史》，高等教育出版社，2007年第二版。)
- Nochmal für einige Probleme des Rechtssystems im alten China, Tribune of Political Science and Law, 1984 No. 2, S. 6–16. (张晋藩，《再论中华法系的若干问题》，《政法论坛》，1984年第2 期，第6–16页。)

Zhang Jinhong, Die Nachteile des Systems vier Instanzen mit der abschließenden Behandlung in zweiter Instanz und seine Verzerrung bei der Anwendung, Forschung des Zivilprozessrechts, 2007 No. 3, S. 22–38. (张晋红，《两审终审的制度性缺陷与适用异化——民事诉讼审级制度改革的基础性思考》，《民事程序法研究》，2007第3期，第22–38页。)

Zhang Jinjian, Die Grundrisse der chinesischen Rechtsgeschichte, 1974. (张金鉴，《中国法制史概要》，台北正中书局，1974年版。)

Zhang Junhao (Hrsg), Die Lehre der Zivilrechtswissenschaft, 1991. (张俊浩主编，《民法学原理》，中国政法大学出版社，1991年版。)

Zhang Liqiang, Das Überdenken zu den Forschungsmethoden der Zivilrechtswissenschaft VR Chinas, Seeker, 2003 No. 4, S. 59–62. (章礼强，《对中国民法学研究方法的思考》，《求索》，2003年第4期，第59–62页。)

- Das Überdenken zur übertriebenen Testierfreiheit im geltenden ErbG VR Chinas, Modern Law Science, 2004 No. 1, S. 66–70. (章礼强，《对中国现行继承法遗嘱自由过度的反思》，《现代法学》，2004年第1期，第66–70页。)

Zhang Pinghua/Liu Yaodong, Die Grundlinien des Erbrechts, 2009. (张平华，刘耀东，《继承法原理》，中国法制出版社，2009年版。)

Zhang Qi, Nochmal von der Natur und Garantie der Geltung der anleitenden Fälle, Law and Social Development, 2013 No. 1, S. 91–105. (张骐，《再论指导性案例效力的性质与保证》，《法制与社会发展》，2013年第1期，第91–105页。)

Zhang Sheng, Die Verfassung vom ZGB Republik Chinas: Die Organisationen und die Bearbeitung der rekombierten gesetzgebenden Institution, Journal of Comparative Law, 2015 No. 3, S. 45–55. (张生，《民国民法典的制定:复合立法机构的组织与运作》，《比较法研究》，2015年第3期，第45–55页。)

Zhang Wei, Soziale Probleme im Transformationsprozess Chinas, in: Geiger (Hrsg.): An der Schwelle. Gesellschaft und Religion im Transformationsprozess Chinas, 2005, S. 40ff.

- Sozialwesen in China, Dissertation, Verlag Dr. Kovač, Hamburg, 2005.

Zhang Wenxian (Hrsg.), Rechtstheorie, 4. Auflage, 2011. (张文显主编，《法理学》，高等教育出版社，2011年第四版。)

- Das rechtsstaatliche System des Sozialismus mit den chinesischen Charakteren, Chinese Journal of Law, 2014 No. 6, S. 13–19. (张文显，《建设中国特色社会主义法治体系》，《法学研究》，2014年第6期，第13–19页。)

Zhang Yongen, Ein Erbgesetz mit chinesischen Charakteristiken, Modern Law Science, 1985 No. 3, S. 35–36. (张永恩，《一部具有中国特色的继承法》，《现代法学》，1985年第3期，第33–36页。)

Zhang Yumin (Hrsg.), Der Entwurf zur Gesetzgebung ErbG der VR China und die gesetzgebenden Gründungen, 2006, Vorwort, S. 1–2. (张玉敏主编，《中国继承法立法建议稿及立法理由》，人民出版社，2006年，说明，第1–2页。)

- Die Forschung zum System des Erbrechts, 1999. (张玉敏，《继承法律制度研究》，法律出版社，1999年版。)

-Grundkurs Erbrecht, 1998. (张玉敏，《继承法教程》，中国政法大学出版社，1998年版。)

Zhang Zuping/Ma Biying, Die Forschung zum Niveau der moderaten Versicherung der dörflichen Altersrenten-Sozialversicherung neuer Form, Journal of Jiangsu University(Social Sciences Edition), Jan. 2014, Vol. 16 No. 1, S. 58–62. (张祖平，马碧莹，《新型农村社会养老保险适度保障水平研究》，《江苏大学学报（社会科学版）》，2014年1月，第16卷 第1期，第58–62页。)

Zhao Xudong, Die Forschung zum Verhältnis zwischen gesetzlichen und testamentarischen Erbfolge, Modern Law Science, 1983 No. 3, S. 35–39. (赵旭

东，《法定继承与遗嘱继承关系研究》，《现代法学》，1983年第3期，第 35–39页。)

Zheng Bingwen, Die 60 Jahre des Systems der sozialen Sicherung der VR Chinas: Ausführung und Lektion, Chinese Journal of Population Science, 2009 No. 5, S. 2–18. (郑秉文，《中国社会保障制度60年：成就与教训》，《中国人口科学》，2009年第5期，第2–18页。)

Zheng Gongcheng, Von der Reform des Systems der sozialen Sicherung der VR China, Medicine and Society, August. 1998, Vol.11 No. 4, S. 1–6. (郑功成，《论中国社会保障制度的改革》，《医学与社会》，1998年8月，第11卷第4期，第1–6页。)

- Die Lehre der sozialen Sicherung, 2000. (郑功成，《社会保障学》，商务印书馆，2000年版。)

- Die Reform und Herstellung des Systems der sozialen Sicherung der VR China, Journal of Renmin University of China, 2003 No. 1, S. 17–25. (郑功成，《中国社会保障改革与制度建设》，《中国人民大学学报》，2003年第1期，第17–25页。)

- Die neue Überlegung zur Reform des Systems der sozialen Sicherung der VR China, Shangdong Social Sciences, 2007 No. 6, General No. 142, S. 5–10. (郑功成，《中国社会保障制度改革的新思考》，《山东社会科学》，2007年第6期，总第142期，5–10页。)

- Vom System der Sicherung von Staat-Einheit bis das System der Sicherung von Staat-Gesellschaft: Die Abwechslung des Systems der sozialen Sicherung der VR China von vergangenen 30 Jahren, Social Security Studies, 2008 No. 2, S. 1–21. (郑功成，《从国家-单位保障制走向国家-社会保障制——30年来中国社会保障改革与制度变迁》，《社会保障研究》，2008年2期，第1–21页。)

- Die historische Logik der Evolution der chinesischen sozialen Sicherung, Journal of Renmin University of China, 2014 No. 1, S. 2–12. (郑功成，《中国社会保障演进的历史逻辑》，《中国人民大学学报》，2014年第1期，第2–12页。)

Zheng Shiqu (Hrsg.), Die Geschichte der chinesischen Neuzeit, 2. Auflage, 2007. (郑师渠主编，《中国近代史》，北京师范大学出版社，2007年第二版。)

Zheng Xianwen, Die Forschung zum System von „Lü“ und „Verordnung“ der Tang-Dynastie, 2004. (郑显文，《唐代律令制研究》，北京大学出版社，2004年版。)

Zheng Zhujun (Hrsg.), Einführung in Rechtsvergleichung, 2010. (郑祝君等编著，《比较法总论》，清华大学出版社，2010年版。)

Zhong Hongliang, Die Haftung der Regierung in der Abwechslung des Systems der sozialen Sicherung der VR China: 1949–2009, Journal of University of Science and Technology Beijing (Social Sciences Edition), Mar. 2009 Vol. 27 No. 1, S. 137–149. (钟洪亮，《中国社会保障制度变迁中的政府责任：1949–

2009》，《北京科技大学学报（社会科学版）》，2011年3月，第27卷第1期，第137–149页。)

Zhou Cui, Die anleitenden Zivilfälle: Eine Untersuchung nach der Qualität und Quantität, Tsinghua Law Review, 2016 No. 4, S. 50–66. (周翠，《民事指导性案例:质与量的考察》，《清华法学》，2016第4期，第50–66页。)

Zhou Daoluan, Die Ansichten des Obersten Volksgerichts deren Normierung, China Legal Science, 1994 No. 1, S. 87–97. (周道鸾，《论司法解释及其规范化》，《中国法学》，1994年第1期，第87–97页。)

- Die historische Entwicklung des Systems chinesischer Rechtsprechung, Journal of Law Application, 2004 No. 5, S. 2–8. (周道鸾，《中国案例制度的历史发展》，《法律适用》，2004年第5期，第2–8页。)

Zhu Liheng, Die geschichtliche Evolution der juristische Bildung nach der Gründung VR Chinas, The History Research of the Communist Party of China, 2008 No. 3, S. 39–45. (朱立恒，《新中国成立以来法学教育工作的历史沿革》，《中共党史研究》，2008年第3期，第39–45页。)

Zhu Liyu/Lin Hongjiao, Die Entstehung und Entwicklung des Prinzips „auf der Grundlage der Tatsachen und mit dem Recht als Richtschnur“, Journal of Law Application, 2013 No. 2, S. 42–46. (朱力宇，林鸿姣，《“以事实为根据,以法律为准绳”原则的形成和发展》，《法律适用》，2013第2期，第42–46页。)

Zhu Qichao, Grundriss des ErbG, 1987. (朱启超，《继承法概论》，法律出版社，1987年版。)

Zhu Qingqi (Hrsg.), Die Sammlungen der strafrechtlichen Fälle (3 Bücher), 4 Bände, 2004. (祝庆祺编，《刑案汇览（三编）》，四卷，北京古籍出版社，2004年版。)

Zimmermann, Reinhard, Europäisierung des Privatrechts und die Rechtsvergleichung, Verlag De Gruyter, 2006.

Zweigert, Konrad/Kötz, Hein, Einführung in die Rechtsvergleichung auf dem Gebiete des Privatrechts, 3. Auflage, Verlag Mohr Siebeck, 1996.

www.ingramcontent.com/pod-product-compliance
Ingram Content Group UK Ltd.
Pitfield, Milton Keynes, MK11 3LW, UK
UKHW020714071026
15590UKWH00011B/654

9 783631 791820